Die Rückkehr

des Dresdner Schlosses

In Dankbarkeit Fritz Löffler und Hans Nadler.

Das Alte Dresden ist wieder da.

edition Sächsische Zeitung

Die Rückkehr

des Dresdner Schlosses

~~ Dirk Syndram & Peter Ufer

Für Knut

~~ IMPRESSUM

Dieses Buch entstand mit freundlicher Unterstützung der Staatlichen Kunstsammlungen Dresden ~ www.skd-dresden.de ~ und der Deutschen Fotothek ~ www.slub-dresden.de.

Wir danken Prof. Dr. Wolfgang Holler vom Kupferstich-Kabinett, Christine Nagel vom Grünen Gewölbe, Gerhard Glaser und Friederike Schaible für Ihre engagierte Mitarbeit.

SAXO'Phon GmbH, Ostra-Allee 20
01067 Dresden
www.editionsz.de

1. Auflage September 2006

Lektorat Klaus Gertoberens . www.perpetuum.de.com
Layout Ronny Rozum . www.creaface.de
Druck Druckhaus Dresden GmbH . www.druckhaus-dresden.de

ISBN (10) 3-938325-28-3
ISBN (13) 978-3-938325-28-5

INHALT

DIE WIEDERERÖFFNUNG

Vorherige Seite
Einstmals Machtzentrum der sächsischen Kurfürsten und Könige, heute das umfangreichste Schatzkammermuseum Europas.

Am Ausgang werden Sie es sehen: Das Lächeln. Wer aus dem Grünen Gewölbe tritt, der kann sich der leichten wunderbaren Freude nicht entziehen. Es ist wie immer nach einem dieser ersehnten Glücksmomente. Niemand kann verbergen, dass er ihn erlebt hat. Das Lächeln verrät ihn.

Bundeskanzlerin Angela Merkel hatte es auch. Als sie am 1. September 2006 ihren Rundgang durch die rekonstruierte Schatzkammer Augusts des Starken beendet hatte, strahlte sie, trat noch einmal an eine der Vitrinen, schaute, fragte. Im Vorgewölbe, der früheren Schlossküche, wo der Rundgang durch das barocke Spiegelkabinett beginnt und endet, stehen neben Steinschnittarbeiten Kunstwerke des Mittelalters und der Frührenaissance aus Silber, Elfenbein und Perlmutt.

Sie sei beeindruckt und glücklich, sagte die Kanzlerin. Sie bedankte sich für die großartige Arbeit aller, die diese neuerliche Kunstschöpfung geschaffen hätten. Sie erinnerte stellvertretend an den Dresdner Denkmalpfleger Hans Nadler, der sich sein Leben lang für den Wiederaufbau des alten Dresden eingesetzt hatte. In Sachsen seien fast alle Kulturbauten ohne nennenswerte

Neuer Glanz in alten Mauern. Mit dem Historischen Grünen Gewölbe hat Dresden ein weiteres Juwel zurückbekommen.

Zuwendungen des Bundes finanziert worden. „Das ist nicht ganz selbstverständlich." Der Freistaat habe die niedrigste Pro-Kopf-Verschuldung der neuen Länder, aber gleichzeitig die höchsten Kulturausgaben eines deutschen Flächenstaates. Dieses Museum trage zur historischen Bildung bei, die im Sozialismus gelitten habe, bei der es aber auch im neuen Gesamtdeutschland auf beiden Seiten großen Nachholebedarf gebe.

Der Direktor des Grünen Gewölbes, Dirk Syndram, schloss dann schnell eine Wissenslücke. Auf den Tag genau vor 277 Jahren, so hob er hervor, war der Ausbau des Grünen Gewölbes im Residenzschloss zum ersten Mal abgeschlossen worden. Auch damals gab es Besuch aus Berlin. Noch vor der Fertigstellung besichtigte der Preußenkönig Friedrich Wilhelm I. die Baustelle, lächelte versonnen und zeigte sich von den Juwelen seines sächsischen Nachbarn beeindruckt.

Einen Festakt gab es einst nicht. August der Starke kam und sorgte mit einer Neuregelung für einen Eklat. Der Kurfürst verfügte, dass die acht Museumsräume nach Anmeldung beim Oberkammerherrn von jedermann besichtigt werden durften. Einmalig – und ein voller Erfolg. Die Tradition hielt an. Denn nach der teilweisen Zerstörung des Grünen Gewölbes am 13. Februar 1945 war, nach der Rückgabe fast aller Schätze aus der Sowjetunion 1958, die Schatzkammer in der Interims-Ausstellung des Albertinums eines der beliebtesten Museen im Arbeiter- und Bauernstaat.

Seit Mitte September können Besucher des Schlosses nun 3.000 Schätze bewundern. Zwei Jahre zuvor wurde bereits das Neue Grüne Gewölbe mit 1.000 Exponaten eingeweiht. Der Wiederaufbau kostete rund 45 Millionen Euro.

Der sächsische Ministerpräsident Georg Milbradt nannte das Grüne Gewölbe eine Art „sächsischer Louvre" und schwärmte, dass mit der Wiedereröffnung der Schatzkammer ein weiteres Stück eines großen Traumes Wirklichkeit geworden sei. Die Festgäste, die am 1. September das Museum schon mal besuchen durften, waren schnell zu erkennen: Sie lächelten versonnen.

„Ein Glückstag für Europa". Angela Merkel und Georg Milbradt bei der Eröffnung des Historischen Grünen Gewölbes.

DAS SCHLOSS UND SEINE GESCHICHTE

Prolog

Vor 800 Jahren trafen sich am 31. März 1206 Dietrich der Bedrängte, der Markgraf von Meißen (reg. 1198-1221), Dietrich II., der Bischof des Hochstiftes Meißen, und Heinrich II., der Burggraf von Dohna, mit über siebzig Adeligen und Hofbeamten an einem Ort, den sie Dresdene nannten. Sie hatten ein heikles Problem zu lösen und am Ende ihrer Beratungen wurde eine Urkunde verfasst und unterzeichnet. Damit beginnt die Geschichte der künftigen Haupt- und Residenzstadt Dresden.

Das Jubiläumsjahr bietet Anlass sie immer wieder neu zu erzählen. Viele Details des damals verkündeten Schiedsspruchs über eine unrechtmäßig errichtete Burg, die sowohl für den Grafen von Dohna wie auch für den Bischof von Meißen von materieller Bedeutung war, wurden aufgedeckt. Doch manches bleibt unbeantwortet. Dazu gehört auch die Frage, in welchem Rahmen das Gipfeltreffen des damaligen Adels im Elbtal des Gaus Nisan, der sich zwischen Radebeul und Pirna erstreckte, stattfand. Vor 800 Jahren gab es an dem Ort keine Burg; wohl noch nicht einmal ein befestigtes Kastell, das die vielen Adeligen mit ihrem großen Gefolge aufnehmen konnte. Auch darüber, wie der Ort, der „Dresdene" genannt wurde, vor etwa 800 Jahren aussah, gibt es heute sehr unterschiedliche und kaum vereinbare Meinungen.

Die Stadthistoriker gehen davon aus, dass es bereits mehr als ein Jahrhundert zuvor in „Dresdene" eine sorbische Siedlung gegeben habe, die um eine Marienkapelle – die heutige Frauenkirche – errichtet worden sei. Die sorbischen Siedler könnten dem Ort seinen Namen gegeben haben. Er wird von der altsorbischen Bezeichnung Drežďane abgeleitet, was soviel heißt wie „Ort der Leute am (oder im) Wald". Der Platz für eine Siedlung war günstig. Eine Furt durch die Elbe ermöglichte die Flussquerung. Dadurch wurden mehrere Handelswege, die im 12. Jahrhundert Bedeutung erlangten, miteinander verbunden. Etwas später, davon gehen die Historiker aus, soll es im Bereich des heutigen Altmarktes zur planmäßigen Anlage einer Kaufmannssiedlung durch germanische Kolonisten gekommen sein. Damals, im letzten Drittel des 12. Jahrhunderts, sei die für eine solche Siedlung typische Nicolaikirche (heute Kreuzkirche) errichtet worden. Noch vor dem überlieferten Treffen habe die deutsche Siedlung um 1200 eine erste Stadtbefestigung erhalten. 1206, so nehmen die Historiker sogar an, wäre bereits eine steinerne Brücke im Bau gewesen, vielleicht sei sie sogar schon fertig gestellt gewesen. Die hohen Herren samt großem Gefolge wären dann an dem Ort „Dresdene" nicht nur an einem für sie geographisch günstigen Platz zwischen den Besitzungen des Meißner Domes und denen der Burggrafen von Dohna zusammengetroffen, sondern zugleich an einem ausgesprochen dynamischen Bauplatz.

Soweit die Darstellung der Stadthistoriker. Doch was davon ist heute wirklich nachweisbar? Seit mehr als anderthalb Jahrzehnten wird die heutige Altstadt Dresdens als Bauplatz wie kaum ein anderer Ort Sachsens archäologisch untersucht. Die aus diesen Grabungen resultierenden Befunde lassen sich mit der Theorie der historischen Stadtforschung nicht in Einklang bringen. Die Archäologen fanden im Bereich der heutigen

Frauenkirche nur wenige Scherben aus slawischer Zeit. Und auch aus dem frühen 13. Jahrhundert wurden nur geringe Siedlungsreste festgestellt. Nun kann vieles in den vergangenen Jahrhunderten durch ständige Neubauten verschwunden sein. Trotzdem vermitteln die Archäologen aufgrund der Befunde ein etwas anderes Bild von der Entstehung Dresdens.

Interpretiert man die bisherigen Grabungsfunde, so muss davon ausgegangen werden, dass Dresden zu Beginn des 13. Jahrhunderts ein nur dünn besiedelter Flecken war. Versumpfende Altarme der Elbe haben danach den Bereich der Altstadt durchzogen. Festgestellt wurden einige Fachwerkhäuser, die in loser Bebauung im Bereich des heutigen Altmarktes standen. Andere Gebäude dieser Art, teilweise unterkellert, fanden sich unter dem Ostflügel des heutigen Schlosses und unter den Fundamenten des Kanzleihauses nahe der Elbe auf hochwasserfreiem Terrain. Folgt man der Darstellung der Archäologen, dann gab es 1206 weder eine imposante Elbbrücke noch einen repräsentativen Herrenhof für die Curie des Markgrafen zu Meißen, dessen Existenz die historische Forschung von alters her im Bereich des Taschenbergs vermutet – und natürlich auch noch keinen Vorgängerbau des heutigen Schlosses. Die adelige Gesellschaft dürfte sich demnach im hoffentlich bereits angenehm warmen Frühjahr 1206 mit einem Zeltlager begnügt haben. Untypisch wäre dies für diese Zeit durchaus nicht.

Der Ort der illustren Versammlung scheint sich nach dem ersten dokumentierten Besuch ihres Landesherrn in kurzer Zeit sehr positiv entwickelt zu haben: Bei dem dritten an diesem Ort belegten Hoheitsakt des Markgrafen zu Meißen wurde am 21. Januar 1216 die geographische Bezeichnung Dresden von den Beamten des Markgrafen mit dem Zusatz civitas versehen – und damit zu einem Stadtnamen. Dies bedeutet noch nicht, dass

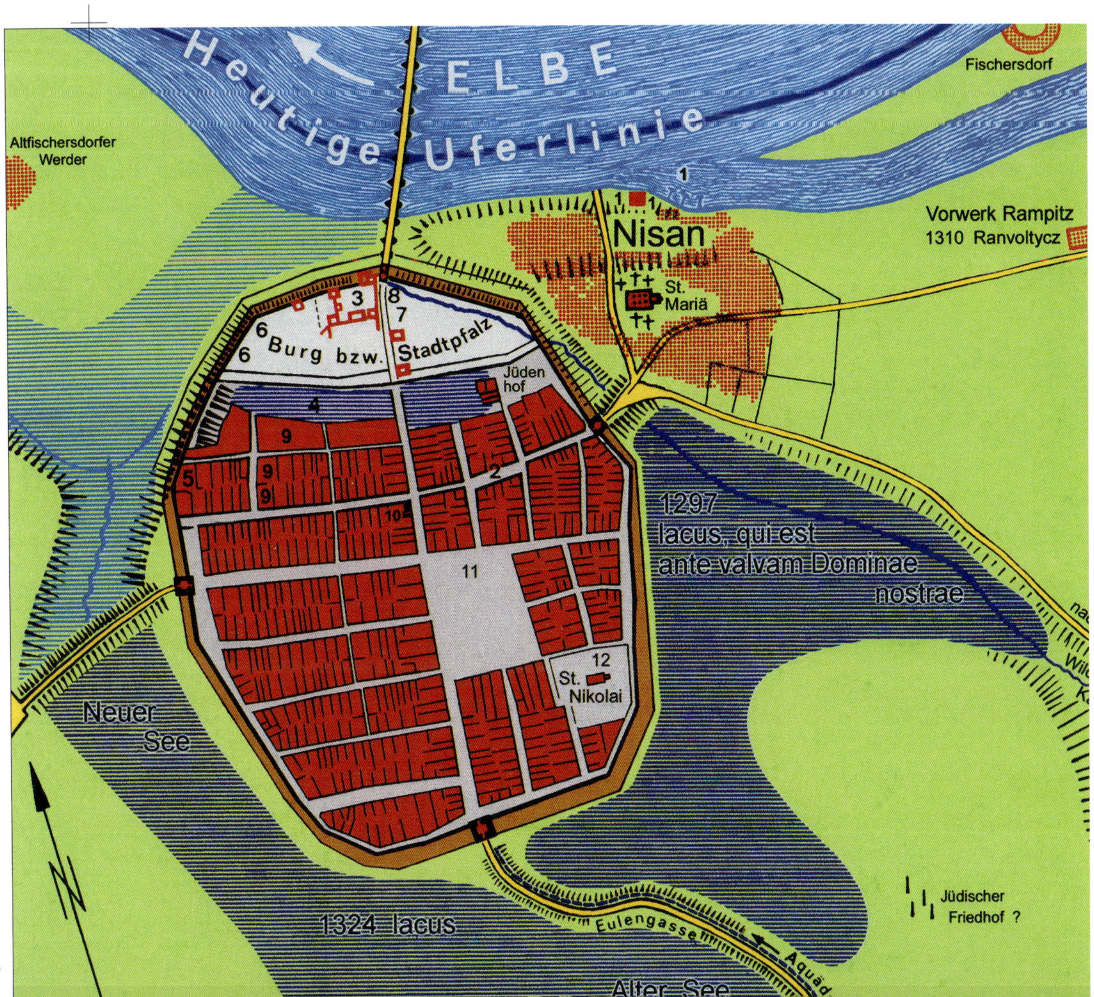

Dresden ~~ Königliche Stadt um 1173-1255

1 Königlicher Hafen-Handels-Zollplatz „Nisani"; 12. Jh. – Steinturm „Neithart"; um 1270 Hospital „St. Materni"
2 Stark jüdisch geprägte, frühstädtische Marktsiedlung „Nisan" (mit Nikolauskapelle)
3 Burg – Hof des königlich-städtischen Hochrichters, des Burggrafen von Dohna
4 See am Taschenberg
5 Seit etwa 1240/70 Franziskanerkloster
6 Seit etwa 1260/70 Palast Markgraf Heinrich des Erlauchten
7 Hof des Brückenamtes mit Hospital
8 Hof des markgräfischen Försters
9 Freihöfe markgräfischer Burgmannen, um 1260/70
10 Steinernes Bürgerhaus
11 Kaufhaus/Rathaus etwa 1250
12 Nikolaikirche mit Klarissenkloster

nach Reinhard Spehr, 1990

damals bereits eine ummauerte Siedlung bestanden haben muss. Es setzt aber einen Verbund von „Bürgern" mit einer eigenen Verfassung in Dresden voraus. Die Stadtwerdung hatte begonnen.

Gefördert wurde diese Entwicklung durch die Elbbrücke, die um das Jahr 1230 an der Stelle der heutigen Augustusbrücke nachweisbar ist. Für 1287 wird überliefert, dass sie aus Steinen erbaut war. Zu diesem Zeitpunkt mehrten die Dresdner Bürger auch ihre Stadtrechte. Für das Jahr 1284 werden burgensis iurati (geschworene Bürger) überliefert, die am markgräflichen Stadtgericht beteiligt wurden. Außerdem erhielt Dresden das Recht eigene Gesetze (Willküren) zu erlassen. Acht Jahre später, 1292, wird der erste Dresdner Bürgermeister erwähnt und für 1309, gut einhundert Jahre nach der Ersterwähnung des Ortes, ist das erste Dresdner Stadtsiegel nachweisbar.

Gotik: Vom Brückenkastell zur Burg

~ Wie aber kam „Dresdene" zu einer Burg? Auskunft darüber geben Ausgrabungen, die 1982 bis 1986 sowie seit Mitte der 90er Jahre vorgenommen und in einer weiteren Grabung, 1999 bis 2000, abgeschlossen worden. Erforscht hat man dabei Teile des Großen und des Kleinen Schlosshofes, des Ostflügels, des angrenzenden östlichen Nordflügels, der nördlichen Schlossstraße und das Grundstück des Kanzleigebäudes. Es handelt sich dabei nicht um eine vollständig flächendeckende Freilegung zur Erforschung des für die Gründungsphase Dresdens so bedeutsamen Teils der Stadt. Die Ergebnisse erlauben aber Rückschlüsse auf deren Entwicklung in den ersten Jahrhunderten ihres Bestehens. Deutlich wird, dass dort, wo sich heute der Ostflügel des Schlosses und das Kanzleigebäude erheben, zunächst eine Anzahl einzelstehender Fachwerkhäuser standen. Diese waren zum Teil unterkellert. Das zu ihrem Bau verwendete Holz ist zwischen 1170 und 1180 gefällt worden. Die unregelmäßig angelegte Häusergruppe ist neben einer zweiten, die im Bereich des Altmarktes gefunden worden, der früheste nachweisbare Siedlungskern der Stadt. Vielleicht handelte es sich dabei um einen herrschaftlichen Hof, der wohl dem Burgherren von Dohna gehört haben dürfte. Aufgrund der in dieser Besiedlungsschicht gefundenen Scherbenreste kann darauf geschlossen werden, dass die Häuser um 1230 zerstört worden. Sie machten einer kleinen, kastellartigen Anlage Platz, mit der die Geschichte des heutigen Schlosses beginnt.

Um die Frage zu beantworten, warum gerade an dieser Stelle eine Befestigung errichtet wurde, muss man sich die damalige Stadttopographie vor Augen führen. Dort, wo sich heute die Altstadt Dresdens befindet, gab es im frühen 13. Jahrhundert eine fruchtbare, leicht wellige Landschaft mit aufragenden Geländerücken. Es war ein wasserreiches Gebiet, in dem sich aus Altarmen der Elbe Teiche und Tümpel gebildet hatten und den Bäche und kleine Flüsse durchzogen. Auwälder und Wiesen umgaben die allmählich verlandenden Teiche und die Wasserläufe. Das Kastell wurde kurz nach 1230 auf einer hochwasserfreien Erhebung errichtet. Sie wurde nach Osten durch den in die Elbe mündenden Kaitzbach und nach Westen durch das Delta der Weißeritz begrenzt. Das Kastell entstand aber nicht nur an einem exponierten, vor den immer wiederkehrenden Überflutungen der Elbe geschützten, Ort, sondern auch in strategisch günstiger Lage. Die Befestigung sicherte die sich entwickelnde Kaufmannsstadt zur Elbseite. Ihre östliche Mauer lag zudem am Ende einer mit Schotter und Holzknüppel befestigten Straße, die vom neu angelegten Markt zur ebenfalls neuen Elbbrücke führte. Lange Zeit wurde diese Straße als Elbgasse bezeichnet, heute trägt sie den Namen Schlossstraße.

Die ersten Wehrbauten umschlossen nur eine kleine Fläche. Das Kastell war gut 40 Meter lang und 35 Meter breit. Damit nahm es zwar große Teile des heutigen Ostflügels ein, wurde aber an der Nordseite ungefähr dort nach außen begrenzt, wo sich heute die Innenfassade zum Großen Schlosshof befindet. Die 1,60 Meter dicke Mauer, die das Kastell sicherte, knickte ungefähr auf der Höhe des Hausmannsturmes im rechten Winkel nach Süden ein und besaß ihre südliche Begrenzung gut zehn Meter von der heutigen Fassade des Zwischenflügels Nord, der lange Zeit als Südflügel des Schlosses geführt wurde. Die Wehrmauer besaß stadtabgewandt an ihrer Westseite drei kleine Türme, zwei weitere gab es entlang der Straße zur Brücke. Im Inneren lassen sich einige Gebäude nachweisen, die einen gepflasterten Hof umgaben. Das größte Gebäude dieses Kastells war ein gut 19 Meter langer und 10 Meter breiter Saalbau, der wegen seiner Beheizbarkeit von seinem Entdecker als „Kemenate" bezeichnet wurde. Erhalten hat sich bis heute das dreijochige Untergeschoss dieses Steinbaus. Es han-

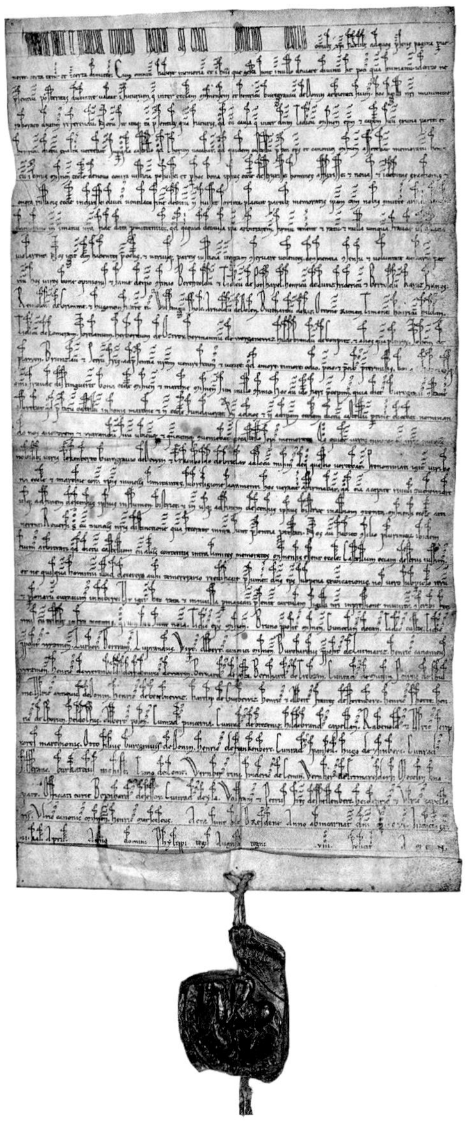

Urkunde vom 31. März 1206, in der Dresden zum ersten Mal als Ort erwähnt wird.

Heinrich der Erlauchte und Constantia von Österreich. Wandgemälde von Anton Dietrich in der Albrechtsburg Meißen.

delt sich dabei um eine Halle mit Wandpfeilern und Gurtbögen aus Sandstein, die ursprünglich von einem Kreuzgratgewölbe überfangen wurde. Eine breite Treppe ermöglichte vom Hof her einen bequemen Zugang in das Untergeschoss. Für ein Wirtschaftsgebäude, wie von manchen vermutet, wäre eine solche architektonische Ausstattung zu hochwertig. Man kann deshalb annehmen, dass es sich bei dem, direkt an der südlichen Burgmauer errichteten, Gebäude eher um das bescheidene Hauptgebäude des Kastells, den Palas, gehandelt haben dürfte. Die Burg besaß von der Stadtseite her einen Zugang, dem eine zehn Meter breite Freifläche als Zwinger vorgelagert war.

Wahrscheinlich war es die Elbbrücke, der dieses Kastell seine Existenz verdankte. Wann die architektonisch wie ingenieurtechnisch imposante Elbquerung errichtet wurde und aus welchem Material sie damals bestand, ist nicht bekannt. Eine heute zwischen 1228 und 1234 datierte Urkunde bestätigt ihre Existenz und gibt Auskunft über eine Reparatur, die nach einer Zerstörung durch Hochwasser nötig wurde. Ob es sich bei dieser Nennung bereits um den 560 Meter langen und 8,5 Meter breiten kolossalen Steinbau handelte, ist mehr als ungewiss. Erst für das Jahr 1287 ist sie als aus Steinen erbaut bezeugt. Ihr erster Brückenpfeiler links der Elbe hat sich im Fundament des heutigen Georgenbaues erhalten, weitere fanden sich unter dem Schlossplatz und auch auf rechtselbischer Seite. Nicht nur im Heiligen Römischen Reich, sondern im ganzen damaligen Europa war die steinerne Elbbrücke von Dresden eine der größten Brückenbauten ihrer Epoche. Gegen die eifersüchtigen Nachbarn geschützt werden musste das teure Gebäude auf jeden Fall. Es wäre durchaus logisch, wenn die Errichtung eines Brückenkastells mit der Errichtung der steinernen Brücke in direkter zeitlicher Beziehung stünde. Schließlich – von wem auch immer – musste der Brückenzoll eingetrieben werden, der das Gebäude refinanzierte.

Der Bauherr des kastellartigen kleinen Hofs am Brückenkopf war wohl der reichsunmittelbare Burggraf von Dohna, zu dessen Herrschaftsgebiet Dresden mitsamt des Burgareals in der ersten Hälfte des 13. Jahrhunderts gehörte. Doch die damals heftig umstrittenen Besitzrechte zwischen dem Markgrafen von Meißen und dem Herren von Dohna zu entwirren, ist heute wie damals sehr schwierig. Das Kastell stand auf einem viel größeren Burgbezirk, der den nordwestlichen Rand des Stadtgebietes einnahm und vom Brückenkopf über den Bereich des heutigen Taschenbergpalais bis hin zur einstigen Sophienkirche reichte. Diese Burgfreiheit bildete einen eigenständigen, herrschaftlich bestimmten Rechtsbezirk. Sie bleibt auch in den nächsten Jahrhunderten als innerer Teil des Schlossareals erkennbar.

Die Anfänge des künftigen Dresdner Residenzschlosses waren also wenig repräsentativ. Landesherrschaftliche Repräsentation wurde vom Brückenkastell zunächst auch nicht erwartet, denn der Markgraf von Meißen hatte Dresden ja gar nicht in seinem Besitz.

Dies änderte sich erst, als mit Heinrich dem Erlauchten (reg. 1221/30-1288) am 19. November 1255 erstmals, seit 1216, wieder ein Markgraf aus dem Hause Wettin in Dresden Hof hielt. Heinrich dem Erlauchten war es gelungen, die Rechte des, direkt dem deutschen König unterstellten, Burggrafen von Dohna massiv zu beschneiden und große Teile aus dessen Herrschaftsgebiet in seinen Besitz zu bringen. Bekannt ist, dass sich der Markgraf gerne im Meißner Umland aufhielt. Um das Jahr 1268 wurde das verkehrsgeographisch günstig gelegene Dresden zu seinem bevorzugten Wohnort. Von 1272 bis zu seinem Tode 1288 hielt Heinrich der Erlauchte wohl nur noch in Dresden Hof. Dadurch stieg der Burgbezirk von Dresden zum ersten Mal zur Residenz eines Wettiners auf. Es ist aber kaum vorstellbar, dass sich der bekanntermaßen die Pracht liebende Fürst mit einem kleinen Brückenkastell begnügte.

Bei Suchgrabungen in den 1980er Jahren wurden am Rande des Taschenbergs, im Bereich der heutigen Sophienstraße, Überreste eines großen Baukomplexes ergraben, zu dem ein über 30 Meter langes und 15,5 Meter breites Gebäude gehörte. Dieses dicht an der ersten Stadtmauer errichtete Gebäude stellt das mächtigste Bauwerk des 13. Jahrhunderts im Burgbezirk dar und wurde noch im 17. Jahrhundert vom kurfürstlichen Archivar Anton Weck als „Schloss oder Curiam" der alten Markgrafen von Meißen bezeichnet. Nach einer wechselhaften Nutzungsgeschichte fiel der einstige Palas der Curia des Markgrafen Heinrich des Erlauchten erst im Jahre 1719 den Baumaßnahmen Augusts des Starken zum Opfer.

Doch trotz der zeitweiligen Aufwertung des Dresdner Burgareals als markgräflicher Wohnsitz blieb das Brückenkastell, das 1289 erstmals als castrum urkundliche Erwähnung fand, bis in die zweite Hälfte des 14. Jahrhunderts weitgehend unverändert erhalten. Nach dem Tode Heinrichs des Erlauchten im Jahre 1288 fiel die Landesherrschaft des Hauses Wettin auf Jahrzehnte in eine tiefe Krise. Es kam zu kriegerischen Auseinandersetzungen, in deren Folge Dresden 1315 von den Truppen des brandenburgischen Markgrafen besetzt wurde. In den darauf folgenden Jahren unterzog man das Brückenkastell einer fortifikatorischen Ertüchtigung. Es erhielt im Süden zur Stadt hin und nach Westen einen wasserführenden Befestigungsgraben und zugleich eine Brückenzufahrt mit Tordurchlass. Die ergrabenen Teile der Holzbrücke können dentrochronologisch in die Jahre um 1330 datiert werden.

Spätgotik: Der Weg von der Burg zur herzoglichen Residenz

Nachdem sich die Herrschaft des Hauses Wettin wieder gefestigt hatte, machte der von 1323 bis 1349 regierende Markgraf Friedrich der Ernsthafte Dresden erneut zu seinem bevorzugten Aufenthaltsort. Dies wirkte sich langfristig auch auf die bauliche Gestaltung der Burg aus. In den Jahren um 1400 erlebte der seit 170 Jahren bestehende kastellartige Hof am Brückenkopf unter Markgraf Wilhelm I. (reg. 1382-1407) eine markante Erweiterung und umfassende Neugestaltung. Bei nur geringfügigen Vergrößerungen entstand eine repräsentative Anlage, von der sich bis heute Bauteile sichtbar erhalten haben. In der Nordwestecke der Burganlage ließ Wilhelm I. einen mächtigen Turm als weithin sichtbares Herrschaftssymbol errichten, dessen Mauern die unteren Geschosse des heutigen Hausmannsturms bilden. Daran, nach Osten anschließend, ließ der Markgraf einen zweigeschossigen Palastbau von

Untergeschoss des Steinhauses am Ostflügel. Es stammt aus dem 13. Jahrhundert und wurde 1985 ausgegraben.

etwa 50 Meter Länge und 14 Meter Breite als neues Hauptgebäude erbauen, das den Anforderungen eines mächtigen Reichsfürsten entsprach. Spätere Generationen bezeichneten diesen Teil des Schlosses als das „Alte Haus".

Es bildet heute den inneren Kern des Nordostflügels. In dessen Erdgeschoss und im ersten Obergeschoss haben sich bauliche Überreste aus der Zeit um 1400 erhalten und wurden nach den Zerstörungen des Zweiten Weltkriegs wieder sichtbar. Ergrabene Fundamente unter dem heutigen Ostflügel deuten auf ein, zu dieser Zeit neu errichtetes großes Torhaus zur Elbgasse, hin. Der kleine Palas des alten Brückenkastells, die sogenannte „Kemenate", wurde als Wirtschaftsgebäude genutzt. Weitere Wirtschaftsgebäude, die für eine autarke Hofhaltung notwendig waren, fanden aber wohl vor den Burgmauern ihren Platz. Dazu gehörten Kornhaus und Backhaus für die Brotherstellung, Malzhaus, Brauhaus und Bierkeller für die Bierzubereitung, aber auch Viehhaus, Presshaus und Badestube. Das Büchsenhaus, ein Arsenal für die größeren Geschütze, und die Försterei wurden südlich und südwestlich der eigentlichen Burg errichtet. Mit der Wahl der Dresdner Burg als Herrschaftsmittelpunkt der sächsischen Markgrafen dauerten die Bautätigkeiten im Burgbereich weiter an. So wurde zwischen 1456 und 1461 der nördliche, elbseitige Teil des heutigen Ostflügels errichtet und mit dem bestehenden „Alten Haus" verbunden.

Weitaus umfassender war dann der Umbau, den die wehrhafte Burg unter den Brüdern Kurfürst Ernst (1441-1486) und Herzog Albrecht (1443-1500), die Sachsen mehrere Jahrzehnte gemeinsam regierten, erlebte. An den Planungen und Bauarbeiten könnte der für den wettinischen Hof tätige Baumeister Arnold von Westfalen, der Schöpfer der damals erbauten und ausgesprochen prächtigen Albrechtsburg in Meißen, betei-

ligt gewesen sein. Es entstand eine geschlossene vierflügelige Burganlage, die nun auch repräsentative Aufgaben zu erfüllen in der Lage war. Die Baumaßnahmen begannen 1468 mit der Errichtung eines neuen Westflügels. Die Erschließung neuer Steuerquellen seit 1470, vor allem aber der zeitgleich einsetzende „Silbersegen" aus den Bergwerken des Erzgebirges, ließen die finanziellen Möglichkeiten der Fürstenbrüder erheblich anwachsen.

Der neue Reichtum ermöglichte es Ernst und Albrecht zeitgleich die Burgen von Wittenberg, Rochlitz, Meißen und Torgau auszubauen. Mit diesen Fürstensitzen entstanden in kurzer Zeit wichtige Bauten, die in der deutschen Baugeschichte den Übergang von der fortifikatorischen Burgenarchitektur zur repräsentativen Schlossarchitektur markieren. Auch die Dresdner Burg hatte daran ihren eigenen Anteil. Bis etwa 1480 wurde sie zu einem modernen und ausgesprochen funktionalen Baugefüge verändert.

Den bereits existierenden Nordflügel ließen die fürstlichen Bauherren gründlich überarbeiten und dabei auch unterkellern. Er diente ihnen weiterhin als Wohnflügel. Diesem Baukörper entsprechend wurde auch der in seinen Ausmaßen heute noch bestehende, nicht unterkellerte, Ostflügel als ein die Burganlage beherrschender, dreigeschossiger Bau errichtet. Im südlichen Teil seines Erdgeschosses konnten nach 1985 eine kreuzgratgewölbte Halle aus der Erbauungszeit und nach Norden Reste weiterer Räumen freigelegt werden. Während sich die zur Elbgasse gerichtete Fassade des Ostflügels geschlossen gab, wurde vor der Hoffront auf den Fundamenten der bis auf das Kellergeschoss abgetragenen „Kemenate" des frühen 13. Jahrhunderts ein repräsentativer quadratischer Treppenturm errichtet. Die verbleibenden Joche des Untergeschosses der abgerissenen „Kemenate" fanden als Vorratskeller eine neue Nutzung. Er wurde nun von einem einfachen Tonnengewölbe überdeckt. Der neue Ostflügel der Burg enthielt im Erdgeschoss neben der mächtigen zweiflügeligen Halle, die baulich prächtig ausgeführt war, auch Vorratsräume und

Herzog Albrecht. Illustration aus der „Sammlung von Bildnissen der Herzöge von Sachsen", 1645.

Das Schlossmodell aus der ersten Hälfte des 16. Jahrhunderts ist seit 1945 verschollen.

Friedrich und Johann, die Söhne von Georg dem Bärtigen. Gemälde von Lucas Cranach d. Ä.

vielleicht damals schon eine Bäckerei. Über den erwähnten Treppenturm konnte man vom Hof aus bequem in das erste Geschoss gelangen. Dort befand sich die „Neue Hofstube". Das gesamte zweite Geschoss nahm der große Festsaal der repräsentativen Wohnburg ein. Er wurde als „Dantzsall" bezeichnet und hatte bei einer Länge von 40 Metern und einer Breite von 13 Metern eine Fläche von 520 Quadratmetern.

Der Hausmannsturm wurde durch einen spitzen Helmabschluss stärker hervorgehoben. An seiner Westseite war als erster Neubau bis 1469 ein neuer Flügel errichtet worden, in dem sich die im Grundriss fast quadratische, vom ersten Geschoss eine über zwei Etagen reichende Georgskapelle als bedeutendster Funktionsraum befand. Sie wurde von einem Sterngewölbe überdeckt. Im Erdgeschoss des Nordflügels befand sich neben der Hofküche auch die landesherrliche Kanzlei mit dem zu dieser Zeit obligatorisch werdenden Archiv. Die Hofecke zwischen dem Nord- und dem Westflügel nahm ein weiterer, viereckiger Treppenturm ein. Seine ausgesprochen repräsentativ gestaltete Freitreppe besaß loggiaartige Öffnungen und führte direkt vom Hof ins erste Geschoss. Sie ermöglichte sowohl den Zugang zur Burgkapelle im Westflügel wie auch zu den fürstlichen Wohnräumen im Nordflügel. Gut zehn Meter vor der bisherigen stadtseitigen Burgmauer entstand als südlicher Burgabschluss ein schmaler Flügel, aus dem ein baukünstlerisch bemerkenswertes Torhaus hervorragte. Das „Neue Torhaus" war mit polygonalen Erkern geschmückt und besaß eine auffallende turmartige Bekrönung mit kunstvoll geschweifter Haube. Das gegen 1474 vollendete neue Haupttor der kurfürstlich-herzoglichen Burg wurde zur Stadt hin durch eine Zugbrücke über einen befestigten, fast 20 Meter breiten Graben gesichert. Das prächtige Erscheinungsbild der turmreichen spätgotischen Anlage überlieferte ein um 1530 entstandenes Holzmodell. Das Baumodell ist seit 1945 verschollen, wurde aber durch Fotos überliefert.

Die Dresdner Burg der zweiten Hälfte des 15. Jahrhunderts erreichte zwar nicht die architektonische Pracht der gleichzeitig entstandenen Meißner Albrechtsburg, sie zeichnet sich aber durch ihre fast schon italienisch anmutende Regelhaftigkeit aus. Durch die klare Trennung der Funktionen – Wirtschaftsbereiche und Landesverwaltung im Erdgeschoss, Wohn- und Repräsentationsräume im ersten und zweiten Geschoss – entstand mit ihr eine ebenso funktionale wie wohnliche Burganlage. Über Jahrhunderte hatten die Markgrafen von Meißen wie auch später die Herzöge und Kurfürsten von Sachsen ihre Regierung in Form einer beständigen Reise durch ihr Herrschaftsgebiet ausgeübt. Bevorzugte Burgen und Städte wie Altenburg, Grimma, Leipzig, Rochlitz, Torgau, Meißen oder auch Dresden wurden immer wieder zu Aufenthalts- und Handlungsorten des Hofes. In der zweiten Hälfte des 15. Jahrhunderts ging die Zeit der fürstlichen Reiseherrschaft ihrem Ende entgegen. Nun bildeten sich Residenzen im Heiligen Römischen Reich Deutscher Nation heraus. Für Sachsen nahm Dresden seit Mitte der 70er Jahre des 15. Jahrhunderts als Hauptstandort des Hofes, einen bevorzugten Platz ein. Damit begann die bis 1918 andauernde Geschichte der Dresdner Burg und bald des Schlosses als Fürs-

Georg der Bärtige. Nach ihm ist der Georgenbau benannt. Gemälde von Hans Krell.

tenresidenz. 1482 und damit kurz nach ihrer baulichen Vollendung wurde die Dresdner Burg für die fürstliche Wohngemeinschaft der Brüder Ernst und Albrecht zu klein. Herzog Albrecht verlegte seine Hofhaltung für drei Jahre nach Torgau. Mit der 1485 ausgehandelten Leipziger Teilung, die den großen und mächtigen sächsischen Territorialstaat des Hauses Wettin in ein ernestinisches Kurfürstentum und ein albertinisches Herzogtum aufspaltete, kehrte Herzog Albrecht als alleiniger Besitzer in die nunmehr herzogliche Burg nach Dresden zurück.

Frührenaissance: Der Georgenbau

~ Das um 1530 entstandene Modell der Burg des späten 15. Jahrhunderts zeigt an der südlichen Ecke des Ostflügels, einen fast vollrund in die heutige Schlossstraße herausragenden Turm. Dieser war nicht beim Neubau der Burg unter den Fürstenbrüdern Ernst und Albrecht entstanden, sondern wurde höchstwahrscheinlich erst kurz vor 1530 errichtet.

Seine spätere Bezeichnung als Schössereiturm geht auf den unmittelbar angrenzenden, um 1548 errichteten Verwaltungsbau der Schösserei zurück, in dem die Administration des Amtes Dresden untergebracht wurde. Der spitze Helm dieses Turmes mit seinem Giebelkranz gehörte – ebenso wie das Baumotiv des Turmes selbst – noch ganz der Spätgotik an. Auch der Hausmannsturm erscheint im Modell nicht mehr so, wie er in der Zeit um 1470 aussah. Der Modellbauer hatte ihm schon die moderne „Welsche Haube" aufgesetzt, die der Turm 1530 erhielt, nachdem die spätgotische Spitze, wohl durch Blitzschlag, ein Opfer der Flammen geworden war. In beiden Fällen war Georg der Bärtige (reg. 1500-1539) der Bauherr.

Der Sohn Herzog Albrechts hatte nicht nur das Herzogtum Sachsen, sondern auch das Amt des Kaiserlichen Statthalters von Friesland geerbt. In den benachbarten Niederlanden konnte Georg der Bärtige die modernen Architekturströmungen der Renaissance kennen lernen, bis er 1515 seine finanziell verwertbaren Rechte aus Friesland

Das Modell von 1521 zeigt deutlich die architektonische Wirkung des Schlosses im Stadtgefüge.

an die Habsburger verkaufte und nach Sachsen heimkehrte.

In Dresden gab er ein außergewöhnliches Bauwerk in Auftrag, das als eines der ersten die architektonischen und die ornamentalen Formen der Frührenaissance nach Mitteldeutschland brachte. Es handelt sich um den, noch heute nach seinem Erbauer benannten, Georgenbau. Zwischen 1530 und 1535 ließ der Herzog das alte, stark befestigte Elbtor, am linkselbischen Aufgang zur Brücke, durch einen fast 30 Meter hohen Bau ersetzen. Der Georgenbau grenzte unmittelbar an den Nordflügel des Schlosses, der als fürstlicher Wohntrakt genutzt wurde, und erweiterte die herrschaftlichen Wohnräume. Zur Stadt hin erhielt der Bau in beiden Obergeschossen zwei übereinander liegende, quergelagerte Räume, die eine Anbindung an den Nordflügel der Burg besaßen. Zur nach Norden gerichteten Elbseite befanden sich jeweils zwei tiefe Räume. Diese Raumfluchten waren für die Hofhaltung der beiden Söhne des Herzogs, Friedrich und Johann, bestimmt.

Aufgrund der besonderen topographischen Lage der Burg zur Brücke musste das Gebäude über einem schiefwinkligen Grundriss errichtet werden. So besaß die nach Süden zur Stadt gerichtete Fassade eine Breite von neun Metern, während die nach Norden weisende Elbseite mit 12,30 Metern deutlich breiter war. Der dreigeschossige Baukörper bildete mit seinem noch einmal dreigeschossigen Giebel und den, an das hoch aufragende Dach seitlich angesetzten, Zwerchhäusern im Verhältnis zum niedrigen spätgotischen Schlossgeviert einen dominierenden, fast schon schlossartigen Akzent.

Ein ebenfalls seit 1945 verschollenes Modell der Stadt Dresden, das 1521 entstand und 1535 um das neue Bauwerk ergänzt wurde, zeigt die ursprüngliche architektonische Wirkung des von einem turmartigen Dachreiter bekrönten, mächtigen Baus im Stadtgefüge. Im Erdgeschoss des Torgebäudes befand sich die Durchfahrt von der Elbgasse, der heutigen Schlossstraße, auf die Brücke und damit der Hauptzugang vom gegenüberliegenden „Altendresden" über die Elbe in die herzogliche Residenzstadt.

In seiner architektonischen Gliederung wie auch in seinem ornamentalen Schmuck empfing der Georgenbau Anregungen aus der italienischen und niederländischen Baukunst. Bemerkenswert ist dabei die, für damalige Bauten in Deutschland ungewöhnlich fortschrittliche Symmetrie der horizontalen und axialen Anordnung der Fenster, die in den Obergeschossen der Südfassade gleichmäßig gereiht worden. Dagegen erfuhr die zur Elbbrücke gerichtete Nordfassade durch skulpturale Bänder, eine Betonung der Horizontalen. Diese dem Besucher als erstes sichtbaren, Fassade empfing ihn bei seinem Eintritt in die Stadt Dresden mit einer Triumphpforte, über der ein zweigeschossiger, besonders schmuckreichen Erker, als herrschaftlicher Ausblick, angebracht war.

Der reiche Skulpturenschmuck, der den Georgenbau auf beiden Seiten bedeckte, war für seine Entstehungszeit von kirchenpolitischer Aktualität. Herzog Georg selbst war ein vehementer Verteidiger des alten Glaubens, der sich durch „die verdammte lutherische Sekte", der auch seine Vettern und sein Bruder angehörten, bedroht fühlte. Als Ritter des Ordens vom „Goldenen Vlies" beteiligte sich Georg nicht nur an militärischen Bündnissen zur Verteidigung des Katholizismus, – so 1525 am Dessauer Bündnis und auch am Heiligen Bund – er bekannte auch offensiv seinen Glauben. Davon legen die, bis heute erhaltenen, Skulpturenteile des Georgenbaues Zeugnis ab. Die nach Norden gerichtete „Mitternachtsseite" des Torbaus widmete sich der Erbsünde des Menschen. Hier vereinten sich die Darstellungen des ersten Menschenpaares Adam und Eva beim Sündenfall mit deren Vertreibung aus dem Paradies und der Schilderung des Brudermordes Kains an Abel. Ein breiter Fries, der im Bereich der Traufkante von einer Seite der Fassade zur anderen verlief, stellte den Totentanz dar. Alle Stände umfassend wurde das unüberwindliche Schicksal jedes Menschen – der Tod – dem Betrachter vor Augen geführt. In christlicher Demut ließ der Herzog sein eigenes Bildnis, wie auch das seiner Gemahlin Barbara und seiner Söhne, auf der Höhe des Erkers in den Totentanz einreihen. Zugleich aber entsprach die Elbfassade des Torgebäudes auch hoheitlichen Ansprüchen, denn sie nahm einen Fries mit dem mächtigen Wappen des wettinischen Herzoghauses auf.

Die schicksalhafte Verdammnis des Menschen durch Tod und Erbsünde, wurde auf der Südfassade durch den Erlösungsgedanken, gemäß der Lehre des katholischen Glaubens, gespiegelt. Auf der Spitze des Südgiebels triumphierte der Erzengel Michael über den Teufel. Darunter, in der Mitte der Giebelwand, erblickte man das Bildnis

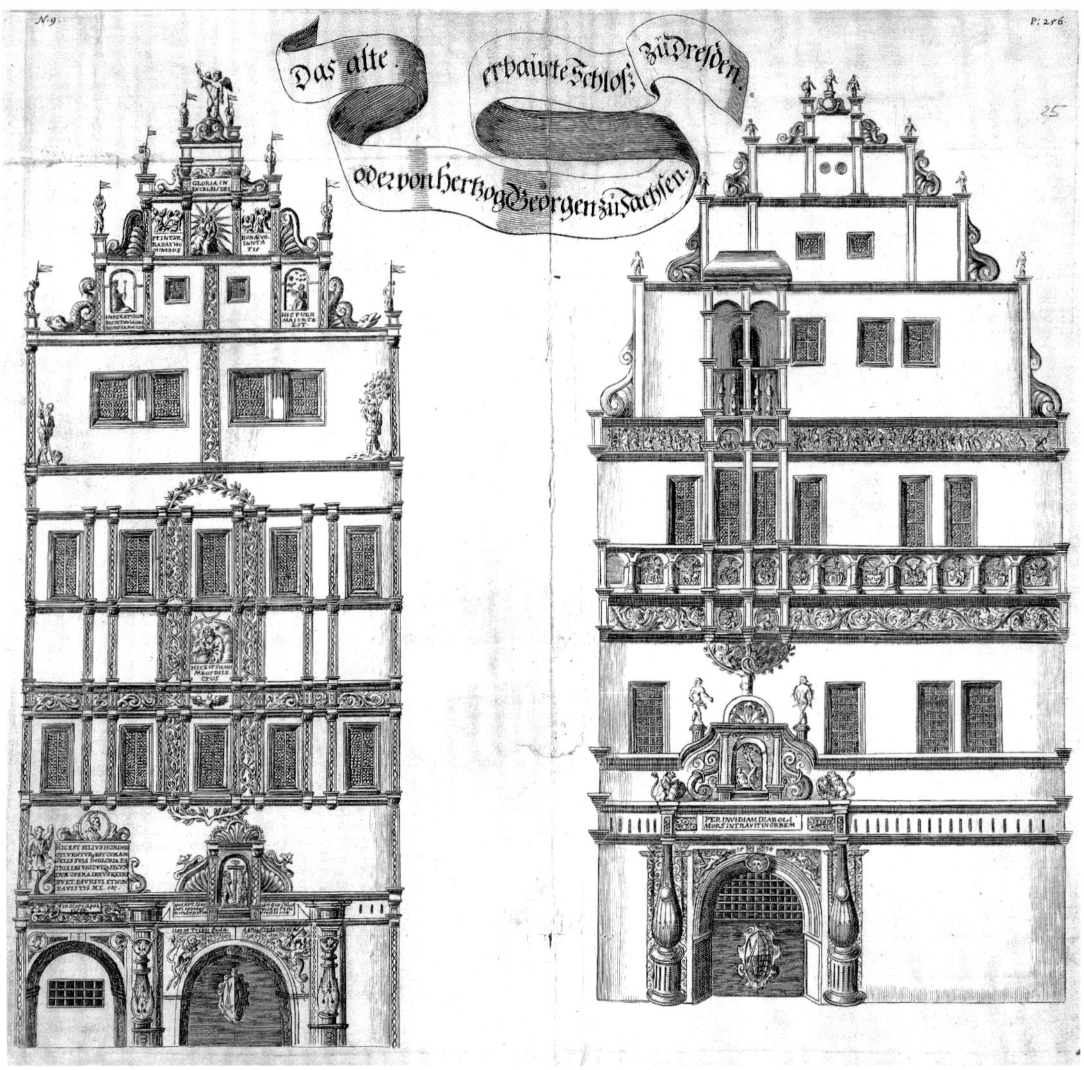

Südliche Stadt- und nördliche Elbfassade des Georgenbaus. Kupferstich von Anton Weck, 1680.

Heinrich der Fromme bekannte sich zum evangelischen Glauben und begann mit der Reformation. Unbekannter Künstler.

Marias, der Mutter Gottes, in der Strahlenglorie. Sie wurde von zwei Relieftafeln mit jubilierenden Engeln umgeben. Unter der Mariendarstellung befanden sich die Reliefs des Kaisers Augustus als Herrscher und einer Sibylle als Prophetin der Geburt Christi. Der die Menschheit durch seinen Opfertod erlösende Heiland, wurde durch den Baum des neuen Lebens, der scheinbar die Mittelachse der Südfassade umwucherte, symbolisiert. Im optischen Zentrum der Fassade, zwischen dem ersten und dem zweiten Obergeschoss war auf einem Relief die Darstellung Gottvaters zu sehen. Darunter schwebte über dem Mittelfenster des ersten Geschosses, die Taube des heiligen Geistes. Herzog Georg und sein Sohn Johannes wurden in den Zwickeln des Brückenportals als Bauherren wie auch als Zeugen der christlichen Erlösungslehre dargestellt. Zudem wurde auf beiden Seiten des Torgebäudes der Hauptdurchgang durch Figuren und Symbole eingefasst, die sich in vielfältiger Weise auf das Erlösungswerk durch den Opfertod Christi bezogen. Diese Portale, die sich an anderen Stellen des Georgenbaues bis heute erhalten haben, gehören mit ihrem feinen Ornamentschmuck zu den bedeutendsten Werken der deutschen Frührenaissance.

Die Bildsprache des Georgenbaus erklärt sich ganz konkret aus den religiösen Umwälzungen seiner Entstehungszeit. Herzog Georg, der 1519 der Disputation zwischen Luther und Eck in der Pleißenburg in Leipzig beiwohnte, war selbst ein Verfechter einer Reform der katholischen Kirche durch Rückbesinnung auf ihre geistliche Tradition. Wenige Jahre vor dem Thesenanschlag war Luther zweimal in Dresden gewesen.

1516 besuchte er das Kloster seines Augustinerordens im rechtselbischen „Altendresden" und am 25. Juli 1517 hielt der künftige Reformator in der Kapelle der Dresdner Burg eine seiner „Mönchspredigten". In Georg dem Bärtigen fand Luther aber bald einen vehementen Gegner. Seit 1522 verfolgte der Herzog die Bestrebungen der beginnenden Reformation in seinem Herrschaftsbereich mit zunehmender Schärfe. 1530, in dem Jahr, in dem Georg der Bärtige den Bau des neuen Torschlosses begann, wurde das neue evangelische Glaubensbekenntnis auf dem Reichstag in Augsburg (Augsburgische Konfession) vorgetragen. Gleichzeitig verbanden sich die evangelischen Reichsstände unter Führung des sächsischen Kurfürsten und des Landgrafen von Hessen im Schmalkaldischen Bund zu einer religiös motivierten Schutzgemeinschaft. Der Georgenbau antwortet auf dieses Geschehen mit bekennendem Bauschmuck. Zugleich ist er auch eine Antwort auf den 1533 einsetzenden Ausbau des Schlosses Hartenfels in Torgau durch Kurfürst Johann Friedrich. Dort verlieh der Vetter des Herzogs Georg, durch architektonische Pracht, seiner Würde als Kurfürst wie auch als evangelischer Landesbischof Ausdruck.

Von dem einstigen Gründungsbau der Frührenaissance in Mitteldeutschland hat sich baulich nichts erhalten. Während große Teile des von Christoph Walther I. geschaffenen originalen und sehr qualitätsvollen Bauschmucks bewahrt blieben, ging die Architektur der Frührenaissance, im Zuge des Neubaus dieses Schlossbereiches zwischen 1899 und 1901, gänzlich verloren. Der berühmte Totentanzfries hat die Jahrhunderte und die teilweise einschneidenden Veränderungen des Georgenbaues überstanden. Er befindet sich seit 1991 mit all seinen 27 Figuren und seiner vollen Länge von 12,50 Metern im Altarraum der Dreikönigskirche. Die stadtseitige Portaleinrahmung des Frührenaissancegebäudes wurde an die Westfassade des historistischen Georgenbaus versetzt. Teile der Elbportale sind im Durchgang des Jagdtores, das direkt östlich neben dem Georgenbau angrenzt, angebracht. Weitere Bestandteile der Fassade, darunter das wunderbare Bildnis der Maria, ein Porträt des Bauherren Georg und einige seiner Wappen, hatte man wohl erst im 18. Jahrhundert als Füllmaterial im Ostflügel verbaut. Dort wurden sie in den 1990er Jahren zum Teil mit originaler Bemalung gefunden. Diese Reliefteile belegen die hohe künstlerische Qualität des einstigen Bauschmucks, der zu den bedeutenden Leistungen der deutschen Bildhauerei im beginnenden 16. Jahrhundert gehört. Die großformatigen Reliefs werden in der künftigen Ausstellung zur Schlossgeschichte in der gotischen Halle einen angemessenen Rahmen erhalten.

Die beiden Söhne, für die Herzog Georg den Georgenbau als modernen Wohnsitz errichtete, starben noch vor ihrem Vater. So erbte 1539, als unerwünschter Nachfolger Georgs, dessen Bruder Heinrich der Fromme (reg. 1539-1541) das Herzogtum. Er bekannte sich zum evangelischen Glauben und begann unmittelbar nach dem Regierungsantritt mit der Reformation in den albertinischen Erblanden. Er forderte 1541 gar den Verkauf der katholischen Kirchengüter, um die Staatsschulden zu minimieren und Steuerentlastungen für jedermann herbeizuführen.

Die Renaissance:
Das Schloss des Kurfürsten Moritz

~ Als Herzog Heinrich zwei Jahre später mit 68 Jahren starb, wurde sein ältester Sohn, der erst zwanzigjährige Moritz (reg. 1541-1553), Herzog von Sachsen. Sechs Jahre später war aus dem Herzog Moritz der Kurfürst von Sachsen geworden. Mit Moritz erhielt Sachsen einen militärischen Führer zum Landesherren, der 1542 an den Türkenkriegen teilnahm, 1543 als kaiserlicher Oberst an der Spitze eines Reiterheeres von 1.000 Mann gegen Frankreich kämpfte und 1542 wie auch 1545 auf Seiten des Schmalkaldischen Bundes der evangelischen Reichsfraktion gegen den katholischen Herzog Heinrich von Braunschweig in den Krieg zog. Herzog Moritz war ein Herrscher von europäischer Bedeutung, der wenig Skrupel kannte, aus machtpolitischem Kalkül kurzfristig die Seiten zu wechseln.

So kämpfte er 1546 auf Seiten Karls V., als der deutsche Kaiser und spanische König gegen den sächsischen Kurfürst Johann Friedrich den Großmütigen die Reichsacht erklärte. Am 24. April 1547 besiegte Moritz, in einem gemeinsamen Heer mit dem Kaiser, in der Schlacht von Mühlberg bei Torgau, die Streitmacht des Schmalkaldischen Bundes. Sein ernestinischer Vetter Johann Friedrich, der in der Schlacht in Gefangenschaft geraten war, musste in der „Wittenberger Kapitulation" auf große Teile seiner Erblande verzichten, die Kurwürde ablegen und, in Umwandlung eines Todesurteils, in „ewiger" Gefangenschaft des Kaisers bleiben. Unmittelbar nachdem Moritz im Feldlager vor Wittenberg am 4. Juni 1547 zum neuen Kurfürsten von Sachsen ausgerufen worden war, ordnete er für seine Dresdner Burg enorme Umbauarbeiten an.

Noch im gleichen Jahr wurde der Westflügel mit der spätgotischen Kapelle abgebrochen. Der Umbau setzte sich im September 1548 im Inneren des Nordflügels, dem Alten Haus, und im Ostflügel fort. Dem Ostflügel wurde nach Süden die Schösserei vorgeblendet, ein kurzer Kopfbau, der Verwaltungszwecken diente. Gleichzeitig wurde der benachbarte Schössereiturm an der stadtseitigen Südostecke des Schlosses aufgestockt. Er erhielt eine geschweifte Haube und als Abschluss eine markante, zwiebelförmig ausgebildete Turmstube. Der neue, nach französischem Vorbild geschaffene Wendelstein, in der Nordostecke, der denjenigen vor der Hoffassade des Ostflügels ersetzte, trägt die Jahreszahl 1549. Zunächst beabsichtigte Moritz nur den nunmehr kurfürstlichen Wohnsitz nach Westen bis zum damaligen Burggraben auszudehnen. Dazu wurden im westlichen Bereich des heutigen Großen Schlosshofes bereits die Fundamente für einen südöstlichen Wendelstein gelegt, als eine grundlegende Planungsänderung vorgenommen wurde. Der neue Kurfürst hatte den Schlossbau einem seiner Beamten, dem Oberhauptmann des Meißnischen Kreises Ernst von Miltitz, überlassen. Auf Wunsch des Herrschers hatte dieser zusammen mit dem bauleitenden Bau- und Oberzeugmeister Caspar Voigt von Wierandt das bisherige Konzept noch einmal kritisch überprüft. Als Ratgeber standen den beiden der Radeberger Amtmann Hans von Dehn-Rothfelser und der kurfürstliche Rat Dr. Georg von Komerstadt zur Seite. In einem Brief an Kurfürst Moritz, der sich im Februar 1549 in Oberitalien aufhielt, unterbreitete die Arbeitsgruppe den Vorschlag, den im Bau befindlichen

Kurfürst Moritz und seine Gemahlin Agnes. Mit Moritz erhielt Sachsen einen militärischen Führer. Gemälde von Lucas Cranach d. J.

neuen Westflügel nicht auf dem zugeschütteten Burggraben zu errichten, sondern das Schloss bis in den vor der Befestigung angelegten Schlossgarten hinein zu verlängern. Pflichtbewusst endete Ernst von Miltitz sein für die Zukunft des Residenzschlosses folgenreiches Schreiben mit der beruhigenden Feststellung, diese Erweiterung würde zwar etwas mehr kosten, „aber nicht ßo gar viell". Moritz zeigte sich zufrieden. Die Herren erweiterten nicht nur den zuvor schon bebauten Raum um etwa das Doppelte nach Westen, sie schufen mit ihrer Umplanung zugleich einen Gründungsbau der deutschen Renaissance. Letztlich bestimmten sie die Dimensionen und die bauliche Wirkung des Kernbereiches des Dresdner Schlosses bis heute.

Mit dieser Umgestaltung wurde die befestigte herrschaftliche Burg zum repräsentativen kurfürstlichen Schloss. Dies wurde allerdings nur möglich, weil der kurfürstliche Militärstratege zuvor angeordnet hatte, eine moderne, von starken Bastionen und Wällen geschützte Festungsanlage um seine Residenzstadt zu bauen. Noch vor der Erhebung von Moritz in den Rang eines Kurfürsten hatte man im Jahre 1546 mit dem Befestigungsbau im Nordwesten des Fürstensitzes begonnen. An die neuen Wallanlagen Dresdens, die damals bis unmittelbar vor die Westfassade des Moritzbaus reichten, erinnert heute noch der nordwestliche Eckturm des Westflügels. Als einziger Teil des neuerrichteten Schlosses verlieh er der Kurfürstenresidenz einen – wenn auch nur vagen – Verteidigungscharakter.

Durch den vom Kurfürsten akzeptierten Erweiterungsplan seiner Beamten, wurde der Wohnsitz der sächsischen Kurfürsten zur ersten fast regelmäßig gebildeten, vierflügeligen Schlossanlage Deutschlands mit weitgehend vereinheitlichten Geschosshöhen. Nur der an der Schlossstraße gelegene Ostflügel knickte aufgrund der mittelalterlichen Straßenführung weiterhin leicht nach Nordosten ab. Er tut es noch heute. In nur sieben Jahren konnten die vier Flügel des Schlosses bis 1556 als Baukörper fertiggestellt werden. Der in den Jahren 1549 bis 1550 erhöhte Hausmannsturm rückte als Hoheitszeichen der Residenz optisch ins Zentrum der symmetrisch angelegten Nordfront. Westlich des wiederum mit einer „Welschen Haube" und zudem mit einer Laterne bekrönten Schlossturms entstand ein Nordwestflügel, der nun als das „Neue Haus" bezeichnet wurde. Daran schloss sich der mächtige Westflügel an; das Große Haus. Dieser besaß als einziger Bauteil der Schlossanlage eine Breite, die es erlaubte, zwei parallel geführte Zimmerfluchten einzurichten. Als Ersatz und zugleich Verlängerung für den alten Südflügel wurde das „Lange schmale Haus" erbaut. Die Ecken des nunmehr weitgehend rechtwinkligen Großen Schlosshofes nahmen Wendelsteine ein, wobei die Südostecke, wegen der Beibehaltung des nur wenig veränderten Schlosszugangs des 15. Jahrhunderts, ohne Wendelstein blieb.

Der neu angelegte Große Schlosshof erhielt einen ausgesprochen repräsentativen Charakter. Die ihm zugedachte Funktion als Ort fürstlicher Repräsentation und Austragungsort höfischer Feste und Turniere, wirkte sich dabei unmittelbar auf die Fassadengestaltung aus. Die innere Nordfassade wurde zur spektakulären Schaufront des Hofes. Die sie begrenzenden beiden Wendelsteine in den Nordost- und Nordwestecken, stehen architektonisch in der Tradition der Treppentürme sächsischer Schlösser von Meißen, Wittenberg und Torgau. Ihr aufwändig gestalteter Bauschmuck, und zum Teil auch ihre Architektur, zeigen aber auch den Einfluss zeitgenössischer Treppentürme französischer Schlösser in Chambord und St. Germain-en-Laye. In der Mitte der inneren Nordfassade erhob sich, zentral vor dem Hausmannsturm geblendet, eine viergeschossige, tribünenartige Hofloggia; der Altan. Hinter ihr ragt der hoheitliche Schlossturm majestätisch empor. Mit dem Baumotiv einer solchen regelmäßig gestalteten, tribünenartigen Loggia, aber auch in der klassischen Übereinanderstellung von Säulen toskanischer, ionischer und kompositer Ordnung, wirkte italienisches Gedankengut – das Moritz 1549 persönlich in Oberitalien kennen lernte – bis nach Dresden.

Ebenso wie die Architektur der Hofloggia war auch der in Kratzputztechnik ausgeführte Fassadenschmuck oberitalienischen Ursprungs. Er wurde seit 1549 nach Entwürfen der aus Brescia stammenden Brüder Gabriele und Benedict Tola angebracht. Auch dabei könnte der Kurfürst persönlich in das Dresdner Baugeschehen eingegriffen haben. Der so entstandene Flächenschmuck, der den Techniken der Grafik nahe stand, trug zur Vereinheitlichung der aufgeführten Baukörper bei. Vor allem aber war er schneller und vor allem preisgünstiger anzufertigen als plastischer Bauschmuck. Dies zeugt von der Eile, mit der Kurfürst Moritz seine neue Macht auch baulich demonstrieren wollte. Zugleich verweist dies auf die Legitimationsprobleme, die, die von den Vettern militärisch erkämpfte, Kurfürstenmacht ihrem neuen Träger bereitete. Dies wirkte sich auch auf die Thematik des Fassadenschmucks aus. Als Motive der Sgraffitomalerei wurden Ornamente, Figuren und illusionistische Architekturglieder ausgewählt, die in einem noch feuchten, hellen Putz aus Kalkmörtel über einem dunkelgrauen, mit Holzkohle eingefärbten Grund flächenhaft eingeritzt worden. Die vollständige Bemalung aller Schlossfassaden bewirkt eine architektonische Ordnung im Sinne der klassischen Bauregeln der italienischen Renaissance. Die Gebrüder Tola schufen zusammen mit vielen Gehilfen auf den inneren Fassaden des Schlosshofes eine umfangreiche Folge von Darstellungen aus der römischen Historie und aus dem Alten und Neuen Testament. Diese füllten vor allem die zahlreichen Flächen zwischen den Fenstern. Das umfangreiche Bildprogramm der Schlossfassaden, der plastische Schmuck der Treppentürme und der Altanbrüstung waren nicht nur dekorativ, sondern durchaus politisch. Es bezog sich auf das religiöse und staatsmännische Selbstverständnis des Kurfürsten als gerechter Herrscher und Kämpfer für den protestantischen Glauben. Die im Fries des Hauptgesimses unterhalb der Traufkante des Daches umlaufende lateinische Inschrift nannte Kurfürst Moritz mit all seinen Herrschaftstiteln. Besonders hervorgehoben wurden dabei auch die Rückwände der zentralen Hofloggia, die der gleichfalls aus Brescia stammende Francesco Ricchino als eine Ausnahme mit vielfarbigen Malereien schmückte. Kurfürst Moritz hatte es eilig. Bereits 1552 war die umfassende Bemalung aller Schlossfassaden fertiggestellt.

Bei der Neugestaltung seiner Residenz beschränkte sich der Kurfürst nicht nur auf den Kernbau der Schlossanlage, sondern bezog auch die vorhandenen Bauten in dessen Umgebung mit ein. So verlor der von seinem katholischen Onkel errichtete Georgenbau seine symbolhafte Funktion als Stadtzugang. Nach 1550 ließ Moritz die Durchgänge zumauern und damit für die Öffentlichkeit sperren. Zudem ließ er vor dem Georgenbau das westlich an die Fassade angrenzende Destillierhaus errichten.

Der Verkehr über die Brücke wurde nun durch ein dem Georgenbau östlich vorgelagertes, neues Elbtor in die Stadt geführt. Durch dieses gelangte man in einen breiten Straßenzug, den der Kurfürst auf dem Verlauf des, mittlerweile nicht mehr notwendigen, mittelalterlichen Stadtgrabens anlegen ließ. Damit entstand die heutige Augustusstraße. Der buchstäblich aus dem Verkehr gezogene

Ausschnitt aus der zweitältesten Stadtansicht von Dresden 1550. Kupferstich von Heinrich van Cleef.

Georgenbau blieb mitsamt seinem altkirchlichen Bildschmuck bis zum Schlossbrand des Jahres 1701 bestehen und erfuhr erst danach mehrere Umgestaltungen. Aus der Schlossstraße wurde eine zum Residenzbezirk gehörenden Sackgasse. Dies ermöglichte schon in naher Zukunft die von der Stadttopographie bisher eingeschränkte Ausbreitung des Schlossareals nach Osten.

Als Kurfürst Moritz im Juli 1553 an den Folgen einer Verwundung starb, die ihm bei einem Reitergefecht in der Schlacht bei Sievershausen zugefügt worden war, war das neue Schloss, der sogenannte Moritzbau, weitgehend im Rohbau vollendet. Der 1548 als einer der ersten Bauteile umgestaltete Ostflügel war sogar sehr weit gediehen. Dort hatte Moritz den alten „Dantzsall" durch den größeren Riesensaal ersetzen lassen. Entstanden war dadurch ein 56,7 Meter langer und 13 Meter breiter Festsaal. Der Name dieses Raumes geht auf riesenhaft wirkende Kriegergestalten zurück, von denen jeweils sechs an jeder Längswand die flache Decke zu tragen schienen. Mit der weiteren Ausmalung durch ein alttestamentarisches Sujet, dem Hochmut und Fall des Königs Nebukadnezar von Babylon, ließ der Bauherr auf ein aktuelles politisches Thema, an dem er selbst maßgeblich beteiligt war, Bezug nehmen. Kurfürst Moritz feierte darin einen erneuten Parteienwechsel. An der Spitze einer protestantischen Fürstenkoalition hatte er 1552 Kaiser Karl V. militärisch besiegt und dadurch so gedemütigt, dass dieser sich in der Folge aus dem politischen Leben zurückzog.

Nach zwölf Jahren Regierung hinterließ Moritz ein Schloss von, im wahren Wortsinn, europäischem Maßstab. Beeinflusst durch die zeitgemä-

ße französische Architektur waren der vierflügelige, regelmäßige Grundriss des Schlosses, die Gliederungselemente der Innenfassade seines Nordflügels und die zwei Raum tiefe Disposition des repräsentativen Westflügels. Oberitalienische Einflüsse wurden in der viergeschossigen Loggia und der Sgraffitomalerei wirksam. Die deutsche Bautradition beeinflusste die Einrichtung der Festräume in der zweiten Etage und vor allem die vertikale Akzentuierung der Dächer durch rhythmisch angeordnete Zwerchhäuser. Für seine Entstehungszeit war das Dresdner Schloss einer der modernsten Fürstensitze des Heiligen Römischen Reiches Deutscher Nation.

Die Vollendung des Renaissanceschlosses durch Kurfürst August

Das äußere Erscheinungsbild und auch die innere Struktur des Renaissanceschlosses überlieferte bis ins 20. Jahrhundert ein bemerkenswert detailreiches und exaktes Modell. Es entstand wohl in den ersten Jahrzehnten der Regierungszeit des Kurfürsten Augusts (reg. 1547-1586) kurz nach der baulichen Fertigstellung des Schlosses. Das Modell war zerlegbar. Es besaß eine Länge von 77 bei einer Breite von 48 Zentimetern. Es diente als anschauliches Baumodell des sich innerlich wie äußerlich weiterentwickelnden Schlosses. Deshalb besaß der im Modell 60 Zentimeter hohe Hausmannsturm seine in der Mitte des 17. Jahrhunderts veränderte Form. Um 1960, als der Abriss der majestätischen Schlossruine endgültig verhindert schien, wurde diese wertvolle baugeschichtliche Quelle vernichtet. Gurlitt überlieferte in seiner 1901 erschienenen Darstellung des Dresdner Schlosses, für die Bauforschung wichtige Details, unter anderem, dass besonders die Gestaltung des Riesensaales und der Schlosskapelle mit großer Genauigkeit dargestellt worden war.

August, der jüngere Bruder des Kurfürsten Moritz, übernahm sofort nach dessen Tod die Herrschaft. Er vollendete politisch die noch viele Jahrzehnte im Reich umstrittene Machterweiterung der albertinischen Wettiner und führte den Schlossbau zu einem glanzvollen Abschluss. Dazu musste als geistiger Mittelpunkt des Schlosses die neue Schlosskapelle ausgestaltet werden. Die Schlosskapelle im Neuen Haus, dem westlichen Teil des Nordflügels, nahm die gesamte Fläche des Erdgeschosses und des ersten Geschosses ein. Sie ersetzte funktional die spätgotische Georgskapelle und wurde als Hauskapelle des lutherischen Kurfürsten zur ersten Kirche Sachsens. Mit der Reformation war der evangelische Landesfürst zum summus episcopus, zum höchsten Bischof seines Herrschaftsgebietes, aufgestiegen. Die religiöse Bedeutung der Dresdner Schlosskapelle reicht aber noch weit über die Grenzen des Kurfürstentums hinaus. August verstand sich als kämpferischer Schutzherr der Reformation. Da er maßgeblichen Anteil am Zustandekommen des Augsburger Religionsfriedens von 1555 hatte, wurde sein eigener kirchenpolitischer Anspruch auch im Heiligen Römischen Reich akzeptiert. Der Ausbau der Schlosskapelle fiel genau in diese Zeit, in der die evangelische Konfession einen gleichberechtigten Rang neben der „altkirchlichen" katholischen erringen konnte. In ihrer architektonischen Form als Saalraum mit eingezogenen Wandpfeilern, dem im Emporenbereich Halbsäulen toskanischer Ordnung vorgeblendet waren, orientierte sie sich am Vorbild der 1544 von Martin Luther geweihten Kapelle des Torgauer Schlosses.

Der 19 Meter lange und 13 Meter breite Kapellenraum wies im Bauschmuck der Wandpfeiler und des Emporenbereichs kraftvolle Renaissanceformen auf. Er folgte aber im Deckenbereich durch ein Netzgewölbe mit komplizierten Rippen, denen Engel und Schlangen plastisch aufgelegt waren, der spätgotischen Tradition Sachsens. Die Bildhauerarbeiten an der Innenausstattung der Kapelle begannen 1552. Bereits im Jahre 1555 wurde der Kirchsaal geweiht. Die Dresdner Schlosskapelle wurde zum architektonischen Vorbild vieler protestantischer Schlosskapellen der Renaissance. Bis 1737 blieb die evangelische Schlosskapelle als sakraler Raum erhalten, dann wurde sie zerstört.

Bis heute haben sich aber einige bedeutende Teile der Kapellenausstattung in Fragmenten bewahrt, die über die Form und Qualität der damaligen Ausstattung der evangelischen Schlosskapelle Auskunft geben. Dazu gehört der 1554 in den Niederlanden gearbeitete Altar der Entstehungszeit der Kapelle und der 1555 von Hans Walther II. aus sächsischem Sandstein, Alabaster, Jaspis und Serpentin geschaffene Taufstein. Kurprinz Friedrich August, Sohn Augusts des Starken und dessen Nachfolger als polnischer König, war der letzte Angehörige des wettinischen Herrscherhauses, der 1696 über ihm im lutherischen Glauben getauft wurde.

Auch das äußere Portal der Schlosskapelle, das Schöne Tor, ist heute noch vorhanden und wird im Großen Schlosshof bald wieder seinen Platz zwischen Altan und nordwestlichen Wendelstein einnehmen. Das Kapellenportal, das deutlich Formen eines römisch-antiken Triumphbogens aufgreift, ließ als einziges architektonisches Element an der dicht bemalten Innenfassade des Schlosses, die Lage der Kapelle erkennen. Künstlerisch zählt das zwischen 1555 bis 1556 entstandene Portal zu den bedeutendsten Zeugnissen der Renaissance in Deutschland. Es wurde durch das italienische Formempfinden des Bildhauers Giovanni (Juan) Maria von Padua geprägt, der maßgeblich an seiner Herstellung beteiligt war. Feingearbeitetes Rankenwerk nach antikem Vorbild sowie Groteskenornamente der Renaissance überziehen das mit flankierenden Doppelsäulen und hoher Attika versehene Triumphtor. Der reiche figurale Schmuck, der Hans Walther II. zugeschrieben wird, bezieht sich auf die lutherische Lehre. Die Figuren

Kurfürst August und Kurfürstin Anna. Wachsminiaturen von einem unbekannten Künstler.

des auferstandenen Gottessohns mit der Fahne des Sieges in der Hand, bekrönten und beherrschten das Triumphportal. Den Erlöser flankierten vier Allegorien christlicher Tugenden. Das österliche Geschehen des Triumphes über die Macht des Todes schildert ein figurenreiches Relief mit der Auferstehung Christi, das als monumentale Attika die gesamte Breite des Portaldurchgangs einnimmt. In Nischen eingestellte Figuren des Propheten Jesajas und des Apostelfürsten Paulus verbinden das Alte mit dem Neuen Testament. In den beiden jeweils übereinanderstehenden Nischen zwischen den Säulen befinden sich links unten der Evangelist Johannes und darüber Johannes der Täufer, rechts unten Petrus und über ihm Moses. Die ebenfalls gut erhaltene Holztüre des Schlosskapellenportals widmet sich der bedingungslosen Gnade, die der an ihn glaubende Christ durch den Heiland empfängt.

Spätestens 1556, als der Bauschmuck der Kapelle vollendet war, konnte Kurfürst August ein, in seiner inneren Struktur und Ausstattung modernes, seinem hohen Stand angemessenes Schloss beziehen. Der Erdgeschossbereich der vier Flügel um den großen Schlosshof nahm erneut die Wirtschafts- und Verwaltungsfunktionen auf. Er diente zur Lagerung und Verwahrung von Gütern, als Küche, zur Unterbringung des Dienstpersonals, als Raum für die Trabantengarde sowie als Dienststellen für die Landesverwaltung. Das erste Geschoss war dem täglichen Leben des Kurfürstenhauses vorbehalten, im zweiten Geschoss, das die größte Raumhöhe besaß, waren die Fest- und Repräsentationsräume angeordnet. Betrachtet man beispielsweise die funktionale Gliederung für den Ostflügel, so befanden sich in dessen Erdgeschoss die Silberkammer, die Hofschneiderei und Lagerräume. In der ersten Etage lag die Große Hofstube, der Türnitz, die bei großen Festlichkeiten zur Verpflegung des Gesindes und des Dienstpersonals zur Verfügung stand. Der darüber liegende Riesensaal aber war der repräsentative Festsaal des Schlosses. Im anschließenden Nordostflügel, dem Alten Haus, wurde die vom Vorgängerbau übernommene alte Hofstube im ersten Geschoss, im Alltag, von der Dienerschaft und dem Gesinde als Speisesaal genutzt. Darüber befand sich das Riesengemach.

Drei besonders kostbar und festlich mit Stuckaturen italienischer Meister geschmückte Räume hatten sich bis zum Zweiten Weltkrieg aus der Erbauungszeit erhalten. Zum einen war es die mit einem reich stuckierten und farbig gefassten Spiegelgewölbe hervorgehobene Turmstube im zweiten Geschoss des Hausmannsturmes. Ihre ursprüngliche Funktion konnte noch nicht ermittelt werden. Funktional verband sie das Riesengemach im östlichen Nordflügel mit dem Steinernen Saal im westlichen Nordflügel, einem reich ausgeschmückten Festsaal mit Pilastern und Fußboden aus vierfarbigem Steinmaterial, der direkt oberhalb der Schlosskapelle lag. Die prächtig stuckierte Decke des Turmzimmers ging im Feuersturm des 13. Februar 1945 bis auf wenige Reste verloren.

Die beiden anderen Räume mit ihren Stuckdecken aus der Mitte des 16. Jahrhunderts haben das Inferno überstanden. Sie liegen im Erdgeschoss des Westflügels und gehörten zu einer zusammenhängenden Raumgruppe aus zwei

Zimmern, einem Saal und einem kleinen Turmzimmer. Der bis heute in seiner ganzen Schönheit erhaltene Deckenschmuck wurde, wie auch der des Turmzimmers, um 1553 unter der Leitung von Antonio Brocco geschaffen. Im Großen Saal besteht er aus einem reichen Ornamentsystem, dem neben fein gestalteten Chimären, Seeungeheuern, Vögeln und anderem Getier auch erzählerische Darstellungen aus Ovids „Metamorphosen" aufgelegt sind. Der Saal war, wie auch das nach Südwesten angrenzende Zimmer, nachweisbar an den Wänden farbig gefasst. Die eingestellten Sandsteinsäulen wurden rot-grau marmorierend bemalt, ihre Kapitelle und Basen malachitgrün gefärbt. Zumindest der Große Festsaal besaß an den Wänden eine in malachitgrüner Farbe ausgeführte, illusionistische Säulenmalerei sowie weiteren stuckierten, plastischen Schmuck. Die drei Räume konnten sowohl vom Schlosshof wie auch vom Schlossgarten aus betreten werden. Sie lagen direkt neben der im südlichen Teil des Westflügels eingefügten Schlossküche und eigneten sich auch dadurch funktional hervorragend als Tafelgemach beziehungsweise im Sinne eines italienischen sala terrena als festlicher Gartensaal. Nur in diesem großen Saal ist die Ausstattungspracht des Renaissanceschlosses des Kurfürsten August heute noch fühlbar.

Als Christian I. die Nutzung dieses heiter-festlichen Raumgefüges änderte und daraus einen geheimen Staatstresor sowie die Poststelle des Schlosses machte, erhielt die Raumfolge den umgangssprachlichen Namen „Grünes Gewölbe". Der Westflügel war der architektonisch modernste Trakt des Schlosses. In allen seinen Geschossen wurde er konsequent in zwei Fluchten klar und überschaubar gegliedert. Im ersten Geschoss befanden sich die zentralen Beratungsräume des Herrschers. Die Ratsstube und das prächtig mit holzgetäfelten Wänden und einer wahrscheinlich geschnitzten Kassettendecke ausgestattete Ratsgemach, befanden sich im südlichen, hofseitigen Teil dieses Flügels. Sie bildeten den Mittelpunkt der Macht, in dem der Kurfürst seine wichtigsten Regierungsgeschäfte und politischen Handlungen vollzog. Unmittelbar an das Ratsgemach grenzten die Wohnräume des Kurfürsten. Im daran anschließenden, schmaleren Südflügel befand sich die Suite der Kurfürstin Anna. Der Große Saal am nordwestlichen Ende der ersten Etage wurde als Kirchsaal bezeichnet. Von hier gelangte der Hofstaat in das 1568 eingebaute Kirch-Stüblein der Schlosskapelle. Das zweite Geschoss des Westflügels nahm Prunkgemächer auf, die für einen Besuch des Kaisers bestimmt waren und auch anderen hohen Ehrengästen zur Verfügung standen. Sie wurden um 1600 – vielleicht aufgrund der damaligen verwandtschaftlichen Beziehungen – auch als „Brandenburgische Gemächer" bezeichnet.

Im Dachgeschoss, dem dritten Geschoss, befanden sich die Frauenzimmer und weitere Wohnräume. Im Zwerchgiebel dieses Dachgeschosses ließ sich Kurfürst August eine Reihe von Räumen zur fürstlichen Freizeitgestaltung einrichten. Als Lustkammer wurden sie um 1560 begründet. August, der die Handwerkskunst sehr schätzte, hortete dort kunstvolle Handwerksgeräte, vom Tischlerwerkzeug über die Ziehbank zur Herstellung von Silberdrähten bis zu hochmodernen chirurgischen

Instrumenten. Daneben interessierte er sich für die Landvermessung und für die Himmelserkundung. Seine technologische und feinmechanische Sammlung erhielt bald den Namen „Kunstkammer" und seit 1572 ihren ersten Kunstkämmerer. Im Giebel des Zwerghauses über der Kunstkammer befand sich zudem noch eine Drechselstube, in der der Kurfürst, unter Beteiligung seines Hofdrechslers Georg Wecker, Elfenbein bearbeitete. Eine innere Wendeltreppe verband die Räume des Westflügels vom Gartensaal im Erdgeschoss über die Wohn- und Repräsentationsräume bis hin zur Kunstkammer und der Drechselstube unter dem Dach.

Das Schloss wurde von Anfang an intensiv genutzt. Wohnräume für Pagen und wichtige Beamte, aber auch kleine Appartements für hohe Hofbeamte, die aus einer Stube und zugehörigen Kammer bestanden, füllten die nicht anders genutzten Bereiche. Im zweiten Geschoss des nordöstlichen Alten Hauses hatten sich traditionell, in sich geschlossene, Wohnbereiche befunden. Sie dienten entfernteren Mitgliedern des albertinischen Fürstenhauses als Wohnraum. Der angrenzende Georgenbau war ebenfalls in Appartements gegliedert und bot schon damals dem Kurprinzen eine standesgemäße Lebensführung.

Das tägliche Leben und die wachsenden Repräsentationsbedürfnisse führten im Dresdner Schloss immer wieder zu internen Umgestaltungen. Einige dieser Veränderungen können aus Archivquellen rekonstruiert werden. So malten die in Dresden sesshaft gewordenen Brüder Tola beispielsweise 1563 die Decke des Steinernen Saales aus. Im gleichen Jahr erhielt die Schlosskapelle eine Orgel. 1568 wurde ihr das schon genannte „Kirch-Stüblein" eingefügt. Bereits 1584 mussten in einigen Räumen von Nosseni neue Fußböden aus edlen Gesteinen verlegt werden, weil die ursprünglichen verschlissen waren. Über die Jahrzehnte und vor allem nach einem Herrscherwechsel kam es zu teilweise einschneidenden Änderungen der Nutzung und der Ausstattung. Eine Darstellung dieser Umgestaltungen von 1550 bis zum beginnenden 18. Jahrhundert wäre sehr aufschlussreich und ist längst überfällig.

Auch außerhalb seines Residenzbereiches betätigte sich Kurfürst August als Bauherr. Von 1559 bis 1563 ließ er das Große Hauptzeughaus, das heutige Albertinum, errichten. Zwischen 1568 und 1573 entstand die regelmäßige Vierflügelanlage der Augustusburg und von 1572 bis 1575 die, nach seiner Gemahlin benannte, Annaburg bei Torgau. Von besonderer Bedeutung für die weitere Entwicklung des Residenzbezirks sollte die zwischen 1569 und 1574 vorgenommene Modernisierung und Vergrößerung der zunächst westlich fast unmittelbar an das Schloss angrenzenden Bastionen und Festungsteile werden. Im Auftrag des Kurfürsten wurden sie um etwa 100 Meter nach Nordwesten verlegt. Damit entstand unmittelbar vor dem kurfürstlichen Wohnsitz ein weiträumiger Freiraum, der zum Schlossareal gehörte. Die zwischen den Bastionen Sol und Luna und dem Moritzbau des Residenzschlosses gelegene Fläche war zunächst unbebaut und wurde ihrer Festungsfunktion entsprechend als Zwinger bezeichnet. Ihre Nutzung war jedoch friedlich. Als Erstes entstand auf dieser Fläche vor dem südlichen Westflügel 1573 ein Schlossgarten.

Kurfürst Christian I. und seine Familie, „Den Gekreuzigten anbetend". Gemälde von Zacharias Wehme.

Auch östlich des Schlosses erweiterte sich der Residenzbezirk. Zwischen 1565 und 1567 ließ Kurfürst August an der heutigen Schlossstraße das Kanzleihaus errichten. Es entstand auf dem Gelände der alten Försterei und weiterer Nutzgebäude als zweigeschossiges, in seinem Grundriss U-förmiges Bauwerk. Mit diesem Gebäude wurde August seinem späteren Ruhm als Verwaltungsorganisator voll und ganz gerecht. Es war eines der ersten ausschließlich Verwaltungszwecken dienenden Gebäude Deutschlands. Nur wenige Jahre zuvor waren in Florenz die Uffizien als Zentrum der frühabsolutistischen Landesverwaltung der Medici entstanden. In 18 größeren und kleineren Stuben und einem großen Saal des Dresdner Kanzleigebäudes wirkten der Geheime Rat, die Rentkammer, die Renterei, das Kursächsische Appellationsgericht und seit 1580 auch das Konsitorium als oberste Kirchenverwaltung. Im Untergeschoss befanden sich das Archiv und die Hofdruckerei. Das Kanzleigebäude war damit die dem Schloss vorgelagerte Zentralverwaltung Sachsens und zugleich der Ausgangspunkt der Herrschaft des Kurfürsten über sein gesamtes, durchaus noch ständisch gegliedertes, Land. Die repräsentative Sgraffitomalerei, mit der die Außenfassaden des Kanzleigebäudes vollständig bedeckt waren, ließen es auch in seinem Erscheinungsbild zu einem unmittelbaren Bestandteil des Schlosskomplexes werden. Neben dem Verwaltungssitz im Kanzleigebäude umgaben bald weitere neue Funktionsbauten das kurfürstliche Schloss. Bereits 1556 war vor der Elbseite des Schlosses die kurfürstliche Münzstätte errichtet worden. 1581 ließ der Kurfürst am Taschenberg die Hofapotheke und daneben das, als Versuchslaboratorium des Hof-Alchimisten dienende, Probierhaus erbauen. Diese Gebäude begrenzten südlich den Schlossgarten. Sie wurden in einem Bereich des Schlossareals erbaut, in dem sich bereits die Korn-, Futter- und Mehlböden sowie das Hofbrau-, Malz- und Backhaus befanden.

Die Spätrenaissance: Machtvolle Ausweitung des Schlossbezirkes

Die sich bereits unter Kurfürst August entwickelnde räumliche Erweiterung des Schlossbezirks wurde von dessen Sohn und Nachfolger konsequent fortgesetzt. In der nur kurzen Zeit von fünf Jahren, die die Regierungszeit Christians I. (reg. 1586-1591) währte, erfuhr das Areal des Dresdner Schlosses eine erhebliche Vergrößerung, die die Residenz der Wettiner erneut auf europäisches Niveau hob.

Kaum ein Herrscher war für sein Amt so gut vorbereitet worden wie der Sohn des Kurfürs-

Das Stallgebäude, Galerie und Schloss um 1590. Gemälde Öl auf Holz von Heinrich Göding.

ten Augusts. Christian I. entwickelte sich sehr rasch zu einem machtbewussten, selbstständig handelnden Landesherrn, der es verstand, die fürstliche Prachtentfaltung in all ihren Facetten für seine weit reichenden politischen Ziele einzusetzen. In seinen innen- und außenpolitischen Zielen orientierte sich Christian I. weit stärker an der selbstbewussten Politik seines Onkels Moritz als an dem vorsichtigen, auf Ausgleich mit dem Kaiser bedachten, Taktieren seines Vaters. In seiner baulichen Erweiterung des Schlosses und der Stadt Dresden war Christian I. unmittelbar von einer frühabsolutistischen Herrschaftsdoktrin bestimmt. Diese Politik, die innenpolitisch darauf ausgelegt war, den Einfluss des sächsischen Adels und des streng lutherischen Klerus soweit wie möglich zu vermindern und außenpolitisch bald schon das Ziel verfolgte, die lutherische wie auch die kalvinistische Fraktion zur stärksten Macht im Heiligen Römischen Reich zu verschmelzen, schuf ihm viele Feinde und kostete ihm vielleicht sogar das Leben. Von seinen sächsischen Zeitgenossen und selbst noch von modernen Historikern wurde Christian I. wegen seiner pragmatischen Annäherung an den Kalvinismus geschmäht und verleumdet.

Die Bautätigkeit des 26-jährigen Kurfürsten setzte unmittelbar nach dem Regierungsantritt im Februar 1586 ein. Zunächst wurden östlich des Schlosses 25 kleine Häuser von Hofhandwerkern aufgekauft und abgerissen. Am 5. Juni 1586 erfolgte auf diesem neuen Areal die Grundsteinlegung für ein großes, schlossartiges Festgebäude. Nach den Plänen des schon für den Vater tätigen Oberzeugmeisters Paul Buchner und unter Bauleitung von Hans Irmisch entstand bis 1588, für den erheblichen Preis von 130.000 Gulden, ein moderner, repräsentativer und multifunktionaler Zweckbau. Dessen Untergeschoss bestand aus zwei parallel geführten Sälen, die jeweils von zwei Säulenreihen in toskanischer Ordnung gestützt worden. Sie dienten als luxuriöse Stallung für 123 edle Pferde des Kurfürsten. Das Obergeschoss, zu dem eine Reiterrampe empor führte, nahm die damals schon berühmte kurfürstliche Rüstkammer auf. Eine Flucht von Prunk- und Festzimmern mit Marmorfußböden und einer symbolhaften Ausstattung, präsentierte im ersten

Geschoss des Stallgebäudes den Reichtum Sachsens. Die Fassade des zweigeschossigen Dreiflügelbaus war in Richtung zum Schloss durch einen vorgeblendeten, eingeschossigen Altan und zwei in die Gebäudewinkel seines Innenhofes aufragende Treppentürme festlich geschmückt. Stadtseitig wurde dem kurfürstlichen Stall eine neue Platzanlage, der heutige Jüdenhof, vorgelegt. Die Fassade des unmittelbar zum Schlossareal gehörenden Festgebäudes gab sich in Richtung zur Stadt massiv und, mit ihren wehrhaften Ecktürmen, festungsartig geschlossen. Nach dem Willen des Kurfürsten sollte die Platzanlage des Jüdenhofes, und in seiner Folge auch die angrenzenden Straßen, städtebaulich eine wichtige Funktion für Dresden einnehmen. Christian I. veranlasste deshalb, dass dem kurfürstlichen Stallgebäude gegenüber das Alte Gewandhaus errichtet wurde. In nur zwei Jahren wurde der städtische Mehrzweckbau von 1591 bis 1592 ausgeführt. Das 120 Meter lange Gebäude diente nicht nur als südlicher Platzabschluss des Jüdenhofs, es war auch bis zu seiner Zerstörung im Jahre 1760 ein zentraler Ort der Dresdner Bürgerschaft. Im Untergeschoss dieses bürgerlichen Funktionsbaus befanden sich zahlreiche Verkaufsstände und darunter der Ratskeller. Das erste Geschoss aber nahm ein großer Festsaal ein.

Christian I. ließ sein neues Stall- und Festgebäude, der Tradition folgend, vollständig von allen Seiten mit einer Kalkbemalung in der Art von Sgraffiti überziehen. Der Renaissancebau des Stallgebäudes, das heutige Johanneum, hat im 18. und 19. Jahrhundert mehrere Umbauten erfahren, die seine äußere Gestalt erheblich veränderten. Erhalten haben sich bis heute an seinem Äußeren die beiden stadtseitigen, mit Rustika eingerahmten Portale und in seinem Inneren die beiden einstmals als Stallung dienenden Hallen im Erdgeschoss.

Folgte der mit steilen Dächern und aufgesetzten Zwerchhäusern geschmückte kurfürstliche Reissige Stall in seinen kraftvollen Formen der deutschen Renaissance, so war der gut 100 Meter messende Lange Gang, der das Stallgebäude mit dem Residenzschloss verband, eindeutig italienischem Bauempfinden verpflichtet. Der Oberzeug- und Baumeister Buchner legte zwar im Dezember 1588 seinem Kurfürsten die Pläne für das ursprünglich von 22 Säulen toskanischer Ordnung getragene Galeriegebäude vor, als Entwerfer dieses Gebäudes gilt aber wohl zur Recht Giovanni Maria Nosseni. Dieser vielseitig begabte Künstler stand bereits seit 1575 als Architekt, Maler und Festentwerfer im Dienste Kurfürst Augusts. Der kursächsische Kunstintendant, der auch die unter Einfluss der Florentiner Spätrenaissance stehende Grablege der albertinischen Linie im Freiberger Dom und das Belvedere auf der Jungfernbastei der Dresdner Elbfestung entwarf, ließ sich in seiner Bauidee vom Corridoio der Medici in Florenz inspirieren. Dieses Ganggebäude verbindet noch heute den Palazzo de la Signoria mit dem Palazzo Pitti. Der Lange Gang von Dresden besteht hofseitig aus einer offenen Säulenhalle. Auf der anderen Seite war er festungsartig geschlossen. Er diente nicht nur als Verbindung des Schlosses mit dem Neubau des Stallgebäudes, sondern trennte auch den zugehörigen Stallhof von der breiten Augustusstraße. Der beidseitig durchfensterte

Das Torhaus Christian I. zum Kleinen Schlosshof mit seinem ursprünglichen Skulpturenschmuck. Kupferstich von A. Weck, 1680.

Korridor im Obergeschoss wurde von Christian I. als dynastische Ahnengalerie der Wettiner genutzt. Der Hofmaler Heinrich Göding, der die posthumen Porträts wettinischer Fürsten von den frühesten noch vor Christi Geburt bis in die damalige Gegenwart anfertigte, schuf auch großformatige Pferde- und Festdarstellungen auf Leinwand, die außen unter den Arkaden angebracht worden. Die Außenfassaden des Langen Ganges waren wiederum mit Kalkmalereien überzogen: Auf der Wandfläche zur Augustusstraße befand sich die friesartige Darstellung eines Triumphzuges von Reitern verschiedener Nationen – ein frühes Vorbild des heute dort angebrachten Fürstenzuges. Die Hofseite wurde mit zeitgemäßem Ornament bedeckt, in das zwischen den Fenstern des Obergeschosses die Taten des Herkules eingefügt waren. Erstmals in der Dresdner Kunst fand hier ein Kurfürst sein mythologisches Alter Ego in den übermenschlichen Leistungen des Halbgottes. Oberhalb der Säulen finden sich heute wie damals die Wappen der sächsischen Landesteile.

Der kurfürstliche Reissige Stall und der, auf den Fundamenten der äußeren Stadtmauer errichtete, Lange Gang begrenzen nach Norden und Osten den Stallhof. Die südliche Grenze des langgestreckten Hofes wurde durch das, auf der inneren mittelalterlichen Stadtmauer errichtete, Kanzleihaus gebildet. Unter Ausnutzung des ehemaligen mittelalterlichen Zwingers entstand so ein festlicher Turnierplatz, der sich wie kaum ein anderer bis heute erhalten hat. Für die Zuschauer der ritterlichen Turniere und Festaufzüge standen die Galeriefenster des Langen Ganges bereit, während in die Nordfassade des Kanzleigebäudes Logen für die Schiedsrichter eingeschnitten wurden. In dem sich nach Osten erweiternden Hofareal ließ Christian I. vor dem Stallgebäude noch eine Schwemme für die Pflege der von ihm gesammelten kostbaren Reitpferde einrichten.

Der Stallhof war einer der schönsten Turnier- und Festplätze der deutschen Spätrenaissance. Seine Funktionalität im Hofleben hat er bis zur Mitte des 18. Jahrhunderts bewahrt. Der Turnierhof war ein, gegenüber der Stadt, eindeutig abgeschlossener Bezirk, in den drei Tore hinführten. Neben dem rustizierten Tor am Stallgebäude und einem schmucklosen Zugang von der Schössergasse aus, bildete ein Prachtportal von der heutigen, Augustusstraße, das direkt neben dem Georgenbau lag, den Hauptzugang. Dieses „Jagdtor" ist heute noch vorhanden. Seine einstmals prächtige Wirkung, aber auch seine gewichtige Funktion als Zugang zum Schlossareal, ist aber in unmittelbarer Nähe zum Fürstenzug kaum mehr erfahrbar. 1587 und 1588 errichtet, wurde es zum Prachttor, das sich unmittelbar am Stadtzugang hinter der Elbbrücke befand. Über dem Gebälk ließ Christian I. das von zwei Löwen gehaltene Kurwappen anbringen, das von zwei Kriegern in antiker Tracht gerahmt wird. Darüber trägt eine große, von Rollwerk eingefasste, Tafel umfangreiche lateinische Inschrift, in der sich der junge Bauherr demonstrativ in die Tradition seines Vaters stellt. Den manieristischen Skulpturenschmuck schuf der Bildhauer Andreas Walther III., der sich für die gesamte Bildhauerarbeit am Stallhofkomplex verantwortlich zeichnete.

Von symbolischen Architekturformen bestimmt war auch ein zweiter Bauplatz am Dresdner

Der Stallhof mit dem Stallgebäude und dem Langen Gang zur heutigen Augustusstraße. 1623 gemalt von Andreas Vogel.

Schloss, den Christian I. drei Jahre nach seinem Herrschaftsantritt in Angriff nahm. Wie bei der Platzgestaltung des Jüdenhofs handelte es sich um ein Projekt mit städtebaulicher Wirkung. Seit 1589 ließ der Kurfürst den Platz vor dem spätmittelalterlichen Haupttor des Schlosses zu einem zweiten, vorgelagerten Schlosshof repräsentativ neu gestalten. Auf dem verfüllten, mittelalterlichen Schlossgraben entstand der heutige Kleine Schlosshof. Dazu ließ er als erstes, zwischen 1589 und 1590, südlich des Ostflügels mit der Schösserei ein blockhaftes, zweigeschossiges Portalgebäude errichten. Es bildete von nun an das stadtseitige Haupttor des Renaissanceschlosses und war wiederum von der zeitgenössischen Architektur Italiens geprägt. Von diesem hat sich an der leicht herausragenden Schlossstraßenfassade das, von doppelten Säulen toskanischer Ordnung flankierte, Portal mit seiner reichen Rustizierung erhalten. Als Architekt gilt Paul Buchner. Den Bauschmuck schuf der Bildhauer Andreas Walther III. Dieser hatte für das ursprünglich flache, von einer Balustrade umzogene, Dach vier große allegorische Figuren angefertigt, die den Tugenden des Kurfürsten gewidmet waren. Sie stellten den Glauben, die Großmütigkeit, die Stärke und die Dankbarkeit dar. Das flache Dach war mit einem zierlichen Rundtempel bekrönt, über dem sich, als fünfte Allegorie die Skulptur der Gerechtigkeit erhob, während zwei Genien posauneblasend von der Balustrade den guten Ruf des Fürsten verkündeten. Als Schlussstein des Torbogens hat sich unterhalb des mit Löwenköpfen geschmückten Architravs, ein Pelikan erhalten. Dieser verweist nicht nur auf die Erlösung der Menschen durch den Opfertod Christi, sondern auch auf die Aufopferung des Fürsten für sein Volk.

Gleichzeitig mit dem Torgebäude wurde am westlichen Ende des Kleinen Schlosshofes unter Leitung Buchners ein zweites würfelförmiges Gebäude von zwei Geschossen mit flachem Dach geschaffen. Es diente als Brunnenhaus und besaß in seinem Obergeschoss eine Badestube. Der im Erdgeschoss gelegene Schlossbrunnen ist heute wieder sichtbar.

Als Christian I. unvermittelt im September 1591 im Alter von nicht einmal 31 Jahren starb, hinterließ er drei unmündige Söhne und eine ganze Reihe unvollendeter Bauvorhaben. Dazu gehörten in Dresden der Ausbau des Gartens der Kurfürstin, das bemerkenswerte Belvedere am östlichen Rand der Elbfestung auf der Jungfernbastei und der Kleine Schlosshof. Erst 1595 konnte der repräsentative Zugang zum kurfürstlichen Schloss, auf Drängen der Kurfürstenwitwe Sophia, vollendet werden. Dazu wurde 1592 ein, südlich unmittelbar an den Kleinen Schlosshof grenzendes, stattliches Bürgerhaus, das Schreyersche Haus, erworben und bis 1595 als Wohnsitz für die minderjährigen Söhne ausgebaut. Gleichzeitig entstand die zweigeschossige Loggia, die den Feuersturm des Jahres 1945 überstand und als einer der wenigen äußeren Bauteile des Renaissanceschlosses bis heute erhalten blieb. Dieser Arkadengang verband den Prinzensitz mit dem Ostflügel des Schlosses. In der südwestlichen Ecke des Kleinen Schlosshofes führte ein Durchgang zum „Churfürstinnen Garten". Auch von diesem haben sich bauliche Reste und sogar Teile des Sgraffitoschmucks erhalten.

Der Frühbarock: Das Schloss im Zeitalter des Dreißigjährigen Krieges

Die sechs Jahre, in denen Christian I. vom Dresdner Residenzschloss aus als Kurfürst regierte, waren aus baulicher Sicht ausgesprochen produktiv. Aus dieser Epoche, die eine Reihe ungewöhnlich qualitätsvoller Gebäude hervorbrachte, blieben bemerkenswert viele Zeugnisse erhalten.

Nach dem plötzlichen Tod Christians I. übernahm für dessen minderjährige Söhne Herzog Friedrich Wilhelm von Sachsen-Altenburg die Regierung. Der Kuradministrator regierte das ihm auf Zeit anvertraute Land nicht von Dresden, sondern von Torgau aus. Die Kurfürstenwitwe aber und die kurfürstlichen Erben bewohnten weiterhin das Dresdner Residenzschloss. Die unter Christian I. noch in Angriff genommenen Bauvorhaben wurden damals weitgehend eingestellt. Der Kuradministrator beschränkte seine Ausgaben auf das Nötigste. Dazu gehörten Reparaturen, wie die des Hausmannsturms, der 1595 ausgebessert werden musste. Für die heranwachsenden Herzöge entstand 1597 zudem ein größerer Holzbau im Zwingerbereich westlich vor dem Schloss. Das von Buchner und Nosseni geschaffene Ballhaus diente ausdrücklich der körperlichen Ertüchtigung der jungen Herren.

Hatte Christian I. mit dem fast schlossartigen Festbau des Stallgebäudes und dem zugehörigen, vom Langen Gang flankierten Stallhof das Schlossareal über mehr als 100 Meter nach Osten ausgedehnt, so begann mit der fürstlichen Turnhalle keine zehn Jahre später die Nutzung des, westlich des Schlossbaues bis zum Festungswall reichenden, Zwingergeländes für die Freizeitvergnügungen der Hofgesellschaft. Doch auch im Stallhof hinterließen die, mit dem Erreichen der Volljährigkeit Christians II. (reg. 1591/1601-1611) im Jahre 1601 einhergehenden, Festlichkeiten ein bleibendes Zeugnis.

Trotz seiner stetig anwachsenden Leibesfülle und seines berüchtigten Alkoholkonsums liebte der älteste Sohn Christians I., ebenso wie seine Vorfahren, das ritterliche Turnierwesen, das er aktiv ausübte. Deshalb entstanden die beiden reich mit Trophäenreliefs geschmückten Bronzesäulen, die der Turnierform des Ringelstechens dienten. Nach Entwürfen Nossenis wurden sie durch eine Dresdner Gießhütte ausgeführt.

Gleich nach seinem Herrschaftsantritt ließ Christian II. sein Residenzschloss renovieren. Da die 50 Jahre alte Sgraffitobemalung des Schlosses unter dem mitteleuropäischen Klima Sachsens gelitten hatte, wurde sie 1602 vollständig erneuert. Bemerkenswert dabei ist, dass die Renovierung streng nach dem von Moritz und Christian I. vorgegebenem Muster vorgenommen wurde. Die kurfürstlichen Hofmaler Wehme, Treuding und Göding malten auch einige Innenräume des Schlosses neu aus. Dabei wurden auch der Riesensaal und die Kapelle in die Neuausstattung einbezogen. Mit Anpassungen an den modernen Baugeschmack, im Übergang zwischen Spätrenaissance und Frühbarock, hielt sich Christian II. aber weitgehend zurück. Nur die spitze, spätgotische Haube, die den spätmittelalterlichen Portalbau zwischen Kleinem und Großem Schlosshof bis dahin geziert hatte, ließ er 1608 durch eine offene Laterne ersetzen. Dies war eine Modernisierung, die nach der Anlage des Renaissancehofes längst überfällig war und wohl nur durch den Tod seines Vaters 17 Jahre zuvor unterblieb. Im Verlauf eines Ringrennens fand der 28-jährige Kurfürst am 23. Juni 1611 den Tod. Er starb allerdings nicht im Sattel, sondern durch einen Schlaganfall nach einem „Starken Trunk des vielgeliebten Merseburger" Weines. Ihm folgte sein zwei Jahre jüngerer Bruder Johann Georg I. (reg. 1611-1656) in die Würde des sächsischen Kurfürsten. Mit 45 Jahren war ihm eine der längsten Regierungszeiten eines sächsischen Herrschers vergönnt. Doch auch Johann Georg I. hatte von seinem Vater nicht die auf fürstliche Repräsentation zielende Baulust geerbt. Die politisch spannungsreiche und wirtschaftlich problematische Zeit, die dem Beginn des Dreißigjährigen Krieges vorausging, war allerdings auch nicht danach beschaffen. Ihm gelang es aber, mit geringem finanziellem Aufwand, den sich ändernden Anforderungen des Hofes und der politischen Strukturen seines Landes im bestehenden Rahmen des Residenzschlosses und des Schlossareals Rechnung zu tragen. Dazu gehörten zwei Gebäude, die westlich des Hauptgebäudes geschaffen wurden. 1618 entstand dort zur Schulung der kurfürstlichen Reitpferde ein langgestrecktes Reithaus. Zwei Jahre später wurde in dessen unmittelbarer Nachbarschaft das Schießhaus erbaut. Beide Gebäude waren reine Zweckbauten ohne besonderen architektonischen Schmuck. Die bedeutendste Baumaßnahme am Residenzschloss in der langen Regierungszeit Johann Georgs I. war die Erneuerung des Riesensaales. Notwendig wurde sie, nachdem 1623 erhebliche Mängel am Dach des Ostflügels festgestellt worden waren. Die folgenden Planungen bezogen die im Dachgeschoss des Westflügels gelegene kurfürstliche Kunstkammer ein, die seit dem beginnenden 17. Jahrhundert weit über die Landesgrenzen hinaus Berühmtheit erlangt hatte und einer begrenzten Öffentlichkeit zugänglich gemacht worden war. Nachdem man zeitweilig erwogen hatte, die Kunstkammer in das ausgebaute Dachgeschoss des Ostflügels zu verlegen, entschloss sich der Kurfürst, ihre Ausstellungsfläche im Westflügel erheblich zu erweitern und gab den Beständen in acht Räumen eine neue Ordnung.

1627 begann der zwei Jahre zuvor in den Dienst des Kurfürsten getretene Hofbaumeister Wilhelm Dilich mit dem Ausbau des Riesensaales. Die Veränderung dieses Hauptsaales des Schlosses war radikal. Der Festsaal wurde um das darüber liegende Geschoss in seiner Höhe fast verdoppelt. Die auf 9,60 Meter erhöhte Decke bestand aus einer bogenförmigen Holzkonstruktion. Reich beschnitztes Rahmenwerk, das in Segmente gegliedert war, überzog die gewaltige Deckenkonstruktion. Der Sockelbereich des Riesensaales erhielt eine festliche Marmorverkleidung. Anfang 1630 waren die Baumaßnahmen beendet. Nun fehlte noch das Wichtigste: die malerische Ausschmückung des monumentalen Raumes. Damit be-

Christian II. starb 1611 mit 28 Jahren durch einen Schlaganfall nach einem Turnier. Gemälde eines unbekannten Künstlers.

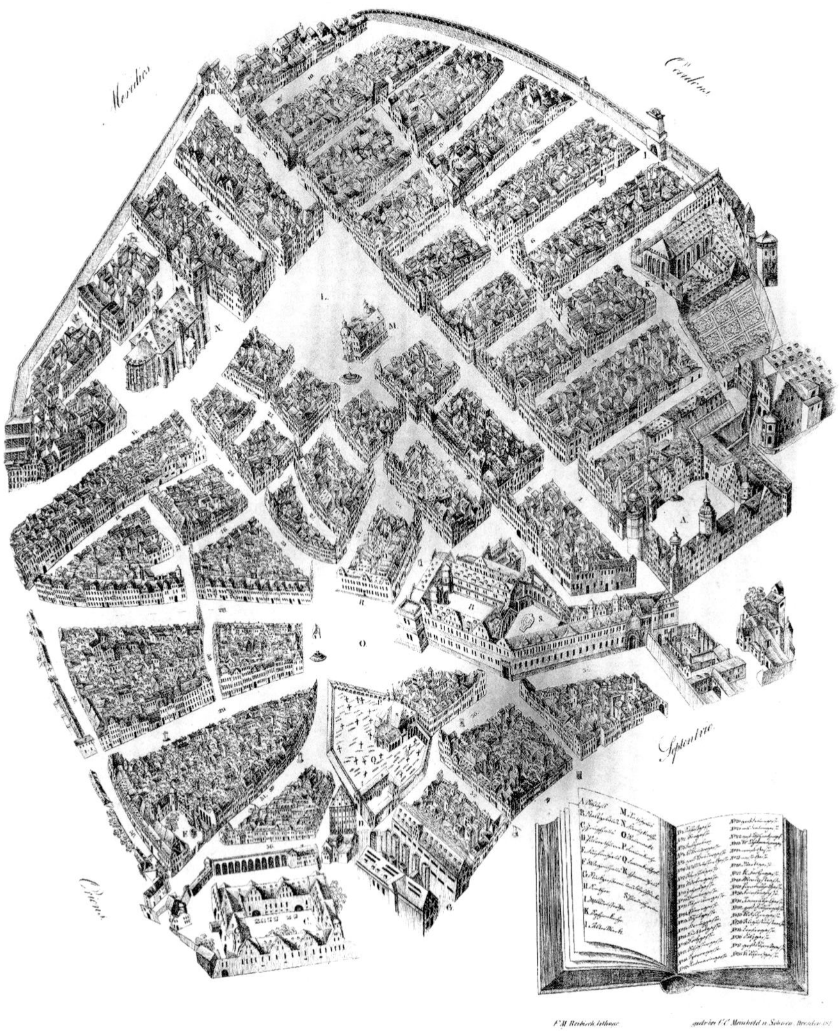

Perspektivischer Plan von Dresden-Altstadt im Jahr 1634. Lithografie von Friedrich Martin Rübisch.

gann der Hofmaler Kilian Fabritius noch im gleichen Jahr, doch bereits im darauffolgenden Jahr kamen die zügig ausgeführten Arbeiten aufgrund der dramatischen Auswirkungen des Dreißigjährigen Krieges auf Sachsen zum Erliegen. Erst 1638 konnte Christian Schiebling die Arbeiten seines 1633 verstorbenen Lehrers fortsetzten. Im November 1638 wurde der nicht vollendete Festsaal mit der Trauung des Kurprinzen Johann Georg (II.) eingeweiht.

Nun waren es nicht allein die Darstellungen von Riesen, sondern auch die gewaltigen baulichen Proportionen, die dem Namen des Festsaales einen Sinn gaben. Die malerische Ausstattung nahm dabei zugleich auf die geänderte Funktion dieses Raumes Bezug. Das politisch-religiöse Bildprogramm der deutschen Hochrenaissance, mit dem Kurfürst Moritz den Festsaal seiner Residenz hatte ausschmücken lassen, wurde durch eine frühbarocke Ausmalung ersetzt, die dem ständisch geprägten Staatsverständnis Johann Georgs I. Rechnung trug. Das wettinische Fürstenhaus war durch das Wandbildnis des Kurfürstenpaares im Kreise seiner kinderreichen Familie vertreten. Ihre illusionistische Darstellung auf einer gemalten Empore unter dem Gesamtwappen des Hauses Wettin nahm die gesamte Südwand ein. An Teilen der Längswände und vor allem an der Decke wurden Ansichten sächsischer Städte angebracht. Die Stadtveduten, die der Rangfolge der sächsischen Städte innerhalb der Ständeversammlung folgten, hatten eine raumbeherrschende Wirkung. Der ebenfalls zur Ständeversammlung, dem höchsten gesetzgebenden Gremium, gehörende sächsische Adel, wurde in Form der betreffenden Familienwappen berücksichtigt, die in den Deckenbereich eingefügt waren. So bildete die malerische Ausschmückung des Riesensaales ein Kompendium der politischen Glieder des Kurfürstentums Sachsen. Eine universale Einbindung erfuhr dieses Staatsgefüge durch die in den tiefen Fensterleibungen gemalten, großformatigen Bildnisse von Vertretern der Völkerschaften aller vier bekannten Erdteile; der Nationen. Im mittleren Bereich der Decke überspannten den mächtigen

Raum aber die auf blauem Grund gemalten Tierkreiszeichen sowie die Sternbilder des südlichen und des nördlichen Himmels. Auch an die namensgebenden Riesen wurde bei der symbolhaften Neuausmalung gedacht. Jeweils zehn Darstellungen von Kriegern, jeder vier Meter hoch, stützten optisch auf jeder Seite das Gesims des frühbarocken Festsaales.

Die Vollendung dieser Ausmalung zog sich nach dem Hochzeitsfest von 1638 noch zwölf weitere Jahre hin. Was aber 1638 durchaus zeitgemäß gewesen war, gab sich 1650 als eine künstlerisch leicht provinzielle Ausmalung eines, unter der Einwirkung der nun vordringenden französischen Mode, altmodisch wirkenden Festsaales. Die Folgen des langen und verheerenden Dreißigjährigen Krieges hatten dazu geführt, dass das Dresdner Schloss in der Mitte des 17. Jahrhunderts den Anschluss an die modernen Entwicklungen des Hochbarocks verloren hatte.

Im Hochbarock:

Der Besuch des Großherzogs

~ Nach einer Pause von mehr als 60 Jahren trat unter Kurfürst Johann Georg II. (reg. 1656-1680) die Baukunst wieder in den Dienst höfischer Prachtentfaltung. Nach Übernahme der Herrschaft im Jahre 1656 begann er damit, das ehrwürdige Renaissanceschloss und das umgebende Areal den Erfordernissen einer zeitgemäßen barocken Hofhaltung anzupassen. Der erste Schritt in diese Richtung war die Ernennung des gerade 26-jährigen Ingenieuroffiziers Wolf Kaspar Klengel zum Oberlandbaumeister. Der in Dresden geborene Klengel war ein Urenkel des Hofzeugmeisters und Architekten Paul Buchners. Der begabte junge Mann verfügte durch seine Reisen in die Niederlande, nach Paris und nach Italien über Kenntnis der zeitgenössischen Architekturströmungen. Als Hauptmann für das Fortifikationswesen hatte er bereits in venezianischen Diensten gestanden. Der erste Bauauftrag Johann Georgs II. an Klengel galt der Innenausstattung des Dresdner Schlos-

Johann Georg I. und Johann Georg II. Epitaph von 1658 in der Stadtkirche Belgern.

ses. Zwischen 1656 und 1680 entstand so eine dekorative Neuausstattung, die das Schloss nicht nur wohnlicher, sondern auch moderner werden ließ. Neben den Wohn- und Arbeitsräumen des Kurfürsten im ersten Geschoss des Westflügels, wurden nach und nach fast alle Innenräume des Schlosses neu ausgestattet. In einem Brief Klengels an den in Frankfurt weilenden Kurfürsten vom Mai 1658, schildert der Oberlandbaumeister die Arbeiten an der Ratskammer und deren angrenzenden Räumen, denen er durch symbolhafte und dekorative Wandmalereien, reiche Stuckaturen, vergoldete Beschläge und neue Marmorfußböden ein „herrlich und fürstlich Ansehn" gegeben hatte. Genannt werden dabei auch zwei kleine Räume, die zu der, gegen den Schlosshof gelegenen, Ratskammer gehörten: das kleine Betstübchen und der Abtritt. Letzterer hat sich im südlichen Teil des ersten Geschosses in einer später vermauerten Fensternische, die bei den Erhaltungsarbeiten in den 1980er Jahren entdeckt wurde, noch erhalten. Der Abtritt, ein kaum mehr als ein Quadratmeter großer Raum, in dem ursprünglich ein mobiler Toilettenstuhl aufgestellt war, weist heute noch die ehemalige Wanddekoration auf. Ein Blick durch die Trennscheibe aus dem Gang vor dem heutigen „Sponselraum" des Neuen Grünen Gewölbes in diesen Abtritt, zeigt die von Klengel dem Kurfürsten schriftlich übermittelte Ausstattungspracht. Der Boden war ebenso wie die Ratskammer mit schwarzem und weißem Marmor bedeckt, die Decke aber ist noch mit der „stuccatur uff eine sonderbahre weise" verziert, die diesem intimen Raum damals seine Besonderheit verlieh. Die Ratskammer selbst war mit roten, weißen und schwarzen Marmortafeln und -säulen prächtig ausgestattet. Zusammen mit dem zwingerseitig daran grenzenden marmorsteinernen Audienzgemach bildeten diese beiden Räume den Mittelpunkt einer Folge barocker Staatsräume und zugleich das machtpolitische Herzstück des Schlosses.

Wie man zu dieser Zeit im Schloss fürstliche Gäste empfing, überliefert ein Bericht über den Besuch des späteren Großherzogs Cosimo III. de Medici (reg. 1670-1723), der sich im sächsischen Hauptstaatsarchiv erhalten hat. Die Beschreibung des in der Mitte des 17. Jahrhunderts

Dieses Holzmodell zeigt die Stadtseite des Schlosses. Es ist im 16. Jahrhundert entstanden und wurde im 17. Jahrhundert verändert.

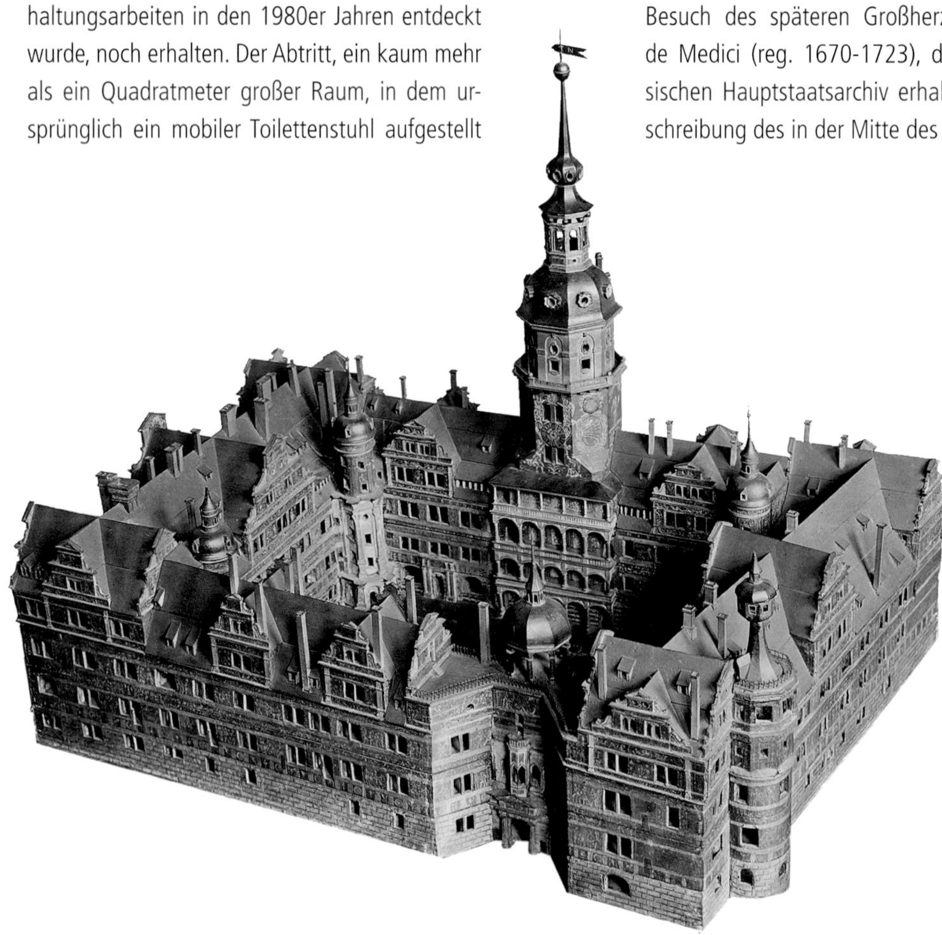

durchaus seltenen Besuchs eines ausländischen Fürstensohnes bei einem deutschen Kurfürsten verdeutlicht, wie das Dresdner Residenzschloss nach seiner inneren Modernisierung im Stil des Frühbarock von seinen Bewohnern genutzt wurde. Am 12. März 1668 war der 26-jährige Prinz Cosimo de Medici auf seiner Kavalierstour durch Europa im sächsischen Elbflorenz angekommen. Den seltenen Gast aus dem Süden brachte man im kurfürstlichen Haus in der Kreuzgasse unter. Dort besuchte ihn Johann Georg III. am folgenden Tag in Begleitung Wolf Caspar von Klengels, der dem Kurfürsten als Dolmetscher diente. Am 14. März kam es zur Gegenvisite. Der Medici-Prinz fuhr dabei mit der Kutsche durch das Torhaus in den Kleinen Schlosshof und von dort durch das spätgotische Portal in den Großen Schlosshof. Dort wurde er vom Hausherrn vor dem südwestlichen Wendelstein empfangen. Dieser Treppenturm diente als Aufgang in die kurfürstlichen Wohn- und Empfangsräume. Zum deutsch-italienischen Gipfeltreffen begab man sich zunächst in das „Marmorsteine audienz Gemach". Danach ging Cosimo in den damaligen Südflügel (heute Zwischenflügel Nord genannt), in dem sich das Appartement der Kurfürstin befand. In dessen Vorgemach begrüßte ihn deren Hofmeisterin mit den adeligen Ehrendamen. Magdalena Sibylla empfing den Gast nahe der Tür ihres Audienzgemaches. Nach der ebenfalls durch einen Dolmetscher, dem Hofmeister von Rackwitz, geführten Audienz, wurde Cosimo in eine Kammer geleitet, die nahe des Audienzgemaches lag. Dort besah er „Churrock, Churhuth und Chur Schwerd, auch ezliche Kostbahre mit Edelsteinen versetzte Degen, Säbel, Hirschfänger, Jägerzeug und dergleichen". Es hat sich bei dieser Kammer somit um eine Art kurfürstliche Garderobe gehandelt, eine institutionalisierte Schatzkammer, in der die Zeichen kurfürstlicher Macht und Reichtums verwahrt worden. Der bedeutende Raum muss sich nahe des großen südlichen Saales im ersten Geschoss des Westflügels befunden haben, der heute als „Saal der Kunststücke" den Auftakt des Neuen Grünen Gewölbes bildet. Dies ergibt sich aus dem weiteren Weg Cosimos, der von dort durch das kleine Betstübchen und die Ratskammer in das Emporengeschoss der Schlosskapelle zum

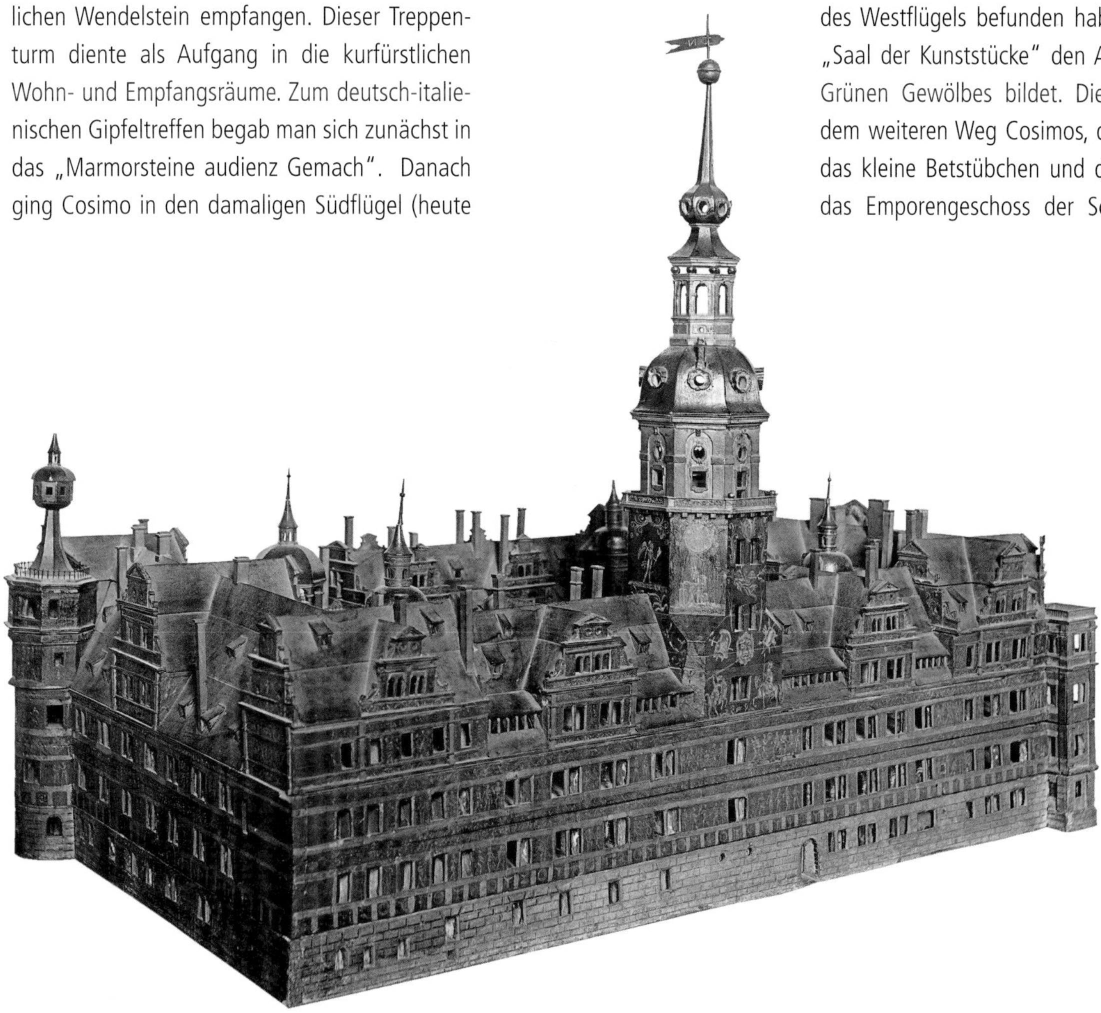

Die zur Elbe gelegene Nordfassade des Schlosses. Das Holzmodell wurde 1960 zerstört.

Kurprinzen begleitet wurde, durch das der Gast in den östlichen Nordflügel gelangte. Der spätere Johann Georg III. empfing den zukünftigen Großherzog im Prophetenstübchen und begleitete ihn zur Visite in seine Privatgemächer, die sich im ersten Geschoss des Georgenbaus befanden. Doch danach war der Höflichkeitsbesuch noch keineswegs beendet. Begleitet vom Kurprinzen ging der Medici-Prinz zum nordöstlichen Wendelstein, wo der Hofmeister der Kurprinzessin ihn erwartete. Die Gemächer von Anna Sophie befanden sich im zweiten Geschoss des Georgenbaus. Die dänische Königstochter brauchte keinen Dolmetscher, sie verständigte sich mit Cosimo in der damaligen Weltsprache des europäischen Adels – auf Französisch. Auch bei der zweiten Dame Sachsens wartete eine Hofmeisterin und eine Anzahl adeliger Ehrendamen auf den Besuch aus Italien. Mit großen Höflichkeitsbezeugungen verließ Cosimo III. die jungverheiratete Kurprinzessin und besah danach die Prunkräume des Schlosses: den Riesensaal im Ostflügel und das im Nordflügel daran anschließende Riesengemach. Danach wurde ihm der, im zweiten Obergeschoss über dem Kirchsaal gelegene, steinerne Saal gezeigt und dann die Brandenburgischen Gemächer im zweiten Geschoss des Westflügels, „die mit schönen Tapeten (Gobelins), rothsammeten Stühlen und Teppichten, auch prächtigen Betten aufgepuzet" waren.

Im großen Ecktafelgemach an der Nordseite dieses Westflügelgeschosses, war inzwischen eine fürstliche Speisetafel aufgerichtet worden, an der der Medici-Prinz seinem Rang gemäß gegen zwölf Uhr mit dem Kurfürsten und dem Kurprinzen speiste. Dieses zeremonielle Mittagessen dauerte bis 15 Uhr. Den Abschluss der Staatsvisite bildete eine zweite kurze Audienz beim regierenden Kurfürsten Johann Georg II. in den Brandenburgischen Gemächern.

Nachdem der Hausherr den weitgereisten Prinzen aus der Toskana verlassen hatte, um in seine Gemächer hinunter zu gehen, begann für Cosimo der touristische Teil des Schlossbesuchs. Dieser führte ihn zunächst in die Kunstkammer, dann zum wenige Jahre zuvor errichteten Komödienhaus und letztendlich in die Hofapotheke. Mit einer Kutsche fuhr Cosimo auch noch hinaus vor die Wälle der Stadt in den gerade neu geschaffenen „Italiäner Gartten", der vor dem Seetor an der Großen Plauenschen Gasse lag. Es war die erste Gartenanlage der Residenzstadt, die über die Landesgrenzen hinaus Berühmtheit erlangte. Am späten Abend kehrte der Großherzog in sein Logis, das Kurfürstliche Haus, zurück. Am folgenden Tag besuchte Cosimo noch das Zeughaus (Albertinum), das Gießhaus vor dem Schloss und das Jägerhaus in Altdresden. Am 15. März verließ der Prinz die Landeshauptstadt Dresden in Richtung Leipzig und reiste von dort zurück nach Florenz.

Musikpflege und Festkultur im Hochbarock

~ Der katholische Großherzog vermied vielleicht bewusst die Besichtigung der gerade neugestalteten Schlosskapelle. Für einen protestantischen Fürsten wäre dies unverzichtbar gewesen. 1662, sechs Jahre zuvor, hatte Klengel die Umgestaltung der kurfürstlichen Schlosskapelle in Angriff genommen. 1617 war sie zur Wirkungsstätte, des ersten deutschen Komponisten der Weltgeltung erlangte, geworden: des Hofkapellmeisters Heinrich Schütz. Dessen Einfluss auf die Entwicklung der protestantischen Kirchenmusik im 17. Jahrhundert kann nicht hoch genug bewertet werden. Schütz, der bis zu seinem Tode 1672 tätig war, bescherte zugleich der sächsischen Hofkapelle eine Blütezeit. Trotz der finanziellen Probleme des Dreißigjährigen Krieges gehörte seit 1638 zur kurfürstlichen Hofhaltung Johann Georgs I. ein Orchester, in das nach und nach immer mehr italienische Musiker aufgenommen worden. Kurfürst Johann Georg II. war hochmusikalisch und versuchte sich sogar selbst als Komponist. Bereits als Kurprinz unterhielt er ein eigenes Musikensemble, mit der sich die italienische Barockmusik in Sachsen etablierte. Neben dem immensen Wirken von Heinrich Schütz begründete die kurprinzliche und

Der Zuschauerraum des von Wolf Caspar von Klengel 1667 fertiggestellten „Comoedienhaußes". Kupferstich nach einer Zeichnung von J. O. Harms aus dem Jahr 1678.

später kurfürstliche Kapelle den bis heute anhaltenden Ruf Dresdens als eine Musikmetropole Europas. Auf den von Johann Georg II. eingeleiteten musikalischen Stilwandel und auf die vom Kurfürsten seit 1662 veranlasste Gottesdienstreform, lässt sich der Impuls zur Umgestaltung der östlichen Chorpartie der Schlosskapelle mit Altar zurückführen. Über dem Altarbereich ließ der Kurfürst vor der Hauptorgel eine geschwungene, auf vier roten Marmorsäulen ruhende, Holzempore einbauen. Sie diente als Singchöre, auf denen zwei weitere Orgelpositive standen.

Neben der protestantischen Kirchenmusik wurde im Dresdner Residenzschloss zunehmend auch profane Unterhaltungsmusik gepflegt. Im Jahr 1662 kam im Residenzschloss mit der Oper „Il Paride", die vom kursächsischen Kapellmeister Giovanni Andrea Bontempi komponiert worden war, die erste italienische Oper in Deutschland zur Aufführung. 1664, nur zwei Jahre später, ordnete Johann Georg II. an, das 1597 an der Südwestecke des Schlosses errichtete, hölzerne Ballhaus abzureißen. Am 1. August des gleichen Jahres erfolgte die Grundsteinsteinlegung für das „Comoedienhauß". Dieses sollte aber nicht nur als Bühne für eine fest angestellte Komödiantengruppe dienen, sondern auch die Aufführung von reich ausgestatteten Opern und Opernballetten ermöglichen. Am 27. August 1667 konnte das äußerlich schlicht gehaltene, aus Pirnaer Sandstein errichtete, Gebäude mit der Aufführung einer italienischen Oper eingeweiht werden. Cosimo de Medici besichtigte im März 1668 also ein hochmodernes Zweispartentheater. Dessen technische Möglichkeiten waren erstaunlich. Das Theater besaß einen 25 Meter tiefen Bühnenraum, der zehn Kulissenpaaren Platz bot. Weitere Kulissen befanden sich in den angrenzenden Querflügeln. Ein von Obelisken flankiertes Proszenium trennte die Bühne von dem 16 Meter breiten und 20 Meter tiefen Zuschauerraum. Das erste kurfürstliche Opernhaus von Dresden war eine durchaus öffentliche Bühne. Während in dem hufeisenförmig angelegten Parkett der Kurfürst und sein Hof die Vorstellungen verfolgte, fanden in zwei übereinander gestaffelten Rängen eine große Zahl Besucher Platz, die nicht dem Hof angehörten. Den gesamten Zuschauerraum überfing ein großes Deckengemälde des bedeutenden Raumdekorateurs Johann Oswald Harms. Geprägt von der römischbarocken Illusionsmalerei gewährte es den Blick in den Himmel, über den der Sonnengott Apoll auf seinem Sonnenwagen fuhr. Ein Kupferstich seines Schöpfers überliefert noch heute die räumliche Wirkung des von klassischer Strenge geprägten Zuschauerraumes. Dieses Theater war

Südliche Außenfassade des Westflügels am Schlossgarten. Links das „Comoedienhauß".

Bären-, Wolf-, Fuchs- und Dachsjagd im Schlosshof. Kupferstiche von Gabriel Tzschimmer, 1680.

die erste bedeutende architektonische Leistung des Barocks in Dresden. Für fast 230 Jahre gehörte der Baukörper des Komödienhauses unmittelbar zum Dresdner Schloss. Wie noch dargestellt wird, wurde es in diesen Jahrhunderten in seinem Inneren mehrfach dem wechselnden Geschmack und sich wandelnden Funktionen angepasst. Erst im Jahre 1888, als die Architekten Dunger und Frölich mit dem Bau der heutigen Fassade des Residenzschlosses begannen, wurde es abgerissen.

Obwohl das kunst- und kulturgeschichtlich bedeutende Festspielhaus des Frühbarocks heute restlos verschwunden ist, deuten bauliche Reste an, das der Kurfürst sein Opernhaus bequem zu nutzen wusste. Es handelt sich dabei um die aus Doppelsäulen bestehende Kolonnade, die am Schlossgarten der Südfassade des Westflügels vorgeblendet wurde. Klengel hat diesen Kolonnadengang errichtet, damit der Herrscher direkt von seinen Wohnräumen, im ersten Geschoss des Schlosses, in das Komödienhaus gelangen konnte. Unmittelbar östlich des Kolonnadengangs erbaute der Hofarchitekt ein sorgfältig gestaltetes, relativ selbstständiges Gebäude mit geschweiftem Dach, dessen Funktion nicht mehr bekannt ist. Die daran anschließende, zum Garten gerichtete Mauer der Kolonnade, mit ihren vorgeblendeten Säulen und einem großen hochovalen Fenster, hat sich im Foyerbereich des modernen Schlossgartenflügels erhalten. Wie damals der Schlossgarten aussah, überliefert ein Kupferstich.

Es ist bezeichnend, dass gerade Johann Georg II. am Dresdner Residenzschloss das erste Festspielhaus errichten ließ. Unter der Regierung dieses Kurfürsten erlebte die Festkultur des Barock in Dresden ihren ersten Höhepunkt. Johann Georg II. stand der von Louis XIV. bestimmten Form der fürstlichen Selbstdarstellung – trotz der latenten politischen Gegensätze zur französischen Politik – durchaus offen gegenüber. Dies betraf die Herren- und Damenmode ebenso wie den sich verändernden Fürstenschmuck, die zeitgemäße Form der Etikette und auch die Darstellung des fürstlichen Machtanspruches gegenüber der Öffentlichkeit im Fest. Wie später sein Enkel August der Starke genoss auch Johann Georg II. die symbolhafte Festkultur. Hoffeste bestanden damals aus einer Abfolge von Paraden, Bällen, Turnieren, Balletten, Opernaufführungen und Schauspielen. Sie wurden zu einem wichtigen Instrument der Politik. Zur „Eventkultur" des Barock gehörten neben den großen Staatsfesten auch die regelmäßig im späten Winter veranstalteten Karnevalsfeiern mit Maskenbällen nach venezianischem Vorbild. Diese wurden als „Redouten" bezeichnet und erforderten einen angemessen großen Raum.

Die Schaufassade des Reithauses. Dahinter das Schießhaus (1677-1678) und die dazugehörigen Festungswälle (1673 1674).

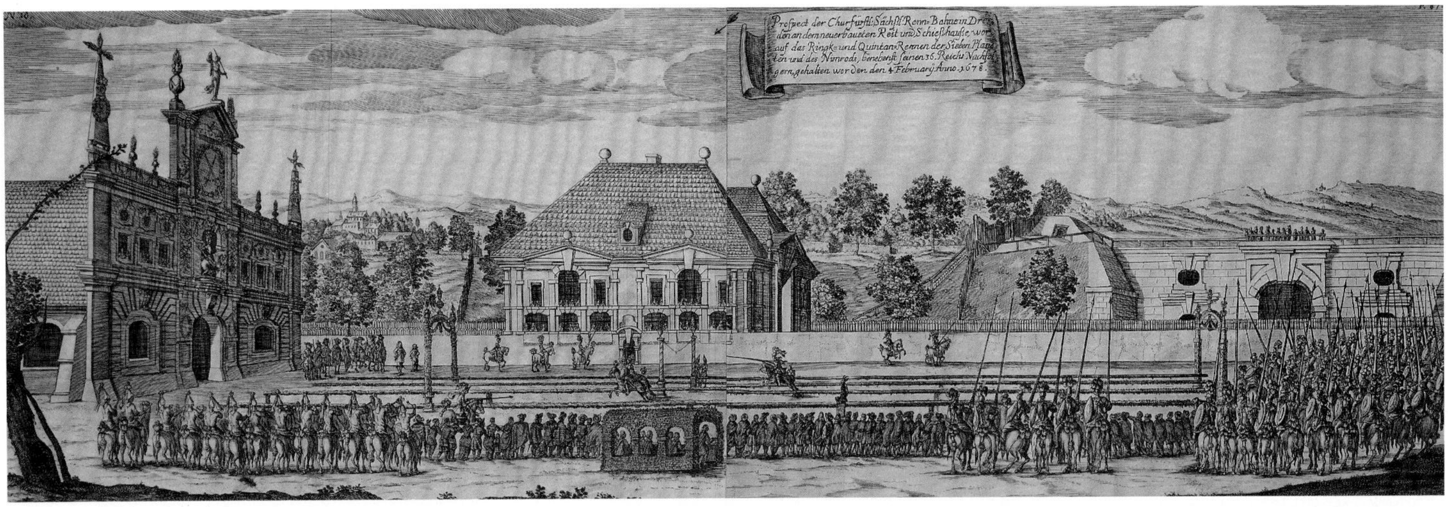

4.

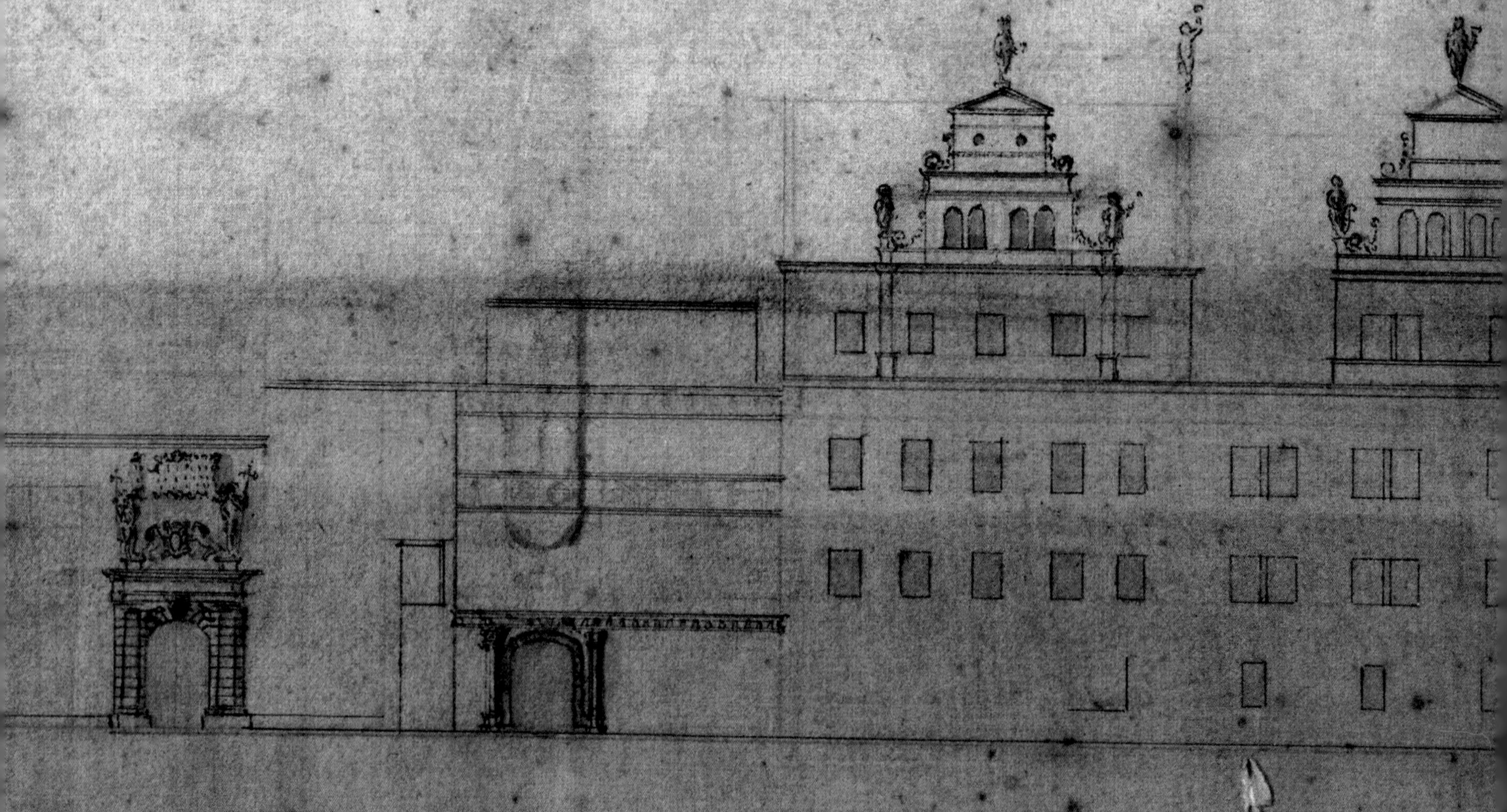

Als Veranstaltungsort für derartige Feste bot sich im Dresdner Residenzschloss natürlich zunächst der Riesensaal an. Zwischen 1668 und 1669 ließ Johann Georg II. von seinem, mittlerweile geadelten, Hofarchitekten von Klengel außerdem, auf dem Bereich des heutigen westlichen Flügels des Taschenbergpalais, ein Ballhaus errichten, in dem solche Feste veranstaltet werden konnten.

Damit nahm das Bauen im Bereich des westlich des Schlosses vorgelagertem Zwinger seinen Anfang. Zwischen den Bastionen Luna und Sol – mehr als 100 Meter von der Nordwestecke des Schlosses entfernt – entstand von 1673 bis 1674 ein neues Schießhaus, dem der Vorgängerbau von 1620 weichen musste. Der überdachte Schießstand des Kurfürsten lag gleich neben dem Feuerwerksgewölbe am Wall der Stadtmauer.

Die drei nebeneinander befindlichen Gebäude, das Komödienhaus, das Ballhaus und das Schießhaus waren in ihrem Äußeren als Funktionsbauten eher schlicht gestaltet. Das zwischen 1677 und 1678 direkt neben dem Schießhaus errichtete Reithaus, das wiederum einen Vorgänger der Spätrenaissance ersetzte, erhielt hingegen eine fast schon monumentale Fassade. Dem Bau von beeindruckender Länge, wurde von Klengel an der 28 Meter breiten Eingangswand eine zweigeschossige, monumentale Schaufront vorgeblendet, die dem kurfürstlichen Erbauer huldigte. Über dem Eingangsportal erhob sich die große Statue des Kurfürsten Johann Georg II. auf einem en levade steigenden Pferd. Darüber war am mittleren Prunkgiebel das von Justitia bekrönte Kurwappen angebracht. Das Reithaus besaß in seinem Inneren eine 98 Meter lange Rennbahn, die links und rechts von zwei Zuschauergalerien gesäumt war. Das mehr als 2700 Quadratmeter bedeckende Gebäude diente dazu, der Hofgesellschaft ritterliche Turniere und Spiele unabhängig von Wetter und Tageszeit zu ermöglichen. Zwischen Reithaus und Schloss ließ Johann Georg II. einen regelmäßigen Barockgarten anlegen. Dabei handelt es sich wohl um den Zwingergarten, der in Urkunden aus dieser Zeit erwähnt wird. Die Errichtung der vier Festhäuser im Zwingerbereich durch Johann Georg II. folgte jedoch keinem architektonischen Gesamtkonzept. Selbst die Erschließung des, von der Stadt durch eine Mauer abgetrennten, Festbereiches der Schlossfreiheit wurde nur unbefriedigend gelöst.

Das große Familienfest von 1678 und der Symbolcharakter des Residenzschlosses

~ Die Erbauung des sowohl in seinen Dimensionen wie auch im Außenbau repräsentativen Reithauses stand in ursächlichem Zusammenhang zu einer der aufwändigsten Feierlichkeiten, die Johann Georg II. in seiner Regierungszeit veranstaltete. Zur „Durchlauchtigsten Zusammenkunft" wurde das wettersichere Reithaus mit Turnieren eingeweiht. Die „Durchlauchtigste Zusammenkunft" war ein familiäres Gipfeltreffen, zu dem sich der Kurfürst mit seinen drei Brüdern und deren Familien in der Karnevalszeit des Jahres 1678 in Dresden traf. Das Staatsfest war innenpolitisch von großer Bedeutung und wurde von Festveranstaltungen begleitet, die sich über einen Monat hinzogen. Das große Fest begründete sich in dem problematischen Erbe, das Johann Georg I. seinen Nachkommen und insbesondere seinem ältesten Sohn hinterlassen hatte. Zwar galt seit der Leipziger Teilung von 1485 für die albertinische Linie der Wettiner die Primogenitur und damit die ungeteilte Übergabe des Landes an den ältesten männlichen Erben. Diese Regelung hatte Johann Georg I. jedoch in seinem Testament zwei Jahre vor seinem Tod teilweise außer Kraft gesetzt und seine drei jüngeren Söhne ebenfalls mit kleineren, außenpolitisch vom Kurstaat abhängigen Territorien beschenkt. Nach dem 1657 in Dresden abgeschlossenen „Freundbrüderlichen Hauptvergleich" entstanden daraus drei zusätzliche Sekundogenituren mit eingeschränkter Selbstständigkeit. Die so begründeten Nebenlinien standen in unmittelbarer Konkurrenz zum Kurstaat und besaßen Erbansprüche auf die Kurwürde. August (1614-1680) wurde Herzog von Sachsen-Weißenfels, Christian (1615-1691) Herzog von Sachsen-Merseburg und Moritz (1619-1691) Herzog von Sachsen-Zeitz. In den Folgejahren errichteten ein Bruder des Kurfürsten in Zeitz die Moritzburg und ein anderer in Weißenfels die Neu-Augustusburg als frühbarocke Schlossbauten, die als Residenzschlösser architektonisch wesentlich moderner waren als dasjenige des Kurfürsten in Dresden.

Johann Georg II. musste bei den Vorbereitungen auf die „Durchlauchtigste Zusammenkunft" darauf reagieren. So begannen 1674 Baumaßnahmen am Dresdner Schloss, mit denen der älteste Bruder und Kurfürst seinen dynastischen Führungsanspruch unterstreichen wollte. Bis heute hat sich von dieser symbolhaften Sanierung des gesamten Schlosses, die barocke Erhöhung des Hausmannsturmes als weithin sichtbares Zeichen erhalten. Vom April des Jahres 1674 bis zum November 1676 wurde dem Schlossturm nach Entwürfen Wolf Caspar von Klengels oberhalb des Trompeterganges eine Kuppelhaube mit langer Spitze aufgesetzt. Damit steigerte sich die Höhe des Hausmannsturmes von 88 auf weithin sichtbare 97 Meter. Zugleich erhielt der Turm mit einem Glockenspiel einen akustischen Schmuck.

Mehr als 70 Jahre nach der letzten Sanierung war der äußere malerische Schmuck des Schlosses schadhaft geworden. Zunächst erscheint es eigenartig, dass Johann Georg II. die Sgraffitomalereien weitgehend nach den ursprünglichen Formen an den inneren und äußeren Fassaden erneuern ließ. Obwohl eine umfassende Barockisierung möglich gewesen wäre, entschied sich der Kurfürst für die weit über 100 Jahre alte Fassadengestaltung in ihrer dekorativen Vielfalt, die alle Flächen kleinteilig überwucherte. Zusammen mit seinen steilen Dächern und den wuchtigen Zwerchhäusern der Renaissance, gab sich das Dresdner Residenzschloss damit weiterhin als altteutsche Residenz zu erkennen.

Dies war von Johann Georg II. durchaus beabsichtigt. Der Dresdner Renaissancebau des Kurfürsten Moritz besaß für die nachfolgenden Fürstengenerationen der albertinischen Linie des Hauses Wettin offensichtlich damals bereits die Bedeutung eines historischen Monuments. Seine bauliche Gestaltung und sein ästhetisches Erscheinungsbild waren unmittelbar mit dem Anlass ihrer Entstehung, dem Erwerb der Kurfürstenwürde, und damit dem Aufstieg zu einem der ranghöchsten Fürstenhäuser des Heiligen Römi-

~~ **Vorherige Seite**
Diese farbig getönte Federzeichnung des Schlosses und des Hausmannsturmes aus dem Jahr 1676 hat wahrscheinlich Wolf Caspar von Klengel gefertigt.

Kurfürst Johann Georg III. ließ 1682 das spätmittelalterliche Prunktor abreißen. Unbekannter Künstler.

Schnitt durch die „Englische Treppe", beim Einzug von Maria Josepha 1719. Stich von Gérard Scotin.

schen Reiches Deutscher Nation verbunden. Eine Beibehaltung des Sgraffitoschmucks war daher nicht allein ein, für die damalige Zeit erstaunlicher, Akt aktiver Denkmalpflege, sondern diente dem sächsischen Kurfürsten vor allem als symbolische Betonung seines hohen Standes und der dynastischen Vorrangstellung im Familienverband. Dass die denkmalgerechte Renovierung des Schlosses nicht auf geschmackliches Unvermögen Johann Georgs II. zurückzuführen ist, bezeugt der Innenraum des „Comoedienhaußes" mit seinen modischen Barockformen.

Im gleichen Jahr, 1678, in dem die „Durchlauchtigste Zusammenkunft" gefeiert wurde, wurde auch der Grundstein für ein bemerkenswertes Lustschloss gelegt: das Palais im Großen Garten. Gut zwei Kilometer vor den Befestigungen der Residenzstadt schuf der Baumeister Johann Georg Starcke ein hochmodernes, in eine Gartenanlage eingebettetes Gebäude, dessen schlossartige Architektur unmittelbar von der französischen Mode beeinflusst war. Mit dem für den Kurprinzen Johann Georg III. errichteten Sommerschloss fand der Dresdner Kurfürstenhof Anschluss an die internationale Baukunst. Gleichzeitig begann man damit, den Residenzcharakter Dresdens in die Umgebung der Stadt auszudehnen.

Kurfürstlicher Denkmalschutz im Hochbarock

~ Die Vollendung des Sommerpalais im Großen Garten gegen 1683 erlebte Johann Georg III. (reg. 1680-1691) bereits als regierender Kurfürst.

Wenige Jahre nachdem er seinem Vater im Amt gefolgt war, begann er mit Veränderungen an seinem Residenzschloss. Bezeichnenderweise handelt es sich auch bei diesem folgenreichen Umbau nicht um eine Barockisierung, sondern um eine denkmalsgerechte Weiterentwicklung des Überkommenen. Ins Zentrum der Bautätigkeit rückte diesmal der südöstliche Bereich des Kernbaus. Dort hatte sich seit 1474, wohl ebenfalls als eine Form symbolischer Architektur, das turmartige Torhaus der Brüder Ernst und Albert erhalten. Als eigenständiger Baukörper grenzte das weitgehend noch spätgotische Torgebäude den westlichen Teil des Südflügels von der Schösserei und dem Ostflügel ab, und ragte zugleich in den Großen Schlosshof hinein. Durch diesen monumentalen Zugang zum Großen Schlosshof war es deshalb bisher nicht möglich gewesen, einen von der Symmetrie des Schlosshofes geforderten, südöstlichen Wendelstein zu errichten. Außerdem entsprach der Zugang zu den Obergeschossen nicht mehr den Anforderungen der Barockzeit. 1682 beauftragte Johann Georg III. daher seinen Baumeister Johann Georg Starcke damit, das spätmittelalterliche Prunktor abzureißen. Es entstand eine neue Verbindung zwischen den beiden Schlosshöfen, durch die der Südflügel unmittelbar an den Ostflügel angeschlossen wurde. Damit wurde ein bequemer Rundgang im ersten und im zweiten Obergeschoss ermöglicht und die künftige Nutzungsmöglichkeit des Schlosses verbessert. Das von Starcke geschaffene neue

Portal gab sich zum Kleinen Schlosshof hin eher zurückhaltend und lehnte sich mit seiner starken Sandsteinrustika motivisch an das Torgebäude Christians I. an. Der massive Schlussstein des Rundbogens trägt den Wahlspruch des Bauherrn: „Jehova vexillum meum" (Jehova ist mein Banner). Als barockes Baumotiv ziert ein Balkon mit feingearbeitetem Gitter vor einer dreiteiligen Tür- und Fenstergruppe, im Bereich der ersten Etage, die Durchfahrt. Zum Großen Schlosshof ist die Portalfront etwas festlicher ausgebildet. Vor das mit dem Kurwappen versehene Rundbogenportal sind Doppelsäulen toskanischer Ordnung mit einem rückspringenden Architrav geblendet. Die Säulen tragen eine massive Balkonbrüstung, auf der die Skulpturen des Herkules und der Minerva stehen. Das Gitter, das zwischen ihren Postamenten angebrachte wurde, trägt in seiner Mitte das Monogramm des Kurfürsten. Fenster und Tür werden durch eine geschweifte Umrahmung mit Rosetten und Blattranken hervorgehoben. Aus dem bekrönenden Segmentgiebel ragt der Kopf der Göttin Juno hervor. Mit dem Abriss des Torhauses wurde es nun möglich, den Großen Schlosshof durch einen vierten Treppenturm an der Südostecke zu vervollständigen.

Diese bauliche Veränderung wirkte sich unmittelbar auf die weitere Nutzung des betroffenen Gebäudeteiles aus. So wurde der, im zweiten Obergeschoss des Südflügels gelegene, lange Schießsaal, den noch Kurfürst August hatte einrichten lassen, in eine barocke Raumflucht umgewandelt. Im ersten Obergeschoss des angrenzenden Ostflügels löste man die große Hofstube der Renaissance auf und schuf auch hier eine Folge von Räumlichkeiten, zu der auch die so genannte Galerie gehörte. Manchmal sind es kleine Fundstücke, die wertvolle Hinweise auf die damalige Nutzung geben. Eines davon ist eine Rechnung über die Anschaffung eines eisernen Ofens durch den Hofmaler Samuel Botschild. Der Ofen sollte „in die Churfl. Bilder Cammer" gestellt werden. Dies ist das erste schriftliche Zeugnis für eine Gemäldepräsentation, eine kleinere Bildergalerie, die neben der traditionellen Kunstkammer im Dachgeschoss des Westflügels einen Teil der kurfürstlichen Kunstsammlungen aufnahm. Sie dürfte mit dem Ausbau und der inneren Modernisierung des Südflügels eingefügt worden sein. Wohl zu dieser Zeit erfolgte auch eine Umstrukturierung der Wohnräume des Kurfürsten. Sie wurden nun aus dem Westflügel in das erste Geschoss des Südflügels verlegt, der heute, etwas verwirrend, als Zwischenflügel Nord bezeichnet wird.

Doch nicht nur im Schloss selbst, auch im Zwingerbereich des westlichen Schlossbezirkes betätigte sich Johann Georg III. als Bauherr. 1690 ließ er durch Johann Georg Starcke nahe des bestehenden Reithauses ein eigenes Redoutenhaus errichten. Dieses Festgebäude hatte allerdings nur kurz Bestand und musste schon zwei Jahrzehnte später einem weitaus festlicherem Gebäude weichen, denn an seiner Stelle entstanden nach und nach die heutigen Zwingerbauten Pöppelmanns. Eine Anpassung an die sich unter französischen Einfluss veränderte Betrachtungsweise der Opern des späten 17. Jahrhunderts erlebte auch das Klengelsche „Comoedienhauß". 1691 modernisierte Starke dessen Zuschauerraum in den Formen des Hochbarocks und fügte ihm vier statt der bisherigen zwei Ränge ein. Johann Georg III. regierte elf Jahre. Er starb während des Feldzugs gegen Frankreich in Tübingen. Sein unmittelbarer Nachfolger, der älteste Sohn Johann Georg IV. (reg. 1691-1694), herrschte nur 30 Monate lang.

Die Baumaßnahmen, die am Dresdner Schloss in dieser kurzen Zeit zügig vorangetrieben worden, waren wohl zum Teil bereits unter seinem Vater geplant worden. Sie betrafen zunächst den bereits 1683 umgewandelten südöstlichen Schlossteil. Die gerade zehn Jahre zuvor erbaute neue Wendeltreppe erschloss sowohl die Wohnräume des Kurfürsten im ersten Obergeschoss des Südflügels wie auch den großen Festsaal, den Riesensaal, im zweiten Obergeschoss des Ostflügels. Dieser Zugang nach dem Muster der Renaissance muss im ausgehenden 17. Jahrhundert aber als wenig repräsentatlv und durchaus mühsam erschienen sein. Deshalb errichtete man ab 1692, angrenzend an den neuen Durchgang zwischen den Schlosshöfen, eine elegante, barocke Haupttreppe, die den gesamten Baukörper der früheren Schösserei einnahm.

Am 26. Januar 1693 erfolgte die Einweihung des neuen Treppenhauses anlässlich der feierlichen Einkleidung Johann Georgs IV. zum Ritter des englischen Hosenbandordens. Dieser Festakt führte zur späteren Benennung der Haupttreppe des Schlosses als „Englische Treppe". Auch eine weitere Baumaßnahme wurde wohl noch unter dem Vater Johann Georgs IV. geplant, die dann aber erst aufgrund der Feiern des Hosenbandordens verwirklicht wurde. Es handelt sich um die Schaffung einer neuen und zugleich großzügigen Durchfahrt in den Großen Schlosshof. Bis zum

Blick nach Süden in den Riesensaal bei der Zeremonie der Verleihung des Hosenbandordens an Kurfürst Johann Georg IV. im Jahr 1693. Gemälde von Johann Samuel Mock.

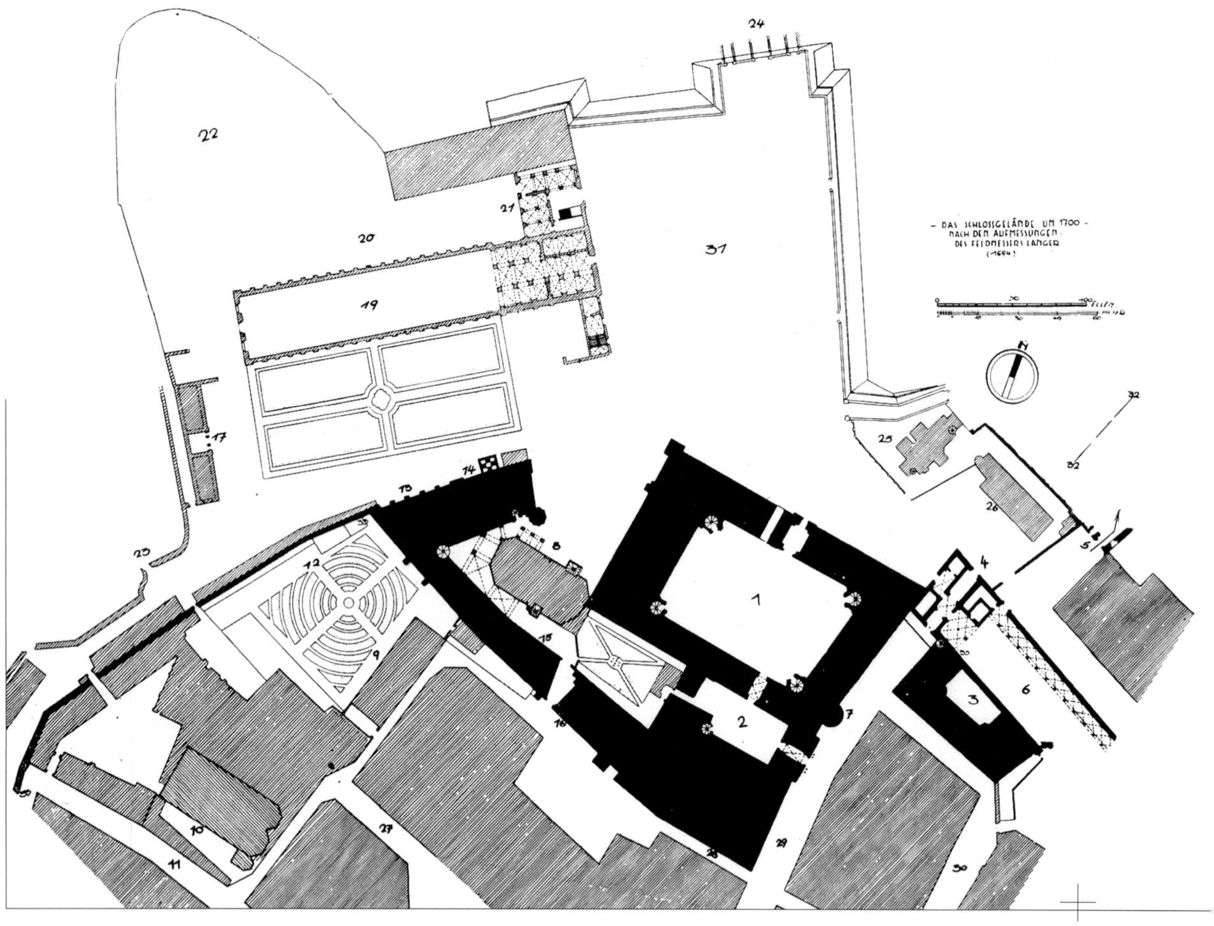

Das Schlossgelände 1694

1 Großer Schlosshof
2 Kleiner Schlosshof
3 Kanzlei
4 Georgentor
5 „Schöne Tor"
6 Rennbahn
7 Schöffereiturm
8 Komödienhaus
9 Ballhaus
10 Klosterkirche (Sophienkirche)
11 Große Brüderallee
12 Neuer Churfürstlicher Garten
13 Jagdschreiberei
14 Kriegskanzelei
15 Futterboden
16 Apotheke
17 Grotte
18 Garten
19 Reithaus
20 Schießgarten
21 Schießhaus
22 Zwingergarten
23 Mönchsbastei
24 Feuerwerksgewölbe
25 Münze
26 Schmelzhaus
27 Kleine Brüdergasse
28 Taschenberg
29 Schlossstraße
30 Schössergasse
31 Feuerwerksplatz
32 Elbbrückenachse
33 Alte Stadtmauer

nach Feldmesser Langer, 1694

ausgehenden 17. Jahrhundert stand als Durchgang von der nördlichen Elbseite her nur eine schmale Pforte zur Verfügung, die direkt westlich des zentralen Hausmannsturms, hinter dem Altarbereich der Schlosskapelle, durch den Nordflügel führte. Von diesem kleinen Zugang übernahm das neue, weitaus größere Rundbogenportal, das man nun im Erdgeschoss dem Hausmannsturm eingefügte, seinen Namen „Grünes Tor".

Das neue Schlossportal ermöglichte endlich einen feierlichen Eintritt von der Elbbrücke in den Haupthof des Residenzschlosses und zudem war es eine repräsentative, bisher nicht vorhanden gewesene Verbindung zu den Festgebäuden im westlichen Zwingerbereich des Schlossareals. Der Entwurf der triumphbogenartigen Rahmung wird noch dem im Jahre 1691 verstorbenen Wolf Caspar von Klengel zugeschrieben. Der Bildhauer Marcus Conrad Dietze schmückte das hochbarocke Portal mit den Insignien der Macht und des Sieges: dem großen sächsischen Staatswappen, das von einem majestätischen Kurhut bekrönt und von plastisch angefügten Trophäen umgeben wird. Die kriegerischen Attribute hatten kaum Bezug zu den unerheblichen militärischen Leistungen des regierenden Kurfürsten, sondern verweisen wohl eher auf den Ruhm Johann Georgs III. Dieser hatte sich durch seine entschlossenen Taten während der Reichskriege gegen die Heere der Osmanen und insbesondere durch seine Teilnahme an der 1683 siegreich beendeten Schlacht vor Wien, den Titel eines „sächsischen Mars" erworben. So konnte durch eine Reihe kleinerer, aber sehr wirkungsvoller Baumaßnahmen, die die Zugänglichkeit des überkommenen Residenzschlosses betrafen, unter Johann Georg III. und Johann Georg IV., dessen zeitgemäße Nutzung als Repräsentationsbau sichergestellt werden. Gleichzeitig blieb der Monumentcharakter des Renaissanceschlosses erhalten

1701: Schlossbrand und königliche Visionen

1694 starb Johann Georg IV. kinderlos und unvermittelt an den Pocken. Dadurch wurde sein jüngerer Bruder Friedrich August I. Kurfürst von Sachsen. Mit ihm, der seit dem 19. Jahrhundert mit dem Beinamen August der Starke in den Geschichtsbüchern verzeichnet ist, gelangte ein außergewöhnlich willenstarker und ideenreicher Mensch an die Herrschaft. Für den erst 24-jährigen Kurfürsten war Sachsen zu klein; er war gewillt, eine führende Rolle unter den europäischen Mächten zu spielen. Für den Titel eines Königs von Polen und Großherzogs von Litauen, war Friedrich August I. sogar bereit, seine Aufgabe als Schutzherr des lutherischen Glaubens aufzugeben und seine Konfession zu wechseln. Als er 1697 zum katholischen Glauben übertrat und wenig später unter dem Thronnamen August II. als gewählter König der polnisch-litauischen Adelsrepublik in Krakau gekrönt wurde, begann für das Dresdner Residenzschlosse eine neue Phase.

Die königliche Majestät, des später zum sächsischen Mythos aufgestiegenen Kurfürst-Königs, stellte an sein Stammschloss ganz neue Anforderungen. Der königliche Rang erforderte von ihm eine angemessene Selbstdarstellung. Der Königstitel zwang August II. außerdem, in seinen beiden Residenzstädten Warschau und Dresden, in eine architektonische Konkurrenz zu den Höfen in Paris, Wien, Stockholm und bald auch in Berlin zu treten. Des Weiteren standen die Baumaßnahmen am Dresdner Residenzschloss unter August dem Starken zumeist im Zusammenhang zu aktuellen politischen Entwicklungen.

Bereits der junge Kurfürst war ein fachkundiger Bauherr. In seiner Jugendzeit hatten er und sein Bruder durch Wolf Caspar von Klengel Unterricht in der Architektur erhalten. Eine zweijährige Kavalierstour führte den aufgeschlossenen, jungen Herzog an die Höfe von Versailles, Madrid, Lissabon, Turin, Florenz, Rom und Wien, wo Friedrich August die neuesten Architekturströmungen kennen lernte. Diese Kenntnis wirkte sich über Jahrzehnte auf verschiedenartige Bauprojekte aus, an deren Planungsprozessen der Kurfürst-König sich in allen Phasen aktiv beteiligte. Es haben sich zahlreiche Bauentwürfe von der Hand Augusts des Starken erhalten, die beweisen, dass er in künstlerischen Fragen über ungewöhnliche Kenntnisse, Urteilskraft und fachliche Kompetenz verfügte.

Für die weitere Entfaltung des Dresdner Residenzschlosses gab es allerdings ein Hindernis. Der Kurfürst-König hielt sich nur selten längere Zeit in Dresden auf. Die durch August den Starken begründete sächsisch-polnische Union verlangte,

August der Starke und seine Gattin Christine Eberhardine stellten an das Schloss ganz neue Anforderungen. Künstler: Delaunay und Pieter Schenk.

von ihrem Herrscher eine hohe Mobilität, denn die polnischen Regierungsangelegenheiten konnten gemäß der polnischen Reichsverfassung nur durch persönliche Präsenz im Königreich geregelt werden. Deshalb kam der Kurfürst-König vor allem in der ersten Hälfte seiner Regierungszeit, die vom Nordischen Krieg und dem daraus folgenden polnischen Bürgerkrieg geprägt wurde, wenn überhaupt, nur wenige Wochen im Jahr nach Dresden. Erst nach Abschluss des Friedens von Warschau blieb er länger am sächsischen Hof, was sich für dessen architektonische Entwicklung sehr positiv auswirken sollte.

Das erste Bauwerk, das im Bereich seiner Residenz entstand, ist charakteristisch für die Persönlichkeit Augusts des Starken. Dieser hatte von seinem Großvater die Instrumentalisierung des Festwesens als Mittel politischer Machtdemonstration übernommen. So ließ er zum Karneval des Jahres 1697 – noch als Kurfürst, aber bereits mit großen Plänen – ein ovales Amphitheater im antikisierenden Stil aus Holz errichten. Es wurde auf dem Reitplatz in der Nähe der steinernen Festbauten Johann Georgs II., und damit ungefähr auf dem heutigen Theaterplatz, errichtet. In diesem großen, provisorischen Festbau, der funktional als Vorgänger des heutigen Zwingers angesehen wird, trat Friedrich August I. am 3. Februar in einem Umzug als Alexander der Große auf, um kurz darauf abzureisen und Polen für sich zu erobern.

Vier Jahre später erfuhr August der Starke in Polen durch eine Depesche von der Katastrophe, die sein Residenzschloss getroffen hatte. Am 25. März 1701 war das Dresdner Schloss einem gewaltigen Feuer zum Opfer gefallen. Nun waren kleinere Brände nichts ungewöhnliches, denn man heizte mit Kaminen und beleuchtete die Räume mit Kerzenlicht. Im Dresdner Schloss brach deshalb immer wieder einmal ein Feuer aus. 1692 war auf diese Weise ein Teil des Riesensaales zerstört worden. Der große Schlossbrand dagegen dauerte zwei Tage, ihm fiel fast die Hälfte des Residenzschlosses zum Opfer. Er begann am Nachmittag des Karfreitages im Dachgeschoss des Georgenbaues und zerstörte zunächst die Wohnung der Prinzessin von Braunschweig-Wolfenbüttel im hohen Dachgeschoss, dann die Sommergemächer der Königin im zweiten Geschoss und die Gemächer Johann Georg IV. im ersten Geschoss. Im Ostflügel verbrannten die im Dachgeschoss gelegenen Vorratskammern, die Zimmer der Kammerleute der Königin, die Räume über der Großen Treppe, der erst wenige Jahre zuvor errichteten Englischen Treppe, und die darüber liegenden Wohnräume der Kammerfrau der Königin und ihres Leibschneiders. Zerstört wurden auch der, von einer Holzdeckenkonstruktion überfangene Riesensaal und die Gemächer der neuen Galerie im ersten Geschoss, die der kurfürstliche Statthalter Fürst von Fürstenberg bewohnte. Auch der Nordflügel wurde bis zu den Mauern des Hausmannsturms, in Schutt und Asche gelegt. In diesem Teil des Schlosses lagen damals im Dachgeschoss die Räume des Hofbettmeisters, der als Schlossverwalter amtierte, sowie die Zimmer der Bettmägde. Im zweiten Geschoss des Nordostflügels wurde das „Braut Stübgen" und das daneben gelegene Zimmer, in dem die „Fräulein", die Ehrendamen der Königin wohn-

ten, zerstört. Im ersten Geschoss verbrannten die Salominisstube, das Prophetengemach und die zugehörige Kammer. Schließlich hatte der Brand den nordöstlichen Treppenturm und den Schössereiturm an der Silberkammer vernichtet. Die gewölbten Erdgeschossbereiche der betroffenen Schlossflügel waren – wie nach dem Schlossbrand des Zweiten Weltkrieges – durch ihre bauliche Konstruktion erhalten geblieben. Der überlieferte Schadensbericht im Dresdner Sächsischen Hauptstaatsarchiv veranschaulicht, wie intensiv die betroffenen Schlossflügel von der kurfürstlich-königlichen Hofstatt genutzt worden.

Zugleich wird erkennbar, dass August der Starke bei allem Unglück einer viel größeren Katastrophe entgangen war, denn seine im ersten und zweiten Geschoss des damaligen Südflügels gelegenen, kostbar ausgestatteten Wohn- und Repräsentationsräume und die seiner Frau Christiane Eberhardine, blieben ebenso verschont wie die Paradeappartements im Westflügel, die Kunstkammer unter deren Dach und der Schatztresor der Geheimen Verwahrung in deren Erdgeschoss. Nach dem Brand wurde zunächst alles Wertvolle aus dem verwüsteten Schlossbereich geborgen und danach die Ruine beräumt und baulich gesichert.

Wie jede Zerstörung barg auch diese Chancen in sich. August der Starke wollte sie nutzen. Bereits im Jahre 1703 entstanden erste Pläne zum vollständigen Neubau des Dresdner Residenzschlosses. Dem damals von August dem Starken bevorzugten Landbaumeister Marcus Conrad Dietze ist

Die Entwürfe zum Neubau des Schlosses von Marcus Konrad Dietze zwei Jahre nach dem großen Brand 1701.

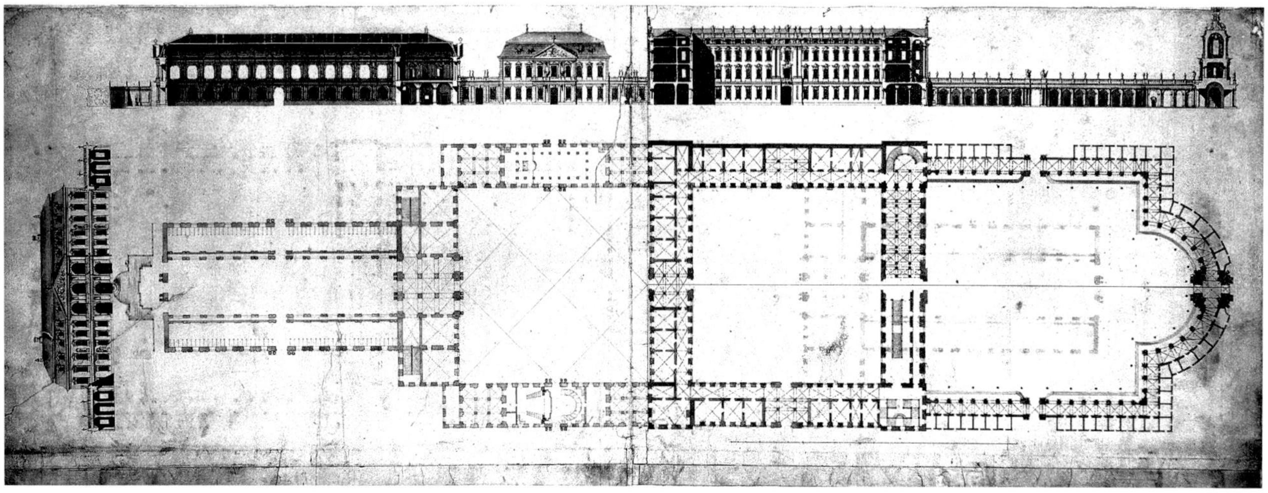

Entwurf für den Neubau des Schlosses, Mätthaus Daniel Pöppelmann zugeschrieben, um 1706.

die umfassendste jener zahlreichen Bauvisionen zu verdanken, die nun entstanden. Dietze plante eine majestätische Anlage, deren Realisierung den Abbruch des gesamten Schlosses zur Folge gehabt hätte. Er beabsichtigte eine erhebliche Erweiterung des künftigen Schlossareals über die bestehenden Festungswerke nach Westen. Im Fall ihrer Realisierung wäre ein plastisch gestalteter Baukomplex entstanden, der an den italienischen Barock Berninis anknüpfte. Die Residenz Augusts des Starken hätte sämtliche Königschlösser Europas in baulicher Pracht übertroffen.

Die Zeit nach 1701 war eine Zeit der großen Visionen. Ein heute unbekannter Architekt schuf einen anderen Entwurf, der dem französischen Barockklassizismus nahe stand und auf die erst wenige Jahre zuvor begonnenen königlichen Schlossneubauten Friedrichs I. von Preußen in Berlin und Karls XII. von Schweden in Stockholm Bezug nahm. Weitere erhaltene Bauentwürfe aus dieser Zeit gingen von einer teilweisen Bewahrung der Vierflügelanlage mit den charakteristischen Treppentürmen des Renaissanceschlosses aus. Die verschiedenen aufwändigen Bauvisionen hatten durchaus einen realistischen Hintergrund. Aus Polen, wo August der Starke den Nordischen Krieg begonnen hatte, war der königliche Wunsch nach einer majestätischen Erweiterung seiner sächsischen Residenz an das Oberlandbauamt gelangt. An einen Baubeginn war aber wegen des ungünstigen Kriegsverlaufs, der erhebliche Kosten verursachte, und 1706 beinahe zum Staatsbankrott führte, keinesfalls zu denken.

Die bedrückende Geldknappheit hinderten jedoch weder August den Starken noch seine Architekten in den folgenden Jahren daran, die Neubauplanung mit großem Enthusiasmus weiter zu betreiben. Als der Kurfürst-König durch glückliche Umstände wieder die Macht im Königreich Polen zurückerlangt hatte und zudem 1711 nach dem Tode Kaisers Joseph I. als Reichsvikar eine zusätzliche Machtfülle auf Zeit im Heiligen Römischen Reich erlangte, entstand gleich eine ganze Serie von Entwurfszeichnungen für eine neuen Fassade, die entlang der Schlossstraße dem stadtseitigen Schlossflügel im Osten vorgeblendet werden sollte. Damals fertigte auch Matthäus Daniel Pöppelmann seine ersten Schlossentwürfe an. Die

Planungen Augusts des Starken gingen so weit, dass der favorisierte Entwurf für die Stadtfassade des Schlosses im Sommer 1711 sogar in einem maßstabsgerechten hölzernen Modell ausgeführt worden war. Die zu bauende Hauptfassade wurde in Originalgröße auf Leinwand gemalt und an Ort und Stelle vor dem Ostflügel bemustert. Gebaut wurde sie aber nicht.

Verwirklichte Träume: Taschenbergpalais und Zwinger

~ Zwischen den Jahren 1712 und 1714 setzte eine weitere Planungsphase ein. Dieses Mal standen die neuen Schlossentwürfe im direkten Zusammenhang zu den 1710 begonnenen Zwingerbauten. Bisher hatten sich alle Bauplanungen weitgehend an die bestehenden Grenzen des Schlossareals gehalten. Großzügige Erweiterungen mit städtebaulichen Achsen und neuen Plätzen waren nur selten vorgesehen. Doch nun, im Verlauf des 18. Jahrhunderts sollte sich der Residenzbezirk allmählich südlich des Renaissanceschlosses in das Stadtgefüge hinein vergrößern. Ein wichtiger Schritt in diese Richtung war die Erbauung des Taschenbergpalais.

Es war das erste Bauwerk, das August der Starke in Dresden realisieren konnte. Am 22. August 1705 hatte Anna Constanze von Hoym mehrere nebeneinanderliegende Grundstücke zwischen der Gasse Am Taschenberg und der Kleinen Brüdergasse erworben. Zwischen 1705 und 1708 wurde im Auftrag des Kurfürst-Königs Augusts auf diesem Gelände ein wahrlich herrschaftliches Wohnpalais für die 1706 in den Stand einer Reichsgräfin Cosel erhobene Grundeigentümerin errichtet. An der Planung und Bauausführung waren mehrere Architekten beteiligt, wobei Johann Friedrich Karcher eine bedeutende Rolle zukam. Das fürstliche Haus der Geliebten und maitresse en titre Augusts des Starken stand damals noch nicht wie heutzutage unmittelbar neben dem Schloss, es wurde vielmehr von diesem durch einen Gebäuderiegel aus der Zeit Kurfürsts August getrennt, zu dem neben der kurfürstlichen Apotheke auch das Probierhaus des Hofalchimisten gehörte.

Anna Constanze von Cosel, die Mätresse von August dem Starken, mit ihrem Sohn als Venus mit Armor im Muschelwagen. Stich von Simon de la Vallee.

Diese Entwurfszeichnung vom Nordflügel des Taschenbergpalais fertigte ein unbekannter Architekt 1705.

Ursprünglich war vorgesehen, dies sofort zu ändern und auch das westlich an das Palais der Gräfin Cosel grenzende Ballhaus abzureißen. Die ambitionierten Baupläne gingen von einem freistehenden Vierflügelbau mit prächtigen Schaufronten an allen Seiten aus, die ihm einen fast schon königlichen Charakter verliehen hätten. Bis 1708 konnte aber nur der geplante Nordflügel als Hauptgebäude in einer baulich reduzierten Version errichtet werden, während in die Seitenflügel Altbausubstanz wirkungsvoll und kostenbewusst einbezogen wurde. Nachdem Gräfin Cosel 1713 in Ungnade gefallen war, nahm August der Starke ihr Stadtpalais in seinen eigenen Besitz und ließ dessen Inneres zwischen 1715 und 1716 zum „Türkischen Haus" umgestalten. Bis 1718 nutzte er es für festliche Veranstaltungen und zur Unterbringung von Hofbediensteten. Dann wurde es neu ausgestattet, um als zukünftige Residenz des Kurprinzen Friedrich Augusts und seiner kaiserlichen Gemahlin zur Verfügung zu stehen. Diese Funktion behielt das Palais als fester Bestandteil der Residenz auch künftig bei.

Kurz nach 1710 hatte der königliche Landbaumeister Matthäus Daniel Pöppelmann sein großes Dessin entwickelt, seinen umfassenden Entwurf, in dem er die gesamte Schlossfreiheit, von den Festungswällen im Westen bis zum Stallgebäude im Osten einbezog. Es sah vor, dass der Renaissancebau des Schlosses im Ostflügel begradigt und durch zusätzliche Flügel und Anbauten erweitert werden sollte. Die unverzichtbaren Festbauten – das Opernhaus und das Redoutenhaus – wurden in ein erweitertes Taschenbergpalais eingeordnet. Die damals bereits vorhandenen Bestandteile des Zwingergebäudes sollten durch Galerien bis zur Elbe fortgesetzt und der gärtnerisch gestaltete nordwestliche Bereich des Zwingerbezirkes durch kleinere markante Gebäude gegliedert werden. Dieses Projekt hielt man wohl bis zum Frühjahr 1718 für realisierbar.

1712 hatte sich die städtebauliche Situation des Taschenbergpalais grundsätzlich verändert. In unmittelbarer Nähe entstand der heutige Zwinger als Festplatz. Die Zwingerbauten waren zunächst als Bestandteile der von Pöppelmann

vorgesehenen Erweiterung der Königsresidenz gedacht. Vorausgegangen war den Steinbauten ein Festplatz, der 1709 westlich des Schlosses im Bereich des heutigen Theaterplatzes errichtet worden war. Auch diese hölzerne Anlage wurde von Pöppelmann geschaffen. Sie diente als Mittelpunkt für die glanzvollen Feste und Ritterspiele, die anlässlich des Staatsbesuches des dänischen Königs Frederick IV. aufgeführt werden sollten. Dieser eindrucksvolle, aber sehr wetterunbeständige, Holzbau blieb bis 1714 bestehen. Er nahm die Form und die Funktion des heutigen Zwingers vorweg.

Der Ursprung der großartigen Schöpfung des Zwingers ist ebenfalls mit den Feierlichkeiten des Jahres 1709 verbunden. Damals ließ August der Starke in der bisher für höfische Zwecke kaum genutzten „scharfen Ecke" der Verteidigungsbastion Luna, eine bogenförmige Terrassenanlage anlegen. In ihrem Scheitel war wohl zunächst ein Wasserspiel geplant, schließlich errichtete Pöppelmann aber eine elegante Freitreppe, die auf die Wallkrone empor führte. Dies war der Beginn der über 20 Jahre bis 1730 andauernden Bauarbeiten am Zwinger, die ihn dennoch unvollendet ließen.

Das Heiterkeit und Festlichkeit ausstrahlende hofartige Ensemble wurde zu einem überragenden Gemeinschaftswerk des 1718 zum Oberlandbaumeister ernannten Pöppelmann und des Hofbildhauers Permoser. Heute erscheint der große Gebäudekomplex wie ein einheitlich gestaltetes, selbstständiges Gesamtkunstwerk. Der barocke Festplatz mit den ihn definierenden Gebäuden ist jedoch das Ergebnis einer sich stetig verändernden Umbaumaßnahme mit der August der Starke seine Dresdner Residenz bereichern wollte. Das baukünstlerische Meisterwerk erlebte in einem kurzen Zeitraum drei Bauphasen und eine grundlegende Nutzungsänderung. Darin ist der Zwinger durchaus ein charakteristisches Beispiel für die auf aktuelle Tagespolitik reagierenden Bauunternehmungen des sehr kreativen Kurfürst-Königs.

Die eigentlichen Bauarbeiten des Zwingers beginnen 1710, als August der Starke seinem Architekten Pöppelmann den Auftrag erteilte, auf der nun vorhandenen Terrassierung des Verteidigungswalles eine Orangerie zu errichten. Sie sollte von Gebäuden flankiert werden, die dem Herrscher als Lusthäuser dienten. Im folgenden Jahr entstanden der zum Ostragehege weisende nordwestliche Teil des Zwingergartens mit den beiden zweigeschossigen Pavillons, die heute als Mathematisch-Physikalischer und Französischer Pavillon bezeichnet werden. In den Obergeschossen der Pavillons wurden reich dekorierte Festsäle eingerichtet. Im Erdgeschoss des Mathematisch-Physikalischen Pavillons entstand eine mit großen Skulpturen Permosers geschmückte Grottenanlage, die bis 1813 Bestand hatte. Das Erdgeschoss des Französischen Pavillons diente als Foyer zu den dahinter liegenden Wasserspielen des Nymphenbades, in dem 1715 die ersten Skulpturen aufgestellt wOrden. Die Pavillons wurden durch zwei bogenförmige, galerieartige Orangerien verbunden und zugleich durch die leicht veränderte, schon vorhandene Treppe in deren Mitte getrennt. Am 18. November 1712 amüsierte sich Zar Peter I. bei seinem vierten Dresden-Besuch mit dem, oben auf dem Zwingerwall aufgestell-

Matthäus Daniel Pöppelmann schuf mit dem Zwinger eines der Meisterwerke des Rokoko. 1705 war er zum Landbaumeister ernannt worden.

Beim Staatsbesuch des dänischen Königs Frederick IV. wurde 1709 ein Ringrennen der Damen veranstaltet. Gemälde von C. H. Fritsche.

ten, Karussell. Erst zwischen 1715 und 1718 überbaute man die bis dahin offene Treppe zwischen den Bogengalerien mit dem Wallpavillon. Als Folge der beginnenden Bauarbeiten an den Orangeriegebäuden ließ August der Starke das für Johann Georg II. errichtete Reithaus, das die Sicht auf den Französischen Pavillon verstellte, erheblich verkürzen. Den verbleibenden Bau riss man zusammen mit dem Klengelschen Schießhaus in den folgenden Jahren ab.

Die zweite Bauphase des Zwingers begann 1714 und endete 1716. Im „großen Dessin" Matthäus Daniel Pöppelmanns, der gültigen Bauplanung dieser Zeit, sind die bis dahin entstandenen Zwingerbauten als südwestlicher Abschluss des Residenzbezirkes verzeichnet. Der Kurfürst-König ließ nun auf den Mauern der Dresdner Stadtbefestigung die Langgalerie und in deren Mitte das Kronentor anlegen. Dieses Haupttor zum Zwinger in der Stadtmauer vereint mit seinen grazilen Formen die Funktion eines Triumphbogens mit der eines – wenn auch nicht sehr verteidigungsbereiten – Torturms. Der Adler und die Königskrone, die den Bau bekrönen, verweisen auf den großen Machtanspruch und die langfristigen dynastischen Ziele des sächsisch-polnischen Wahlkönigs.

Zeitgleich, nach 1715, entstand der bereits erwähnte Wallpavillon mit seinem Festsaal, aus dem man damals einen wunderbaren Blick in die Weite des als Jagdrevier dienenden Ostrageheges hatte. Dieser Pavillon „über der großen Treppe" wurde neben dem Kronentor zum gestalterischen Höhepunkt des barocken Ensembles. Auf seiner Spitze erhebt sich, die Himmelskugel stützend, der von Permoser signierte Hercules-Saxonicus als Sinnbild seines Kurfürst-Königs.

Die dritte Bauphase wurde 1718 durch die für das kommende Jahr geplante Hochzeit des Kurprinzen ausgelöst. Pöppelmann errichtete – zunächst aus Holz – im Osten der Anlage zwei nahezu halbrunde Galerien, die die westlich bereits vorhandener Bauten spiegelsymmetrisch ergänzten. Sie wurden durch den Stadtpavillon, dem heutigen Glockenspielpavillon, der damals als schlossseitiges Portal des Zwingers diente, verbunden. Den Pavillon, in dem sich heute die Porzellansammlung befindet, nutzte man als Gartenfoyer für das ebenfalls von Pöppelmann geschaffene neue Opernhaus. Mit seiner hervorragenden Ausstattung bot es über Jahrzehnte den passenden Rahmen für international beachtete Opernaufführungen. Der nördliche Deutsche Pavillon war die Anbindung des neuen Redoutenhauses zum Festplatz des Zwingers. Zwischen 1723 und 1728 ließ August der Starke die hölzernen Pavillons und die Bogengalerien durch Steinbauten ersetzen. Zur Verwirklichung des vorgesehenen Schmucks mit Bildhauerarbeiten kam es allerdings zu Lebzeiten des Bauherren nicht. Der unvollendete Charakter des Zwingers zeigte sich vor allem im Osten, an der künftigen Stadtseite. So führte bis zum Beginn des 19. Jahrhunderts zwischen dem Opern- und dem Redoutenhaus eine im Rohbau belassene doppelläufige Treppe zum Festsaal des Stadtpavillons. Seit 1719 schloss eine Holztribüne die nördliche, zur Elbe gerichtete Flanke, des Zwingers ab. Dem Kronentor gegenüberliegend, entstand für Festlichkeiten eine herausgehobene Königsloge. Heute erhebt

Der Bildhauer Balthasar Permoser schuf unter anderem den Figurenschmuck des Zwingers. Stich von Moritz Bodenehr.

sich an Stelle dieser Holzkonstruktion das nach Plänen von Gottfried Semper zwischen 1847 und 1855 errichtete historistische Galeriegebäude der Gemäldegalerie Alter Meister.

Für die Anlage des Zwingers bedeuteten die Hochzeitsfeiern des Jahres 1719 eine wichtige Zäsur. Der Baukörper war bis dahin zu einer geschlossenen, im Schlossareal eigenständigen Festanlage herangewachsen. Da das „große Dessein" Pöppelmanns aufgegeben worden war, wurde der Zwinger nun nicht mehr als ein auf das Residenzschloss bezogener Ehrenhof geplant. Der Gebäudekomplex des Zwingers bot damals ein weitaus farbigeres Bild als heute. Seine Wände waren weiß gestrichen und besaßen vergoldete Baudekore. Die Dächer der Pavillons waren mit blauen Ziegeln gedeckt. Die 204 Meter lange und 116 Meter breite Freifläche des Zwingers diente zunächst als variabler Festplatz. Sie blieb deshalb ungestaltet. Die von Pöppelmann entworfenen Pläne für eine Gartenanlage, die dieser auch in Kupferstichen publizierte, blieben bis ins 19. Jahrhundert unausgeführt.

Im Jahre 1728 kam es zu einer einschneidenden Funktionsänderung der barocken Festanlage, die bis heute weiterwirkt. Der königliche Bauherr verfügte, die Gebäude des Zwingers als Museum zu nutzen, als Palais Royal des Sciences. Damit zogen in die höfischen Festräume neben den vielteiligen naturkundlichen Sammlungen die kurfürstliche Bibliothek, das Münzkabinett und das Kupferstichkabinett ein. Später folgten weitere Sammlungen. Der von den Gebäuden gesäumte Platz behielt seine ursprüngliche Funktion jedoch bei. Nach den durch August dem Starken im Zwinger gefeierten Hoffesten von 1719, 1722, 1723 und 1728, erlebte der Zwingerhof unter seinem Sohn und Nachfolger 1738 und 1747 weitere bedeutende Feierlichkeiten. 1746 wurde sogar ein kleines Operhaus aus Holz in der Mitte des Zwingerhofes errichtet. Dieses Mingottische Theater hatte aber nur ein Jahr Bestand. Es brannte bereits 1748 ab.

Das Residenzschloss Augusts des Starken

Im Jahre 1718 war die Errichtung eines neuen Opernhauses am Porzellanpavillon des Zwingers kein königlicher Luxus, sondern eine dringende Notwendigkeit. 1707, elf Jahre zuvor, hatte August der Starke nämlich seinen Cammer-Dessineur Johann Christoph von Naumann beauftragt, das mit dem Schloss verbundene Opernhaus seines Großvaters zu einer katholischen Hofkirche umzubauen. Der königliche Bauherr entwarf selbst Pläne für die Einrichtung des, für das damalige Sachsen ungewöhnlichen, Sakralbaus. Zu diesem Zeitpunkt war August der Starke in einer prekären politischen Lage. Im Jahr zuvor war Sachsen von den schwedischen Truppen besetzt worden und August der Starke musste im Frieden von Altranstädt am 26. September 1706 auf die polnische Krone verzichten. Ihm blieb allein die Würde einer königlichen Majestät. Erst 1709 wendet sich für den sächsischen Kurfürst der Nordische Krieg wieder zu seinen Gunsten und er kehrte nach Polen zurück, um es erneut für sich zu erobern. In der dazwischen liegenden Zeit als abgesetzter König in einem vom Krieg verarmten Land, befasste sich August der Starke mit seinem Dresdner Residenzschloss, das – man muss daran erinnern – seit 1701 zur Hälfte nur noch eine Ruine war.

Am Gründonnerstag des Jahres 1708 konnte der Kurfürst und König ohne Königreich, die neu entstandene katholische Hof- und Pfarrkirche un-

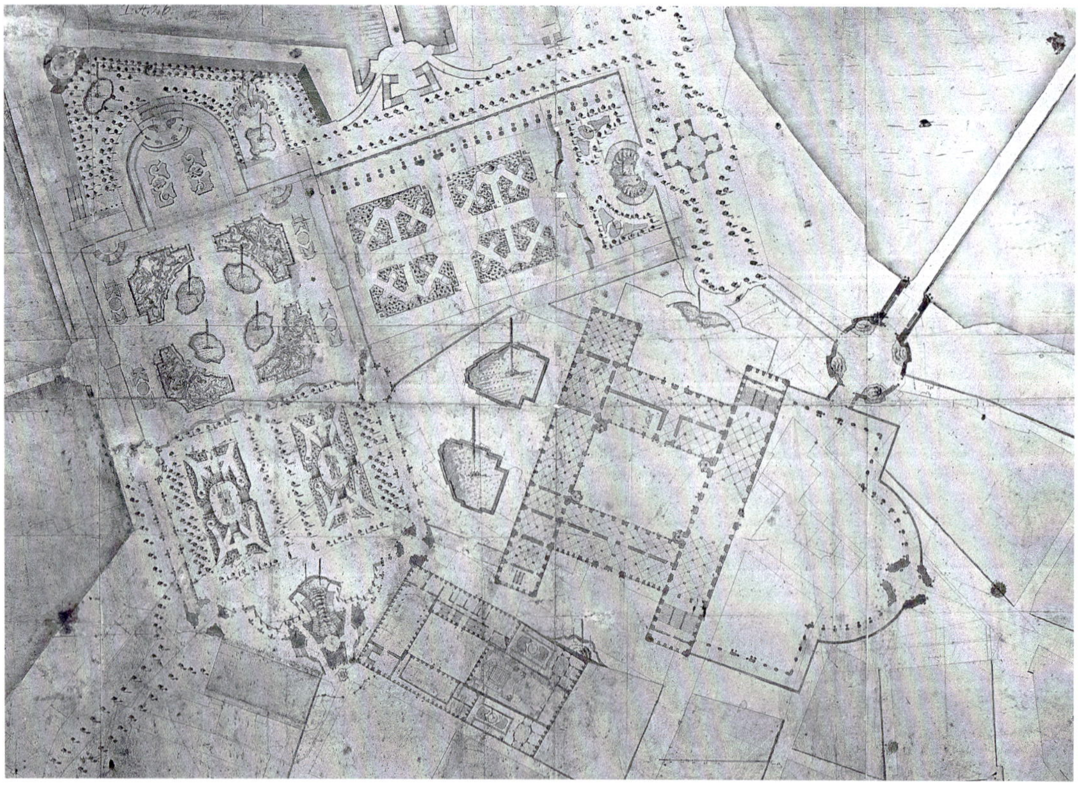

Entwurfsplan zum Schlossneubau. Unten Mitte das Taschenberg-Palais. Zeichnung von Pöppelmann aus dem Jahr 1714.

1719 wurden Friedrich August II. und Maria Josepha in Wien getraut. Zuvor war das Schloss anderthalb Jahre umgebaut worden. Künstler: Louis de Silvestre und Rosaalba Carriera.

ter dem Patrozinium der Heiligsten Dreifaltigkeit weihen lassen. Dies war durchaus ein politischer Schachzug Augusts des Starken, denn er wandte sich damit an seine katholischen Verbündeten im Kampf gegen den protestantischen König von Schweden. Bereits 1699 hatte der konvertierte Monarch den Audienzsaal für die auswärtigen Gesandten im Schloss zur katholischen Hofkapelle weihen lassen. Als Sakralraum blieb diese Kapelle bis 1918 bestehen. Einer Umwandlung des barocken „Comoedienhaußes" zum repräsentativen Gotteshaus kam dessen kreuzförmiger Grundriss entgegen. Der größte Vorzug dieses Gebäudes lag aber in seiner unmittelbaren Anbindung an die damals im ersten Geschoss des Südflügels angeordneten Appartements des Kurfürst-Königs. Vom neuen Audienzsaal konnte die katholische Majestät somit direkt in die Hofkirche gelangen. Der hohe Rang ihres Bauherren spiegelte sich in der Ausgestaltung der Hofkapelle wider. Johann Baptiste Grone übernahm die Ausmalung, Balthasar Permoser schuf die Kanzel, den Taufstein und mehrere großformatige Skulpturen, Benjamin Thomae die Engelsfiguren der Altarummalung und Giovanni Antonio Pellegrini das Hochaltarbild. Das Gebäude wurde bis 1751 als Hofkirche genutzt.

Fast zeitgleich ließ August der Starke die, von der Englischen Treppe bis zum südlichen Saal des Westflügels reichende, Raumfolge im ersten Geschoss des Schlosses zu seinen „apartements ordinaire du Roi", also zum repräsentativen, wenn auch eher privaten, Wohnbereich ausstatten. Diese Enfilade begann mit dem Gardesaal an der, nach dem Brand provisorisch wiederhergestellten ‚Barocktreppe und endete im Südflügel mit dem großen Paradeschlafzimmer. Daneben lagen der zeremonielle Speisesaal und das Audienzgemach. Diese beiden großen, fensterreichen Säle, die jeweils die Höhe von zwei Geschossen einnahmen, waren dadurch entstanden, dass August der Starke den zwischen dem Kleinen Schlosshof und dem Garten gelegenen Bau von Klengel um ein Geschoss erhöhen und räumlich erweitern ließ. Für das Audienzgemach im Südflügel wurden wahrscheinlich zwei vergoldete Silbertische und vier festliche Gueridons von Augsburger Silberhändlern erworben. Zusam-

Innenansicht der 1708 im ehemaligen „Comoedienhauß" eingerichteten Schlosskirche. Messe 1719 in Anwesenheit des Kurfürst-Königs. Stich von Raymond Leplat.

men mit den älteren Silbermöbeln, zu denen der hohe Kaminschirm, der bereits kurz nach 1694 angeschafft worden war, trugen sie zur Raumpracht bei. Auch die schon damals sehr seltenen Wandpilaster aus gewebtem Gold und Silberfäden, die zwischen 1709 und 1715 in Paris angefertigt wurden, waren ursprünglich für dieses Audienzgemach bestimmt.

Waren die königlichen Räume im Südflügel vor allem dem Hofzeremoniell vorbehalten, stand August dem Starken im südlichen Westflügel zusätzlich eine Folge von Privatzimmern zur Verfügung. Dazu gehörte vor allem eine direkt an das Paradeschlafzimmer anschließende Galerie, in welcher der Kurfürst-König privat zu speisen pflegte. Diese „Gallerie" besaß auch einen Alkoven, also eine gewölbte Bettnische, die August der Starke wohl zu dieser Zeit als eigentliches Schlafgemach nutzte. Neben diesem südlichen Saal des Westflügels schlossen sich zwei kleine Kabinette an. Das eine war ein kleines „cabinet de retirade", das wohl seinen persönlichen Schreibtisch enthielt, das zweite wird als „cabinet de glasse pour les ioyaux du Roy" bezeichnet. Letzteres hatte August der Starke 1716 als Spiegelkabinett und Aufbewahrungsort für seinen umfangreichen und sehr kostbaren Juwelenschmuck ausgestalten lassen.

An das private Appartement des Königs grenzten im ersten Geschoss des Westflügels sechs größere Zimmer an, die wohl zunächst der Kurfürstenwitwe Anna Sophia von Dänemark, der Mutter Augusts des Starken, und dann seiner Gemahlin Christiane Eberhardine als zeremonielles Appartement dienten. Nach 1715 beabsichtigte August der Starke eine Zeit lang, dort unweit seines Privatappartements seine immer weiter anwachsende Pretiosensammlung sowie die ererbten und erworbenen Edelsteingefäße und Goldschmiedearbeiten aufzustellen.

Der Plan änderte sich wohl bereits im Februar 1717. Zu diesem Zeitpunkt erließ August der Starke die Order, die abgebrannten Teile des Schlosses umgehend wiederaufzubauen. Anlass dazu war die kurz zuvor mit dem Haus Habsburg ausgehandelte Vermählung des sächsischen Kurprinzen Friedrich August mit der Erzherzogin und Kaisertochter Maria Josepha.

Der große Schlosshof mit dem Ostflügel. Zeremonieller Empfang der Erzherzogin Maria Josepha als Gattin des Kurprinzen am 2. September 1719. Stich von Anne Fonbonne.

Spätestens bis Mitte des Jahres 1719, dem vorgesehenen Hochzeitstermin, musste in Dresden wieder ein Residenzschloss zur Verfügung stehen, dass einer derart herausragenden Feier den angemessenen Rahmen zu bieten vermochte. Die noch im März 1717 einsetzenden Bauarbeiten waren schon im vollen Gange, als sich der Monarch im Februar 1718 endgültig vom „großen Dessein" Pöppelmanns verabschiedete und beschloss, „unser ietziges Schloß stehen zu laßen, mithin die so großen Unkosten zu erspahren, und die Zeit zu gewinnen." Alle Neubaupläne wurden erst einmal zu den Akten gelegt und das Renaissanceschloss von den Architekten Pöppelmann und Le Plat zu einer barocken, königlichen Residenz von europäischem Niveau umgestaltet.

Die Hochzeitsfeiern von 1719 und die Barockisierung

Für anderthalb Jahre war das Dresdner Residenzschloss eine ungemein aktive Großbaustelle. An den Fassaden führten die Veränderungen zur vollständigen Beseitigung der Sgraffitomalereien. Die Ruinen des Schössereiturmes wurden abgebrochen, verschiedene Fensterzonen zum Großen Schlosshof hin wurden barockisiert und dort auch die hohen Giebeldächer mit ihren Zwerchhäusern zu Mansardendächern umgebaut. Im Inneren erlebte das Schloss eine noch weitergehendere Überarbeitung. Das traditionell als Repräsentations- und Festetage dienende zweite Obergeschoss wurde zu einer glanzvollen Raumfolge umgestaltet, die dem königlichen Zeremoniell am Hofe Augusts des Starken genügen konnte. Diese Umbaumaßnahmen verantwortete, nach Anweisungen Augusts des Starken, sein Vertrauter und Dresdner Stadtkommandant Graf August Christoph von Wackerbarth.

Am 2. September 1719 erlebte das Königsschloss zu Dresden mit dem festlichen Einzug des in Wien getrauten Hochzeitspaares seine Einweihung. Der Festzug gelangte durch das Residenzportal des Hausmannsturmes in den neu gestalteten Großen Schlosshof. Am Aufgang zur nunmehr lichtdurchfluteten Englischen Treppe, verließen das junge Paar und die Hochzeitsgäste die Kutschen und begaben sich in das zweite Geschoss, wo der Riesensaal zum Heldensaal oder Saal der Garde umgewandelt worden war. Der Festraum hatte seine gewaltigen Dimensionen behalten. In den kaum zwölf Monaten des Wiederaufbaues wurde bis zum Frühjahr 1718 die, im Feuer von 1701 zerstörte, Holzdecke durch eine spätbarocke Spiegeldecke mit zusätzlicher Durchfensterung ersetzt. Den Saal, in dem das Hochzeitspaar von einer großen Menge Menschen begeistert empfangen wurde, beherrschten sieben große Kristallkronleuchter. Wandleuchter und große ovale Spiegel schmückten die stark durchfensterten Längswände. Im Hofleben behielt der „Riesen=Saal, der nunmehro untern Nahmen des Helden=Saals desto herrlicher erbauet" seine zentrale Funktion eines offenen großen Festsaales. Iccander berichtet in der 1723 erschienen zweiten Auflage seiner Dresden-Beschreibung bereits, dass in ihm „beym Carneval 1718. 1721. und 1722. die bekannte Redoute, auch 1720. 24.Schneppen=Scheiben=Schiessen gehalten" worden sei.

Am Ende des imposanten Saales erreichte das junge Paar mit seinem Gefolge den Nordflügel und betrat das Riesengemach. Durch Einbeziehung kleinerer Räume war es zu einem mehr als 300 Quadratmeter großen, ausgesprochen repräsentativen Festsaal mit nicht festgelegter Nutzung umgewandelt worden, der das gesamte Geschoss des einstigen Alten Hauses umfasste. Auch in diesem Saal fanden sich wieder große Kronleuchter aus Kristall, ebenso Wandleuchter und zwischen den Fensterschäften drei große Spiegel. Vor allem aber waren es acht Wandteppiche, die August der Starke 1708 aus Brabant mitgebracht hatte, die die Raumwirkung prägten. Sie waren „les fonctions militaires" gewidmet, zeigten mithin figurenreiche Szenen aus dem damaligen Militärwesen Im Hofleben wurde der Saal je nach Bedarf als Tanz- und Speisesaal sowie als Spielzimmer genutzt.

Durch neugeschaffene Wanddurchbrüche wurde das anschließende Turmzimmer in die Enfilade einbezogen. Der Raum, den nun die Festgesellschaft betrat, wurde fast nur durch künstliches Licht erhellt. Auf beiden Seiten eines Durchganges hatte man je ein Buffetaufbau geschaffen, der aus rotlackiertem Holz bestand. In diese, mit zahlreichen Konsolen besetzte, Wandverkleidung waren zwölf große Spiegel eingefügt. Zur Hochzeit standen dort auf Konsolen vor den verspiegelten Schauwänden ein gewaltiger Schatz aus, zum Teil enorm großen, Silbergefäßen, die das Alter und den Reichtum der albertinischen Wettiner auf beeindruckende Weise vor Augen führten. Wenige Jahre später wurden die unvergoldeten und vergoldeten Prunkvasen, Weinkühler, Pokale, Kannen und Becken im Grünen Gewölbe aufgestellt. Im Turmzimmer wurden nun kostbare Porzellane aus China und Meißen präsentiert.

Den folgenden ehemaligen Steinernen Saal über der evangelischen Schlosskapelle, der die Enfilade fortsetzte, hatte man räumlich erhöht und mit barocken Fenstern versehen. Fast raumhohe Spiegel und sechs große Wandteppiche mit Darstellungen aus dem Leben Alexanders des Großen bedeckten die Wände. Drei Jahre nach der Hochzeitsfeier erhielt der Saal, wie Iccander in der oben genannten Dresden-Beschreibung

ausführt, seinen künftigen Namen. „Aus welchen ... man in den so genannten Kirch=Saal gelanget, worinnen nur noch neulich am 8. Febr. 1722. Ihro Königl. Maj. Unser theuerster Augustus, denen versammelten getreuen Land Ständen die allergnädigste Proposition von dero hohen propre - erbautem Thron huldreichst eröffnen lassen, weshalben man denselben nunmehro den Propositions-Saal betitult."

Mit dem zum Westflügel gehörenden Eckparadesaal erreichte das Hochzeitspaar den zeremoniellen Höhepunkt der nunmehr schon fast 150 Meter langen Raumfolge: die festliche Paradesuite die Schlosses. Zunächst betrat es den Eckparadesaal. Ebenso wie die folgenden Räume besaß dieser Prunkraum eine karmesinrote Wandbekleidung aus Samt mit Goldtressen. Gleichfalls rotsamtene Fenstervorhänge und ein großer Baldachin, aber auch Spiegel, gemalte Supraporten sowie Wand- und Kronleuchter gehörten zur festlichen Ausstattung. Die Südwand zierte ein prächtiger Marmorkamin über dem sich das Staatsporträt Augusts des Starken, gemalt von Louis de Silvestre, befand. Bei zeremoniellen Empfängen diente der Eckparadesaal, wie bereits schon im 17. Jahrhundert, dem fürstlichen Schauessen. Er wurde deshalb auch als Ecktafelgemach bezeichnet. Von hier aus führten zwei Raumfluchten zum Prunkschlafzimmer beziehungsweise zum Audienzgemach. In ihrer Gliederung entsprachen die spätbarocken Paradezimmer damit noch den in der Renaissance eingerichteten „Brandenburgischen Zimmern". Sie waren aber nicht mehr für einen möglichen Aufenthalt des Kaisers bestimmt, sondern wurden nun allein zur Repräsentation der königlichen Majestät Augusts des Starken genutzt. Entsprechend dem damaligen habsburgischen und französischen Hofzeremoniell wurden die Räume in ihrer Ausstattungspracht zunehmend kostbar ausgestattet.

Der Kurprinz Friedrich August und seine junge Gemahlin gingen durch ein nicht enden wollendes Spalier aus Höflingen und Hofdamen in Richtung des Audienzgemaches in das zum Zwingerbereich gelegene Erste Vorzimmer. Auf der karmesinroten Samtverkleidung dieses Raumes befanden sich zwölf wertvolle Panneau-streifen

Der Eckparadesaal beim Empfang der Erzherzogin. Hier fand das zeremonielle Schauessen statt. Stich von Raymond Leplat.

in Seidenwirkerei mit Chinoiserien, die sogenannten Chinesischen Banden. Zur Raumpracht gehörten aber auch zwei kostbar verzierte Spiegel mit Goldradierungen auf blauem Grund und reichen Spiegelaufsätzen, die über dem marmornen Kamin und am gegenüberliegenden Fensterpfeiler angebracht waren, sowie sechs Tafelbilder von Silvestre mit Darstellungen aus der antiken Mythologie. Sie zeigten Bacchus und Ariadne, Venus und Vulkan, Latona, Andromeda, Galathea, Pluto und Proserpina. Das anschließende Zweite Vorzimmer war noch kostbarer ausgestattet. Auf der roten Samtverkleidung hingen vier große Bilder von Silvestre zwischen zwölf „gewundenen reich mit Silber und Gold, auf bunder Seyde durchwürckte Seulen" und zwei prunkvollen Spiegeln.

Der Paradeweg gipfelte im Audienzgemach. Es war das reichste und kostbarste aller Paradezimmer des Schlosses. Über den Türen waren vier Supraporten mit mythologischen Szenen angebracht. Der Hofmaler Silvestre hatte auch das Deckengemälde geschaffen, das als Allegorie auf die Herrschaft Augusts des Starken zeigt, wie Herkules die Laster zu Boden stößt und Weisheit, Wahrheit, Gerechtigkeit und Stärke beschützt. Die karmesinroten Wände erhielten durch Pilaster mit reichen Reliefgoldstickereien auf Goldbrokat, die schon zu ihrer Entstehungszeit von außerordentlicher Kostbarkeit waren, eine klare architektonische Struktur. Große silberne Wandleuchter, Silbertische und ein silberner Kaminschirm standen vor den Wänden. In der Längsachse des Raumes stand, unter einem prachtvoll goldgestickten Baldachin, der Audienzstuhl des Landesherren. Als das Brautpaar eintrat, war er leer.

Der Kurfürst-König erwartete seine Schwiegertochter und seinen Sohn im, östlich an das Audienzgemach angrenzenden, Paradeschlafzimmer. Seiner Wandbespannung aus grünem Samt waren als architektonische Gliederungselemente Bordüren und pilasterartige Streifen mit Applikationen aus Goldbrokat auf roter Seide, die sogenannten Apelsche Bande, aufgelegt. Vor der Südwand befand sich unter einem Baldachin das von Vorhängen verhüllte Paradebett. Es hatte mehr eine symbolische Funktion als Zeichen höchster Privatheit, denn August dem Starken diente der Raum nur für private Audienzen. Dieser Hauptraum der Paradesuite, besaß ein Deckengemälde sowie Supraporten mit allegorischen und mythologischen Themen. Dem Paradeschlafzimmer waren in Richtung auf den Eckparadesaal die Erste und die Zweite Retirade vorgelegt. Diese, im Hofleben kaum bedeutenden, Räume besaßen als Ausstattung Gobelins, die die vier Elemente darstellten.

Die südlich an die Paradesuite grenzenden Räume des Westflügels und den bis zur Englischen Treppe reichenden Südflügel ließ der Kurfürst-König August der Starke seit Februar 1718 zur Präsentation seiner umfangreichen Gemäldesammlung und seiner Skulpturen herrichten. Sie bestand im Westflügel aus zwei Bilderkabinetten und im Südflügel aus einer 61,6 Meter langen Galerie mit nach Norden gehenden Fenstern. Alle Säle und Räume des zweiten Geschosses des Schlosses bildeten damit eine funktional aufeinander abgestimmte Einheit.

Da das zweite Geschoss einen großen Teil der bisherigen zeremoniellen Funktionen der königlichen Appartements übernommen hatte, die

Das Paradeschlafzimmer. Hier empfing der Kurfürst-König seine Schwiegertochter. Stich von Raymond Leplat.

ehemals im ersten Geschoss des Südflügels angesiedelt waren, ließ August der Starke, im ersten Geschoss des wiederaufgebauten Georgenbaus, für sich neue Privatgemächer einrichten. Am 31. Januar 1719 konnte er sie beziehen. In diesen Räumen fanden die täglichen Beratungen und Verhandlungen sowie private Audienzen statt. An gleicher Stelle hatte sich das 1701 verbrannte private Appartement Johann Georgs IV. befunden. Die Funktion des Georgenbaus als Wohnraum der Herrscher sollte bis zum Ende der wettinischen Monarchie im Jahre 1918 bestehen bleiben.

Die bestechende Konzeption des zweiten Schlossgeschosses als staatspolitischer und zeremonieller Mittelpunkt der Residenz erfuhr bereits wenige Jahre später empfindliche Veränderungen. 1726 wurden die Bestände der Bildergalerie in unmittelbarer Nähe der Privatappartements des Herrschers im Georgenbau in den Saal der Garde, den früheren Riesensaal, verlegt. Die notwendige Hängefläche in dem weiterhin für große Feste genutzten Raum konnte nur durch eine provisorische Verbretterung der hofseitigen Fensternischen sichergestellt werden. Danach ließ August der Starke zur standesgemäßen Unterbringung der Familie seines Sohnes den Bereich seiner früheren Privaträume im ersten Geschoss des Südflügels und die darüber liegende kurzzeitige Bildergalerie als Appartements des Kurprinzen und der Kurprinzessin ausstatten. Die Appartements waren 1726 zwar fertiggestellt, doch schon im März 1727 bezog das Prinzenpaar auf Anordnung des Kurfürst-Königs erneut das Taschenbergpalais.

Die Kunstsammlungen Augusts des Starken im Residenzschloss

~ Die Einrichtung einer eigenständigen, in ihrer räumlichen Situation hervorgehobenen Gemäldegalerie im Residenzschloss wurde zwischen 1718 und 1719 zu einer Zeit in Angriff genommen, als August der Starke sich persönlich mit der Neuordnung und öffentlichkeitswirksamen Aufstellung seiner vielfältigen Kunstsammlungen beschäftigte. Bis zum Ausgang des 17. Jahrhunderts war allein die kursächsische Kunstkammer, die nach und nach räumlich auf acht Zimmer verschiedener Größe angewachsen war, der Ort fürstlicher Sammlungen und der Repräsentation durch Kunst. Johann Georg III. hatte dann als erster sächsischer Kurfürst in den 80er Jahren zusätzlich eine Bilderkammer eingerichtet. Diesem Vorbild folgte sein Sohn August der Starke. Im Februar 1707 begann er mit der Reorganisation seines ererbten und selbsterworbenen Kunstbesitzes. Der erste Schritt bestand darin, dass er seinem „Schilderei-Inspektor" Heinrich Christoph Fehling anwies, Gemälde aus der Kunstkammer auszusondern. 614 Bilder wurden im Redoutensaal aufgehängt. Die fast 150 Jahre zuvor begründete Kunstkammer im Dachgeschoss des Westflügels blieb aber zunächst auch für August den Starken das Zentrum der Dresdner Kunstsammlungen. Das geht unter anderem daraus hervor, dass er im Januar 1704 das prächtige „Goldene Kaffeezeug" in der Kunstkammer aufstellen ließ, mit der seine Schatzkunstsammlung zum ersten Mal königliches Format bekommen hatte. Die berühmte und zum Beispiel von Zar Peter I. immer wieder besuchte Kunstkammer verließ dann aber auf Befehl des Kurfürst-Königs in der ersten Hälfte des Jahres 1709 ihre angestammten Räume. Eine im

Die zum Großen Schlosshof gerichtete Fensterfront des Steinernen Saales bei dem zeremoniellen Empfang von Maria Josepha. Unbekannter Künstler.

Dresdner Hauptstaatsarchiv erhaltene Rechnung vermeldet, dass die Räume im August diesen Jahres besenrein übergeben worden. Die traditionsreiche Sammlung wurde zunächst im Klepperstall untergebracht, später gelangten sie in das Dachgeschoss des 1716 von August dem Starken erworbenen Holländischen Palais, dem Vorgängerbau des heutigen Japanischen Palais. Dieses von Pöppelmann errichtete, innerstädtische Lusthaus des Kurfürst-Königs, firmierte 1727 in einem Hofdiarium als „Königl. Kunst Cammer Palais", was der Vermutung Raum gibt, dass August der Starke die facettenreiche Sammlung seiner Vorgänger durchaus nicht gering schätzte.

In den Mittelpunkt seines persönlichen Interesses rückte jedoch immer stärker eine andere, materiell weitaus kostbarere Sammlung. Sie erscheint erstmals im November 1704 in den Akten als Praetiosen Cabinet, „alwo Sr. Königl. Majt. Selbst in einen express dazu Verferttigten Schranck mit eigener Hoher Handt rangiret und Gesezt (Kunstwerke) haben, wie auch ebenfalls die Christall de Roche Trinkgeschir". Der Verwalter dieses Pretiosenkabinetts, der Geheime Kämmerer Starcke, berichtet in diesem, heute verlorenem Schriftstück, August der Starke habe den Schlüssel zu diesem Schatztresor bei sich gehabt oder ihn versiegelt auf dem Schreibtisch seines Schlafgemachs verwahrt. Der Kurfürst-König beliebte „bißweilen gantz alleine, auch zum öfteren mit Damens und Cavalliers hinein" zu gehen, um die Pretiosen zu besehen. Der Aufstellungsort des Pretiosenkabinetts scheint ab und an gewechselt zu haben. Zu suchen ist er aber immer im ersten Geschoss des Westflügels nahe der Wohnräume des Herrschers. Der Bestand dieser für einen deutschen Fürsten der Epoche um 1700 durchaus nicht ungewöhnliche Sammlung, wuchs beständig an. August der Starke beschäftigte zum Ankauf sogar einen eigenen, hochbezahlten Beamten: den Baron von Rechenberg. Er ließ seine Schätze im Ausland oder auf der Leipziger Messe erwerben und fand insbesondere im Hofjuwelier Johann Melchior Dinglinger einen begnadeten Künstler, der es verstand, immer neuere und kostbarere Objekte für ihn anzufertigen. Aus seiner Werkstatt gelangte 1701 das Goldene Kaffeezeug und 1709 der Thron des Großmoguls

Nachdem der Goldschmied Johann Melchior Dinglinger 1692 nach Dresden kam, schuf er höchst aufwändige Kabinettstücke. Gemälde von Bernhard Vogel.

Das Stallgebäude nach seinem Umbau durch August dem Starken. Nach 1731 war es nun ein Festhaus. Im Erdgeschoss blieben jedoch die Stallungen erhalten. Stich von Moritz Bodenehr.

in königlichen Besitz. Durch die ungezügelte königliche Sammelleidenschaft wurden die Werke der Schatzkunst zahlreicher und größer. Sie verlangten mithin nach immer mehr und immer repräsentativerem Ausstellungsraum. Der Sammler behalf sich damit, dass er auf den geschützten Raum, der inneren Geheimen Verwahrung im Grünen Gewölbe, als eine Art Zwischendepot zurückgriff. Es war der spätere Pretiosensaal.

Für das Grüne Gewölbe hatte die Hochzeit des Kurprinzen mit der Kaisertochter zehn Jahre später noch eine folgenreichere Wirkung. Nach den wochenlangen Hochzeitsfeierlichkeiten, in denen neben dem Silberschatz sicher auch die Pretiosen des Königs eine Rolle gespielt haben dürften, taxierte August der Starke im Dezember 1719 seinen fast schon unermesslichen Juwelenschatz im Retirade-Gemach seines Appartements im Georgenbau. Danach ließ er den königlichen Juwelenschmuck in einem, eigens dazu angefertigten, großen, verglasten Juwelenschrank im heutigen Pretiosensaal des Grünen Gewölbes unterbringen. Die Entscheidung für den Erhalt des Schlosses brachte damit wenig später auch die Entscheidung für einen Ausbau der Geheimen Verwahrung im Grünen Gewölbe zur halböffentlichen Schatzkammer mit sich. Johann Melchior Dinglinger inspirierte die Ausbaupläne mit seinem weit über zwei Meter hohen Edelsteinobelisken.

Der Obeliscus Augustalis stellte August den Starken auf eine Stufe mit den kaiserlichen Kunstförderern der Antike. Das einzigartige Raummonument benötigte für seine Aufstellung eine verspiegelte Rückwand. Die erhielt es zwischen Juni 1723 und September 1724. In diesem Zeitraum entstand in drei der vier Räumen des Grünen Gewölbes, eine sicher großartige, aber vergängliche Innenarchitektur aus lackierten Wänden, daran angebrachten Konsolen und ungewöhnlich vielen Spiegeln. Das erste Schatzkammermuseum war vollkommen überfüllt. Deshalb kam es schon drei Jahre nach seiner Vollendung zu einschneidenden Umbauten. Im Frühjahr 1727 schickte August der Starke eine königliche Ordre aus Polen nach Dresden, in der er befahl, den ganzen Erdgeschossbereich des Westflügels zum Zwecke einer noch vorteilhafteren Präsentation seiner Schätze zu nutzen. Neben acht prächtigen und abwechslungsreichen Schauräumen, in denen er die damals wie heute unvergleichliche Sammlung präsentieren ließ, besaß dieser frühe Museumsorganismus auch Depotflächen, ein Foyer und einen Aufenthaltsraum für die Bediensteten. Zwischen April 1727 und September 1729 wurden die Räume unter Einbeziehung der bereits vorhandenen drei Schauräume umgebaut. Es entstand eine Folge von, sich in ihrer Ausstellungspracht steigernden, materialbezogenen Ausstellungsräumen.

Welche Bedeutung der Kurfürst-König der Präsentation der ererbten und über drei Jahrzehnte erworbenen Sammlungen an Kostbarkeiten beimaß, wird nicht zuletzt dadurch deutlich, dass ihr wichtige Funktionsbereiche des Schlosses weichen mussten. Um der Schatzkammer die benötigte Größe zu geben und sie der höfischen Öffentlichkeit zugänglich zu machen, wurden die seit Errichtung des Westflügels in diesem Schlossbereich untergebrachten Küchenräume aufgegeben. Auch die nach dem Schlossbrand im Jahr 1701 hierhin verlagerte Silberkammer

Die Fortsetzung des Schlossumbaus durch August den Starken

und selbst die für die Regierung des Landes so wichtigen Räume der Kabinetts-Ratsstube samt ihrem Archiv, wurden ausgelagert. Das komplette Erdgeschoss des Hauptflügels, vom Großen Schlosshof her gut zugänglich, war nun den ererbten und neu erworbenen Goldschmiedearbeiten, Werken aus Elfenbein und Bronze, vor allem aber den einzigartigen Juwelen- und Schatzkunstsammlungen vorbehalten. Eine so konsequente Aufwertung des königlichen Schatzes war damals ein ausgesprochen ungewöhnliches Unterfangen, das nicht ausschließlich durch die geschmacklichen Vorlieben des königlichen Sammlers zu erklären ist.

Durch seine symbolhafte Nähe zu den wichtigsten Paraderäumen des gewählten Monarchen und erblichen Kurfürsten von Sachsen, war dessen Schatzkammer für fast jedermann sichtbar präsentiert. Diese beeindruckende Aufstellung im Grünen Gewölbe nutzte August der Starke als ein politisches Mittel, um seine dynastischen Ziele zu erreichen. Gegen Ende seines Lebens und seiner Herrschaft wollte er durch die Demonstration von Reichtum und Schönheit die Chancen für seinen Sohn erhöhen, ihm als gewählten König von Polen-Litauen nachzufolgen. So ist die öffentlich zugängliche Schatzkammer des Grünen Gewölbes seit 1729 zum unverzichtbaren Bestandteil des Residenzschlosses geworden. Nachdem das Residenzschloss 1945 restlos ausbrannte, bieten heute allein seine sorgfältig restaurierten und rekonstruierten Räume die Möglichkeit, die Ausstattungspracht des Residenzschlosses unter August dem Starken wie auf einer Zeitreise zu erleben.

~ Die Hochzeitsfeiern des Jahres 1719 bedeuteten für das Residenzschloss und die Bauten des Schlossareals nicht das Ende der Veränderungen. Nachdem der Kernbau des Renaissanceschlosses in kurzer Zeit konsequent barockisiert worden war, widmete sich August der Starke im folgenden Jahrzehnt den Gebäuden im östlichen Residenzbereich. Bei der Barockisierung ging man selbstbewusst mit der Bausubstanz um. 1725 wurde der Tempietto, der an der Schlossstraße das Torgebäude Christians I. zum Kleinen Schlosshofs bekrönte, abgerissen. Fünf Jahre später folgten weitere Umbauten am äußerlich unmodernen Georgenbau. Um dessen wohnliche Qualität zu verbessern, wurde der über dem Jagdtor befindliche Altan aufgestockt und der dadurch gewonnene Raum dem Privatappartement des Kurfürst-Königs beziehungsweise den Bilderzimmern zugeordnet. Gleichzeitig wurde der bis dahin noch vorhandene elbseitige Erker des Georgenbaus aus der Frührenaissance abgebrochen und die vorhandene Bauplastik der Entstehungszeit beseitigt. August der Starke ließ auch die seit der Zeit des Kurfürsten Moritz vermauerte Tordurchfahrt des Georgenbaues wieder öffnen. Dies war ein städtebaulich sinnvoller Eingriff, denn damit wurde die Schlossstraße wieder zur Hauptverkehrsachse Dresdens. Die Entscheidung dazu resultierte aus umfangreichen Veränderungen an der mittelalterlichen Elbbrücke in den Jahren 1727 bis 1731. Nach Plänen Pöppelmanns wurde das bisher festungsartig gesicherte Brückenbauwerk zu einer Promenade umgestaltet, die die Residenzstadt Dresden mit der im Entstehen begriffenen „Neuen Königsstadt" auf dem rechten Flussufer verband.

Eine der letzten Baumaßnahmen Augusts des Starken an seinem Dresdner Residenzschloss betraf das Stallgebäude Christians I. Zwischen 1730 und 1731 wurden nach Plänen des Architekten von Fürstenhoff, dessen Renaissancegiebel abgebrochen, ein modernes Dach errichtet und vor der stadtseitigen Fassade zum Jüdenhof eine doppelläufige Freitreppe geschaffen. Über diese Treppe gelangte man nun direkt ins Obergeschoss, das in eine spätbarocke, prächtig ausgestattete Raumfolge umgewandelt worden war. Das Stallgebäude diente nun zur Austragung von Festlichkeiten und als repräsentatives Logis für fürstliche Gäste. 1742 bewohnte sie König Friedrich II. von Preußen, als er als Gast Augusts III. in Dresden weilte. Der das Stallgebäude mit dem Schloss verbindende Lange Gang erhielt zwischen 1731 und 1733 unter Beibehaltung prägender Elemente der ursprünglichen Fürstengalerie der Renaissance, eine Neuausstattung als repräsentative Gewehrgalerie. Die Präsentation seiner Sammlung besonders schöner Schusswaffen reihte sich ein in das Gesamtkonzept der Museumsneuordnung, der sich August der Starke in seinen letzten Regierungsjahren mit großer Kraft gewidmet hatte.

Die Visionen eines vollständigen Neubaus des Schlossareals durchzog die fast vierzig Jahre währende Herrschaft Augusts des Starken wie ein roter Faden und wurde bis zum Schluss nicht völlig aufgegeben. Um 1730 legte der Hofarchitekt Zacharias Longuelune dem Kurfürst-König ein neues Projekt vor, das eine Erweiterung des Residenzschlosses in Richtung zum Zwingerbereich vorsah und neben einem Neubau des Ostflügels in monumentalen Formen die Einrichtung von Museumsgalerien zum Thema hatte. Als August der Starke im Februar 1733 in seiner zweiten Hauptstadt Warschau starb, hatte er das Dresdner Residenzschloss wie kein anderer Kurfürst seit der Mitte des 16. Jahrhunderts verändert.

Im Rokoko gibt es nicht viel zu feiern

~ Sein Sohn Friedrich August II. (reg. 1733-1763) erbte nicht allein die Würde eines Kurfürsten von Sachsen, sondern auch den Anspruch des Hauses Wettin auf den polnisch-litauischen Königsthron. Nach einem sehr umstrittenen Wahlverfahren des polnisch-litauischen Adels gelang es ihm, sich 1734 unter dem Thronnamen August III. in Krakau krönen zu lassen. Wie es auch an anderen europäischen Königshöfen üblich war, ließ der Sohn gleich nach seinem Regierungsantritt die ehemaligen Wohnräume seines Vaters im Georgenbau, in die er nun einzog, für sich neu ausstatten. Seine Gemahlin Maria Josepha bezog die zu ihrem Appartement umgebauten Bilderzimmer Augusts des Starken im darüber liegenden zweiten Geschoss. Zum Raumensemble der Königin gehörte auch der Musiksaal, der spätere kleine Ballsaal. Er sollte für die nächsten zwei Jahrzehnte zu einem der Mittelpunkte des höfischen Musiklebens werden. Die junge Königin war aber nicht nur hochmusikalisch, sondern auch eine tiefgläubige Katholikin. So brauchte sie in unmittelbarer Nähe zu ihren Wohnräumen ein ihrem Rang und Adel entsprechendes Bethaus. Um dieses bereitzustellen, wurde der nahegelegene große Bilder- und

Festsaal im Ostflügel geopfert. Im nördlichen Teil des ehemaligen Riesensaales entstand eine kleine Kapelle mit Sakristei und einem größeren Vorzimmer. Der auf diese Weise in seinen Proportionen verkürzte Saal blieb in seinem südlichen Bereich nur noch wenige Jahre erhalten. 1739 verschwand der Riesensaal für 250 Jahre aus dem Bauvolumen des Residenzschlosses.

Die größte Herausforderung für das Schloss war der Kinderreichtum des neuen Herrscherpaares. August der Starke hatte – neben den acht unehelichen Kindern – nur einen einzigen Sohn mit seiner Gemahlin Christiane Eberhardine gezeugt. 1733 waren mit August III. und Maria Josepha aber auch deren sieben Kinder als Prinzen und Prinzessinnen in das Residenzschloss eingezogen. Für sie mussten nach und nach, den wachsenden Repräsentationspflichten entsprechend, Appartements geschaffen werden. In den nächsten sieben Jahren kamen fünf weitere Kinder hinzu. 1737 berichtet ein Chronist, das Schloss sei „so stark bewohnet als es sonst niemahls gewesen".

Seit 1736, dem Jahr, in dem mit dem Pazifikationsreichstages in Warschau, nach Beendigung des gesamteuropäisch ausgefochtenen polnischen Thronfolgekrieges, August III. allgemein als

Kurfürst Friedrich August II. von Sachsen und seine Familie bei der Familienzusammenkunft am 24. Mai 1737. In der Bildmitte Maria Josepha. Gemälde von Louis de Silvestre.

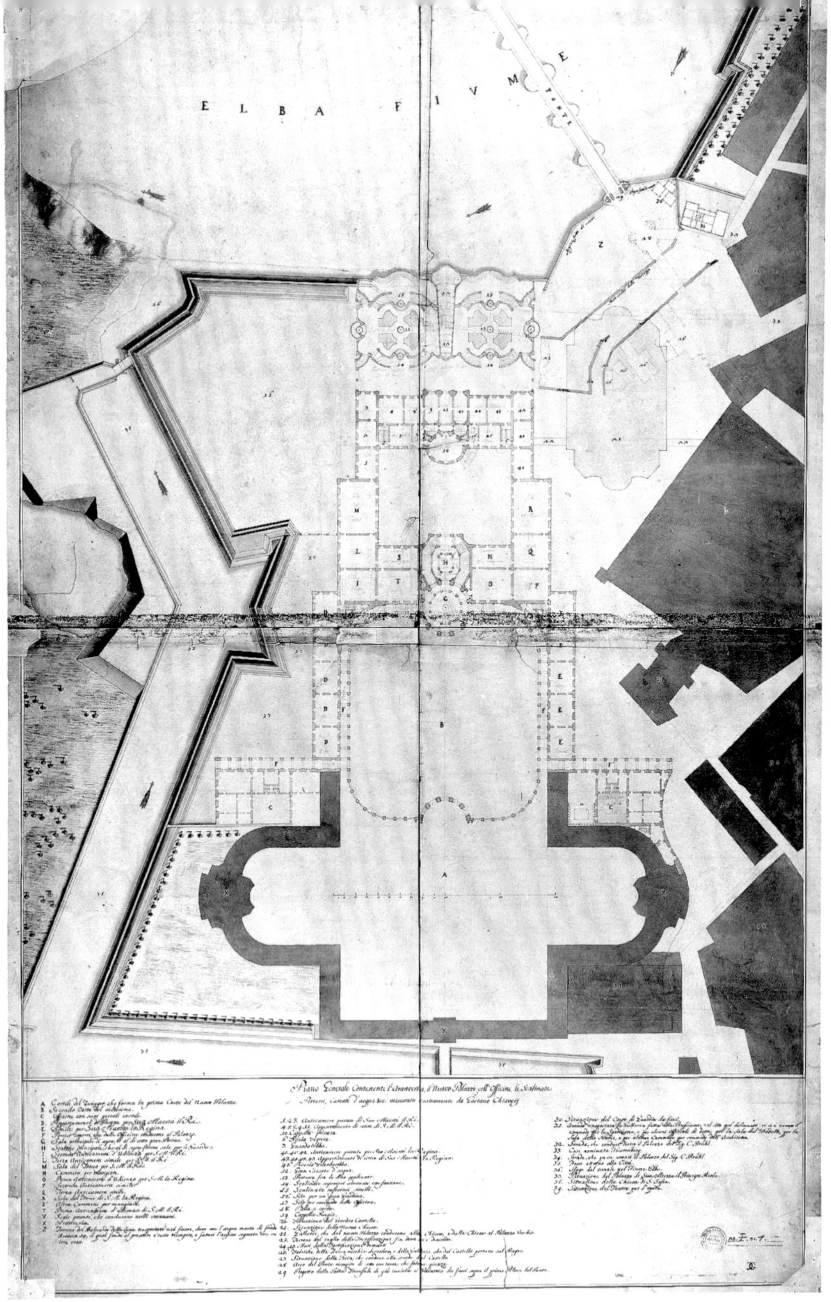

Entwurf von Gaetano Chiaveri für das Schlossprojekt 1736. Der römische Architekt war nach Dresden gekommen, um die Hofkirche zu bauen.

König anerkannt wurde, setzten für das königliche Schloss zu Dresden wieder Neubauplanungen ein. Zunächst reichten die Hofarchitekten Jean de Bodt und Johann Friedrich Knöffel Umbaupläne für eine Neugestaltung des, nun in zweiter Generation, königlichen Residenzschlosses in Dresden ein. Diese ambitionierten Projekte sahen erneut einen nach Westen ausgreifenden, modernen Schlossbau vor.

Seit 1737 beteiligte sich auch der römische Architekt Gaetano Chiaveri an diesen Schlossvisionen. Chiaveri war 1720 aus den Diensten Peters des Großen an den polnischen Königshof nach Warschau gewechselt und nun mit einem konkreten Vorhaben in Dresden beschäftigt: Er wurde zum Schöpfer der schönsten Dresdner Kirche, der damaligen katholischen Hofkirche.

Gleichzeitig mit der beginnenden Bauplanung für die neue Hofkirche verschwanden zwei altehrwürdige Bestandteile des Schlosskomplexes. Dabei handelte es sich zunächst um die letzten sichtbaren Reste der Sgraffitobemalung der Renaissance, die sich bis dahin am Äußeren des Kanzleihauses erhalten hatten. Nachdem das Verwaltungsgebäude des Kurfürstentums bereits 1731 im Inneren umgebaut worden war, erhielt es nun eine neue Putzfassade. Der andere, noch tiefgreifendere Einschnitt, war die 1737 verfügte Schließung der evangelischen Schlosskapelle. Man ging dabei durchaus pietätvoll vor. Der Altar des frühen 17. Jahrhunderts, das traditionelle Taufbecken des Herrscherhauses und das prächtige und symbolträchtige Außenportal, die „Schöne Tür", wurden in die Sophienkirche eingebaut, die nun den Rang und die Aufgabe einer evangelischen Hofkirche übernahm. Das Außenportal, das 1872 beim historistischen Umbau dieser ältesten Klosterkirche Dresdens an den Jüdenhof gelangte, wird in den kommenden Jahren an seinen ursprünglichen Aufstellungsort zurückkehren. In den, über zwei Geschossen reichenden, Baukörper der evangelischen Schlosskapelle wurde ein neues Geschoss eingezogen. In diesem ersten Geschoss ließ der Kurfürst-König das Appartement für eine Prinzessin einrichten. Das Erdgeschoss des westlichen Nordflügels wurde als Archiv des Geheimen Kabinetts genutzt. Die Demontierung lutherischer Würdezeichen im Residenzbereich

erstreckte sich auch auf das Haus des ehemals so bedeutenden evangelischen Hofpredigers. Es erhob sich gleich neben dem Kleinen Schlosshof auf dem Grund des heutigen Südflügels. Man riss es ab und Knöffel errichtete auf seinem Grund einen an die Schlossgebäude angepassten Wohnsitz für die Prinzessin von Weißenfels. Dem immer weiter wachsenden Platzbedarf der königlichen Familie konnte schließlich auch dadurch Rechnung getragen werden, dass die älteren Söhne des Monarchen 1741 das Taschenbergpalais bezogen.

Unmittelbar nach Schließung der evangelischen Schlosskapelle begannen die Vorbereitungen für den „gewissen Bau", die neue katholische Hofkirche. Zwischen 1738 und 1751 entstand sie als ein formal ungewöhnlicher Sakralbau von gewaltigen 4800 Quadratmetern Grundfläche, der architektonische Motive des italienischen Hochbarock mit denen des französischen Barockklassizismus vereinte. Um den benötigten Baugrund zu erhalten, mussten zunächst die elbseitig vor dem Schloss gelegenen Gebäude der Münze, das Brückentor sowie Teile des Festungswerkes abgebrochen werden. Zudem wurde ein Joch der Brücke zu- und das Elbufer aufgeschüttet. Neben dem ausschließlich auf kurfürstlichem Territorium gelegenen Baugrund für den Sakralbau entstand dadurch ein weit geöffneter Platz, der heutige Schlossplatz. In städtebaulich vorzüglicher Lage sollte er als gemeinsamer Vorplatz für die Hofkirche und den Georgenbau dienen. Im folgenden Jahr, 1738, konnte – ohne große Zeremonie – der Grundstein für die Hofkirche gelegt werden. Im streng lutherischen Sachsen war dies noch immer ein hochemotionales Politikum.

Die majestätische Hofkirche wuchs in den folgenden dreizehn Jahren demonstrativ zwischen der Nordfront des Schlosses und dem Elbufer empor. Es entstand eine fünfschiffige Basilika mit überhöhtem Mittelschiff, deren inneres Seitenschiff als Prozessionsgang benutzt werden konnte. Der 85,5 Meter hohe, filigran wirkende Turm wurde 1751 vollendet. Er war zwar zunächst glockenlos, bildete aber im Stadtbild Dresdens eine bewusste Konkurrenz zum kurfürstlichen Würdezeichen des Hausmannsturmes und zum steingewordenen evangelischen Glaubensbekenntnis der mächtigen Frauenkirche. Das Dach des katholischen

Kurfürst Friedrich August III. im Kreise seiner Familie. In seiner 39-jährigen Regierungszeit von 1768 bis 1827 kümmerte er sich kaum um den Schlossbau. Gemälde von Johann Elias Schienau.

Gotteshauses umziehen auf einer hohen Balustrade 59 Heiligenfiguren von 3,50 Meter Höhe. 19 weitere Figuren sind an den Fassaden der Kirche in Nischen aufgestellt. Durch die römisch-barocke Bewegtheit prägen die Skulpturen das Erscheinungsbild der baulich sonst strengen Hofkirche. Der Bildhauer Lorenzo Mattielli schuf sie. Königin Maria Josepha und ihr jesuitischer Beichtvater nahmen maßgeblichen Einfluss auf das theologische Programm, in dem die Evangelisten, die Kardinaltugenden, die Apostel und ausgewählte Heilige den gegenreformatorischen Eifer bezeugen. Die ehemalige Hofkirche und heutige Kathedrale ist bis heute ein bleibendes Zeugnis für die sonst weitgehend verlorene Umgestaltung des Residenzschlosses zwischen ausgehendem Spätbarock und Rokoko, in der August III. für 30 Jahre der Herr des Schlosses war.

Seit der Umnutzung der Bilderzimmer im Georgenbau und der bis dahin vom Riesensaal eingenommenen Raumfläche, gab es im Schloss keine repräsentative Gemäldegalerie mehr. Es ist kaum anzunehmen, dass August III. dies verfügt hätte, ohne eine bessere Präsentation für seine Bilder anzustreben. Der Kurfürst-König war ein begeisterter Gemäldesammler, der die ererbten Bestände durch glückliche Erwerbungen zu einer der bedeutendsten Bildersammlungen seiner Zeit erweitern ließ. Es dauerte allerdings bis 1744, bis sein Oberlandbaumeister Johann Christoph Knöffel damit begann, das bereits barockisierte Stallgebäude zu einer neuen Gemäldegalerie umzubauen. Bis 1746 schuf Knöffel einen in sich geschlossenen, harmonischen Baukörper, der über Generationen die Kunstliebhaber Europas begeisterte und den Ruhm der Kunststadt Dresden bis weit ins 19. Jahrhundert verbreiten half. Der Baumeister ließ dazu die beiden 1730 entstandenen oberen Stockwerke zu einem einzigen Geschoss mit neun Meter hohen Rundbogenfenstern vereinen. Die schlossseitig vorhandenen Wendelsteine wurden abgerissen, ebenso wie die Reste der Altane der Renaissance am Jüdenhof. Der Galeriebau Augusts III. war für die Geschichte des Museumswesens zukunftsweisend. Mit ihr wurde eine Gemäldegalerie geschaffen, die als städtebaulich eigenständiges Bauwerk weitgehend vom Schlossareal getrennt war.

Die letzte große Baumaßnahme der augusteischen Epoche betraf das Taschenbergpalais, mit dessen Erweiterung 1756 begonnen wurde. Für das Wohnpalais des Kurprinzen Friedrich Christians sollte Julius Heinrich Schwarze zunächst einen Großen Innenhof und einen Westflügel errichten. Bereits 1755 war das Kurprinzenpalais durch einen brückenartigen Gang im ersten wie auch im zweiten Geschoss direkt mit dem Schloss verbunden worden. Obwohl 1756 der Siebenjährige Krieg ausbrach, in dessen Folge Dresden mehrmals von preußischen und österreichischen Truppen besetzt und zu einem erheblichen Teil 1760 zerstört wurde, vervollständigte Schwarze bis 1763 die Hofbebauung der ursprünglich geplanten Vierflügelanlage und errichtete den zum Zwinger gelegenen Seitenflügel mit dem vorgelegten Ehrenhof. Trotz Geldnot und Kriegswirren entstand eine der schönsten Palaisanlagen des Rokoko in Dresden. Im Inneren erhielten die neue Schlosskapelle und zahlreiche Wohnräume Interieurs von hoher Qualität. Weil durch die westliche

Der Schlossplatz mit der königlichen Kutsche. Links der 1717 wieder aufgebaute Georgenbau. Ausschnitt aus einem Gemälde von Canaletto aus dem Jahr 1748.

Erweiterung des Taschenbergpalais das dort gelegene Ballhaus von Klengel abgerissen werden musste, wurde die 1751 großteils abgebrochene Hofkapelle Augusts des Starken, das ursprüngliche „Comoedienhauß" Johann Georgs II., 1755 bis 1757 zum neuen Ballhaus umgebaut.

Viel zu feiern gab es zu dieser Zeit in Dresden nicht. Der Siebenjährige Krieg hatte zum fast vollständigen Erliegen des Hoflebens geführt. August III. war mit seinem Premierminister Graf Brühl und dem größten Teil seines Juwelenschatzes aus dem Grünen Gewölbe in seine zweite Hauptstadt Warschau übergesiedelt. In Dresden verblieben bis zu ihrem Tod im Jahre 1757 die Königin Maria Josepha sowie zumindest zeitweilig der Kurprinz Friedrich Christian und seine Gemahlin Maria Antonia. Die preußische Besetzung der Stadt brachte die Verwüstung einiger Schlossräume mit sich und durch den Beschuss Dresdens, bei der Belagerung durch preußische Truppen im Jahre 1760, wurde das kurfürstlich-königliche Residenzschloss „an verschiedenen Orten durchschossen". Die Schäden hielten sich jedoch in Grenzen. Kurz vor dem absehbaren Kriegsende 1762 entwickelte auf Wunsch des Kurprinzen Friedrich Christian, der bei seinen bayerischen Schwiegereltern in München Schutz gesucht hatte, deren Hofarchitekt François de Cuvillés einen Plan zum Wiederaufbau Dresdens. Cuvillés dachte modern. Er sah die Entfestigung der Stadt vor und beabsichtigte, den Schlossbezirk weiträumig westlich des Zwingers zu erweitern. Es sollte das letzte visionäre Schlossbauprojekt des 18. Jahrhunderts werden.

In Dresden bereitete man sich zu dieser Zeit auf die Rückkehr des Königs vor. Dazu errichtete

Bei dieser Sicht im Jahr 1820 von der Schlossstraße her ist der barock umgestaltete Ostflügel des Residenzschlosses gut zu erkennen. Stich eines unbekannten Künstlers.

der führende Oberlandbaumeister Schwarze seit 1761 eine neue Folge von Paraderäumen. Sie lagen im ersten Geschoss des Ostflügels und bezogen den Georgenbau und Teile des Nordflügels ein. Nach ihrer Fertigstellung hätten sie zu den bedeutendsten deutschen Innenarchitekturen des Rokoko gezählt. Die großzügige und ausgesprochen funktionelle Folge königlich ausgestatteter Paradezimmer begann an der Englischen Treppe mit einem Gardesaal und führte bis zum Audienzzimmer am Ende des östlichen Nordflügels. Das Audienzzimmer Augusts III. wurde durch eine hölzerne Brücke unmittelbar mit den königlichen Oratorien der Hofkirche verbunden. 1897 ersetzte man die Verbindung des späten 18. Jahrhunderts durch den heute wieder rekonstruierten Übergang mit kupfergetriebener Verkleidung.

Bei seiner Rückkehr aus Polen am 30. April 1763 konnte König August III. eine funktionierende Residenz beziehen. Gut fünf Monate später starb er in seinem Dresdner Schloss. Sein Sohn, der 41-jährige Kurfürst Friedrich Christian (reg. 1763), erkrankte bald darauf an Blattern und überlebte seinen Vater nur um etwas mehr als zwei Monate. Damit sank das Dresdner Schloss wieder zurück in den Rang eines deutschen Kurfürstensitzes. Es wurde zum Residenzschloss des noch unmündigen Friedrich August III. in einem, durch einen langen Krieg, völlig verarmten Land.

100 Jahre Stagnation und Niedergang

Zum zweiten Mal hatte ein Administrator in Sachsen die Regentschaft für einen minderjährigen Kurfürsten übernommen. Zwischen Prinz Xaver und Herzog Friedrich Wilhelm von Sachsen-Altenburg im späten 16. Jahrhundert, gibt es einige Parallelen. Im Bezug auf das Residenzschloss respektierten beide Administratoren die Wünsche der Kurfürstenwitwen. So ließ Prinz Xaver, der über fünf Jahre, bis zum Herbst 1768, die Regentschaft innehatte, die schon begonnene Erweiterung des Taschenbergpalais vollenden. Zwischen 1763 und 1767 entstand der, zum Westflügel weitgehend symmetrisch gestaltete, Ostflügel. Das dadurch erheblich vergrößerte Palais wurde zur Wohnung

Nach 1806 stand Schloss Pillnitz im Mittelpunkt der Bautätigkeiten. Den größten Teil des Jahres verbrachte die Fürstenfamilie hier. Stich eines unbekannten Künstlers

der Kurfürstenwitwe Maria Antonia. In diesen Jahren bereitete der bauliche Zustand des Residenzschlosses immer mehr Probleme. Die Dächer des westlichen Nordflügels und des nördlichen Teiles des Westflügels waren in die Jahre gekommen und dringend renovierungsbedürftig. Dabei wurden die bis dahin an der Außenfassade dieser Schlossfronten noch vorhandenen Renaissancegiebel abgebrochen. An der Seite zum Zwinger ersetzte man sie durch flache Satteldächer und setzte ihnen zur Platzgewinnung ein niedriges drittes Vollgeschoss auf. Diese Baumaßnahme war wenig repräsentativ und wurde allein vom Gedanken der Nützlichkeit geleitet. Architektonisch verlor die Gesamterscheinung des Schlosses nun endgültig an Einheitlichkeit und Geschlossenheit. Der reine Nutzungsgedanke ohne künstlerische Erwägungen blieb in den nächsten 110 Jahren das Leitmotiv für die Umgehensweise der Wettiner mit ihrem Dresdner Residenzschloss.

Nachdem Kurfürst Friedrich August III. (reg. 1768-1827) die Regierung übernommen und im folgenden Jahr Maria Amalia von Pfalz-Zweibrücken geheiratet hatte, ließ er – wie es üblich war – die Appartements des Kurfürstenpaares dem Zeitgeschmack entsprechend modernisieren. In seiner 39 Jahre dauernden Regierungszeit befasste sich der 1806 zum ersten sächsischen König erhobene Monarch kaum mit dem Schlossbau in seiner Residenzstadt. Im Mittelpunkt seiner Bautätigkeiten stand vielmehr das Schloss Pillnitz. Der Kurfürst, und spätere König, ließ den dortigen, von seinem Urgroßvater August dem Starken errichteten Gebäudekomplex seit den achtziger Jahren des 18. Jahrhunderts umfassend erweitern und zu seiner Residenz ausbauen. Den größten Teil des Jahres verbrachte die wettinische Fürstenfamilie nun vor den Toren Dresdens. Friedrich August III. begründete damit eine Tradition, der die sächsischen Herrscher bis zum Ende des 19. Jahrhunderts treu blieben.

Auch sein ältester Sohn und Nachfolger König Anton (reg. 1827-1836) und der seit 1830 mitregierende König Friedrich August II. (reg. 1836-1854), betätigten sich am Dresdner Residenzschloss nur sehr zurückhaltend als Bauherren.

Am 4. September 1831 wurden die sächsischen Könige mit der revolutionären Verfassung zu

Die Hofkirche, zwischen 1738 und 1751 erbaut, bildete im Stadtbild Dresdens eine bewusste Konkurrenz zum kurfürstlichen Würdezeichen des Hausmannssturmes. Lithographie von C. W. Arldt.

konstitutionellen Monarchen und verloren viele Machtbefugnisse an das sächsische Parlament. Der aus zwei Kammern bestehende Landtag wurde nunmehr zum alleinigen Gesetzgeber. Der Landestradition folgend, eröffnete und beschloss man die Landtage aber nach wie vor im Dresdner Residenzschloss. Für diese Zwecke baute der Hofarchitekt von Wolframsdorf die Festsäle im Nordflügel, den ehemaligen Propositionssaal, der auch als Bankettsaal bezeichnet wurde, sowie den Ball- und Konzertsaal, zwischen 1838 und 1854, um. Der Historienmaler Bendemann schuf für die Versammlungsräume eines selbstbewussten Parlaments, eine neue symbolträchtige Ausgestaltung im frühhistoristischen Stil. Trotz der parlamentarischen und gesellschaftlichen Nutzung blieb das Residenzschloss unbestritten im Besitz der Krone. Diese verfügte jedoch nur noch über eingeschränkte Baumittel. Mit diesen Mitteln ließ König Friedrich August II. 1833 bis 1834 durch den Baumeister von Wolframsdorf, den von ihm und seiner Familie bewohnten Georgenbau aufstocken. Die königliche Stadtwohnung erhielt dabei eine neue Fassade im Stil des biedermeierlichen Klassizismus. Dies war durchaus als eine Modernisierung gedacht, doch der Baukörper des Schlosses geriet dadurch optisch noch weiter aus den Fugen. Verstärkt wurde dies durch die fast zeitgleich durchgeführte Umwandlung des elbseitigen Mansardegeschosses des Nordflügels in ein Vollgeschoss mit flachem Satteldach. Dieser Umbau verlieh dem Kernbau der Residenz zur Hofkirche hin äußerlich ein künstlerisch karges, fast kasernenartiges Aussehen.

Folgenreich war auch der Umstand, dass ungefähr zu dieser Zeit, das ausgedehnte, westlich des Schlosses gelegene Residenzareal, das in der Mitte des 16. Jahrhunderts unter Kurfürst August als Teil der Schlossfreiheit zwischen Schlosskörper und Festung geschaffen worden war, von der Krone aufgegeben wurde. Die zwischen 1820 und 1830, nach dem Ende der Napoleonischen Kriege einsetzende, Entfestigung der Stadt hatte zur Schleifung der Bastion Luna geführt, an deren „scharfer Ecke", sich die barocke Anlage des Zwingers erstreckte. An Stelle der Befestigungsbastion der Renaissance wurde der heutige Zwingerteich angelegt. Gleichzeitig füllte man den

König Johann, hier mit seiner Gattin Amalie, auf einer Photographie aus dem Jahr 1872. Er ließ das Obergeschoss des Georgenbaus umgestalten.

nicht mehr notwendigen Festungsgraben, vor der Langgalerie des Zwingers, mit Erde. Etwa ab 1819 erhielt der Zwingerhof auch eine Gartengestaltung. Wenige Jahre später wurde im ehemaligen Residenzbereich die Sophienstraße als öffentlicher Verkehrsweg angelegt. Ihr fiel 1826 die unvollendet gebliebene, barocke Treppe des Stadtpavillons zum Opfer. Die einsetzende Wandlung der Westfassade des Schlosses von einer bis dahin eher unbedeutenden Rückseite zur Schauseite, wird durch die Errichtung eines bis heute bestehenden Gebäudes markiert. Zwischen 1830 und 1832 entstand nach Plänen des preußischen Baumeisters Karl Friedrich Schinkel, die Neue Hauptwache im klassizistischen Tempelstil. Ihre Erbauung war eine folgenreiche, städtebauliche Entscheidung und zugleich ein architektonisch-symbolhafter Akt der Ausrichtung Sachsens auf den mächtigen preußischen Nachbarn.

Schon Generationen zuvor hatte sich auf dem Areal der fürstlichen Residenz ein kleines Stadtviertel gebildet. Zwischen Zwinger und Elbufer war, seit dem Bau der Hofkirche Gaetano Chiavèris, in unplanmäßiger Bebauung eine Ansamm-

Das erste Opernhaus Sempers lag erheblich näher am Schloss als sein heute noch bestehender zweiter Theaterbau. Kolorierter Kupferstich von Carl Täubert.

lung kleinerer Häuser entstanden. Diese erhielt den Namen „Italienisches Dörfchen". Zwischen diesen Häusern hatte der italienische Impressario und Hofkomödiant Pietro Moretti zwischen 1754 und 1755 einen Theaterbau errichtet. Nachdem in Pöppelmanns großem Opernhaus am östlichen Rand des Zwingers 1769 die letzte Vorstellung stattgefunden hatte und das Gebäude drei Jahre später zum Redoutensaal für die Hofbälle umgebaut worden war, wurde 1780 das Morettische Theater, in dem auch in beschränktem Maße Opernaufführungen stattfinden konnten, als bescheidener Ersatz vom Fürstenhaus erworben. 1841 wurde es abgerissen. Da war das seit 1838 von Gottfried Semper erbaute, königliche Hoftheater gerade fertiggestellt. Das erste Opernhaus des revolutionären Baumeisters Semper lag erheblich näher am Schloss als sein heute noch bestehender zweiter Theaterbau. Die Fassade des ersten Opernbaus befand sich in etwa auf der Höhe des, 1883 auf dem Theaterplatz aufgestellten, Reiterdenkmals für König Johann. Vor Sempers Opernhaus wurde 1840 der Vorläufer des heutigen Theaterplatzes angelegt. Dresden erhielt damit eine Freifläche, die den einstmals für die Einwohner der Stadt verschlossenen, höfischen Festbereich des Residenzschlosses zum bürgerlichen Stadtraum umwandelte.

In den letzten Regierungsjahren König Johanns (reg. 1854-1873) kam es wieder zu architektonisch bedeutsamen Baumaßnahmen am Schloss. Zwischen 1865 und 1868 entstanden nach dem Entwurf des Hofbaumeisters Krüger im zweiten Obergeschoss des Georgenbaus der Kleine Ballsaal und daran anschließend ein Audienzzimmer. Die neugestalteten Räume erhielten bemerkenswerte Innenraumgestaltungen im historistischen Stil, die Elemente des sächsische Neobarock und des Neorokoko vereinigten. Die politische Entwicklung der Zeit beförderte in den folgenden Jahren noch die Rückbesinnung auf die regionale Kunst der Vergangenheit. Durch den Deutsch-Französischen Krieg von 1870/71 und der daraus hervorgehenden Ausrufung des Zweiten Deutschen Kaiserreiches in Versailles unter preußischer Führung, geriet das, seit Beginn des 19. Jahrhunderts politisch fast bedeutungslose, Königreich Sachsen kulturell in immer

stärke Abhängigkeit zu seinem großmächtigen Nachbarn. Die zu dieser Zeit unter König Albert (reg.1873-1902) einsetzende Bautätigkeit am Residenzschloss kann durchaus als eine Form der sächsischen Gegenreaktion verstanden werden. Die politischen Kräfte des Landes wollten durch Umbauten am ästhetisch wie auch architektonisch kaum mehr befriedigenden Schloss, die vaterländische Identität Sachsens stärken. In diesem Geist schuf Wilhelm Walther zwischen 1872 und 1876 ein unübersehbar „sächsisches" Kunstwerk, das sehr bald schon große Popularität gewann: den Fürstenzug an der Außenwand des Langen Ganges entlang der Augustusstraße. Der Akademieprofessor griff zunächst auf eine traditionelle Technik zurück und fertigte die Abfolge sächsischer Herrscher von Heinrich I. von Eilenburg, dem ersten wettinischen Markgrafen von Meißen, bis zum regierenden König Albert und seinem Bruder Georg, als schwarzweißes Sgraffito. Es sei daran erinnert, dass dieses Wandbild in der Nachfolge eines, an gleicher Stelle vorhandenen, Reiterzugs des späten 16. Jahrhunderts stand, mit dem Christian I. bereits die Straßen-

König Albert im Ornat. Gleich nach seiner Thronbesteigung 1873 ließ er einige Säle im Versailler Neobarock umgestalten.

fassade des Langen Ganges hatte schmücken lassen. Als das durch die Witterung geschädigte Gemälde im Jahre 1907 durch farbige Fliesen aus Meißner Porzellan ersetzt wurde, war das angrenzende Residenzschloss bereits selbst zu einem Monument sächsischer Geschichte umgestaltet worden.

Eine der ersten Baumaßnahmen, die König Albert 1874, im Jahr nach seiner Thronbesteigung, am Schloss durchführen ließ, war die Ausstattung der „Französische Galerie" und des „Stucksaals" in einem vom „Stil Louis XIV." beeinflussten Versailler Neobarock. 1881 folgte der zeittypisch gestaltete Spiegelsaal. 1882 wurde der Große Ballsaal, der das gesamte zweite Geschoss des östlichen Nordflügels einnahm, bis in das dritte Obergeschoss erhöht und mit einer neuen Decke ausgestattet. Danach erneuerte Hofbaumeister Gustav Dunger auch die Decke im Propositionssaal. Diese Baumaßnahme stand unter dem Einfluss des höfischen Historismus und nahm wenig Rücksicht auf die bereits vorhandene Inneneinrichtung. Doch die in jener Zeit entwickelten Maxime der Denkmalpflege zeigte auch am Dresdner Residenzschloss ihre Folgen. Die Restaurierung der beiden, prächtig mit Skulpturen aus der Mitte des 16. Jahrhunderts versehenen, Wendelsteine des Schlosshofes in beiden Ecken des Nordflügels, erfolgte im Jahre 1883 bereits unter großem denkmalspflegerischen Respekt für die historischen Überreste. Der Bildhauer Ohlendieck ergänzte und ersetzte die verloren gegangenen Ornamente und figürlichen Darstellungen unter Beachtung des Überkommenen.

Das Jahr 1889 war für Sachsen ein Jubeljahr, denn das Königreich feierte das 800-jährige Bestehen der Dynastie der Wettiner. Aus diesem Anlass beschlossen die sächsischen Landstände auf einer Sondersitzung, das in den letzten 100 Jahren zu einem unbefriedigenden Konglome-

Bis 1899 wurde die Loggia vor dem Hausmannsturm weiter in den Hof verschoben und vor dem zweiten Geschoss des Nordflügels ein verglaster Gang gebaut.

ratbau verwachsene Residenzschloss für drei Millionen Reichstaler in seinen Fassaden zu erneuern. Bis 1901 versetzte der Hofbaumeister Gustav Dunger mit Unterstützung des Hofbauinspektors Gustav Frölich, kontrolliert von einer Schlossbaukommission, den gesamten Außenbau in einen fiktiven Idealzustand der „deutschen Renaissance" sächsischer Prägung. In diesen zwölf Jahren wurden leider auch die letzten, noch aus dem 18. Jahrhundert vorhandenen, Architekturelemente an der Außenfassade getilgt. Als erster Schritt zur vorgesehenen Rundumerneuerung wurde bereits 1888 das, zuletzt als Archivgebäude genutzte, einstige „Comoedienhauß" Johann Georgs II., an der südlichen Ecke des Westflügels abgerissen. Die Neukonzeption der Außenfassaden begann 1889 bis 1892 mit der besonders störend erscheinenden Westfassade. Gleichzeitig erhielt das Schloss einen neuen Flügel, für den der Name „Bärengartenflügel" erfunden wurde. Eine nicht unbedingt passende Bezeichnung, denn Bären wurden im Schlossgarten, an den der neue Bau grenzte, ebenso wenig gehalten wie an einem anderen Ort des Schlosses.

Mit der neuen Schlossfassade machte sich das politische Bildungsbürgertum der Zeit erst einmal ein eigenes Geschenk. Am 29. September 1869 war das erste Opernhaus Gottfried Sempers bis auf die Grundmauern abgebrannt. Von Bürgerschaft, König und Landtag gleichermaßen unterstützt, begann 1871 der Neubau eines zweiten Opernhauses, nach Plänen Gottfried Sempers. Durchgeführt wurden die Baumaßnahmen aber unter Leitung des ältesten Sohnes Manfred. Das königliche Hoftheater konnte am 2. Februar 1878 eröffnet werden. Zusammen mit dem, ebenfalls nach Sempers Plänen, geschaffenen Galeriegebäude und dem nun erweiterten Theaterplatz war eine städtebaulich großartige Situation entstanden, zu der sich die verbaute Westfassade des königlichen Schlosses mehr als ungünstig verhielt. Bei dem Entwurf zur neuen Westfassade griff Dunger auf erhaltene Bauteile der Entstehungszeit, wie das mittlere und südliche Zwerchhaus, zurück. Der seit der Mitte des 16. Jahrhunderts

vorhandene Nordwestturm wurde aufgestockt, sein ursprünglicher Austritt mit einer barockisierenden Haube bekrönt und das Motiv mit einem zweiten Turm an der Südwestecke wiederholt. Dunger betonte zudem die Mittelachse durch eine eher neobarock wirkende Symmetrie im Neorenaissancegewand. Er fügte an der nordwestlichen Schauseite einen kleinen Erker an. Ebenfalls aus Gründen der gewünschten Symmetrie war eine Neuordnung der Fenster erforderlich. Dadurch kam es zu erheblichen Eingriffen in die historische Bausubstanz des bis dahin unveränderten Grünen Gewölbes und der Paradesuite Augusts des Starken.

Nach Fertigstellung des Westflügels wurde von 1892 bis 1893, als zweite Baumaßnahme, ein völlig neuer Südflügel errichtet. Der Neubau, in der die Verwaltung des Hofes ihren Platz finden sollte, erhielt zur damals engen Gasse am

Bis 1901 wurde der Georgenbau erheblich erhöht und bekam mit einem kupferbedeckten Dachreiter ein weithin sichtbares Wahrzeichen.

1883 wurden mit großem denkmalerischen Respekt die verloren gegangenen Ornamente an den Wendelsteinen ergänzt.

Taschenberg eine breite Hauptfassade. Dieser neue Südflügel, durch den der bisherige Südflügel zum Zwischenflügel Nord umtituliert wurde, entstand als geschlossener Baukörper auf den unregelmäßigen Grundrissen von fünf Bürgerhäusern, die bereits zwischen 1592 und 1789 in den Besitz des Hofes gelangt waren. In seinem Erdgeschoss haben sich historische Räume dieser Häuser erhalten. Als städtebauliche Dominanten zur schmalen Gasse setzten Dunger und Frölich zwei runde neobarocke Ecktürme, die den architektonischen Eindruck der sonst, nach damaligen Verhältnissen, eher schlicht gehaltenen Fassade des Nutzbaus bestimmten und auflockerten.

1895, sechs Jahre nach dem Baubeginn, wurde der langgestreckte Flügel zur Schlossstraße fertiggestellt. Die Architekten lösten die schwierige Situation der, aus verschiedenen Bereichen des Schlosses zusammengesetzten, dem Straßenverlauf folgenden, leicht gebogenen Fassade, indem sie die Ostfassade als scheinbare Reihung selbständiger Gebäude aufgliederten. Dabei wurden die zum Südflügel und zum Torbau Christians I. gehörenden Bereiche als Einzelfassaden gestaltet. Das Torhaus der Spätrenaissance erhielt als repräsentatives Hauptportal des Residenzschlosses einen mächtigen Giebel als Bekrönung und ebenso kraftvollen plastischen Schmuck im Torbereich. Im Äußeren nicht besonders hervorgehoben wurde hingegen die neobarockisierte Englische Treppe. Auch der Ostflügel des Kernbaus gab sich zur Straße hin vergleichsweise schmucklos. Seine Fassade zum Großen Schlosshof erhielt hingegen wieder Renaissanceelemente und auch die, für die Renaissance typischen, Zwerchhäuser.

Nach Vollendung der Schlossstraßenfassade nahm man 1896 den elbseitigen Nordflügel in Angriff. Bei ihm wurde vor allem eine Wiederherstellung der historischen Form des Daches und der Fassade angestrebt. Die Arbeiten zogen sich über drei Jahre bis 1899 hin. Gleichzeitig mit der Elbfassade wurde auch diejenige zum Großen Schlosshof verändert. Die originale Loggia der Renaissance wurde zu diesem Zweck abgetragen und, leicht nach Süden versetzt, wieder neu errichtet. Dadurch erhielt sie eine größere Tiefe. Zugleich wurde ihr im zweiten Geschoss, nach Osten und Westen, anschließend ein verglaster Gang, der Läufergang, angefügt. Diese Baumaßnahmen dienten einer bequemeren Verbindung zwischen den, für die Hoffeste und das politische Leben Sachsens bedeutsamen, Prunksälen. Aus demselben Grund wurden auch im Inneren die Mitteltüren der architektonisch überarbeiteten Festsäle verbreitert – eine Baumaßnahme, die sowohl in die historisch wertvolle Substanz des barocken Turmzimmers wie auch in den, in der Mitte des 19. Jahrhunderts geschaffenen, Gemäldezyklus Bendemanns eingriff.

1899 musste die ursprünglich vom Landtag bewilligte Bausumme noch einmal erhöht werden, damit als Abschluss und Krönung des Schlossumbaues die Fassaden des Georgenbaues erneuert werden konnten. Angestrebt war gegenüber dem Kernbau des Schlosses eine bauliche Wirkung, die an diejenige der Erbauungszeit im frühen 16. Jahrhundert anknüpfte. Bis 1901 wurde der Georgenbau erheblich erhöht und mit einem kupferbedeckten, turmartigen Dachreiter als weithin sichtbares Würdezeichen bekrönt. Außerdem wurden die, in den zwanziger Jahren des 19. Jahrhunderts entstandenen, drei Durchgänge für den Fahr- und Fußgängerverkehr verbreitert. Damals gelangte das ehrwürdige Mittelportal des ersten Georgenbaues an seinen heutigen Platz an der elbseitigen Westfassade. Der Georgenbau gab sich nun auch im Äußeren seiner Funktion als königlicher Wohnbereich entsprechend. Die architektonische Gliederung des Gebäudes wurde von der Bauplastik und Ornamentfülle des sehr späten Historismus, die Christian Behrens schuf, fast völlig überwuchert. Der für König Albert und dessen Gemahlin Königin Carola von Wasa geschaffene Wohnbau stand, mit seinem fülligen Stilgemisch, in direkter Konkurrenz zu dem kurz darauf, zwischen 1901 und 1903 ebenfalls am Schlossplatz, errichteten massigen Ständehaus des sächsischen Parlaments von Paul Wallot. Die in dieser Ständeversammlung vereinte Gemeinschaft, aus sächsischem Adel und sächsischem Bildungsbürgertum, hatte sich als eigentlicher Initiator und finanzierender Bauherr des Schlossumbaus eine Architektur des historischen Erinnerns geschaffen. Nach dem von Moritz begonnenen und von August vollendeten Kurfürstenschlosses der Mitte des 16. Jahrhunderts, war dies die einzige Schlossbauvision, die adäquat umgesetzt wurde.

Dresden besaß damit im beginnenden 20. Jahrhundert ein Residenzschloss des späten Historismus, das sich nach außen als Monument sächsischer Geschichte präsentierte. Damit hatte das damals seit mehr als 600 Jahren existierende, und noch immer burgartig abschließende, fürstliche Gebäude einen Weg in Richtung Museum eingeschlagen.

Das Residenzschloss wird zum Museum

Die königlichen Eigentümer konnten – bei Bedarf – ihr Dresdner Residenzschloss für weitere 17 Jahre bewohnen. Das Haus Wettin nutzte vor allem das zweite Geschoss des Gebäudekomplexes für Audienzen, öffentliche Empfänge und Festlichkeiten. Nur zwischen Karneval und Mai diente das weitgehend musealisierte Gebäude auch als Wohnsitz. Danach zog der Hof wieder nach Pillnitz um.

Eine der letzten großen Baumaßnahmen im Schloss betraf das Grüne Gewölbe. Unter seinem damaligen Direktor, Jean Louis Sponsel, wurde die traditionsreiche Schatzkammer bis 1913 in einem Maße modernisiert, wie es zu jener Zeit kaum ein anderes öffentliches Museum war. Die barocken Räume wurden dabei teilweise vergrößert, um den Anforderungen des anwachsenden Tourismus genügen zu können. Alle Räume erhielten eine Fußbodenheizung und elektrisches Licht. Da damals eine räumliche Vergrößerung nicht möglich war, ließ Sponsel wenigstens zusätzliche Vitrinen für besonders wichtige Kunstwerke in die tiefen Fensterleibungen der meisten Räume einbauen. Der Umbau war gerade abgeschlossen, als Anfang August 1914 der Erste Weltkrieg begann.

Am 9. November 1918 verließ König Friedrich August III. (reg. 1904-1918) sein Residenzschloss, um am folgenden Tag von seinem Amt zurückzutreten und die Monarchie für beendet zu erklären. Die wettinische Monarchie ließ dem Freistaat Sachsen ein Schlossareal zurück, das bereits deutlich museumsartige Züge aufwies. Die museale Nutzung der, das Residenzschloss umgebenden, Gebäude hatte schon seit der Mitte des 19. Jahrhunderts begonnen. Nachdem die Gemäldesammlung aus dem Stallgebäude in das 1854 fertiggestellte neue Galeriegebäude Sempers an der Nordflanke des Zwingers umgezogen war, stand die alte Gemäldegalerie Augusts III. leer. Zwischen 1872 und 1876 wurde sie zur Aufnahme des Historischen Museums und der Porzellansammlung umgebaut. Den Haupteingang des, nach dem 1873 verstorbenen König Johann umbenannten, Johanneums verlegte man wieder an die Augustusstraße. Der Zugang zum Museum erfolgte damit durch den Stallhof. Das Historische Museum erfreute sich bald schon einer großen Beliebtheit. Es war 1832 aus der Rüst- und der Harnischkammer, Teilen der 1831 aufgelösten Kunstkammer sowie weiteren königlichen Sammlungen gegründet worden, und präsentierte Kunstgegenstände der höfischen Repräsentation. Während das Historische Museum das Erdgeschoss und das erste Geschoss des Johanneums nutzte, erhielt die, bis dahin vernachlässigte, Porzellansammlung das zweite Geschoss als Ausstellungsfläche. Das Münzkabinett, das 1877 in beengte Räume im Erdgeschoss des Westflügels, gleich neben dem Grünen Gewölbe, gezogen war, wechselte 1911 in einen Teil des Kanzleigebäudes.

Der Zwinger war schon seit 1728 in einen Museumskomplex umgewandelt worden. Das älteste, unverändert dort ansässige, Museum ist der 1746 im gleichnamigen Pavillon eingerichtete Mathematisch-Physikalische Salon. 1856 wechselte das 1720 begründete Kupferstichkabinett aus dem Zwinger in das neue Galeriegebäude. 1879 wurde das „Königliche Zoologische und Anthropologisch-Ethnographische Museum", das mit Teilen

seiner Sammlungen zum ursprünglichen „Palais Royale des Sciences" Augusts des Starken gehörte, in den Stadtpavillon und die anschließenden Bogengalerien verlegt. In der Epoche des Historismus entdeckte man auch die architektonische Qualität des Zwingers wieder. Nach zwei problematischen Restaurierungsversuchen erfolgte zwischen 1924 und 1936 unter der Leitung von Hubert Ermisch eine durchgreifende Erneuerung des Gebäudekomplexes, wobei viele der originalen Skulpturen des Barock kopiert werden mussten. Mit der Ausbaggerung des, 1812 zugeschütteten, Stadtgrabens im Jahre 1929 erhielt der Zwinger zudem einen Teil seiner charakteristischen Lage zurück. Das Nymphenbad wurde rekonstruiert und die Innenfläche des Zwingers nach Pöppelmanns Plänen als Gartenanlage mit vier Wasserbecken gestaltet. Im Französischen und im Mathematisch-Physikalischen Pavillon wurde die prächtige Innendekoration rekonstruiert und die Deckengemälde von Übertünchungen befreit. Seit 1939 begann man damit, die Porzellansammlung im, bis dahin vom Zoologischen Museum genutzten, Pavillon einzurichten. Die Neuordnung der weltberühmten Museen Dresdens wurde im gleichen Jahr durch den Beginn des Zweiten Weltkrieges unterbrochen. Das ehemalige Residenzschloss gelangte nach Beendigung der Monarchie mit dem größten Teil seiner Inneneinrichtung in den Besitz des neubegründeten Freistaates Sachsen. Dieser öffnete es zumindest teilweise als Museum. Neben dem seit 1729 zugänglichen Grünen Gewölbe, dessen Zugang traditionell über ein Portal im Großen Schlosshof erfolgte, entstand im gesamten zweiten Geschoss ein Schlossmuseum. Zu festgesetzten Zeiten zugänglich, wurden die im 18. und 19. Jahrhundert eingerichteten Fest- und Paraderäume werktags von 10 bis 14 Uhr, sonntags von 10 bis 13 Uhr geöffnet. Der Eintrittspreis betrug 1931, für eine Gruppe von bis zu vier Personen, vier Reichsmark, jede zusätzliche Person bezahlte eine weitere Reichsmark. In geführten Gruppen zugänglich waren insgesamt 33 Zimmer.

Wie die Festetage im zweiten Obergeschoss sich damals den Besuchern präsentierte, ist den Reiseführern der Zwischenkriegszeit zu entnehmen. Man betrat und verließ das Museumsschloss

Nach zwei problematischen Restaurierungsversuchen wurde der Zwinger zwischen 1924 und 1936 grundlegend erneuert. Viele der Skulpturen mussten kopiert werden.

Der prunkvolle Bankettsaal. Er bestich durch seine Gemälde von Bendemann aus dem Jahr 1838.

Das Audienzzimmer im Jahr 1933 zur Jubiläumsausstellung „August der Starke und seine Zeit".

über die Englische Treppe. Im Ostflügel ging man zunächst in einen langgestreckten Vorraum. Der ehemalige Bereich des Riesensaales war in mehr als ein halbes Dutzend Zimmer und Säle aufgeteilt. Dazu gehörte die Französische Galerie, die 1874 von Voigts im Stile von Versailles eingerichtet worden war und nun Gemälde von Silvestre enthielt. Besonders hervorgehoben wurden in diesem Flügel auch der Kleine Speisesaal mit vier Bildteppichen mit Monatsdarstellungen, aus dem Nachlass des Grafen Brühl, und der anschließende Große Speisesaal mit kostbaren Wandteppichen, die 1806 ein Geschenk Kaiser Napoleons an König Friedrich August I. waren. Zwischen dem Ost- und dem Westflügel lag zur Elbe hin der Stucksaal. Der Raum, der ebenfalls mit Teppichen geschmückt war, präsentierte das beliebte Schneeball-Porzellan der Meißner Manufaktur. Von hier aus waren die, im Georgenbau gelegenen, Privatgemächer der vormaligen Königin Carola zugänglich. Die Anordnung der Räume hat sich bis heute nicht geändert. Man betrat zunächst den Roten Salon, das Audienzzimmer der Monarchin, dann den Kleinen Ballsaal mit Marmorwänden und einer Ausstattung in gelber Seide. Elbseitig lagen der Gelbe Salon, daneben nach Osten der Grüne Salon und nach Westen das Wasazimmer und der Blaue Salon. Wieder zurückgekehrt in den Stucksaal betrat man als ersten Raum des Nordflügels den Großen Ballsaal, dessen, 1840 von Wolfframsdorf geschaffene, Ausstattung und dessen Bemalung von Bendemann, aus dem Jahre 1845, in den Reiseführern besonders gelobt wurde. Es folgte nun das, unter dem Hausmannsturm gelegene, Porzellan- oder Turmzimmer mit einer Sammlung alter, wertvoller Meißner und Chinesischer Porzellane. Dieser Präsentation zugeordnet war die Porzellangalerie im verglasten Gang durch den verbreiterten Altar vor dem Nordflügel. Dort war das berühmte Service mit rotem Drachenmuster aus der Zeit Augusts des Starken ausgestellt. Eine weitere Attraktion stellte der Bankettsaal, der ehemalige Propositionssaal, dar. Auch hier war es die Bemalung durch Bendemann, aus dem Jahre 1838, die als besonders erwähnenswert galt. Sie zeigte die vier Stände sowie „Kaiser und Könige aus den ältesten Zeiten bis in das Mittelalter"

und die berühmtesten Gesetzgeber aller Zeiten. Dann folgte der Westflügel: die Paradesuite Augusts des Starken. Der Eckparadesaal war im 19. Jahrhundert als Neuer Thronsaal genutzt worden. Er besaß aber noch weitgehend die Einrichtung des Spätbarocks. Die beiden zur Sophienstraße gelegenen Vorzimmer hatten ihren Namen und ihre Funktion gewechselt. Sie wurden nun als Erster und Zweiter Kaffeesalon bezeichnet. Der Erste Kaffeesalon besaß noch seine Ausstattung mit Gobelins im chinesischen Stil und dazu sehr schöne Spiegel. Im Zweiten Kaffeesalon waren es vor allem die Gemälde von Silvestre, die hervorgehoben worden. Noch weiter als die beiden Vorzimmer hatten sich die parallel angelegten beiden Retiraden zum Schlosshof verändert. Diese hatten weitgehend ihre spätbarocke Ausstattung verloren. Im 19. Jahrhundert waren aber die hölzernen Kassettendecken des späten 16. Jahrhunderts freigelegt worden. Ihre Ausstattung entsprach nun denen historistischer Museumsräume mit Porträts von Heerführern und anderen Zeugnissen der Geschichte. Das an das Paradeschlafzimmer Augusts des Starken grenzende Retiradegemach hatte als Wettinzimmer seine dynastische Schaufunktion sogar in seinen Namen aufgenommen. Das Schlafzimmer Augusts des Starken selbst war, mit seiner von Louis de Silvestre ausgemalten Decke, bewahrt worden.

Ebenso verhielt es sich mit dem ehemaligen Audienzgemach. Dieser Thronsaal Augusts des Starken besaß – bis auf den Thron – weitgehend noch seine ursprüngliche Ausstattung. Durch eine kleine Tür an der Südwand gelangte man von dort in eine Folge von fünf kleineren Räumen, die noch zum Westflügel gehörten: Das mit chinesischen Lackschnitzereien bestückte Lackkabinett, den Chinesischen Salon, das Kleine Turmzimmer, den Lachsroten Salon und den Gelben Salon. Bis zur Englischen Treppe warteten im Zwischenflügel Nord auf den Besucher neun weitere Räume. Im sogenannten Bärengartenflügel waren dies das Vorzimmer, das Schlafzimmer und das Wohnzimmer des Kaisers. Weiter ging es durch das Dantezimmer, das an Johann von Sachsen, den Übersetzer der Divina Comedia, erinnerte. Dann folgte in einem größeren Saal die sogenannte Reitschule, die

Hoher Standspiegel und Bergkristallsäule im Pretiosensaal des Grünen Gewölbes im Jahr 1933.

1938 wurden die wertvollen Exponate des Grünen Gewölbes mit großer Sorgfalt eingepackt.

Im „Großen Speisesaal" hingen kostbare Wandteppiche. Die hatte Napoleon 1806 König Friedrich August I. geschenkt.

Das Audienzgemach, der Thronsaal Augusts des Starken, war – bis auf den Thron – originalgetreu eingerichtet.

ihren Namen Gobelins mit Darstellungen aus der Spanischen Reitschule verdankte, die nach Entwürfen von Jacob Jordaens 1739 und 1741 in Dresden gewebt worden sein sollen. Zur Ausstattung gehörten auch französische Möbel des 18. Jahrhunderts. Daran schloss sich ein weiterer, etwas kleinerer Saal an, der Gobelinsaal mit Wandteppichen mit Darstellungen aus klassischen französischen Dramen. Sie waren 1750 in Frankreich als Geschenk des Königshauses an die sächsischen Verwandten, hergestellt worden. Der letzte Raum des Museumsschlosses war das Canalettozimmer, in dem sich Ansichten aus Venedig und Rom von Canaletto befanden.

Außer diesen Epochenzimmern befanden sich im ersten Geschoss des Schlosses – wohl nicht zur allgemeinen Besichtigung freigegeben – die 1699 von August dem Starken dort eingerichtete Schlosskapelle mit Gemälden etwa von Carracci, van der Werff, Guido Reni, sowie im Nordflügel der Audienzsaal Augusts III., in dem sich prachtvolle, von Napoleon I. geschenkte Hautelisse-Tapeten befanden. Die Existenz des Dresdner Museumsschlosses währte etwas mehr als anderthalb Jahrzehnte. Anlässlich des 200. Todestages Augusts des Starken wurde 1933 die gesamte Raumflucht des zweiten Geschosses genutzt, um in einer ungewöhnlich großen und gut besuchten Sonderausstellung August den Starken und seine Zeit zu präsentieren. Diese Ausstellung besitzt eine große Bedeutung für die sächsische Kunstgeschichte, denn sie trug zur Popularisierung des, von den Historikern des 19. und frühen 20. Jahrhunderts viel geschmähten, Kurfürst-Königs bei und erlaubte erstmals einen objektiven Blick auf die bedeutenden kulturellen Leistungen seiner Epoche.

Die anderen Bereiche des Schlosses, der gesamte Südflügel, das Erdgeschoss, Teile des ersten Obergeschosses und der Dachgeschossbereich wurden vom Freistaat an Privatpersonen vermietet oder für Verwaltungszwecke genutzt. Diese durchaus fragwürdige Mischnutzung sollte aber nicht auf Dauer Bestand haben. Bereits

1926 entwickelte das Finanzministerium des Freistaates Sachsen den Plan, die räumlich sehr beengt untergebrachten Staatlichen Museen Dresdens räumlich besser auszustatten. In dieser nicht verwirklichten Vorstellung kam dem Schloss eine wichtige Schlüsselstellung zu.

Kurz nach Kriegsbeginn wurde die Museums-etage des Residenzschlosses geschlossen. Aus Furcht vor Bombenangriffen auf Dresden wurden – den logistischen Möglichkeiten der Kriegszeit entsprechend – seit 1942 historisch bedeutende Möbel und andere Ausstattungsgegenstände aus dem Schloss entfernt und in geeignet erscheinende Außenlager gebracht. Der größte Teil des Mobiliars, unter anderem alle Gobelins und die Wand- und Deckenbilder, blieben im Schloss. Die, mit der Architektur verbundene, malerische Ausstattung des 18. und 19. Jahrhunderts wurde systematisch auf Farbfilmen festgehalten. Wie begründet die Vorahnung der dies anordnenden Behörde war, erwies sich am Abend des 13. Februar 1945.

Was folgte, war die fast vollständige Zerstörung des Dresdner Residenzschlosses und der damit verbundene Verlust unersetzbarer Bausubstanz aus acht Jahrhunderten.

Bereits 1926 gab es Pläne, die staatlichen Museen im Schloss unterzubringen. Dies wurde jedoch nicht umgesetzt. Die Luftaufnahme entstand 1927.

DER WIEDERAUFBAU SEIT 1945

Die Idee

Einmal das Schloss zu Fuß zu umrunden kann dauern. Es ist zügig mit 1.200 Schritten in 15 Minuten zu schaffen. Aber dann hat der schnelle Spaziergänger keinen Blick gewagt. Er hat nichts genießen können von der Vielfalt dieses einmaligen Baudenkmals zwischen Theaterplatz, Schlossplatz, Neumarkt, Brüdergasse und Sophienstraße, zwischen Zwinger, Semperoper, Frauenkirche und Kulturpalast. Das Schloss steht im Zentrum der Stadt. Mit dem Wiederaufbau erhält Dresden seine historische Mitte zurück. Nach über 60 Jahren. Rund 200 Millionen Euro flossen von 1991 bis 2006 in den Bau, 340 Millionen will der Freistaat insgesamt investieren. Zu DDR-Zeiten waren es schon rund 16 Millionen Mark.

Es ist der oft gescholtenen, renitenten Eigenwilligkeit der Dresdner und vieler, die es nach 1989 wurden, zu danken, dass die einstige Residenz der Wettiner jetzt als Museumsschloss zu besichtigen ist. 2002 zog als erstes Museum der Staatlichen Kunstsammlungen Dresden das Münzkabinett ein, im Februar 2004 die Kunstbibliothek, im April desselben Jahres öffneten das Kupferstich-Kabinett, danach der erste Teil des Grünen Gewölbes und im September 2006 das Historische Grüne Gewölbe. Die Ruine, die als Residenzschloss einer ehemals regierenden Dynastie die Abrisspläne der DDR-Funktionäre überstand, ist äußerlich wieder erstanden. Ein lebendiges Denkmal stillen Widerstandes, des jahrzehntelangen Verteidigens der Ruinen. Ein eigensinniger Bau, der zum einen das selbstbewusste Recht der Dresdner auf die Zukunft der eigenen Vergangenheit widerspiegelt. Ein Recht auf traditionsorientierte Ansichten und Absichten, die unbekümmert den immer hastiger werdenden Zeitläuften trotzten. Zum anderen profitierte der Wiederaufbau seit der Wiedervereinigung von der in Sachsen gepflegten konservativen Politik und dem Streben der neuen sächsischen Regierung nach Repräsentanz. Dass sich vor allem der erste Ministerpräsident nach

1989, Kurt Biedenkopf, der Melange aus politischer Macht, den Eigenheiten sächsischer Mentalität und höfischem Gestus bediente, quittierten die Dresdner mit dem nötigen Respekt und dem notwendigen Augenzwinkern. Schließlich war es zum Vorteil der Landeshauptstadt und ihres Schlosses. Will der Spaziergänger dieses Denkmal begreifen, braucht er Zeit für die verschlungenen Wege der Geschichte eines verwinkelten Gebäudes und seiner verblüffenden Auferstehung.

Was jedoch heute zu sehen ist, gab es so nie. Nicht in dieser Kombination. Nicht zum gleichen Zeitpunkt. Dieses Schloss ist neu. Die Rekonstruktion reflektiert verschiedene Zeiten, Epochen und Stile von der Romanik bis zur Gegenwart. Ein Monument gut sortierter Geschichte. Die Erbauer nahmen und nehmen sich das Recht, zu entscheiden, was künstlerisch wertvoll war und was nicht. Der Chef der Staatlichen Kunstsammlungen, Martin Roth, nennt es das „Modell einer Schlossimagination, um zu demonstrieren, wie sich die Residenz im Lauf der Zeit entwickelt hat". Während beispielsweise im Großen Schlosshof die vollständig verloren gegangenen Sgraffito-Fassaden teilweise rekonstruiert wurden, blieb in den wesentlichen Teilen der Außenfassade der Neorenaissance-Umbau des 19. Jahrhunderts Maßstab des Wiederaufbaus. Dahinter Beton. Viel frisch gegossener Beton. Aber auch alter aus der DDR-Zeit, der immer dann entdeckt wird, wenn wieder etwas entstehen soll. So wie im Sommer 2006, als am Südteil des Georgenbaus die alten Sandsteinfiguren zurückkamen. Unter dem Putz war kein Sandstein, kein Ziegel, sondern Stahlbeton. Und natürlich sind auch die neuen Decken aus Beton gegossen. Beton und Stahl auch im Ostflügel, wo im 800. Jubiläumsjahr der Stadt Dresden, der fast 60 Meter lange Riesensaal, der 1701 dem großen Schlossbrand zum Opfer fiel, wieder entsteht. Jetzt als Ausstellungsraum für die Rüstkammer. Ein moderner Saal für alte Kunst. In dem einst prachtvoll dekorierten Raum aus dem Jahre 1627 trafen sich die Stände. Wiederhergestellt wurde er damals nach dem großen Brand nicht. Der Kurfürst verlegte die Ständeversammlung aus seiner Residenz in ein eigenes Haus. Der Riesensaal wurde Fest- und Gardesaal, später Hauptsaal der Bildergalerie Augusts des Starken, ab 1733 verschwand der Saal vollends. So wird Rekonstruktion plötzlich zum Politikum. Schließlich wird auch die lutherische Schützkapelle wieder eingebaut. Obwohl sie 1737 zugunsten von Wohnräumen für die vielen Kinder der 1697 katholisch gewordenen Kurfürsten aufgelöst wurde.

Am nordwestlichen und südwestlichen Treppenturm ist brandgeschädigte Architekturplastik teilweise nur konserviert, nicht restauriert. Hier wollen die Denkmalpfleger unmittelbar an die Katastrophe des 13. Februar erinnern. Im Südteil des Kleinen Schlosshofes sind erhaltene Arkaden in ihrer Verwitterung belassen, daneben, nach ihrem Vorbild, neu in Sandstein gehauene Säulen. Auch die Englische Treppe, ursprünglich 1692 als barocke Haupttreppe nach Plänen des Hofbaumeisters Johann Georg Starcke erschaffen, ebenfalls 1701 beim Schlossbrand vernichtet, durch Pöppelmann wieder erbaut, 1895 durch Gustav Dunger und Gustav Frölich grundlegend verändert und 1945 abermals zerstört, wird es wieder geben. Diesmal in ihrer letzten Form. Das

Der große Schlosshof mit seiner Sgraffito-Malerei und der Hausmannsturm bieten einen herrlichen Anblick.

Im Jahr 2006 wurde die Lücke im Ostflügel geschlossen, der Riesensaal entstand wieder.

Taschenbergpalais, einst Wohnsitz der Kronprinzen, wurde in einer kühnen Blitzrekonstruktion zum barocken Hotel. Im alten Keller befindet sich jetzt eine betonierte Tiefgarage. Das Historische Grüne Gewölbe ist eine Mischung aus wieder eingebauter Architektur und Rekonstruktion der drei verbrannten Räume zum Schlosshof. Elemente zeitgenössischer Architektur dagegen finden sich im Schloss kaum, nur zurückhaltend im Südflügel, im Bürotrakt und demnächst im Ostflügel sowie in der gläsernen Überdachung des Kleinen Schlosshofes.

Die verschiedensten architektonischen Ideen, wie das Schloss rekonstruiert, wie es als historisches Gesamtkunstwerk begriffen werden kann, wie es sich als Residenz der Kunst und der Wissenschaft, aber auch als Sitz der Verwaltung der Staatlichen Kunstsammlungen künftig dem Besucher erschließt, führte in den vorhergehenden Diskussionen, vor allem in den 1990er Jahren, zu Kontroversen. Verantwortliche des Staatlichen Hochbauamtes und neu ernannte Architekten stritten mit den, zum Teil seit Jahrzehnten verantwortlichen, Dresdner Architekten, Museologen und Denkmalpflegern. Man versuchte, diese zu Provinzialisten zu stempeln und sprach ihnen die Kompetenz für eine Gesamtkonzeption und baureife Pläne ab. Es prallten exemplarisch Denkmalauffassungen aufeinander: Wer baut das Schloss wieder auf, der Historiker oder der Architekt, der Denkmalpfleger oder der künftige Nutzer?

Denkmalpfleger und Architekten in den Alten Bundesländern stritten Jahre vorher immer wieder heftig um Wiederaufbau und Rekonstruktion. Erinnert sei an die Restaurierung der Münchner Residenz, des Frankfurter Römers oder des Goldenen Saales im Rathaus von Augsburg. Zum Vergleich wären auch Beispiele aus Stettin oder Warschau angebracht, wo sich längst eine eigenständige Tradition im Denkmalschutz herausgebildet hatte. Polen demonstriert mit seinem Wiederaufbau wie Denkmale und Altstadtkerne heute rekonstruiert werden können, um so an die Geschichte anzuknüpfen. In Russland begann man nach 1990, ohne Zögern freizügig zu rekonstruieren. Doch in der angespannten Situation der deutschen Wiedervereinigung eskalierte der Konflikt in Dresden, auch im Zusammenhang mit dem Wiederaufbau der Frauenkirche, zu einem politisch brisanten Thema. Der Wiederaufbau der Stadt wuchs zum Symbol dafür, wie sich Sachsen künftig im neuen politischen und kulturellen Gefüge Deutschlands präsentieren will.

Der Wiederaufbau konnte indes, nüchtern betrachtet, nie konsequente Rekonstruktion sein. Auf welche Schlossvariante aus welchem Jahrhundert hätte man sich mehrheitlich einigen sollen? Auf welche neuen, funktional und technisch notwendigen Räume hätte man zugunsten geschichtlicher Korrektheit verzichten sollen? Der Wiederaufbau ist zuvörderst Rekonstruktion von Substanz, aber zugleich ausgewählt detailgetreues historisches Nachempfinden, schöpferische Weitergestaltung und Neubau. Inszenierung des Erinnerns, neu komponiertes Gesamtbild, konstruierte Wirklichkeit. Es entsteht ein Museumsschloss, das nur noch bedingt etwas gemein hat mit der Residenz der Wettiner, dem Herrschaftssitz, nichts mehr gemein hat mit der Wohnfunktion, nichts mehr gemein hat mit den einstigen

LIEBHERR

Vom Schloss, dem Zwinger und der Sophienkirche blieben nach dem Angriff 1945 nur noch Ruinen.

Räumen politischer Machtdemonstration, aber durchaus mit königlicher Festkultur und prächtiger Schatzpräsentation. Aus dem verschlossenen Renaissancebau wächst ein nach allen Himmelsrichtungen offenes, pulsierendes Zentrum. Es zeigt Historie in Teilen sehr genau und erinnert andernorts jederzeit daran. Und es erinnert unmissverständlich an den traumatischen Untergang der Stadt.

Der Untergang

Die Dresdner ahnten nichts. „Reichsluftschutzkeller" nannten viele ihr Elbflorenz und hegten die Illusion, die Alliierten würden die europäische Kunstmetropole verschonen. Als am 7. Oktober 1944 die ersten Bomben im Stadtzentrum explodierten, beruhigten sich die meisten damit, dass dies wohl ein Versehen gewesen sein müsse. Am 16. Januar 1945 erlebte die Stadt den zweiten Luftangriff. Diesmal waren die Schäden erheblich. Die Gefahr rückte näher. Das verstand man jetzt auch hier. Plötzlich änderte sich das Stadtbild. Nach der stürmischen sowjetischen Offensive an der Weichsel rollten Flüchtlingszüge in die Bahnhöfe, aus Gasthöfen wurden Sammelunterkünfte, aus Schulen Reservelazarette.

Im Dresdner Schloss lebten und arbeiteten etwa 400 Menschen. Johannes Bibrach war der Verwalter. Von 1935 bis 1945 stand er im Dienst des Landes Sachsen, das, nach dem Verzicht des Königs Friedrich August auf die Krone nach der Novemberrevolution von 1918, der Eigentümer des ehemaligen Residenzschlosses war. „Ja, mein Vater war in der Hitlerpartei und wurde deshalb später verdammt. Nach dem Krieg musste er auf den Bau und später verkaufte er Lose. Aber er rettete den Bewohnern des Schlosses das Leben. Alle 630 Menschen, die den Weg in den Keller des Dresdner Schlosses während der Bombennacht vom 13. Februar gefunden hatten, überlebten. Alle.", sagt Renate Jahr. Dann kommen ihr die Tränen. Die heute 72-Jährige ist die Tochter des letzten Vorkriegs-Schlossverwalters. „Mein Vater sorgte drei Wochen vor den Angriffen dafür, dass im Schlosskeller eine Möglichkeit geschaffen wurde, vor den Bomben sicher zu sein", sagt Renate Jahr. 13 Ausstiege aus den Kellern gab es. Johannes Bibrach habe einen weiteren Ausstieg an der Sophienstraße, Ecke Schlossplatz, direkt unter dem Pretiosensaal sprengen lassen und dafür vom Innenministerium eine Abmahnung erhalten. „Doch genau dort kletterten die Menschen nach dem Angriff lebend heraus, denn die anderen Löcher waren von den Trümmern verschüttet", erinnert sich Renate Jahr. Die Öffnung im Sandstein oberhalb des Fußweges gibt es noch heute. Die 72-Jährige wünscht sich an dieser Stelle eine Plakette zur Erinnerung an die Tat ihres Vaters. Bisher blieb ihr Wunsch unerfüllt.

Der Schlossverwalter wusste im Januar 1945 offenbar genau, was er tat. Der Keller im Westflügel, Ecke Nordflügel, unterhalb des Grünen Gewölbes, galt als besonders sicher. Denn oben waren schon im 18. Jahrhundert wichtige Feuerschutzmaßnahmen eingebaut worden. Die steinernen Gewölbe, die eisernen Türen und Fensterläden sollten die Schätze Augusts des Starken schützen. Die fünf

Süd- und Ostflügel wie auch der Georgenbau brannten aus und boten nur noch einen schaurigen Anblick.

straßenseitig gelegenen Räume des Historischen Grünen Gewölbes überstanden den Bombenbrand vom 13. Februar. Die Ausstattung blieb erhalten. Alles davon konnte in den vergangenen Jahren bei der Sanierung wieder verwendet werden.

Der Trost darüber allerdings ist schwach, denn sonst fiel die Zerstörung der Stadt verheerend aus. Die meisten Dresdner und Hunderttausende von Flüchtlingen waren ohne Schutz. Öffentliche Bunker gab es nicht. Kein Jäger stieg auf, keine Flak schoss. Die letzte Meldung aus dem Befehlsstand des Gauleiters lautete: „Achtung! Achtung! Hier spricht die örtliche Luftschutzleitung. Bombenabwürfe über dem Stadtgebiet. Volksgenossen, haltet Sand und Wasser bereit!" Der letzte Irrtum. Auf 15 Quadratkilometern dicht bebauter Innenstadt wütete beim ersten Angriff, von 22.03 Uhr bis 22.25 Uhr, die Zerstörungsgewalt von 3.000 schweren Sprengbomben, 2.500 Feuerstrahlbomben, 400.000 Stabbrandbomben und 100 Luftminen. Damit wurde die Stadt in Brand gesetzt. Dann folgte eine Pause bis nach Mitternacht. Von 1.23 Uhr bis 1.52 Uhr warfen 550 Kampflugzeuge etwa 4.500 großkalibrige Bomben, 170.000 Stabbrandbomben und 2.500 Feuerstrahlbomben auf die brennende Stadt. Die alten Brandherde wurden aufgerissen und neue gesetzt. So entstand der sich selbst aufheizende Feuersturm. Riesige Feuerwände zogen durch die Stadt, 7.000 Meter von Ost nach West, 5.000 Meter von Nord nach Süd. An manchen Stellen herrschten in den unversehrten Kellern durch das darüber brennende Feuer über 1.000 Grad. In der Hofapotheke an der Schlossstraße waren im Tiefkeller die Gläser auf den steinernen Borden geschmolzen. Die Stadt, ein lodernder Irrgarten. Mindestens 25.000 Menschen kamen ums Leben, vielleicht sogar 40.000. Mit Bestimmtheit konnte das bis heute nicht festgestellt werden und führt jedes Jahr im Februar zu neuen Debatten.

Renate Jahr, ihre Schwester, ihre Mutter und ihr Vater überlebten, flüchteten zu Verwandten in den Dresdner Stadtteil Klotzsche. Die Tochter des Schlossverwalters lebte ein unscheinbares Leben einer Frau in der DDR. Ins Schloss kehrte sie erst 2005 wieder zurück, um sich anzusehen, was wieder aufgebaut wurde. Die Zerstörung ihrer Heimatstadt trägt sie unvergessen in sich. Jede Erinnerung an die Bombenacht quält noch heute. Auch das Gewissen. Denn sie weiß um Deutschlands eigene Schuld am Untergang Dresdens. Wo sich eine der schönsten Städte Europas in die harmonische Landschaft des Elbtals fügte, lag nach den insgesamt drei Angriffen plötzlich nur noch ein Ruinenfeld.

Die Kasernen im Norden indessen blieben unbeschädigt, auch die Rüstungsbetriebe im Osten der Stadt. Die historische Innenstadt war getroffen. Das Schloss, ein Scherenschnitt. Bis auf fünf Räume des Grünen Gewölbes, einige Räume hinter der Loggia im Kleinen Schlosshof und die Kellergewölbe, brannte es völlig aus. Alle Dächer und Geschossdecken gingen verloren. Die Außenwände des Schlosses blieben, vermutlich durch die Überbauung der Architektur Ende des 19. Jahrhunderts stabilisiert, stehen. Doch die architektonisch wertvollen Sandsteinelemente der Fassaden waren, insbesondere im Großen Schlosshof und außen im nördlichen Bereich an der Schlossstraße, verglüht. Der Hausmannsturm, der Georgenbau, der Stallhof mit Johanneum und Langen Gang waren schwer geschädigt. Der Ostgiebel des Georgentores stürzte infolge von Nässe und Frost nachträglich ein.

Am 21. März 1945 gibt Hubert Ermisch, der als Retter des Zwingers in die sächsische Geschichte eingegangen ist, an das Landesbauamt einen ersten nüchternen Bericht über die Zerstörung an Bau- und Kunstdenkmalen in Dresden: „Residenz-Schloß völlig ausgebrannt... Der große Hof ist völlig verwüstet. Vielleicht zu retten der Treppenturm nach dem Georgenbau zu ... Der Turmhelm (des Hausmannsturmes) ist ersetzbar... Die für den großen Schloßhof charakteristischen Ecktürme können zum größten Teil wiederhergestellt werden, wenn man ein Sprengen der Türme vermeidet und ein Abtragen und Wiederaufbauen ... anordnet. Der große Schlosshof – auch hinsichtlich der Loggien, wenn auch in vereinfachter Form – wieder herstellbar... Von den Innenräumen sind eine Anzahl Räume des Grünen Gewölbes noch gut erhalten: Vorräume, Kaminzimmer, Emaillenzimmer und der Pretiosensaal. Das Silberzimmer ist teilweise zerstört, größtenteils erhalten ...". Mitten in der Zerstörung eine Vision des Aufbaus.

Am 5. August 1945 findet die erste Wiederaufbausitzung der Landesverwaltung Sachsen statt. Das Schloss wird für den späteren Wiederaufbau vorgesehen. Doch gerettet ist es damit noch lange nicht. 1946 fielen im Langen Gang die Gewölbe zusammen. Auch wenn zunächst noch alle Erdgeschossgewölbe des Schlosses standen, stürzten

Vor dem Taschenbergpalais transportiert 1953 eine Seilwinden-Lokomobile Träger aus den Trümmern.

Blick von der Ruine des ehemaligen Kaufhauses Alsberg , rechts im Bild die Schlossstraße.

bis 1960 15 Prozent davon nachträglich ein. Und während der damalige Landesdenkmalpfleger Dr. Walter Bachmann schon 1945 fordert, den Hausmannsturm schnellstens zu sichern, weil er eine Gefahr für den Aufbau der Hofkirche darstellte, schlug die Stadtverwaltung vor, ihn abzutragen oder einfach zu sprengen. Glücklicherweise war dies wegen der engen Bebauung nur schwer möglich und gleichzeitig fehlte der Stadt für einen Abriss das Geld. Der Hausmannsturm wurde mit Aussteifungsdecken, einem oberen Ringanker und einem Notdach gesichert. Der Turm war zunächst gerettet, aber die politischen Folgen für die Denkmalpfleger höchst unangenehm. Walter Weidauer, von 1946 bis 1958 Dresdner Oberbürgermeister, warf den „Wiederaufbausaboteuren" Vergeudung von Baumaterial vor. Der Leiter der Hochbauabteilung der Landesverwaltung, Max Gaul, der die Freigabe des Zements veranlasst hatte, wurde fristlos entlassen.

Der Widerstand

~ Der Konflikt zwischen der neu entstehenden politischen Macht und den Dresdner Bürgern begann bereits ein halbes Jahr nach der Zerstörung. Während die einen das Schloss am liebsten abgerissen hätten, um Baufreiheit für eine sozialistisch lichte Stadt zu schaffen, übten die anderen stillen Widerstand. Sie wollten das Schloss bewahren. Ohne Persönlichkeiten wie beispielsweise den 1988 verstorbenen Kunsthistoriker Fritz Löffler, den 2005 verstorbenen Landesdenkmalpfleger Hans Nadler oder seinem Nachfolger Gerhard Glaser, würde das Schloss vermutlich nicht mehr existieren, würde nicht so sein, wie es heute wieder die Mitte der Stadt bestimmt. Die drei Denkmalschützer stehen, neben vielen anderen, für zwei Generationen von Dresdnern, die mit ihrem Erinnern an das alte Dresden, ihren Ideen zum Wiederaufbau, Gegenkonzepte lieferten zum offiziellen Partei- und Staatsprogramm. Sie haben gesichert, überredet, verschwiegen, sich arrangiert, riskante Allianzen geschlossen. Die Ulbricht-Ideologen projizierten in die Ruinenretter einen ideologischen Konflikt. Mit bilderstürmerischem Hass verfolgten extreme SED-Funktionäre die Reste feudaler und christlicher Baukultur als Relikte einer überwundenen Gesellschaftsordnung nicht nur in Dresden, sondern auch in Leipzig, Magdeburg, Berlin, Potsdam oder Halberstadt. Exemplarische Beispiele des Zerstörungswahns waren die Sprengungen der Dresdner Sophienkirche, der Leipziger Universitätskirche und des Berliner Stadtschlosses.

Der Dresdner Nachkriegsbürgermeister Walter Weidauer war einer dieser Funktionäre. „Das sozialistische Dresden braucht weder Kirchen noch Barockfassaden", war einer seiner Leitsätze. Öffentliche Debatten darüber hat es nur sehr wenige gegeben. Das ständige Tauziehen spielte sich zumeist hinter den Kulissen ab, was dem nichts von seiner Dramatik nahm. Im Gegenteil. Über Jahrzehnte zog sich der erbitterte Streit, den zunächst Walter Weidauer und Fritz Löffler austrugen. Der Oberbürgermeister beklagte die Ansichten des Kunsthistorikers, der 1899 in Dresden geboren wurde. Nach Studienabschluss und

Walter Weidauer, der Dresdner Bürgermeister von 1946 bis 1958, war ein entschiedener Schlossgegner.

Der Kunsthistoriker Fritz Löffler kämpfte bis ins hohe Alter um die Bewahrung des alten Dresdens.

Aufenthalten in Italien kehrte er 1927 zurück an die Elbe, wurde Mitarbeiter in den Städtischen Sammlungen. 1937 entließen ihn die Nazis wegen „Förderung entarteter und links gerichteter" Kunst. Durch die Vermittlung von Freunden bekam er eine Arbeit im „Heimatwerk Sachsen", eine Institution, die das Sächsische im weitesten Sinne fördern sollte, in Wirklichkeit zwar der Linie der Nationalsozialisten folgte. Dann zog man ihn zum Wehrdienst ein. Er wies aber seine „Nichtverwendungsfähigkeit" nach, doch bekam er Arbeitsverbot in Dresden. Löffler ging 1942 ins damalige Generalgouvernement Polen, nach Krakau, wo er deutsche und speziell sächsische Kunst in Ausstellungen präsentierte. Er fuhr oft wegen der Bilder zwischen Krakau, Dresden und Bautzen hin und her.

Noch am 11. Februar 1945 spazierte er durchs Schloss, betrat das Grüne Gewölbe. Die Vitrinen, Konsolen und Spiegelgalerien sah er ausgeräumt vor sich, ausgelagert die Schätze aus Angst vor der drohenden Zerstörung. Doch in seinen Gedanken standen sie an ihrem Platz. Am Nachmittag fuhr er nach Bautzen. Zwei Tage später hörte er 60 Kilometer entfernt von seiner Heimatstadt die Anflüge der Bomber, sah den immer stärker werdenden blutroten Widerschein am Himmel und wusste, dass er mit seinem Spaziergang Abschied genommen hatte vom alten Dresden. „Die Welt schien ihren Sinn verloren zu haben", sagte Löffler damals. Nach Kriegsende übernahm er die Leitung des Stadtmuseums, dessen wichtigste Bestände er noch vor Kriegsende gerettet hatte. Doch schon 1947 wird er, wie bereits zehn Jahre zuvor, diesmal vom neuen Oberbürgermeister,

Die Hofkirche und die Schlosskirche am 15. Januar 1955 vom Zwinger aus gesehen.

Prof. Hans Nadler, der Nestor der Denkmalpflege, fand immer neue Wege, um den Abriss zu verhindern.

entlassen. Als Gutachter durfte er im Auftrag des Sächsischen Ministeriums für Volksbildung bei der Schlossbergung mitarbeiten, wurde dann ab 1951 freier, ab 1954 fester Mitarbeiter im Sächsischen Landesamt für Denkmalpflege und damit zuständig für das Dresdner Schloss, dessen Wiederaufbau er immer wieder forderte. Während dieser Zeit entstand eines seiner Standardwerke: „Das alte Dresden". Bis 1989 erreichte es trotz erheblicher Widerstände zehn Auflagen, war dennoch in den Buchhandlungen kaum zu bekommen, aber zugleich für die DDR ein Exportschlager.

„Dafür werde ich stundenlang verhört, bedrückt, deprimiert und meine Arbeit wird öffentlich herabgesetzt", sagte Löffler 1967. Er sei nur noch ein verstimmtes Instrument. Insbesondere Walter Weidauer, aber auch seine Nachfolger wie Herbert Gute, Oberbürgermeister von 1958 bis 1961, kritisierten den Denkmalschützer immer wieder. Dessen Blick sei nicht nur „rückwärts gewandt auf die alten Bauten und Denkmäler", „sondern auch auf die alte Gesellschafts- und Ausbeuterordnung". Im Klartext hieß die Unterstellung, hier will einer nicht nur Restaurierung, sondern Restauration. 1968 musste Löffler in der Stadtverordnetenversammlung öffentlich Selbstkritik üben. Ohne Erfolg, wie er später bitter feststellte. „Ich habe bedauert, dass man mich missverstanden hat, ich habe das vor dem Bezirkstag ein zweites Mal getan ... ich habe es schriftlich gegeben. Man sollte annehmen, dass es damit nach menschlichem Ermessen nun genug ist, aber es läuft immer noch weiter. Die Worte Staatsfeind, Klassenfeind sind sofort da, skrupellos geäußert an Orten, an denen es für den normalen Bürger keine Möglichkeit des Wehrens gibt." Die Herrscher über die Abriss-Bagger konnten dennoch nicht immer so schalten und walten wie sie wollten. Bewegung erzeugte Gegenbewegung. Abreißen und Konservieren, das hat alles gleichzeitig stattgefunden. Wenn nicht ein großer Teil der Dresdner hinter ihnen gestanden und das auch gesagt hätte, dann hätten die Kunsthistoriker, Architekturprofessoren und Denkmalpfleger nicht immer wieder, und immer wieder erfolgreich, den Zerstörern in den Arm fallen können.

Dass so vieles von Dresden verloren ging, was hätte gerettet werden können, hat gleichfalls niemanden so sehr bekümmert wie Hans Nadler, diesen zierlichen Herrn, der trotzdem kein bekümmerter Mensch geworden ist, sondern immer weiter arbeitete. So lange er konnte. An Ignoranten, dümmlichen Plattmachern, hörigen Politikern oder Überzeugungstätern mangelte es schließlich zu keiner Zeit. Im Alter von 95 Jahren ist der Dresdner Denkmalpfleger gestorben. „Er hatte die seltene Gabe, das Herz seines Gegenübers zu öffnen, so dass sich auch der Verstand nicht verschloss. Auf seine bescheidene, humorvolle und doch zielstrebige Art hat Hans Nadler in seinem langen Leben viel für seine Heimat Sachsen erreicht", schrieb Hartmut Ritschel, der Leiter der Abteilung wissenschaftliche Fachdienste am Landesamt für Denkmalpflege Sachsen, einen Tag nach seinem Tod in der Sächsischen Zeitung. Geboren wurde der Denkmalretter am 1. Juli 1910 in Dresden als Sohn des Kunstmalers Hans Nadler. Nach der Reifeprüfung studierte er bis 1936 an der Dresdner Technischen Hochschule Architektur. Studienfahrten, mit dem Fahrrad durch

Einen traurigen Anblick bieten die Trümmer des Taschenbergpalais auf der Nordseite.

Deutschland, Italien, über den Balkan bis in die Türkei oder nach Skandinavien, weiteten frühzeitig seinen Blick für die Welt. Er beteiligte sich an Ausgrabungen in Pompeji und widmete sich baugeschichtlichen Untersuchungen am Jagdschloss Grillenburg im Tharandter Wald. 1938 und 1939 untersuchte er frühdeutsche Ringwallanlagen im Vogtland und promovierte 1940 über die Wasserburg Göltzsch.

1949 wurde er zunächst Landesdenkmalpfleger, später Chefkonservator und Leiter der Arbeitsstelle Dresden des Instituts für Denkmalpflege der DDR, eine Stellung, die er bis 1982 inne hatte. Mit der Aufnahme des Dresdner Elbtales in die Welterbeliste der Unesco fand auch sein Wirken international die verdiente Anerkennung. Die Lebensleistung des Denkmalpflegers und Hochschullehrers wurde schon 1985 mit dem Schinkel-Ring des Deutschen Nationalkomitees für Denkmalschutz und 1993 mit dem Bundesverdienstkreuz Erster Klasse gewürdigt. Die Städte Görlitz, Torgau und Dresden ernannten Nadler zu ihrem Ehrenbürger. Der Freistaat ehrte ihn 1997 mit dem Sächsischen Verdienstorden. Im Schloss wird es einen Hans-Nadler-Saal geben.

Nach fünf dramatischen Jahren im Kriegsdienst kehrte der damals 35-jährige vier Wochen nach der Zerstörung in seine Stadt zurück, wurde wissenschaftlicher Mitarbeiter des Landesdenkmalpflegers Walter Bachmann. Nadler kam von der Front in Norwegen, irrte durch die Trümmer. „Sie waren noch warm", sagte er später. Das vergaß er sein Leben lang nicht. Der Verzweiflung folgte Hoffnung. „Ich war nicht unglücklich, man konnte ja was Schöpferisches tun, endlich wieder", sag-

Gerhard Glaser widmete sein ganzes Leben dem Wiederaufbau des Schlosses.

te er über seine Gefühle von damals. Er begann, Steine zu sammeln und zu inventarisieren, legte Listen an, beschrieb Baudenkmäler. „120 bis 150 Stück", die unbedingt verteidigt werden müssten. 856 gerettete Steine stammten übrigens von der Frauenkirche. Für Nadler war klar, „dass sie mit dem alten Material aufgebaut werden würde".

Für das Schloss machte Nadler trickreich immer wieder neue Vorschläge, um es für den Wiederaufbau zu erhalten. So half 1963 beispielsweise zur Rettung des Georgentores ein Vorschlag zum Sparen. Für den Neubau des Kulturpalastes plante die Stadt zahlreiche Baubaracken am Altmarkt errichten zu lassen. Der Denkmalpfleger aber empfahl höflich eine finanziell viel günstigere Variante: Den Ausbau des Georgentores. Hans Nadler erinnerte sich noch 1994 genau daran, was er dem Bürgermeister Herbert Gute sagte: „Nehmt das Geld, das für die Baustelleneinrichtung bereitsteht und saniert das Georgentor. Das ist besser und bietet mehr Platz." Gute schien die Architektur des 19. Jahrhunderts für eine Baubaracke gerade recht. Er ging auf den Vorschlag Nadlers ein. Wieder war ein Teil des Schlosses gerettet.

„Meine Sache war es nie so sehr, über Denkmale zu reden, sondern das Notwendige zu tun", sagte Gerhard Glaser bei seinem Abschied aus dem Amt am 1. Juli 2002. Er war der dritte sächsische Landeskonservator seit Gründung des Amtes 1919. Wie bereits sein Vorgänger, Hans Nadler, hat auch Glaser Denkmalpflege als Kunst des Möglichen beschrieben. Er wurde am 15. Februar 1937 in Halle geboren. Dem Abitur an den Frankeschen Stiftungen folgte 1955 ein Architekturstudium an der Technischen Hochschule Dresden. Ab 1961 arbeitete er als Architekt und Bauleiter in der Zwingerbauhütte, dann bis 1976 in der Bauabteilung des Institutes für Denkmalpflege. 1975 promovierte er an der TU Dresden über das Grüne Gewölbe. Glaser war maßgeblich am Aufbau des Dresdner Denkmalpflegebetriebes beteiligt und leitete hier bis 1981 das Projektierungsbüro. Im Jahr darauf kam er zurück an das Institut für Denkmalpflege, wurde Chefkonservator und blieb es bis zu seiner Einführung 1994 als Präsident des Landesamtes für Denkmalpflege Sachsen. Als Sächsischer Landeskonservator arbeitete er genau 20 Jahre. 1995 wurde er Honorarprofessor an der Hochschule für Technik und Wirtschaft Dresden.

Der stille Widerstand der Dresdner kennt viele Geschichten wie die von Fritz Löffler, Hans Nadler oder jenem Max Gaul, der wegen der Zuteilung des Zements für die Rettung des Hausmannsturms seine Arbeit verlor. Aber nicht nur das. Er musste dafür ins Gefängnis, weil er damit angeblich den Wohnungsbau gefährdet hatte. Nicht immer kam es soweit, sondern es konnte manchmal keine Strafe ausgesprochen werden, weil jemand etwas einfach nicht tat, es nicht schaffte, etwas im Sande verlaufen ließ. So 1959, als Horst Zimmermann, Direktor der Gemäldegalerie Neue Meister, vom damaligen Generaldirektor der Staatlichen Kunstsammlungen, Max Seydewitz, beauftragt wurde, ein Gutachten zu erstellen, in dem nachgewiesen werden sollte, dass der kunstgeschichtliche Wert der Schlossruine belanglos sei. Zimmermann aber erfüllte diesen „Parteiauftrag" nicht.

Gerhard Glaser gehört selbst zu jenen Schlossrettern, aber lenkt gern ab von seinem Tun, indem er mit großem Respekt vom stillen Ungehorsam der anderen erzählt. Wie jene Geschichte als er als junger Student zufällig Zeuge eines Gespräches zwischen zwei Bauleitern in der Zwingerbauhütte wurde. „Oh, Gott, Hettasch hätte tot sein können. Aber das darf keiner erfahren, sonst brechen die ab." Der Glasermeister Hettasch hatte am 19. Juli 1960 aus seinem Lager in einem Erdgeschossgewölbe im Schloss einige Glasscheiben geholt. Er brauchte sie für den Wiederaufbau des Zwingers. Doch kaum dass er das Lager verlassen und die Tür hinter sich geschlossen hatte, da stürzte das Gewölbe ein. Der Handwerker hatte das Glück auf seiner Seite, doch das viele wertvolle Glas war zerstört. Student Glaser hörte, wie die Bauleiter diskutierten, ob man den Schaden der Versicherung melden sollte. Aber sie entschieden sich dagegen, rechneten das Glas über den Zwinger ab. Bis heute hat die Stadtverwaltung die doppelte Rechnung für die Fenster einer Bogengalerie des Zwingers bezahlt. Wäre der Schaden gemeldet worden, so sagt Gerhard Glaser, wäre womöglich der Abbruch der Schlossruinen in Gang gesetzt worden.

Als zum Beispiel im September 1962 Walter Ulbricht zu Besuch in Dresden weilte, gab es einen erneuten Versuch, den Abbruch der Schlossruinen durchzusetzen, erzählt Glaser eine weitere Geschichte über den stillen Widerstand der Dresdner. SED-Funktionäre verbreiteten, das Schloss sei aus ganz weich gebrannten Ziegeln errichtet und deshalb schon technisch überhaupt nicht mehr wiederherstellbar. Der Stadtarchitekt Herbert Schneider widersprach diesem fachlichen Unsinn in der entscheidenden Beratung. Es kostete ihn sein Amt. Walter Ulbricht allerdings, der ein Jahr zuvor den Abbruch der Ruine der gotischen Sophienkirche direkt angeordnet hatte, hielt sich plötzlich zurück. Er hatte sich zum Schloss fahren lassen, um selbst zu sehen, woraus dieses Gebäude gemauert war. Es konnte ihm nicht entgehen, dass es nicht aus weichen Ziegeln, sondern hauptsächlich aus Sandstein gebaut war, Ziegel nur als ergänzendes Baumaterial verwendet wurden. Die Fakten zur Bauweise des Schlosses des Fachmanns Schneider waren eindeutig.

In den Akten des Landesamtes für Denkmalpflege Sachsen fand sich kürzlich ein Schreiben der Bauabteilung für kulturhistorische Bauten als verantwortliche Bauabteilung an das Institut für Kunstgeschichte der Technischen Universität Dresden aus dem Jahr 1962: „Um die unter Leitung M.D. Pöppelmanns entstandenen vier z.T. erhaltenen Räume des alten Grünen Gewölbes im ehemaligen Schloss vor dem endgültigen Verfall zu bewahren, ist vor Eintritt der neuen Frostperiode geplant, das gesamte barocke Holzwerk auszubauen und zu konservieren. Die dazu notwendigen Vorarbeiten, d.h. teilweises Beräumen und Säubern der entsprechenden Säle leisteten Sie im Rahmen des NAW. Wir bescheinigen hiermit Frau Irene Richter (das war die Sekretärin) 8 Stunden, Herrn Dr. Klaus Mertens (das war der Oberassistent) 20 Stunden, Herrn Bernd Langhoff (das war ein Assistent) 20 Stunden und danken Ihnen für ihren vorbildlichen Einsatz." Unterzeichnet war der Brief von Prof. Frenzel, Leiter der Bauabteilung, und Diplomingenieur Gerhard Glaser. Die harte Linie der SED-Funktionäre war aufgeweicht wie die erfundenen weichen Ziegel.

Das Portal der ehemaligen Schlosskapelle am Johanneum am 29. September 1949.

Gezeichnete Hoffnung: Skizze einer neuen Garderobe von Architekt Peter Albrecht.

Seit der Auseinandersetzung von 1962 bis 1982, gingen den eigentlichen baufachlichen Arbeiten zur Sicherung des Schlosses, immer kleinere oder größere freiwillige, unbezahlte Arbeitseinsätze voraus. Beteiligt daran waren Dresdner, egal welchen Beruf sie eigentlich ausübten.

Glaser kennt noch eine weitere Geschichte. 1965 drohte die hofseitige Wand der Schlosskapelle im Nordflügel einzustürzen, erzählt er. Solch ein kapitaler Einsturz hätte den Gegnern des Wiederaufbaus, wie dem ehemaligen Oberbürgermeister Walter Weidauer, neue Argumente geliefert. Es gab aber auch hier eine Idee, den labilen Pfeiler zu retten. Ohne Druck auf ihn auszuüben, sollte er mit dünnen Drähten umschnürt werden. Ins Drahtgeflecht könnte dann Beton gegossen, die Masse an den Pfeiler gedrückt werden, um ihm so ein Korsett zu geben. So der Plan. Freiwillige wurden gesucht. Ein Maurer und drei Architekten meldeten sich. Nach einer Genehmigung oder Geld fragte keiner. Sie bauten aus Holz an den Pfeiler eine schiefe Ebene, um im Notfall, beim plötzlichen Einsturz, schnell weglaufen zu können. Nach Beginn des Knisterns hätten sie dafür etwa 40 Sekunden Zeit gehabt, so die Erfahrung. Der Pfeiler erhielt sein Betonkorsett. Die vier Männer arbeiteten ununterbrochen von Mittag bis Mitternacht. Ihr Stützbau hielt 23 Jahre, bis 1988 die Wand aus statischen Gründen insgesamt ersetzt werden musste.

Glaser erzählt auch, dass 1983 die Staatssicherheit der DDR ins Schloss einzog. In seinem Büro seien eines Tages mehrere Herren aufgetaucht, die ihn in einer privaten Angelegenheit sprechen wollten. Da sie ganz in der Nähe wohnen wür-

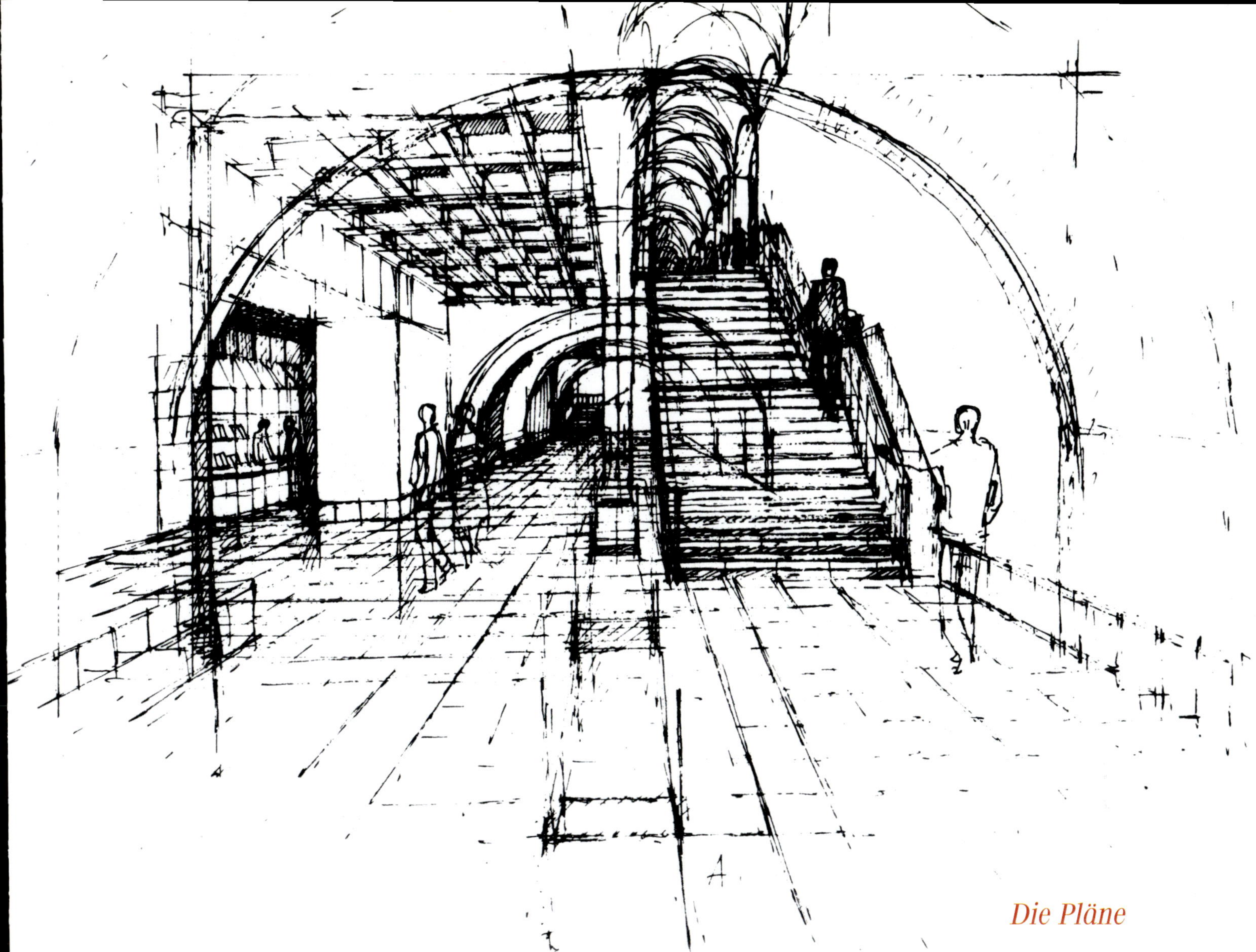

Die Pläne

den, aber keine Gelegenheit hätten ihre privaten Autos unterzustellen, wollten sie fragen, ob dies im Schloss möglich sei. Schließlich wäre ja da genug Platz. Glaser sah eine Möglichkeit im ungesicherten Ostflügel, am Ende der Schlossstraße, kurz vor dem Durchgang zum Georgentor, dort wo jetzt eine Gaststätte entstehen sollte. Allerdings, so habe er gefordert, müssten die Räume vorher in Ordnung gebracht werden. So räumten die Stasi-Männer Schutt aus dem Schloss, mauerten die Wände stabil, sicherten die Gewölbe und betonierten den Fußboden. Um ihre Autos in einer Garage parken zu können, haben sie mitgeholfen bei der Sicherung der Ruinen des Schlosses, sagt Gerhard Glaser und freut sich noch heute darüber wie ein Junge über einen gelungenen Streich. Der Protest gegen den Abriss der Sophienkirche brachte ihm als jungen Architekten und einigen Freunden einen kurzen Aufenthalt im Gefängnis der Staatssicherheit ein. „Wir sind mit einem blauen Auge davongekommen, weil es, anders als man seitens der Stasi zunächst vermutete, doch keine Hintermänner gab. Aber es war eine interessante Lebenserfahrung", sagt Glaser.

~ Dem Plan, das Schloss so wieder aufzubauen, wie es heute ist, gingen dutzende anderer Pläne voraus. Die Denkmalschützer legten zunächst immer neue Ideen vor, wie das Schloss genutzt werden könnte. Sie erkannten, dass die bedrohte Bausubstanz wohl am besten dadurch zu schützen sei, nicht zu bitten, sie zu erhalten, sondern sie sinnvoll zu nutzen. Schon 1945 lagerten sie Bergungsgut, Architekturteile, Portale, Gitter und ähnliches in die Ruine ein. Später wurden die Gewölbe als Kartoffelkeller genutzt, ab 1949 für eine Champignonzucht. Feucht und dunkel genug war es dafür in den Katakomben, die für diese Zwecke extra gesichert wurden. Wo es möglich war, wurden auch mit wenig Mitteln Notdächer aufgesetzt. Meist fand sich ein Interessent, um den gewonnenen Raum auch zu nutzen.

Seit den 60er Jahren versuchten die Denkmalschützer aus dem spontanen Improvisieren immer mehr zu wissenschaftlich fundierten Erkenntnissen und Projekten zu kommen. Gemeinsam mit Studenten der Technischen Hochschule, später Universität, gelang das. Bis 1982 entstanden in den Fakultäten Architektur- und Bauingenieurwesen fast 30 studentische Arbeiten zum Wiederaufbau des Schlosses. Etwa 25 Projekte von Studenten, Hauptentwürfe und Diplomarbeiten, die sich mit funktionellen, statisch-konstruktiven, bauphysikalischen und bauorganisatorischen Fragen beschäftigten. Dissertationen beispielsweise von Hermann Krüger, Brunhild Werner oder Gerhard Glaser befassten sich mit den Möglichkeiten und Grenzen der Nutzung kulturhistorischer Bauten zur Errichtung von Museen, erhellten die Zeit der Renaissance und die Entstehungsgeschichte und Restaurationsmöglichkeiten des Grünen Gewölbes. Marlies Kolm verteidigte beispielsweise im Juli 1975 ihre Diplomarbeit zum Thema „Museumszentrum der Staatlichen Kunstsammlungen", im Januar 1978 folgt Thomas Pohlack mit seiner Diplomarbeit „Nutzungsstudie Schloß Dresden". 1978 schrieben die TU-Wissenschaftler Milde, Wagner und Pohlack eine gemeinsame „Studie zum Wiederaufbau des Dresdner Schlosses als Museumskomplex". Weitere Studien und Diplomarbeiten folgten, die 1980 zu einer „Studie zum Wiederaufbau des Schlosses als Museumskomplex der Staatlichen Kunstsammlungen für das Dresdner Schloss" zusammengefasst wurden. Hervorragende Grundlagen, aus denen schließlich die Konzeption für den Wiederaufbau folgte, die auch nach 1990 intensiv genutzt werden konnte.

Doch es gab auch ganz andere Pläne. Bis in die 60er Jahre. Einen entwarf bereits 1945 Hannes Hopp, der in jenem Jahr nach Dresden übersiedelte. Der in Lübeck geborene, damals sehr bekannte, deutsche Architekt kam aus Königsberg, wo er seit 1920 bei der Deutschen Ostmesse arbeitete. Seit 1933 entwarf er dann freiberuflich vorwiegend Einfamilienhäuser, arbeitete später für eine Betonfirma und plante Bunkeranlagen. In Dresden wurde er zum Leiter der Werkkunstschule ernannt. Aber er fühlte sich zu Höherem berufen und legte bereits im Juni 1945 einen Entwurf für die zerstörte Innenstadt vor. Nach dem Vorbild des 1887 in der Schweiz geborenen und seit 1917 in Frankreich lebenden Architekten und Malers Le Corbusier, gemischt mit Modellen amerikanischer Großstädte, plante Hopp vor Hochhäusern einen Grünzug entlang der Elbe zu legen. Darin sollten die Ruinen der Monumente, einem Forum Dresdensis gleich, für alle Zeiten liegen. Die Idee wurde kombiniert mit dem Plan, wonach sich durch Dresden zwei große Hauptstraßen ziehen sollten, von Nord nach Süd und von Ost nach West. Die Stadt geteilt in Raster. Auf dem Altmarkt sollten sich die Straßen in einer Breite von je 55 Metern kreuzen. Diese nach französischem Vorbild als Boulevard bezeichneten Schneisen durch die historische Innenstadt hätten den Abbruch des Georgentores und des noch fast vollständig erhaltenen Fürstenzuges bedeutet. „Wir wollen nicht in einem Museum leben, müssen vielmehr für den neuzeitlichen Verkehr Rechnung tragen", hieß es in einer frühen Stellungnahme des Stadtplanungsamtes. In einer Variante war vorgeschlagen worden, mit einer neuen Brücke, parallel zur Augustusbrücke in Verlängerung der Neustädter Hauptstraße, die neue Trasse über den Theaterplatz zum Postplatz zu führen. Das hätte den Abriss des Italienischen Dörfchens, der Schinkelwache und Teilen des Taschenbergpalais bedeutet.

Durch ein Loch im Westflügel konnten die ersten Arbeiten verfolgt werden.

Doch im August 1945 legte die erste Wiederaufbausitzung des Landes fest, dass das Schloss nicht abgerissen werden soll. In einem Schreiben der Kanzlei der Staatlichen Museen an das Landesbauamt, wurden die wichtigsten Arbeiten für das Schloss aufgelistet: „Vordringlich ist die Wiederherstellung der Ziegelbedachung des Georgenbaues... Für die Innenräume des Georgentorbaues ist die Wiederherstellung der Fußböden, Türen und Fenster vorzusehen, damit die so dringend benötigten Räume dreier Stockwerke baldigst musealen Zwecken dienstbar gemacht werden können... Im Schloßturm ist Vorsorge zu treffen, um ein weiteres Herabstürzen von Bauteilen zu verhindern. Es dürfte dies am zweckmäßigsten dadurch erfolgen, dass die Umfassungsmauer bis zum Hauptgesims ausgebessert und ein Notdach errichtet wird. Zu den übrigen Teilen des Schlosses ist die Entfernung des Schuttes und die Sicherung der Gewölbe des Erdgeschosses in der bisherigen Weise vorzusehen, damit die Erdgeschoßräume baldmöglichst als Lagerräume Verwendung finden können. Für die Silberkammer und die erhaltenen Räume des Grünen Gewölbes ist die Wiederherstellung der Fensterrahmen und ihre Verglasung vorzunehmen." Die Sicherungsarbeiten in der Schlossruine erfolgten seit Herbst 1945 unter Anleitung und Aufsicht der Zwingerbauhütte.

Hopps Plan war gescheitert. Er ging nach Halle, später nach Berlin, wo er den Bau der Blöcke E und G der Stalinallee verantwortete. Dabei lernte er Egon Hartmann kennen, der 1951 den ersten Preis im Wettbewerb für die städtebauliche und architektonische Gestaltung der Ostberliner Stalinallee gewann. Der Architekt, der 1954 nach Mainz zog, entwickelte 1951 ähnliche Pläne, wie für die neue Berliner Prachtallee, auch für Dresden. Er wollte die gesamte Innenstadt, außer der Hofkirche und dem Zwinger, komplett abräumen. Das Schloss wäre verschwunden. Hans Nadler erinnerte sich noch Jahre später mit Schrecken an diese Idee. Denn schon 1946 sah er sich mit ähnlichen Vorstellungen konfrontiert. In einer Beratung im Landesamt für Denkmalpflege schlug der Wiederaufbau-Beauftragte des Oberbürgermeisters vor, den gesamten Theaterplatz neu zu gestalten und dabei Schloss, Gemäldegalerie und Oper abzutragen.

Am 12. Oktober 1949, anlässlich einer Großdemonstration zu Gründung der DDR auf dem Theaterplatz, plante das städtische Bauamt erneut, den Platz komplett zu verändern. Eine Untersuchung zur Neugestaltung beinhaltete den Abriss der Sempergalerie, Teilen des Schlosses bis zum Hausmannsturm sowie den Abbruch der Schinkelwache. Außerdem stand das Denkmal König Johanns zur Disposition. Auf dem Sockel sollte ein Traktor als Sinnbild der neuen Zeit platziert werden. Die Zwingerbauhütte wurde damit beauftragt, das alte Denkmal umzusetzen. Hubert Ermisch legte dafür einen Kostenvoranschlag in Höhe von 129.000 Mark vor. Damit war das Vorhaben zunächst blockiert. Auch die Denkmalpfleger hielten dagegen. Schon im April 1949 hatten sie vorgeschlagen, das Schloss als Ministerium für Volksbildung auszubauen. Der damals zuständige Minister Helmut Hotzhauer lehnte diesen Vorschlag im Juli ab. Er bezweifelte, dass das Schloss überhaupt erhalten werden könnte.

Statt König Johann sollte nach Plänen des Bauamtes ein Traktor auf dem Theaterplatz aufgestellt werden.

Es floss kein Geld mehr. Die Zwingebauhütte teilt der Landesverwaltung Sachsen mit, dass „mangels finanzieller Mittel alle Sicherungsarbeiten eingestellt werden müssen".

Ein neuer Vorschlag der Denkmalpfleger folgte im November 1949. Hans Nadler schrieb an den Volksbildungsminister der Landesregierung Sachsen: „Schlossausbau als Kulturpalast für Dresden anstelle des hierfür vorgeschlagenen Taschenbergpalais, das für die Landesbibliothek besonders geeignet ist. In diesem Kulturpalast müssen untergebracht werden: Bibliotheks- und Lesezimmer, Vortragssäle, Konzertsäle, Säle für sportliche Betätigung, ein großes Kino mit Bühne, eventuell auch als kleiner Theaterraum zu verwenden, Gastwirtschaftsräume mit großer Küchenanlage, dazu Verwaltungsräume der Kulturorganisationen. Im Rahmen dieser Räume könnten auch die Empfänge der Landesregierung stattfinden." Er nahm eine Fläche von 26.000 Quadratmetern an und schätzte die Baukosten auf 7,8 Millionen Mark, die Abbruchkosten auf 900.000 Mark und den Zeitwert der Ruine auf 3,5 Millionen Mark. Er erhielt einen negativen Bescheid.

Hans Nadler und seine Kollegen gaben nicht auf. Im Februar 1950 erarbeitete das Landesamt für Denkmalpflege ein Gutachten, das den Erhalt der Semperoper und damit des gesamten Theaterplatzes, also auch des Schlosses, vorsah. Minister Holzhauer erkannte das Gutachten diesmal an. Offensichtlich fühlte er sich genervt von dem ständigen Insistieren Nadlers. Man gab ihm aus dem Ministerium zu verstehen, er könne seinen Theaterplatz in Gottes Namen behalten. Entschieden wurde dagegen, dass der Altmarkt neu gestaltet werde. Für das Schloss ein gutes Omen. Sofort legten die Denkmalpfleger einen Nutzungsvorschlag vor. In den noch erhaltenen Räumen des Grünen Gewölbes sollte das Landesmuseum für Vorgeschichte einen Platz finden.

Als erstmals 1955 die Rückkehr der Dresdner Kunstschätze aus der damaligen Sowjetunion angekündigt wurde, hatte das erste positive Folgen für das Überleben der Schlossruine. Denn die Gemälde der Alten Meister kehrten in die Sempergalerie, gegenüber dem Schloss-Westflügel, zurück, jenem Teil des Zwingers also, wo die Bilder seit Mitte des 19. Jahrhunderts ausgestellt waren. Am 30. März 1955 hatte der Ministerrat der UdSSR beschlossen, einen Teil der Dresdner Bilder zurück zu geben. Verbreitet wurde folgende Erklärung: „Um die freundschaftlichen Beziehungen zwischen dem Sowjetvolk und dem deutschen Volk zu festigen und weiter zu fördern, und in Anbetracht dessen, dass die Regierung der Deutschen Demokratischen Republik konsequent eine Politik des Friedens zwischen den Völkern verfolgt, die Kultur und Kunst des deutschen Volkes behütet und entwickelt, ... werden alle jene Bilder der Dresdner Galerie übergeben, welche in der Sowjetunion aufbewahrt werden." Wo sich die Bilder wirklich befanden, warum sie tatsächlich in die Sowjetunion kamen und in welchem Zustand sie waren, wussten nur eingeweihte Politiker.

Die Dresdner indes freuten sich über die Nachricht, denn sie hatten ihre Bilder seit 1938 nicht mehr zu sehen bekommen. „Zuerst während des Krieges, als die Galerie geschlossen und die Gemälde ausgelagert waren, dann nachdem die sowjetische Trophäenkommission den Abtransport nach Moskau und Kiew veranlasst hatte. Es sah so aus, als wären die Bilder für immer verschwunden", sagte der heutige Direktor der Gemäldegalerie, Harald Marx, zur Feier der 50-jährigen Wiederkehr der Bilder am 3. Juni 2006. Die Kunstsammlungen verloren, durch den Krieg und seine Folgen, bedeutende Bestände. Vermisst werden noch immer 6.500 Objekte, darunter mindestens 100 Bilder der Neuen Meister und

460 der Alten Meister. Außerdem fehlen nach wie vor mindestens 25.000 Blätter aus dem Kupferstich-Kabinett und mindestens 10.000 Objekte aus dem Kunstgewerbemuseum. Ein Teil der Objekte ging durch die Kriegswirren verloren, ein anderer Teil befindet sich vermutlich noch heute in Russland, ein kleinerer Teil in der Ukraine.

Am 3. Juni 1956, nach elf Monaten Bauzeit, wurde ein Teil der Bilder der Alten Meister in der Sempergalerie des Zwingers gezeigt. Zunächst kehrten 750 der bedeutendsten Kunstwerke zurück. Später wurde die Zahl auf 1.240 erhöht. Mit der Rettung des Semperbaus erwachte gleichzeitig neue Hoffnung sowohl für das Ensemble des Theaterplatzes als auch für das Schloss. Übrigens hatte der flinke Wiederaufbau späte Folgen: Mitte der 80er Jahre musste die Galerie wegen baulicher Mängel und unterbliebener Restaurierungsarbeiten schließen. Erst Ende 1992 diente sie wieder der Gemäldegalerie.

Hans Nadler und seine Kollegen nutzen damals den Aufschub, suchten nach neuen Ideen für die Schlossräume. Sie holten sich Hilfe beim Lehrstuhl für Baugeschichte an der Technischen Hochschule. 1957 legte Walter Krönert eine Studie vor. Darin untersuchte der Wissenschaftler die Möglichkeit, wie das Schloss sinnvoll genutzt werden könnte. Drei Möglichkeiten sah er dafür: 1. als Sächsische Landesbibliothek, 2. als Hotel, 3. als Studentenwohnheim. Der Entwurf dafür war schlicht. Keine Giebel, keine Renaissanceloggia waren gezeichnet, dagegen gerade Linien, ganz im Stil der 50er Jahre. Das stieß auch bei der Stadtverwaltung auf Interesse. „Eine zeitgemäße Aneignung alter Werte durch die neue Klasse", hieß es in einem Bericht des Rathauses. Krönert ging es um das nackte Überleben der Substanz. Ohne Erfolg.

Die vollständige Westansicht des Schlosses in einer Zeichnung des Instituts für Kulturbauten.

Das Erdgeschoss wie es vom Institut für Kulturbauten geplant war und so ähnlich umgesetzt wurde.

Die Ankündigung für die Rückkehr aller Dresdner Sammlungen, darunter Kunstwerke des Grünen Gewölbes, des Historischen Museums, der Münzsammlungen, Plastiken der Skulpturensammlung, mehrerer 100.000 grafische Blätter des Kupferstich-Kabinetts sowie die Porzellansammlung im Jahre 1958, sah Hans Nadler erneut als riesige Chance für den Wiederaufbau des Schlosses. Er schrieb im Januar 1961 an das Ministerium für Kultur der DDR: „Die Rückgabe der Dresdner Kunstschätze durch die Sowjetunion ist ein in der Geschichte der DDR einmaliges Ereignis und bedarf der repräsentativen Würdigung; die bisher beabsichtigte Dezentralisierung der Kunstschätze sollte zugunsten einer zentralen Unterbringung an städtebaulich hervorragender Stelle in der Stadtmitte aufgegeben werden." Gerhard Glaser meint heute, dies würde opportunistisch klingen, wäre aber politisch außerordentlich klug gewesen. Wer wollte die „Rettungstat der Sowjetunion", wie die Legende damals gesponnen wurde, ernsthaft infrage stellen? Wer wollte wagen, dies nicht an einem zentralen Ort mitten in der Stadt zu würdigen?

Glaser selbst erarbeitete ein Jahr zuvor mit seinem Kommilitonen Hermann Krüger eine Studie zur Nutzung des Schlosses als Museum. Gemeinsam mit Nadler fiel ihnen das Wort vom „Museumskombinat" ein. Die Idee setzte sich langsam durch. Der Entwurf war sehr zurückhaltend. Die charakteristischen Giebel des Renaissancebaues waren nicht wieder hergerichtet, doch die Loggia wagte sich immerhin schon hervor, der Georgenbau verschwieg seine hohe, körperlich noch vorhandene, Spitze. Zu diesem Zeitpunkt wurde gleichzeitig erneut sein Abbruch erwogen, um das geplante Haus der sozialistischen Kulturen unweit des Altmarktes besser von der Augustusbrücke aus sehen zu können.

Erstmals sprachen sich jedoch Vertreter der Staatlichen Kunstsammlungen für ein Museum im Schloss aus. Im Januar 1961 ließ sich auch der Generaldirektor Seydewitz die Arbeiten erläutern. Nach anfänglicher Skepsis freundete er sich später mehr und mehr mit dem Gedanken an, schließlich war er Realist genug, die funktionellen Vorzüge des Gesamtgrundrisses zu erkennen und dem Argument, die aus der Sowjetunion zurückgekehrten Schätze im Schloss unterzubringen, konnte auch er sich nicht entziehen. Max Seydewitz erklärte im Juni 1961 in der Stadtverordnetenversammlung: „Dies wäre in der Perspektive eine sehr gute Lösung."

„Als er sah, dass sein Dienstzimmer im ersten Obergeschoss des Georgenbaus geplant war, rang er sich sogar ein Lächeln ab", erinnert sich Glaser. Seinen Schreibtisch positionierten die Studenten direkt in der Achse der Augustusbrücke. „In dem mit dem Schloß verbundenen Georgentor werden die Generaldirektion und die Verwaltung untergebracht", schrieb Seydewitz 1962 im Jahrbuch der Staatlichen Kunstsammlungen. „Der Aufbau des ehemaligen Residenzschlosses braucht zwar wesentlich längere Zeit ... so dass die gegenwärtig noch provisorisch untergebrachten Museen der Dresdner Kunstsammlungen später in ihre künftige dauernde Heimstatt kommen als im Gesetz über den Siebenjahrplan vorgesehen war. Aber trotzdem waren alle unsere Mitarbeiter der Meinung, dass es für die weitere Entwicklung der Staatlichen Kunstsammlungen außerordentlich günstig und von großem Nutzen sei, wenn die bisher noch nicht endgültig untergebrachten Sammlungen in einem Museumszentrum vereint werden. Das ehemalige Residenzschloß soll beim Neuaufbau architektonisch in seiner ursprünglichen Form wiederhergestellt werden, aber die Räume im Schloß werden nach modernsten Gesichtspunkten für Ausstellungszwecke gestaltet. Von den Räumen im Schloß, in denen früher das Grüne Gewölbe ausgestellt war, werden drei in ihrer ursprünglichen Form wieder hergestellt und als kleines Architekturmuseum genutzt. Das Grünen Gewölbe selbst mit seinen reichen Schätzen wird in hell und modern gestalteten Räumen ausgestellt. Außerdem kommt in das Museumszentrum das Historische Museum, das Kupferstich-Kabinett, das Museum für Kunsthandwerk, das Münzkabinett, die Studiendepots, die Technischen Kabinette und Restauratorenwerkstätten dieser Museen und die Zentrale Kunstbibliothek. Ferner sind im Museumszentrum Räumlichkeiten für Wechselausstellungen vorgesehen und ein Erfrischungsraum." Am 1. Juni 1962 berieten der Eigentümer der Schlossruine, der Rat der Stadt, gemeinsam mit dem künftigen Nutzer, den Staatlichen Kunstsammlungen Dresden, der Denkmalpflege sowie der, für den Wiederaufbau verantwortlichen, Zwingerbauhütte erstmals über die Vorbereitungen eines Wiederaufbaus der Ruinen.

Praktisch war indes noch lange nicht daran zu denken. Aber immerhin begannen Mitarbeiter des Lehrstuhls für Photogrammmetrie der TU alle Schlossfassaden zu erfassen. Die Substanzsicherung ging weiter und der Ausbau der Ausstattung des Grünen Gewölbes wurde vorbereitet. Sie war durch Feuchtigkeit und Diebstahl schwer gefährdet. Zehn Prozent der Ausstattung gingen dadurch verloren. Doch im September 1962 erfolgte ein erneuter Versuch, den alten Herrschaftssitz der Wettiner dem Erdboden gleich zu machen. Anlässlich des Besuches von Walter Ulbricht zur Eröffnung der V. Kunstausstellung behaupteten SED-Funktionäre, die Mauern seien aus weichen Ziegeln gebaut und deshalb schon technisch gar nicht wieder herstellbar. Wie dieser letzte Abriss-Versuch ausging, wurde bereits beschrieben. Der Unsinn wurde offenbar.

Mitte der 60er Jahre existierte zumindest eine theoretische Chance des Wiederaufbaus. Es begannen erste Interimsnutzungen, einige Teilbereiche wurden provisorisch wieder hergestellt und für Büroräume oder für Ausstellungen genutzt. In den 70er Jahren entstanden immer neue denkmalpflegerische Konzeptionen, die ideologischen Konflikte ließen nach. Als 1972 Hans Modrow neuer Chef der SED-Bezirksleitung wurde, war Denkmalpfleger Hans Nadler über dessen Verständnis für die Belange der Denkmalpflege völlig verwirrt. Er kam, so erzählt Gerhard Glaser, von einer Beratung zum Wiederaufbau der Oper ins Amt zurück, schüttelte den Kopf und sagte: „Die haben da drüben einen neuen Mann, der hat doch tatsächlich als erstes gefragt: Was meinen die Denkmalpfleger dazu?"

Am 13. Februar 1985 fand auf dem Theaterplatz eine Kundgebung aus Anlass der Wiedereröffnung der Semperoper statt. Dort sagte der SED-Partei- und Staatschef Erich Honecker: „Im Jahrfünft, das 1986 beginnt, werden allein in eurer Stadt über 30.000 Wohnungen neu geschaffen und modernisiert. Zugleich werden wir das Zentrum Dresdens bis zum Ende dieses Jahrzehnts baulich und architektonisch weitgehend abschließen können. In dieses Konzept fügt sich die Außengestaltung des Dresdner Schlosses während der kommenden Jahre harmonisch ein. Wir sind gewiß, dass die Dresdner ebenso wie alle Bürger der Deutschen Demokratischen Republik dafür ihr Bestes geben werden." Zuvor hatten das Sekretariat des Zentralkomitees der SED und der Ministerrat der DDR Beschlüsse zur Sicherung und äußeren Wiederherstellung des Schlosses gefasst.

Geplante Visionen: Schlossstraße mit Ostflügel des Schlosses, Torhaus und vor dem Südflügel ein Neubau, der zum Versorgungstrakt werden sollte.

Aufbau und Nutzung bis 1990

~ Während der gesamten DDR-Zeit waren die Denkmalpfleger am Schloss zunächst mit der Enttrümmerung, Sicherung, vor allem aber mit der Rettung, Erhaltung und später der beginnenden Restaurierung der Schlossruinen beschäftigt. Während zunächst Trümmer beseitigt wurden, begannen 1946 erste Sicherungsarbeiten. „Die Sicherung der Erdgeschossgewölbe geschah in der Weise, dass etwa ein halber Meter Brandschutt über den Gewölbescheiteln belassen und glatt gestrichen wurde, darauf eine Schicht von abgeputzten Trümmerziegeln gelegt und diese mit einer Lage Dachpappe beklebt wurde", erzählt Gerhard Glaser. „Das Regenwasser wurde über Wasserspeier, durch Fensterbrüstungen gesteckt, abgeführt, die man aus Toilettenfallrohren gewann." Gut 85 Prozent der Erdgeschossgewölbe haben auf diese Weise überlebt. Die Notbedachungen wurden über 20 Jahre von freiwilligen Helfern immer wieder gesäubert und neu geteert. Bis etwa 1960 konnte der Bau in seinem Zustand verteidigt werden. Im gesamten Schlossbezirk bauten die Dresdner von 1945 bis 1964 den Zwinger, von 1945 bis 1968 die Hofkirche, von 1963 bis 1967 das Georgentor, von 1950 bis 1971 das Johanneum, von 1957 bis 1979 Teile des Stallhofes und von 1974 bis 1976 das Torhaus bis zum ersten Obergeschoss wieder auf. Der Westflügel des Schlosses war bis 1989 im Rohbau fertig.

Im Jahr 1954 hatte der Rat der Stadt Dresden dem 1952 gegründeten Zentralen Verkehrsmuseum der DDR einen Teil der zerstörten Anlage am Neumarkt zum Ausbau für Ausstellungsräume übergeben. 1955 wurden die Gemäuer enttrümmert und es begannen die Bauarbeiten. Das ehemalige Stallgebäude, seit 1876 Johanneum genannt, wurde zur so genannten Volksbaustelle erklärt. In unzähligen freiwilligen Aufbaustunden halfen Dresdner und Studenten. Karlheinz Brust, ehemaliger wissenschaftlicher Mitarbeiter an der Verkehrshochschule, erinnerte sich zum 60-jährigen Jubiläum der Wiedereröffnung: „Die Hochschule hatte auch einen Vertrag mit der LPG in Bannewitz. Die Studenten arbeiteten aber viel lieber im Johanneum." 1956 findet die erste Ausstellung anlässlich der 750-Jahrfeier Dresdens statt. Aber nur kurz. Denn im Winter konnte das Haus nicht beheizt werden. Im August 1958 eröffnete die erste ständige Ausstellung zum Eisenbahnverkehr. Ein Jahr später kam die Schifffahrtsausstellung hinzu, zum zehnjährigen Bestehen eröffnete die Schau zum Kraftverkehr. 1966 konnte der Innenausbau beendet werden, zwischen 1966 und 1971 wurde die Fassade in der Fassung von 1876 rekonstruiert. Zwischen 1969 und 1975 stellte man die Stechbahn, die Pferdeschwemme und die Zuschauergalerie im Sinne des Historismus wieder her.

Ab 1957 widmete sich der Aufbau dem Langen Gang des Stallhofes. 1979 war teilweise die, 1588 von Heinrich Göding ausgeführte, Kalkbemalung als Silikatmalerei wieder hergestellt worden. Bis 1980 dauerte die Rekonstruktion an und das charakteristische Erscheinungsbild ist seitdem wieder zu besichtigen. Allerdings beschränkte man sich auf die ornamentalen Bereiche mit Grotesken und Rollwerk sowie auf die Restaurierung der Wappen sächsischer Landesteile über den Säulen. Die einstmals zwischen den Fenstern vorhandenen Darstellungen der Taten des Her-

Das Johanneum wurde zuerst wieder genutzt, ab 1950 zum Verkehrsmuseum umgebaut und begrüßte 1971 den zweimillionsten Besucher.

kules wurden nicht rekonstruiert. Ebenso fehlen heute die, im Erdgeschoss an der Innenwand der Rundbogenarkaden angebrachten, Porträts von geschenkten Turnierrössern, unter denen jeweils eine Turnierdarstellung angebracht war.

Während 1963 der Ausbau des Georgenbaus begann, stand es um das historische Grüne Gewölbe äußerst schlecht. Die verbliebene Ausstattung litt nicht nur unter Nässe und wechselnden Temperaturen, sondern vor allem unter Diebstahl und musste deshalb dringend gesichert werden. Im April 1963 kam der Kunsthändler Patzig wegen Kunstraubes von Gegenständen aus dem Grünen Gewölbe vor Gericht, nicht dagegen der Staatliche Kunsthandel. Der genehmigte Ausbau begann am 5. November 1962 durch Tischlermeister Johannes Wagner. Gerhard Glaser erinnert sich genau, wie die Handwerkerfamilie, Mann, Frau, Lehrling, bei zehn Grad unter Null Hand anlegten, ohne Pause, ohne Murren. Glaser half, brachte literweise heißen Tee. Wochen vorher hatte der Lehrstuhl für Photogrammetrie der TU Dresden begonnen, die Räume im Maßstab 1:10 zu erfassen. Jedes Einzelteil erhielt eine Signatur. Schließlich bauten die Tischler alle Wände mit sämtlichen Unterkonstruktionen aus. Inklusive sämtlicher Schrauben, aller Spiegel und selbst Spiegelscherben, lagerte man 1963 alles im Landesamt für Denkmalpflege ein. Der Konservator spricht heute mit bescheidenem Stolz davon, wie 40 Jahre später der Einbau nach exakt dem gleichen Nummernsystem von damals wieder begann.

Nach dem Ausbau wurden, 1964 und 1965, oberhalb des Pretiosensaales und des Silberzimmers, durch die Firma Hermann Ullrich nach einem Projekt des Architekten Manfred Arlt aus dem volkseigenen Betrieb Hochbauprojektierung, Stahlbetondecken eingezogen. 1965 konnte das silbervergoldete Zimmer die ersten Mieter aufnehmen. Drei Architekten und zwölf Studenten des Instituts für Technologie kultureller Einrichtungen nahmen den Raum in Beschlag. „Wir waren im Mai 1965 die Allerersten im Schloss", sagt Dieter Schölzel heute, der damals am Institut für Technologie kultureller Einrichtungen arbeitete. „Wir besaßen einen sehr schönen alten Schlüssel für das Eisentor, durch das wir Zugang zum Silberzimmer hatten. Auch der Pretiosensaal wurde von uns genutzt." Schölzel war mit seinem Kollegen Peter Albert beauftragt, die ersten Planungen für den Wiederaufbau der Semperoper vorzunehmen und das Aufmaß anzufertigen: „Aufbauleitung Semperoper, Sitz Silberzimmer Schloss" lautete der Telefonbucheintrag damals. Als es Herbst wurde, sahen sich Schölzel und seine Kollegen mit einem Problem konfrontiert. Die Maße in den Zeichnungen auf Transparentpapier enthielten immer wieder grobe Abweichungen von bis zu einem Zentimeter. „Wir verdächtigten die Studenten", sagt Schölzel. Doch dann stellte sich heraus, dass die hohe Luftfeuchtigkeit in den unbeheizten Räumen die Ursache war. Deshalb folgte im November 1965 der Umzug des Büros in die Schinkelwache. Den Schlüssel und die Räume behielten sie jedoch.

Und da junge Architekten und Studenten bekanntlich nicht nur arbeiten, sondern gern feiern, kamen sie auf eine verblüffende Idee. Sie veranstalteten in den leeren Räumen des Grünen Gewölbes am 20. Februar 1966 ein Faschingsfest.

Fasching im Schloss: Dieter Schölzel alias Mathilde, Friedrich Wilhelm Sinner und Harald Marx (v.l.) erobern am 23. Februar 1985 mit viel Theater die Oper.

Gerhard Glaser schmunzelt und erinnert sich, wie sie im Matsch von Konfetti und Rotwein über den Marmorfußboden der Kunstkammer des Königs rutschten. Bis 1992 fand jedes Jahr im Schloss eine Faschingsparty statt. „Das war auch eine Aneignung, ein Festhalten an dem Schloss, das am Faschingsdienstag 1945 im Feuersturm verging", sagt Glaser. Ursprünglich wollten die Studenten das Fest in den Kellerräumen der Oper veranstalten, aber dort war durch das Tauwetter zu dieser Jahreszeit die Einsturzgefahr zu groß. So erhielten 70 Gäste eine Einladung „H" und durften beim „Happiness" mitfeiern. Sie trafen sich pünktlich 19.30 Uhr, wurden zunächst mit einer Laterne durch den Keller der Oper geführt. Von den meisten Gästen unbemerkt, gelangten sie aber in einen kleinen Stichkanal und entstiegen den verwinkelten Gängen durch ein Gulliloch hinter dem Reiterdenkmal König Johanns. Sie fanden sich auf dem Theaterplatz wieder. Alles unter dem „Schutz" eines Abschnittsbevollmächtigten, den Dieter Schölzel eingeweiht hatte, um öffentlichen Ärger zu vermeiden. Von dort wurden sie ins Silberzimmer im Westflügel des Schlosses geleitet. Zur Musik der Elb Meadow Ramblers feierten die Gäste bis zum frühen Morgen. Höhepunkt war die Versteigerung eines Gipsmodells der Quadriga.

Das zweite Fest fand am 3. Februar 1967 statt. Erstmals „Bei Mathilden". Diesmal traf man sich auf der Brühlschen Terrasse, mit Masken. Die Gäste betraten das Schloss, an einem Seil geführt, durch den großen Schlosshof. Dort befand sich als Requisit der Oper ein großer Lindwurm. „Das bizarre Bild des durch Menschen im Inneren bewegten und leuchtenden Lindwurms vor der historischen Kulisse des zerstörten Schlosshofes ist mir lebhaft in Erinnerung", sagt Reingard Albert, damals Baupflegerin in der Bauabteilung für kulturhistorische Bauten. Heute pensioniert, war sie mit an den Arbeiten für die Ausstellungsgestaltung des Historischen Grünen Gewölbes beteiligt. Über eine Rutsche seien die Feiernden 1967 in den Schlosskeller gelangt. Innen wurden sie über eine Treppe hinauf in Silberzimmer, Weißsilberzimmer und Pretiosensaal geleitet, wohin Mathilde geladen hatte. Mathilde war eine Reminiszenz an Prinzessin Mathilde Marie Auguste von Sachsen, die Schwester des letzten sächsischen Königs Friedrich August III.

Dieter Schölzel zog als Erster in das Schloss ein und nutzte es als Büro des Instituts für Technologie kultureller Einrichtungen.

Am 10. Februar 1972 lud Mathilde mit den Worten „Nun kommst Du schon zum 10. Mal mein Gutster, Du – und es kostet wieder nur 13 Mark" zum Fest. Diese zehnte, „rote" Mathilde behielt Schölzel im Gedächtnis, weil in dieser Nacht zwei Gewölbekappen nebenan in der Schlosskapelle einstürzten. Die Feiernden erfuhren das allerdings erst am nächsten Morgen durch Gerhard Glaser.

Mathilde ließ sich nicht einschüchtern. 1976 zum Beispiel feierte sie im Torhaus des Schlosses ein Chinesisches Fest, ihr siebzehntes. Das Torhaus war in den Jahren 1974 bis 1976 wiederhergestellt worden, um die Technische Direktion der Staatlichen Kunstsammlungen aufzunehmen. Im Februar 1982 eröffnete Mathilde in der Kunstkammer des Residenzschlosses die „Galerie der Ältlichen Meister". Das Buffet wurde in einer jener Kisten aufgetragen, in denen die Gemälde aus der Sowjetunion zurückgekehrt waren. Harald Marx, zu dieser Zeit noch Kustos, später Direktor der Gemäldegalerie Alte Meister, hielt eine Tafelrede über Stillleben und Vergänglichkeit. Als Mathilde am 23. Februar 1985 die Oper „erOpert", erschien sie leibhaftig. Zehn Tage vorher war die Semperoper wiedereröffnet worden. „Für viele Feiernde war Mathildes Opernfest im Schloss die eigentliche Eröffnung, denn sie hatten am 13. Februar keine Karten bekommen", erinnert sich Schölzel, der damals unter Mathildes Perücke steckte. Im Februar 1994 lud Mathilde zum „Winterschlossverkauf". „Hier spürten wir schon, dass ihre Zeit zu Ende ging", sagt Schölzel. Nur noch einmal feierte sie 2002 im engsten Kreis von zwanzig Gästen.

Auch Inge Ullrich erinnert sich an die Studenten. Damals war sie die Geschäftsführerin des Bundes der Architekten. Dessen Dresdner Bezirksvorstand zog am 11. Juli 1968 in das Silber- und Wappenzimmer des Grünen Gewölbes ein. Anderthalb Jahre zuvor wurden die Räume für diese Nutzung ausgebaut. „Wir haben dort gearbeitet, aber auch Ausstellungen organisiert", sagt Inge Ullrich. „Weil die immer so gut besucht waren, hatten wir ein wenig Geld, um eine Schauwand des Silberzimmers aufzustellen. So konnte die Gäste ein Gefühl dafür entwickeln, wie es einmal ausgesehen hat." Nebenan, im südwestlichen Teil des Grünen Gewölbes begann der Ausbau für Büroräume des Instituts für Stahlbeton. Und am 17. Mai 1968 fand das erste Schlosskonzert seit Kriegsende statt: „Alte Musik im Pretiosensaal". In der Zeitung Die Union stand zwei Tage später: „Der Abend war des Merkens würdig: Im Pretiosensaal des Dresdner Schlosses brannten auf silbernen Ständern Kerzen, auf silbernen Instrumenten erklang Flötenmusik und Cembaloklänge füllten den Raum ... Man hätte dreimal soviel Stühle haben müssen, um allen Interessenten eine Eintrittskarte geben zu können ... Über den 180 Menschen spannte sich wie ein Himmel weiß die kostbare, nun 400 Jahre alte und von italienischen Meistern geformte Stuckdecke. Sie hat den Brand der Terrornacht von 1945 überstanden. Die eiserne Tür mit den Bandelwerkbeschlägen und die reichlich einen Meter dicken Mauern hielten dem Inferno auch noch stand, als im benachbarten Wappensaal bereits die Flammen fauchten." 1974 gelang es, die Ostwand des Silberzimmers und den rechten Teil der Nordwand des Elfenbeinzimmers zu rekonstruieren und in der seit 1972 geöffneten Interimsausstellung des Grünen Gewölbes im Albertinum auszustellen.

Als der erste Schutt im ersten Stock des Ostflügels weggeräumt war, blieben nur Ruinenmauern.

Gottfried Ringelmann war als Oberbauleiter für den Wiederaufbau des Schlosses verantwortlich.

Das Grüne Gewölbe bewegte schon immer. Und so folgten der ersten langfristigen Nutzung der Räume durch den Bund der Architekten weitere Mieter, die das Schloss nach und nach belebten. Nachdem das Institut für Stahlbeton bereits eingezogen war, baute es sich zwischen 1968 und 1970 alle noch übrigen Erdgeschossräume des Westflügels aus. 1971 zieht das Depot des Staatlichen Museums für Mineralogie und Geologie ins Schloss ein. Für diese Zwecke wurden seit 1969 die Erdgeschossräume im Südwestflügel hergerichtet. Auch die Aufbauleitung der Semperoper suchte für ihre Arbeit Büros. 1974 zogen die Mitarbeiter in den Flügel am Bärengarten, das so genannte Schreyersche Haus. Das Projekt dazu entstand bereits 1972 vom Ingenieurbüro des Volkseigenen Betriebes Betonleichtbaukombinat.

Drei Jahre später begannen in einem anderen Teil des Schlosses weitere Bauarbeiten. Der Südflügel wurde dem Montage- und Tiefbaukombinat Moritzburg (MTB) zugewiesen. Hier entstand die Baustelleneinrichtung für den Erweiterungsbau des Volkspolizeikreisamtes am Neumarkt. Jürgen Meißner war gemeinsam mit seinem Architektenkollegen Gerd Gommlich dabei. Beide entwickelten die Pläne für den Wiederaufbau des Südflügels. „Es waren zunächst gewaltige Schuttberge zu beseitigen, bevor der Südflügel in einzelnen Bauabschnitten nutzbar gemacht werden konnte", sagt Meißner heute. 1977 konnten die ersten Räume bezogen werden. Die gewaltigen Tonnengewölbe inspirierten auch die nun hier arbeitenden 50 Ingenieure, ihre als „Betriebsfeste" ausgegebenen Feiern zu veranstalten.

Das Torhaus, das wieder zum Hauptzugang des Schlosses werden wird, beherbergte zu DDR-Zeiten die technische Direktion der Staatlichen Kunstsammlungen. Zwischen 1974 und 1976 wurde das gesamte erste Obergeschoss mit seinen Natursteinfußböden, steinernen Türgewänden und eichenen Türen wieder errichtet. Dass eine der Direktionen der Sammlungen dort einzog, setzte damals ein klares Zeichen für die künftige Funktion des Schlosses. „Es gibt bis heute keine vollständige Liste, was und wer wirklich alles im Schloss unterkam", sagt Gerhard Glaser. Aber er erinnert sich, dass beispielsweise im Keller des Westflügels seit 1965 Transportkisten der Gemälde lagerten, die aus der Sowjetunion wieder zurückgekehrt waren. Auch der Kostümfundus des Schauspielhauses habe dort für kurze Zeit einen Platz gefunden sowie, im Nordflügel, Lagerräume des Bistums Dresden-Meißen für die Kathedrale. „Alle Baumaßnahmen für diese Zwischennutzungen waren mit tausenden ehrenamtlichen Arbeitsstunden für einfache Abbrucharbeiten, Wildwuchsbeseitigung, Schuttberäumung oder Pflege der Notdächer verbunden", sagt Glaser. Ulrich Aust beispielsweise, der technische Direktor der Staatlichen Kunstsammlungen, habe mit eigenen Händen akut einsturzgefährdete Schornsteine abgetragen.

Um genauere Erkenntnisse zur Entstehungsgeschichte des Schlosses zu bekommen, begann das Landesamt für Archäologie, unter Leitung von Reinhard Spehr, 1982 im Großen Schlosshof und unter dem Ostflügel mit Grabungen. Der Anlass für die Grabungen war die Absicht, den Großen Schlosshof für eine Unterkellerung auszubaggern. Die Ausgrabungen Spehrs dauerten im gesamten Schloss bis 1987. Auch die späteren archäologischen Forschungen von 1999 bis 2000, die prüfen sollten, ob ein Untergeschoss unter dem Flügel als zweites Foyer des künftigen Museums möglich wäre, bestätigten die Arbeit Spehrs, dass dieses Bauwerk zu den ältesten Teilen der einstigen Burganlage gehörte. Hier liegt der Ursprung der Stadt Dresden. Der Wohnraum unter dem südöstlichen Wohnturm aus dem 13. Jahrhundert, der ergraben wurde, wird nach Abschluss des Wiederaufbaus ebenso zu besichtigen sein wie die spätgotischen Erdgeschossgewölbe im Ostflügel.

1986 wird die Ruine endlich ernsthaft zur Baustelle. Das so genannte Investitionsvorhaben „Sicherung der Bausubstanz des Dresdner Schlosses" begann. Im Juli 1985 hatte der Rat des Bezirkes im Fünf-Jahres-Plan 1986 bis 1990 bestätigt, was zuvor der Ministerrat der DDR und das ZK der SED beschlossen hatten. Erfahrene Bauleute, die schon beim Bau der Semperoper dabei waren, wurden ins Schloss geschickt. Unter ihnen der Oberbauleiter Gottfried Ringelmann. Heute genießt er seine Rente und erinnert sich, als wäre es gestern losgegangen. „Es galt eine alte Dame zu zügeln. Und wir wussten, dass sie ihre Tücken haben wird." Knapp vierzig Jahre war die Ruine Wind und Wetter ausgesetzt. Bäume wuchsen aus Schuttbergen. Birken hatten sich in Umfassungsmauern eingenistet. Schwarze Spuren von Brandflächen lagen offen. Mauerwerk verfiel. Ziergiebel drohten abzukippen. An vielen Orten war die Standfestigkeit gefährdet.

Schon vor dem offiziellen Baustart war durch die erhaltenen Mauern im Mittelteil des Ostflügels an der Schlossstraße eine Bresche geschlagen worden. Der „technologische Durchbruch" sollte den Weg frei machen, um einen Baukran in den Großen Schlosshof bringen zu können. Später wurde dieses Vorgehen sowohl von Denkmalpflegern als auch Archäologen mehrfach kritisiert, weil gerade dieses Erdgeschoss teilweise noch aus der letzten großen Burgbauphase des Mittelalters stammt. Aber es gab zwei entscheidende Argumente, die den Durchbruch 1985 aus Sicht der Bauleute notwendig machte. Einen nennt Gottfried Ringelmann: „Es gab zu jener Zeit keine so lang ausladenen Kräne wie heute. Um an den Westflügel, aber auch den Nordflügel gut ranzukommen, gab es aus Sicht der Bauleitung keine andere Wahl." Einen zweiten Grund nennt der heutige Geschäftsführer des Sächsischen Immobilien- und Baumanagements, Ludwig Coulin: „Für den Aufbau des Ostflügels samt Riesensaal wäre die Standfestigkeit niemals gegeben gewesen. Die dicht übereinander liegenden Schichten des 12. bis 14. Jahrhunderts waren mehrfach überbaut worden, die Fundamente gaben im Laufe der Zeit immer mehr nach, weshalb auch früher schon der Ostflügel auf unterschiedliche Weise gestützt werden musste. Neue Fundamente zum Aufbau waren dringend nötig."

Schon 1987 erlahmte der euphorisch begonnene Aufbau, der am Westflügel vorangeschritten war. Der DDR ging immer mehr die Kraft aus. Bis 1989 gelang es, den Westflügel im Rohbau fertig zu stellen. Am 12. Oktober 1988 waren die bei-

Bevor Räume genutzt werden konnten, mussten gewaltige Schuttberge beräumt werden.

den Ecktürme aufgesetzt worden, auch die Dachkonstruktion stand. Doch für die, von der Denkmalpflege geforderten, keramischen Dachziegel fehlten die notwendigen finanziellen Mittel. Hans Modrow sagte im April 1989 zu Erich Jeschke, dem Aufbauleiter, und Gerhard Glaser: „Bei unserer derzeitigen Partei- und Staatsführung können wir uns nicht leisten sie aus dem Westen bezahlen zu lassen." Im Oktober, die Zeit der DDR ist fast abgelaufen, stellt die Bayrische Wechsel- und Hypothekenbank 50.000 Mark für den Kauf der Ziegel zur Verfügung. Niemand von den politisch Verantwortlichen erhob mehr Einspruch gegen diese Spende aus dem Westen. Jahre vorher wäre das undenkbar gewesen. Das Dachziegelwerk Forberge bei Riesa brennt und liefert die keramischen Dachziegel.

Am 27. Oktober 1989, der Protest gegen das DDR-Regime nahm immer mehr zu, öffnete in den historischen Räumen des Grünen Gewölbes die Ausstellung „Das Dresdner Schloss, Monument sächsischer Geschichte und Kultur", organisiert im Auftrag des Rates des Bezirkes Dresden von dessen Aufbauleitung, den Staatlichen Kunstsammlungen und dem Institut für Denkmalpflege Dresden. Der damalige Direktor des Grünen Gewölbes, Joachim Menzhausen, schrieb in dem dazu erschienenen Katalog: „Es ist auch ein Anliegen dieser Ausstellung, anhand der Schauwände den einmaligen künstlerischen Rang der Ausstattung des Grünen Gewölbes als Gesamtkunstwerk erlebbar zu machen. Damit werden die ersten Ergebnisse bereits laufender Restaurierungs- und Rekonstruktionsarbeiten vorgestellt." Ursprünglich geplant war die Exposition bis 1. April 1990. Sie wurde ob des großen Interesses bis Dezember verlängert und von 250.000 Menschen besucht. Nach 1990 gab es einen gewaltigen Schub des Wiederaufbaus, bei dem es allerdings auch zu Unterbrechungen kam. Die Dresdner übten ungeduldig Geduld. Es wird schon werden. Es muss ja. Sie wollten das Historische Grüne Gewölbe am Originalschauplatz sehen. Selbst auf die Gefahr hin, dass das Interim im Albertinum nach 29 Jahren und fast zwanzig Millionen Besuchern zur Vorbereitung des ungewöhnlichen Umzugs schließen muss und die Schatzkammer Sachsens für längere Zeit nicht zu sehen ist.

Wiederaufbau 1990 bis heute

~ Nie wieder hat es das gegeben. Helmut Kohl, Franz Beckenbauer, Fritz Walter, Eduard Geyer, Jürgen Sparwasser, Hans-Jürgen Kreische, Udo Lindenberg, Veronika Fischer und die Musiker von Elektra trafen sich zu einem Fußballfest. Gunther Emmerlich ritt, verkleidet als August der Starke, in die Arena ein, forderte, das Dynamo-Stadion solle endlich wieder den Namen von Rudolf Harbig tragen. Politiker, Trainer, Fußballer, Künstler und tausende Dresdner waren an diesem 26. März 1990 gekommen, um für den Wiederaufbau des Dresdner Schlosses Geld zu sammeln. Erich Jeschke hatte das Spiel mit organisiert, am Abend zuvor fand eine Gala im Kulturpalast statt. 1,5 Millionen Mark kamen so für das Schloss zusammen. „Wir benötigten damals jeden Pfennig", sagt Werner Schmidt, der als Direktor des Kupferstich-Kabinetts Ende 1989 zum designierten Generaldirektor der Kunstsammlungen gewählt worden war. „Wir brauchten Geld für viele Museumsbauten, für den Zwinger, für das Albertinum, wo es ins Dach rein regnete und natürlich für das Schloss, wo es nicht mehr voranging." Beim Besuch Helmut Kohls am 19. Dezember 1989 in Dresden war er dabei. „Der Bundeskanzler hatte am Abend Kulturrepräsentanten aus Sachsen zu einem Gespräch geladen und fragte jeden einzelnen, was jetzt in seinem Bereich am dringlichsten geschehen müsse. Ich sagte: Der nächste notwendige Schritt in Dresden ist der Wiederaufbau des Schlosses." Kohl kam dann zu dem Benefizspiel. Mit den Spenden konnte am Schloss weiter gebaut werden.

Von 1986 an gingen erfahrene Bauleute mit Baggern und Lastkraftwagen ernsthaft ans Werk.

Die Sgraffito-Malerei

Während, im Laufe des Jahres 1991, die Planer des VEB Gesellschaftsbau die AIT Bauplanungs-GmbH bildeten, die Bauleute von der Münchner Baufirma Heilit + Woerner Bau AG als Generalauftragnehmer für den Rohbau übernommen worden und die Aufbauleitung des Rates des Bezirkes Dresden, der Hauptauftraggeber für den Wiederaufbau kulturhistorischer Bauten, in das neu gebildete Staatshochbauamt überführt wurde, löste der Leiter Erich Jeschke im März einen Auftrag aus, der für das Erscheinungsbild des Schlosses langfristige Folgen hatte. Er veranlasste im Mai, dass im Großen Schlosshof am Giebel des Westflügels mit der Sgraffito-Malerei begonnen wurde. „Gegenüber dem sich gerade neu bildenden Finanzministerium hatte Jeschke ein verblüffendes Argument", sagt Werner Schmidt. „Für die Arbeiten war das Geld aus den Spenden des Fußballspieles da. Und Jeschke argumentierte, die Spender wollen das so und nicht anders."

Während des Schlossumbaus in den Jahren 1548 bis 1556 verzierten Künstler sämtliche Fassaden, an den Außenseiten und im Hof, alle geputzten Flächen mit Ausnahme der Altanrückwand, in der Sgraffitotechnik. Bereits 1988 und 1989 hatten Denkmalpfleger und Maler, die Fassadengestaltung des 16. Jahrhunderts erforscht. Am Modell wurde die beeindruckende Wirkung der Dekoration veranschaulicht. Das Denkmalkonzept sah vor, den Großen Schlosshof in der „Fassung von 1557 mit den Änderungen und Ergänzungen um 1680" wieder zu gestalten. Ein spektakuläres Ziel, schließlich ging die Malerei beim Brand von 1701 größtenteils verloren, der Rest verblasste in den nächsten Jahrzehnten, spätestens um 1720 endgültig, und wurde nie wieder aufgetragen. Doch die Bilderwelt der Renaissance, so der Wunsch der Denkmalpfleger, sollte wieder entstehen. Eine bläulich-grau-weiße Figurenwelt. Hier wird gekämpft, gemordet, verraten, hingerichtet. Kleopatra verendet am Biss der Schlange. Joab, einer der Söhne von Davids Halbschwester Zeruja, ersticht Amas, den Feldherren Davids. Zeus mit Adler, flankiert von Caritas und Fides. Szenen aus der römischen Geschichte.

Als erstes erhielt der Mittelgiebel des wieder aufgebauten Westflügels das Dekor in der so genannten Kratzputztechnik. Eine durch gemahlene Holzkohle erzeugte Kalkputzschicht wurde aufgetragen und weiß übertüncht, die Motive aufgepaust. Anschließend kratzten die Künstler Linien, Schraffuren und Flächen in den noch weichen Untergrund, so dass der dunklere Putz zum Vorschein kam. Allerdings durfte immer nur so viel geputzt werden, wie bis zum Erhärten des Mörtels und der Tünche bearbeitet werden konnte. Siegfried Winderlich stand als einer der ersten auf dem Gerüst. „Es war ein großer Reiz, diese Bilderwelt zu erobern. Aber wir fragten uns immer wieder, ob es richtig ist, was wir machen. Denn es ist nicht mehr da, was im eigentlichen Sinne restauriert werden könnte", sagte der Maler damals. Der zweite im Bunde, Matthias Zahn: „Die originale Technik, die Mischung des Putzes, die Farbtöne zu rekonstruieren war noch am einfachsten, obwohl es nur wenig Literatur dazu gibt." Und der dritte Mitstreiter, der Maler und Grafiker Martin Wolf, ergänzte: „Renaissancekunst kann man nicht erfinden. Wir mussten uns auf den Formenschatz besinnen. Wir kämen

Die Sgraffito-Malerei kam nur zustande, weil 1990 Spenden dafür zur Verfügung standen.

heute gar nicht mehr auf diese Vielfalt. Allein ein Haar oder Knieschützer ist unendlich vielfältig gestaltet. Es steht immer die Frage, was man daraus macht." Zahlreiche Versuche waren notwendig. Das immer neue Hinterfragen, ob es richtig sei, was die Restauratoren dort gestalten, brachte die Künstler fast zum Verzweifeln. Peter Gabriel, der vierte in der Restauratorengruppe: „Wir haben natürlich andere Sgraffitobeispiele in Böhmen und Mähren und Österreich studiert, haben verglichen. Und als Bauleute ein größeres Originalstück im Zwischenflügel Nord entdeckten, sahen wir uns in unserer Arbeit bestätigt."

Den Arbeiten, die im Mai 1991 am Westgiebel begannen, sind weitere gefolgt. Der Treppenturm im Nordwesten, Teile des Nordflügels wurden Ende 1993, Anfang 1994, mit Sgraffito geschmückt. Am 15. Juni 1994 war das Wandstück zwischen Hausmannsturm und Westflügel nach vier Wochen intensiver Gestaltung vom Sims bis zur Hofkante fertig. Ende des Monats fand in Meißen eine Tagung deutscher Denkmalpfleger statt, die die Sgraffito-Gestaltung skeptisch unter die Lupe nahmen. Der Westflügel insgesamt blieb über Jahre unvollendet. Die gewählte Form ist nur die halbe Wahrheit, somit aber nach Jahrhunderten immerhin zur Hälfte wahr. Im August 1997 konnten die Arbeiten fortsetzt werden. Erstmals präsentierte sich die ganze Fassade im November 1997. Die Gerüste am Westflügel waren gefallen. Durch die Bresche des Ostflügels konnten die Dresdner und ihre Gäste, die grau-weiße Malerei bewundern. Können die Pläne umgesetzt werden, soll eines Tages der gesamte Große Schlosshof in der Sgraffito-Bilderwelt erstrahlen.

„Anfang der 90er Jahre ging es mit dem Wiederaufbau unglaublich voran", erinnert sich Werner Schmidt. „Gleichzeitig zum Schloss wurde auch am Semperbau und dem Albertinum sowie in Pillnitz gebaut. Das war fantastisch." Als am 2. Oktober 1991 dem Hausmannsturm die Spitze wieder aufgesetzt wurde, schlug auch sein Herz höher. Die ganze Stadt war auf den Beinen, um dem symbolischen Akt beizuwohnen. Stolz feierten die Dresdner die Bekrönung des Turmes, der Jahrhunderte lang die alte Residenz, als Zeichen der wettinischen Herrschaft, dominierte. Die Spitze reihte sich wieder ein in den weltberühmten Canaletto-Blick und war zugleich ein Zeichen des hoffnungsvollen Neubeginns.

Als Wochen vorher das Gerüst am Hausmannsturm die Höhe des Hauptsimses erreicht hatte, rief Herbert Löschau, der leitende Architekt beim Wiederaufbau des Schlosses, Landeskonservator Gerhard Glaser an. Von ihm wollte er wissen, was mit dem Stück des Hauptsimses geschehen solle, das 1947 in Beton ausgeführt worden war. Glaser antwortete darauf: „Das lassen wir, wie es ist, als ein Stück Wiederaufbaugeschichte in schwerer Zeit." Die Architektengruppe AIT, die jetzt am Schloss arbeitete, konnte sich gut erinnern. „Die besondere Schwierigkeit bei der Turmstumpfsanierung bestand darin, daß die Südwand anders gegründet war als die übrigen Wände und der gesamte Turmstumpf erhebliche vertikale Risse aufwies, die vor allem der große Brand am 13. Februar 1945 verursachte, bei dem der Turm wie ein riesiger Schlot gewirkt hatte", beschrieb Gerhard Glaser die Restaurationsarbeiten in der Sächsischen Zeitung vom 1. Oktober 1991. Das Mauerwerk musste vernadelt und mit Mörtel verpresst werden, gleichzeitig durfte aber die Geometrie außen und innen nur bedingt verändert und die baugeschichtlichen Relikte sollten respektiert werden. Dem Statiker Erich Thiele war dies bei der Planung und den Bauleuten der Firma Stump-Bohr GmbH bei der Umsetzung gelungen.

Nachdem der Turm wieder instand gesetzt worden war, konzentrierten sich die Gewerke auf den östlichen Teil des Nordflügels. Das Innere des Flügels befand sich noch Ende 1991 in einem beklagenswerten Zustand. Ausgebrannte, verglühte Stahlträger, morsches, verwittertes Mauerwerk. Für den weiteren Wiederaufbau stellte die sächsische Regierung 1991 insgesamt 40 Millionen DM zur Verfügung. So konnte die Sanierung des Treppenturmes im Großen Schlosshof 1992 und die Rekonstruktion der Turmuhr des Hausmannsturmes begonnen werden.

Die Hofuhr

Die Hofuhr zeigte einst den Dresdnern, was die Stunde geschlagen hat. Die vier Zifferblätter gaben die Zeit vor. Nach ihr hatten sich alle öffentlichen Uhren der Stadt zu richten. So war es in der Fürstenzeit festgelegt worden und bis 1929 verbindlich. Jetzt sollte die historische Uhr wieder zum Leben erweckt werden, nachdem sie die Bomben 1945 ebenfalls zerstört hatten. Der Auftrag zur Restaurierung ging an den Meißner Turmuhrmacher Klaus Ferner. Schon seine Vorfahren beschäftigten sich seit 1872 mit Zeitmessern. Der Handwerker 1992: „Eine solche Aufgabe erhält man vielleicht nur einmal im Leben. Die neue Schlossuhr wird etwa dem technischen Stand der letzten Jahrhundertwende entsprechen, also weitgehend historisch exakt nachgestaltet sein. Die Mechanik von 1742 nachzubauen wäre wenig sinnvoll gewesen. Niemand weiß, wie sie funktioniert hat." Fast schicksalhaft nannte Ferner den Auftrag, denn er selbst hatte sich Jahre zuvor damit beschäftigt. Sein Vorgänger suchte bereits nach dem Krieg in den Ruinen des Schlosses die Überreste der Uhr zusammen. Was er seinerseits im Schutt fand, war jedoch nicht mehr verwertbar. Nur wenige Hinweise für den Wiederaufbau waren abzulesen. Ferner begann im Dresdner Stadtarchiv zu recherchieren, wie das Uhrwerk präzise die Zeiger bewegte.

Konstrukteur der Schlossuhr war der in Genf geborene Jean Francois Poncet. Der Mann muss sich in Dresden schnell einen guten Ruf erwor-

Ein Modell des Zifferblattes der Hofuhr wird im Februar 1990 zur Ansicht vor das Schloss gebracht.

ben haben. Kurfürst Friedrich August II. übertrug ihm die Aufsicht über das Grüne Gewölbe und ernannte ihn zum Geheimen Rat. Graf Heinrich von Brühl erteilte Poncet am 31. Januar 1741 den Auftrag, eine neue Schlossturm-Schlaguhr fertigen zu lassen. Der Geheime Rat erbat sich eine Bauzeit von 15 Monaten und schätzte die Kosten auf etwa 2.800 Taler. Zu wenig, wie sich später herausstellte. Für den Bau des Uhr- und Schlagwerkes benötigte er „dreißig Zentner Eisen, Stahl und Messing". Das Uhrwerk musste aller acht Stunden aufgezogen werden. Neu war, dass es dabei nicht stillstand. 1742 verkündete Poncet, er sei fertig mit dem Turmuhrbau zu Dresden. Die Kosten betrugen inzwischen 3.800 Taler. Die Uhr lief über 200 Jahre, ohne dass sie konstruktiv verändert werden musste. Lediglich die Zifferblätter wurden mehrfach erneuert, zuletzt beim Schlossbau anlässlich des 800-jährigen Jubiläums der Wettin-Dynastie.

Ferner stellte die Uhr nach traditionellem Vorbild wieder her. Er schmiedete die meisten Teile selbst. Im März 1994 zog er mit seinen Kollegen das Zifferblatt auf den Hausmannsturm, schraubte die Teile des monumentalen Zeitmessers zusammen. Das Uhrwerk steckt in einem Gussgestell. Der Pendelschlag dauert 2,5 Sekunden. Die volle Stunde zeigt ein Schlag und die Viertelstunde ein Doppelschlag an. Drei alte Glocken sorgen für den Ton. Sie wurden Ende des vorigen Jahrhunderts in Kleinwelka bei Bautzen gegossen. Ehe sie ins Schloss wechselten, befanden sie sich in der Dresdner Dreikönigskirche. Traditionsbewusste Dresdner können sich heute wieder nach der Uhr richten. „Für die Genauigkeit garantiere ich", sagt Ferner und schaut gleichzeitig etwas wehmütig auf die Zeit zurück, als er die Turmuhr restaurierte. „Anfang der 90er Jahre konnte man sich für so einen Auftrag noch richtig Zeit nehmen, gründlich arbeiten ohne das einem die Beine weg geschlagen wurden. Das war schon eine schöne Zeit."

Die Treppentürme im Großen Schlosshof

~ Es war jene Zeit, als die Sanierung der Treppentürme im Großen Schlosshof voranging. Im März 1992 gab es unter den Dresdner Bildhauern um Egmar Ponndorf helle Aufregung. Am Ende des Winters hatten sie, im Februar des Jahres 1991, nach langer Vorbereitung, mit der Restaurierung des nordwestlichen Turmes begonnen. Gerade arbeiteten sie an den Modellen für den zu rekonstruierenden Bildschmuck aus der Mitte des 16. Jahrhunderts. Es war ein aufwändiges und schwieriges Unternehmen. Stark war der Wendelstein zerstört worden und im Laufe der Jahre immer weiter verfallen. Im unteren Bereich gab es nur Reste von sechs Figuren. Eine Dokumentation zum Treppenturm fand sich nicht mehr. Nur wenige Fotos dienten Ponndorf und seinen Kollegen, Johannes Peschel und Vinzenz Wanitzschke, als Vorlage. Nahezu unkenntlich war ein Friesstück, das nahe am einstigen Altan lag. Hinzu kam, dass es den Experten Schwierigkeiten bereitete, die Kampfszenen auf den Friesen inhaltlich zu deuten. Nur so viel wussten sie: Die reliefartigen Figuren stellten Kampfszenen aus Homers Epos „Ilias" dar. Auf drei Feldern Kampfgetümmel, Hauen, Stechen, Töten, Schreien. Episoden aus dem Trojanischen Krieg. Ein Großteil der Modelle, die den Steinbildhauern für ihre Arbeit als Vorlagen dienen sollten, war fertig. Da traf die Nachricht ein, dass in Marburg ein Foto vorlag, das ein Feld vom Fries genau abbildete. Egmar Ponndorf: „Wir hatten uns die Arbeit nicht leicht gemacht. Immer wieder wurde verglichen, wurden andere Beispiele befragt. Aber Irrtümer sind nie auszuschließen." Dann traf das Foto ein. Aufatmen. Nur geringfügige Abweichungen waren nötig.

Andreas Mahn war Anfang der 90er Jahre der Jüngste unter den Bildhauern. 20 Jahre zuvor stand er schon einmal als Schüler im Schloss, war begeistert von dem morbiden Charme der Ruine, und wollte unbedingt dabei sein, beim Wiederaufbau. Am Treppenturm verewigte er sich nun, gemeinsam mit seinen älteren Kollegen, seinen Lehrmeistern. Eigentlich hatte er sich auf die Figuren des Barock spezialisiert, um die Formensprache der Renaissance wieder aufleben zu lassen. Dabei half ihm sein ganz modernes Hobby. Er ist ein großer Fan von Fantasie-Comics. So paarte sich Historie mit Visionen. Der nordwestliche Treppenturm ist längst vollständig saniert und man kann davon ausgehen, dass er dem ursprünglichen Original sehr ähnlich ist. Seine Verwundbarkeit indes blieb erkennbar. Das wenige Originale, selbst wenn es arg in Mitleidenschaft gezogen war, blieb erhalten.

Eingezogen wurde die Spindeltreppe im Inneren, im November 1993 kam, unter großer Anteilnahme der Bevölkerung, die Haube wieder auf den Turmschaft. Den so genannten Zylinder, zwischen Fries und Haube, bedecken Sgraffitidekore. Zuvor war schon der südwestliche Treppenturm saniert worden, der keinen aufwändigen äußeren Schmuck zeigte. Am nordöstlichen Treppenturm kam im Sommer 2006 der Schmuck. Zwar war er ebenfalls schwer geschädigt, von seinem Bauschmuck blieben jedoch viele Teile erhalten. Versetzmaurer Joachim Zschaschel von der Firma Steinhauer Radeburg, spitzte im Juni 2006 am Mauerwerk, nahm Maß von den Zeichnungen, die am Gerüst hingen, setzte die Sandsteine ein. „Es klingt blöd", sagte er auf die Frage, was ihm das Schloss bedeute, „aber hier zu arbeiten, ist schon etwas Besonderes. Hier entsteht Sachsens königliche Historie wieder."

Die Treppentürme waren so stark beschädigt, dass sie vorm Neuaufbau abgetragen werden mussten.

Nordflügel mit Gerüst: Die Stahlkonstruktion rettete die Fassade vor dem Einsturz.

Der Nordflügel

1993 wurden weitere Bauabschnitte am Schloss übergeben. Der Zwischenflügel Nord war im Rohbau fertig, die Fassade des Nordflügels war weitgehend wieder hergestellt. Die Bauarbeiten an der Außenarchitektur des elbseitigen Flügels begannen 1991. Jetzt fielen die Gerüste. Die Front präsentierte sich erstmals wieder seit der Zerstörung in ihrer Neorenaissancefassung der Jahrhundertwende. Zwischen 1896 und 1899 hatten Dunger und Frölich die Außenfassade als schlichte, dreigeschossige Putzarchitektur angelegt und das ursprüngliche Erdgeschoss mit einer Rustika aus Sandstein verkleidet. Die Dachzone erhielt damals wieder zwei Zwerchhäuser mit Volutengiebeln in Formen der Neorenaissance.

1993 konnten nach langer Zeit die Dresdner und ihre Gäste erstmals wieder zwischen Chiaveris Gotteshaus und dem Schloss entlang spazieren. Aber etwas fehlte. Die Brücke zwischen Hofkirche und Schloss wurde 1993 für die Sanierung abgenommen. Nach einem Gipsmodell von Kurt Roch wurden, ursprünglich die der Unterkonstruktion aufgelegten, Kupferplatten durch den Dresdner Klempnermeister Beeg ausgeführt. Der Übergang unternimmt mit seiner neobarocken Formensprache einen gelungenen Ausgleich zwischen der als dominant empfundenen spätbarocken Architektur der Hofkirche und der schlichten Fassade des Schlosses. Im Jahr 2000 wurde der hervorragend rekonstruierte Übergang wieder angebracht. „Ja", sagt der damalige Oberbauleiter Gottfried Ringelmann, „da ist viel passiert. Zeitweilig hatte ich 150 Mann auf der Baustelle. Da wurde über mehrere Schichten gearbeitet. Den überaus komplizierten Anschluss des Nordflügels an das Georgentor und den Ostflügel schlossen wir ebenfalls ab." In zwei Etagen des Nord- und in Teilen des Westflügels richtete man im eilig voranschreitenden Baujahr 1993 provisorische Ateliers und Werkstätten für Restauratoren, Bildhauer und Künstler im Schloss in der ersten Etage des Nordflügels ein, die Aufbauleitung bekam Räume. An der Fassade des Westflügels arbeitete seit 1992 auch der Steinbildhauer Stefan Zimmermann mit. Heute ist er 35 Jahre, Meister, hat eine eigene Werkstatt in Pillnitz und arbeitet für die Fassade des Georgenbaus. 1988 begann er als Lehrling in den Sandsteinwerken in Pirna. So kam er ans Schloss, bearbeitete die Westfassade. „Fast alle Steine haben wir neu gemacht", sagt er. Auf jedes kleine und größere Werk am Schloss ist er stolz, auf den Kriegerkopf, Schlussstein im Starke-Portal, auf den Heiligen Laurentius, den er in Stein hauen durfte, eine der Statuen, die den Hauptsims der Kathedrale krönen. „Es ist schon ein tolles Gefühl, sagen zu dürfen, dass man dabei gewesen ist", sagt er, gibt heute seine Erfahrungen weiter. In seiner Werkstatt lernt Marie Josefin Fleching. Auch sie freut sich, weil sie die Delfine in Stein hauen durfte, die jetzt den oberen Teil des Mittelfensters an der Südseite des Georgenbaus zieren. Darunter die Figuren der Athene und des Herkules, die Stefan Zimmermann neu erschuf.

„Die Arbeitsweise hat sich seit 1990 nicht wesentlich geändert", sagt er. „Zunächst werden Bilder, Fotos oder andere Überlieferungen gesucht, die sie darstellen. Dann werden die Größen vermittelt, die Strukturen, danach entstehen Zeichnungen und danach wiederum ein Gipsmodell. Das bekomme ich in die Werkstatt und haue die

Das Georgentor und der Hausmannsturm, dessen Plattform seit 1994 wieder besucht werden kann.

Figur in Stein. Bei dem Zweimeter-Herkules dauerte das gut drei Monate." Genutzt wurde hier der harte Sandstein aus Posta in der Sächsischen Schweiz. „Ich beobachte mit Freude, wie die vielen sächsischen Handwerker, Restauratoren und Künstler hier arbeiten. Da hat sich durch die vielen historischen Baustellen in Sachsen inzwischen eine unglaubliche Kompetenz angesammelt", sagt der Dresdner. „Ich registriere jede Veränderung am Schloss und freue mich darüber."

1994 war Stefan Zimmermann mit dabei, als die Menschen erneut zum Hausmannsturm strömten. Auch Werner Schmidt sah damals mit Freuden, dass die Verbundenheit der Dresdner mit ihrem Schloss ungebrochen war. Erstmals durften die Besucher die 68 Meter hohe Aussichtsplattform des Hausmannsturmes wieder besuchen. Was für ein Ausblick vom mittelalterlichen Turm! Bei klarem Wetter reicht die Sicht bis in die Sächsische Schweiz und zum Meissner Burgberg, unterhalb liegt die Dachlandschaft des Schlosses und der Stadt. In nordöstlicher Richtung liegt der Georgenbau, die nördliche Kathetrale, dann die Elbe, am anderen Ufer das Finanzministerium, dahinter die Staatskanzlei. Weiter die Runde auf dem Austritt, der auch als Trompetergang bezeichnet wird, gelaufen, erblickt der Gast heute die Frauenkirche, damals noch Baustelle, weiter den Neumarkt, den Kulturpalast, die Prager Straße, den Hauptbahnhof und weiter schauend den Postplatz, das Taschenbergpalais, das 1994 prächtig im frischen Ocker stand und das im Dezember den Probebetrieb aufnahm. Dann folgt der Zwinger, das Schauspielhaus, unmittelbar davor die Giebel zum Großen Schlosshof des Westflügels mit der frischen Sgraffitomalerei, weiter das Haus der Presse, die Yenidze, das Ostragehege und ringsum die herrlichen Höhen zwischen denen die Stadt eingebettet ist. Der Blick weitet sich aus der Mitte der Stadt, die mit dem Schloss wieder entstand.

Der Kleine Schlosshof

~ Wer 1994 in den Kleinen Schlosshof blickte, konnte ebenfalls Verblüffendes entdecken. Hier sollten die Bauarbeiten unterhalb der Erde vorangehen, um die technische Versorgung des Gebäudes unterirdisch einbauen zu können. So wie es heute ist. Die Sandsteinplatten wurden abgetragen. Ein Aushub von etwa sieben Metern war notwendig. Doch an ein Weiterbauen war seinerzeit nicht zu denken. Die Archäologen hatten den Hof besetzt, um mehr zu erfahren von der frühen Siedlungsgeschichte der Stadt. Das Landesamt für Archäologie bestand auf Grabungen. Gottfried Ringelmann erinnert sich, wie ungehalten er war, weil er schnell in die Tiefe wollte. „Die Mumiengräber, Entschuldigung, nahmen sich immer endlos Zeit." Eine Großgrabung begann im Schloss. Doch schon bald wurde man fündig: Eine Kanalisation aus dem Jahre 1550. Keine wirkliche Überraschung. Dass es sie gab, war bekannt. Aber weitere Details kamen zum Vorschein. Der mehr als ein Meter hohe Hauptkanal war aus Sandsteinblöcken fest gefügt. Außerdem gelang jetzt im Kleinen Schlosshof der Nachweis des alten Torhauses und der Brücke zur spätgotischen Burg. Eines der seltenen Zeugnisse, das aus dem Ende des 15. Jahrhunderts teilweise erhalten blieb. Ausgrabungsleiterin Brigitte Katzenwadel damals: „Die Grabungen im Schloss sind wichtig. Wir fanden Mauern aus gotischer Zeit. Bisher hatte man angenommen, hier sei ein unbebauter, freier Platz gewesen. Nun bringen wir einen anderen Beweis." Drei Jahre gruben die Archäologen. Ende des Jahres 1996 konnte damit begonnen werden, den Boden des Kleinen Schlosshofes zu schließen. Die technischen Aggregate für Wasser, Strom und Heizung waren untergebracht, eine Betondecke schloss den Hof ab, darüber kommt wieder der historische Sandsteinbelag. 1998 konnte die Technikzentrale in Betrieb genommen werden.

Drei Jahre gruben die Archäologen im Kleinen Schlosshof ehe der Boden geschlossen wurde.

Der Kleine Hof des Schlosses ist heute, dank des permanenten Insistierens der Denkmalpfleger, der in seiner originalen Bausubstanz am besten erhaltene Teil des einstigen Residenzschlosses. „Die Loggia im Kleinen Schlosshof ist die einzige zusammenhängende Architektur des späten 16. Jahrhunderts im Schloss", sagte Gerhard Glaser im Mai 1997 bei einer Besichtigung vor Ort. „Sie in großen Teilen zu kopieren, wäre nicht gerechtfertigt gewesen. Das Abtragen des Säulenganges hätte zu wahrlich weitgehenden Verlusten geführt. Eine behutsame Sanierung ist möglich. Sie soll und darf nicht allzu perfekt sein. Die Verwundungen des Kleinen Hofes sollen sichtbar bleiben. Dieses Prinzip haben wir schon im Großen Schlosshof an dem nordwestlichen Treppenturm verwirklicht." Der Zustand aus dem 16. Jahrhundert wurde konserviert und ergänzt. Heute stehen die verwitterten, teils abgeschlagenen toskanischen Säulen, die mehrere Jahrhunderte überdauerten, neben ihren frisch gefertigten Kopien. Ein verblüffender Eindruck, wie das Alte und das neu erschaffene Alte im Einklang miteinander harmonieren.

Gerhard Glaser und sein Kollege Heinrich Magirius, aber auch Werner Schmidt, bedauern, dass sie sich am südlichen Teil des Kleinen Schlosshofes mit ihrer Idee nicht durchsetzen konnten. Dort stand ursprünglich das blockhafte, zweigeschossige Torgebäude, erbaut im 16. Jahrhundert, als würdiger Zugang zum Schloss. Es soll in naher Zukunft wieder zum zentralen Eingang werden. „Aber dass dieses wunderbare historische Tor wieder überbaut wurde, ist eine denkmalpflegerische Sünde. Auf das Torhaus gehört der zierliche Rundtempel, der sich einst über dem, nach italienischer Art, flach gedeckten Dach erhob", sagt Werner Schmidt. Der verschwand allerdings bereits im 18. Jahrhundert, genau wie zu jener Zeit weiterer Bauschmuck, allegorische Figuren auf die Tugend der Fürsten, verloren ging. Während des historistischen Schlossumbaus 1896 wurde das Portal des Torhauses erneuert und dann von einem monumentalen Neorenaissancegiebel bekrönt. Auf das Portal setzte man die zwei Sandsteinlöwen mit Wappen. Mit der Überbauung ging die Helligkeit des Hofes verloren, der Blick zur Frauenkirche ebenfalls.

Der Blick über das Torhaus reicht bis zur Frauenkirche. Der kleine „Tempel" sollte, wie auf der Skizze, aufgesetzt werden.

Nach der großen Zerstörung 1945, ließen Denkmalpfleger die Reste des hinzugefügten Giebels abtragen. Eine Chance für den ursprünglichen historischen Entwurf. „So wäre es folgerichtig gewesen, sie nicht wieder aufzusetzen", sagt auch Gerhard Glaser. Ludwig Coulin, der Niederlassungsleiter des Sächsischen Immobilien- und Baumanagements, verteidigt, was er im Frühling 2006 hat bauen lassen. „Wir stellen hier zum einen den Vorkriegszustand wieder her, zum anderen verbinden die Etagen jeweils die Verwaltungsräume des Südflügels mit den Ausstellungsräumen des Ostflügels. Damit sorgen wir für schnelle Wege, die für ein modernes Museum erforderlich sind."

Aber es gibt noch einen zweiten Punkt, der den Denkmalpflegern und dem ehemaligen Generaldirektor schwer im Magen liegt: Die Berührung der im Mittelalter beginnenden Historie des Schlosses mit dem 21. Jahrhundert. Was sie nicht verstehen können ist die Idee des rautenförmigen Netzdaches mit transparenter Folie, das sich über den Kleinen Schlosshof spannen soll, um ihn zu jeder Jahreszeit als Foyer nutzen zu können. „Diese feine Architektur mit seinen ganz unterschiedlichen Höhen wie in einem Einweckglas zu konservieren ist unnütz", sagt Werner Schmidt. „Die Steine brauchen Luft zum Atmen, genau wie der Besucher, dem hier das ursprüngliche Ensemble in seiner reinen Form vorenthalten wird." Architekt Peter Kulka sieht das ganz anders. „Ich finde es wunderbar, dass in der Altstadt auch eine neue Zeitschicht einziehen soll." Er habe für seinen Entwurf, neben der Kritik, vor allem ein positives Echo erhalten. Da es keine einheitliche Gesimshöhe gebe, habe er die transparente Konstruktion dicht unter der Firsthöhe platziert. So bliebe die Fassade voll sichtbar. „Das ist der Trick", sagte Kulka bei der Vorstellung des Projektes. „Der gesamte Schlosshof wird in eine Vitrine gestellt." Die schwebende grazile Kuppel sei von allen möglichen Standorten aus untersucht worden. Vom Stadtraum aus würde sie nicht sichtbar. Nur von den Türmen oder den höher gelegenen Terrassen des Zwingers.

„Anderthalb Jahre wurden drei andere Vorschläge geprüft", sagt Ludwig Coulin, der ebenfalls begeistert ist von der Idee Kulkas. „Es ist der

Bauleiter Ludwig Coulin ist glücklich, dass er den Wiederaufbau des Schlosses vollenden kann.

einzige Entwurf, der die historische Bausubstanz nicht beeinträchtigt, sondern sie hervorhebt, weil er sie nicht dominiert, sondern sich filigran zurücknimmt und doch die erforderliche Funktion erfüllt." Auch die Gestaltungskommission der Stadt stimmte mehrheitlich zu. Ihr Urteil: Eine behutsame und elegante Lösung. Noch nicht endgültig gelöst ist die technische Umsetzung. Die Konstruktion des Daches erzeugt Kräfte, die abgeleitet werden müssen. Doch Kulka plant, mit der so genannten Efte-Folie. Sie sei leichter als Glas. Die Spezialkonstruktion werde einem Simulationstest bei der US-Raumfahrtbehörde Nasa unterzogen. Fertig gestellt sein soll das Hightech-Dach spätestens 2008. „So entsteht hier künftig zusätzlich ein kleines Museum der Architektur", sagt Ludwig Coulin.

Der Südflügel

~ 1994 ging es an einer anderen Seite des Schlosses plötzlich zügig voran. Der Start für den Bau des Südflügels wurde freigegeben, Bauleute rüsteten die Ecktürme ein, nahmen die Reste der Turmhauben herunter. Einst wirkten sie als städtebauliche Dominante der langen Hauptfassade zum ursprünglich engen Straßenraum der Gasse am Taschenberg. Als der Bau an den Fassaden begann, war zu erahnen, wie der Platz wirken würde, der jetzt an dieser Stelle einen freien Raum bietet. Wieder entstanden an der Fassade die kräftigen Rustizierungen im Erdgeschoss, die aufwändigen Dachgiebel im Stil der Neorenaissance und der skulpturale Erker an der Schlossstraße. Malerisches Aussehen im Sinne des Historismus.

Obschon 1994 noch lange nicht daran zu denken war, dass der Südflügel bezogen werden konnte, stritten sich Politiker und Direktoren der Staatlichen Kunstsammlungen um dessen künftige Nutzung. „Das Schloss war für die Staatlichen Kunstsammlungen vorgesehen. Daran konnte nicht gezweifelt werden", sagt Werner Schmidt und setzte sich damals als Generaldirektor dafür ein. Aber die ministerielle Bürokratie des Freistaates litt ebenfalls unter Platzmangel. „Als ich Ministerpräsident Kurt Biedenkopf fragte, was nun werden sollte, schwieg er sich aus. Mein Eindruck war, dass er sich nicht dagegen wehrte, dass sein Umweltminister ins Schloss ziehen wollte. Der Abstand zur Staatskanzlei war so größer." Schmidt stritt damals mit Minister Arnold Vaatz, der mit seinem Umweltministerium einziehen wollte. „Als ich ihn darauf ansprach, entgegnete er nur, dass ja im Südflügel schon immer Verwaltung gesessen habe, so könne es auch jetzt wieder sein. Und wenn die Regierung irgendwann genug Platz hätte, könne er ja wieder ausziehen." Der CDU-Politiker Vaatz sitzt heute als Abgeordneter im Bundestag, die Kunstsammlungen im Südflügel.

Bis 2003 die Direktoren und die Mitarbeiter der Werkstätten des Grünen Gewölbes, der Rüstkammer und des Kupferstich-Kabinetts, der Kunstbibliothek, der Verwaltungsdirektion, des technischen Dienstes und der Generaldirektion der Staatlichen Kunstsammlungen, einzogen, vergingen insgesamt neun Jahre. 2002 fielen an der Außenfassade die letzten Gerüste, der Innenausbau war seit 2002 in vollem Gange. Die einstige

Im Vordergrund des Ensembles der Südflügel, wo die Verwaltung der Kunstsammlungen sitzt.

Das Treppenhaus im Südflügel führt in die Verwaltungsdirektion der Kunstsammlungen.

Residenz wirkte nun ungestört und in alt-neuer Schönheit in den historischen Stadtraum hinein. Die hohen Ziergiebel, die roten Dächer, der Erker, die behelmten Ecktürme. 1999 war der Rohbau des gesamten Südflügels fertig, die Fassade gegenüber dem Taschenbergpalais abgeschlossen, der neobarocke Eckturm an der Schlossstraße weitgehend saniert. Er hielt die Bauleute länger auf, als ihnen lieb war. Große Teile der Sandsteinverkleidung mussten ausgewechselt, die Balustrade erneuert werden. Im Erdgeschoss des Turmes befand sich früher eine kleine Polizeiwache. Heute kann der Besucher dort Souvenirs kaufen.

Ende 1996 waren alle Seiten des Schlosses bis auf den Ostflügel wieder hergestellt. Unübersehbar war das. Auch an der Schlossstraße. Heller Sandstein fügte sich plötzlich zu den Ziergiebeln, geschmückt mit Voluten, pyramidenförmigen Eckspitzen und Bekrönung. Ausgeführt war der hochgesteckte, über zwei Geschosse reichende, Erker. Schlanke, in fließende Gewänder gehüllte Gebälkträgerinnen, so genannte Karyatiden, tragen die Steinlast. Fotoansichten ermöglichten die originalgetreue Rekonstruktion, die Steinbildhauer der Sächsischen Sandsteinwerke Pirna nach Modellen von Bildhauern ausführten. 1996 hatten die Bauleute knapp die Hälfte des Flügels fertig, das Dach stand, war eingedeckt vor dem Winter. Haube und Spitze waren auf den Außeneckturm an der Schlossstraße aufgesetzt worden, der Turm saniert und zum Teil abgerüstet. Als die Handwerker die kupferne Haube ein Jahr zuvor abnahmen, schien sie noch ziemlich intakt. Aber der Schaft war zerstört, statische Verbesserungen dringend nötig.

Der Eckturm am Südflügel zeigt heute die ursprüngliche Fassade des 19. Jahrhunderts.

Als die Arbeiten 1994 am Südflügel begannen, war es ähnlich wie überall im Schloss. Meterdicke Mauern, gerissene Bögen, gespaltene Steine. Von Geschoss zu Geschoss nahm das Ausmaß der Zerstörung zu. Schwarze Brandspuren. Ein Teil der Bausubstanz, besonders in den oberen Geschossen, fiel dem Abbruch zum Opfer. Das Erdgeschoss wurde weitgehend entkernt. Es blieben nur die Außenwände, die Hofwand und tragende, aussteifende Konstruktionen. Das Gewölbe im Erdgeschoss bereitete einige Mühe, auch die Kreuzgewölbe an der Schlossstraße. Bis zum Frühjahr 1997 waren sie saniert. Komplizierte Fundamente waren nötig, neue Gründungen, um den Flügel zu stabilisieren. Mauerwerk, das auf den ersten Blick brauchbar aussah, erwies sich als morsch und bröcklig. Jeder Quadratmeter musste gründlich untersucht werden, brüchige Mauerteile entfernt werden. Das hatten die Bauleute so nicht erwartet, gehört doch der Südflügel, mit seinen rund 100 Jahren, zu den jüngsten Baufehlern des Schlosses. Da war mehr Güte und Solidität erwartet worden. Offenbar hatten die Baumeister von einst bei der Schlosserweiterung zur Jahrhundertwende unter starkem Zeitdruck gestanden.

Das Taschenbergpalais

Das Taschenbergpalais war ursprünglich das Privathaus der Gräfin Cosel, der Mätresse Augusts des Starken.

Als der Freistaat, als Eigentümer der ehemaligen sächsischen Thronfolgeresidenz, am 6. September 1991 mit der Advanta Management AG Frankfurt am Main, den Erbaurechtsvertrag für das 6.400 Quadratmeter große Grundstück auf 99 Jahre abschloss, war klar, dass das Gebäude als Hotel wieder aufgebaut werden sollte. Erhebliche Teile der originalen Substanz waren noch erhalten. So erinnert sich Gerhard Glaser: „Es standen, dank der Mauerkronenkonservierung 1952, sämtliche Außenwände des Hauptgebäudes mit ihren Stuck- und Putzdekorationen, mit der Mehrzahl der Gewölbe der Vestibüle und Gänge im Erdgeschoss und mit Teilen des barocken Haupttreppenhauses. Alle Umfassungsmauern des östlichen Ehrenhofes waren erhalten, ebenso seine Einfriedung aus reich geschmiedetem Gitterwerk. Der einst prachtvolle große Innenhof zeigte neben der Südwand des Hauptvordergebäudes noch die Westwand des östlichen Seitengebäudes und die plastisch reich durchgestaltete Nordwand des Haupthintergebäudes. Vom Ostflügel waren West-, Nord- und Ostfassade sowie viele Teile seiner Westwand und innere Querwände erhalten. Die Keller waren, mit Ausnahme der entlang der Kleinen Brüdergasse, sämtlich wiederverwendungsfähig."

Bereits im April 1994 gab es, gegenüber dem Südflügel am Taschenbergpalais, die erste große Party. Der Flügel zum Zwinger präsentierte sich rohbaufertig, die Dachkonstruktion stand, die Zierschornsteine waren gesetzt. Im Rohbau abgeschlossen war auch die, in vier Geschossen untergebrachte, Tiefgarage. Den Nordflügel hatten die Bauleute vom alten Putz befreit. Befreit vom Stahlkorsett war auch das Kostbarste des Palais, das Hauptvordergebäude. Mit rasanter Geschwindigkeit entstand aus den Ruinen ein Luxushotel. Am 6. November 1992 fand der erste Spatenstich statt, am 30. Juni 1993 die Grundsteinlegung und schon am 14. April 1994

das Richtfest. Eröffnet wurde das Hotel am 31. März 1995. Mehr als 100 türkische Bauarbeiter des Unternehmens Mogan waren beim Rohbau eingesetzt. Insgesamt arbeiteten zu mancher Zeit bis zu 300 Bauarbeiter gleichzeitig.

Ganz ohne Pannen ging das nicht ab. Große Partien des alten Simses stürzten damals ab, knapp 19 Meter, und am Tag darauf noch einmal einige Meter. Eberhard Sturm, von der Baufirma Strabag speziell für den Denkmalschutz eingesetzt, sagte: „Wir haben den Absturz sehr bedauert. Inzwischen sind wir klüger." Die Bauleute setzten Anker in den Sandstein ein. „Wir haben die obere Schicht des Simses, die nicht mehr verwendbar war, abgetragen und den größten Teil des Simses mit dem Mauerwerk verankert. Da wird nichts mehr herunterfallen." Der abgestürzte Sims allerdings war nicht mehr zu retten.

Bernd Dressel, Prüfingenieur für Baustatik, meinte: „Da die alte Bausubstanz nicht in der Lage war, die erhöhte Belastung aufzunehmen, die im wesentlichen aus dem größeren Eigengewicht des Stahlbetondaches, den hohen Lasten durch Badebecken und Technikräume im Dachgeschoss und den teilweise erheblich größeren Deckenspannweiten resultierten, wurde ein Tragwerkskonzept entwickelt, bei dem auch im Bereich der alten Bauwerksteile konsequent neue Tragglieder zur Lastenübertragung eingesetzt wurden." Stahlbetonstützen setzten die Bauleute der Strabag beispielsweise an den Außenwänden des Nord- und Ostflügels innenseitig ein. Wo dies aus Gründen der historischen Innenarchitektur nicht möglich war, wurden sie in Schlitze eingefügt, die in das historische Mauerwerk eingearbeitet worden waren. Das Haupttreppenhaus entstand wieder in seiner ursprünglichen Form. Die doppelläufige Treppe, die Balustraden, die Gewölbe, alles was die Bedeutung der Halle ausmachte, wurde nachgestaltet. Neu gemauert wurden auch die zerstörten Kreuzgewölbe. Eberhard Sturm: „Ein hoher Aufwand, denn sie werden letztlich verputzt. Niemand wird das gemauerte Ziegelmauerwerk mehr sehen, aber die Denkmalpfleger wollten es so." Die diskutierten 1994 auch über die Farbgebung des Palais. 450 Farbtöne spürten sie in der Ruine auf, 50 wurden chemisch analysiert. Schnell stand fest, dass der kostbarste Teil des Palais, das Hauptgebäude zum Schloss, farblich besonders akzentuiert werden sollte: Grau, Ocker und leichte, helle Gelbtöne wurden differenziert gestrichen. Wie eine Fata Morgana leuchtete es damals zwischen dem sandsteinfarbenen Zwinger und dem Schloss.

So entstand schnell, aber dennoch in sorgfältiger Kleinarbeit, einer der größten und bedeutendsten Palaisbauten des alten Dresden wieder. Das Hotel verfügt über 188 Zimmer und 25 Suiten, vier Restaurants, Konferenzräume, einen Ballsaal sowie eine Einkaufpassage und Galerie. 160 Kellner, Köche, Techniker, Portiers und andere Hotelfachangestellte wurden 1994 eingestellt. Nach der Eröffnung kamen an den Wochenenden bis zu 8.000 Neugierige. Sie quollen durch die Drehtür, hangelten sch an der Absperrkordel entlang, um das Haus von innen zu sehen, in den stillen Hof mit seinem Figurenschmuck zu blicken, einmal in eben jenem berühmten Treppenhaus zu stehen, das nur die erste Hausherrin, Gräfin Cosel, so gekannt hatte.

1990 standen nur die Fassaden, fünf Jahre später wurde in dem Gebäude ein Luxushotel eröffnet.

1963 wurde die Ruine des Kanzleihauses von der Stadtverwaltung abgerissen.

Das Kanzleihaus

51 Jahre nach seiner Zerstörung fiel die Entscheidung: Das Bistum Dresden-Meißen bekam 1996 das Grundstück zwischen Stallhof, dem Johanneum und der früheren Kanzleigasse, vom Freistaat Sachsen für das frühere Geistliche Haus in der Schlossstraße 32, das König Friedrich August I. 1821 der Hof- und Pfarrgeistlichkeit und anderen Einrichtungen der katholischen Kirche in Sachsen unentgeltlich zugewiesen hatte, aber nun nicht mehr zur Verfügung stand, zugesprochen. Vertraglich verpflichtete sich das Bistum damit, das ehemalige Kanzleihaus denkmalgetreu wieder aufzubauen. Das Bundesland Sachsen gab 19 Millionen Mark für den 24 Millionen Mark teuren Bau dazu, als Augleich für die geringere Grundstücksfläche und die bisher entgangene Nutzung.

Nach der Wiedervereinigung hatten die neu gebildete sächsische Regierung und das Bistum über dessen Rechte an einem geistlichen Zentrum in der Landeshauptstadt verhandelt. Das Ergebnis war gleichzeitig eine baugeschichtliche Zäsur der Nachkriegszeit. Denn der Wiederaufbau der historischen Gebäude der Innenstadt gründete sich bisher, ob beim Zwinger, der Semperoper, dem Taschenbergpalais oder dem Kernbereich des Schlosses, auf die vorhandenen Ruinen. Selbst bei der Frauenkirche traf dies im weitesten Sinne zu, selbst wenn hier die vorhandene Bausubstanz, im Vergleich zu den anderen Denkmälern, gering war. Das Kanzleihaus wies 1996 den Weg, der später beim Aufbau der historischen Leitbauten am Neumarkt fortgesetzt werden sollte.

Dem gingen lange Diskussionen um den Wiederaufbau voraus. Denn auf das älteste Verwaltungsgebäude Dresdens deutete zu ebener Erde nichts mehr hin. Nach der Zerstörung 1945 ließ die Stadtregierung 1963 die noch bis zum Hauptsims stehende Ruine bis auf das zugeschüttete Kellergeschoss abtragen. In der DDR bestand keine Absicht zum Wiederaufbau des historischen Gebäudes. Das sollte sich jetzt ändern. Im Erdgeschoss wollten die Bauherren die Raumstruktur der Renaissance wieder entstehen lassen. Die Frage stand, wie sinnvoll es sei Architekturvergangenheit wieder heraufzuholen, die seit langem nicht mehr existierte? Ordinariatsrat Johannes Hübner damals: „Wir hatten in diesem

1996 bekam das Bistum das Grundstück und baute das Gebäude original wieder auf.

Umfeld keine Alternative. Neben Schloss, Georgentor und Stallhof soll kein Bau in moderner Architektur stehen. Das würde in dieses historische Herzstück nicht passen." Und Bernd Nixdorf, der geschäftsführende Gesellschafter der Nixdorf Consult aus Gerlingen, der mit der Planung und Vorbereitung des Projektes beauftragt wurde, meinte: „Wir wissen, dass die Wiederaufführung eines versunkenen Gebäudes sehr problematisch ist und auch in Dresden zum Teil kontrovers diskutiert wird. Aber wir werden beweisen, dass ein solcher Rückgriff vertretbar ist." Er war sich sicher, dass in ein paar Jahren kein Mensch mehr darüber debattieren werde. Und in der Tat, heute steht es da, als wäre es nie weg gewesen, fast unscheinbar, keiner nimmt Anstoß, sondern es wird genutzt. Im Übrigen verschwanden mit dem Bau die seit den 60er Jahren auf dem Platz stehenden Baubaracken und der Blick auf das ansehnliche Schloss war endlich wieder frei.

Den Anfang bildeten auch hier archäologische Grabungen. Landesarchäologin Judith Oexle damals: „Das Kanzleihaus saß auf älteren baulichen Strukturen auf beziehungsweise integrierte sie in den Neubau. Dies gilt vor allem für zwei tonnengewölbte Keller. Darüber hinaus konnten eine Kloake, Fundamentmauern und Teile von weiteren Kellern freigelegt werden. Sie gehören zur spätmittelalterlichen Bebauung." Im September des Jahres 1997 begann der Bau. Die Bodenplatte wurde gegossen.

Im Mai 1998 feierte die Gemeinde Richtfest, im März 1999 eröffnete Bischof Joachim Reinelt das neue Haus der Kathedrale. Bauherren und Denkmalschützer fanden zu gegenseitigen Kompromissen. Eine Tiefgarage durfte gebaut werden. Über die zwei Wendelsteine in den Hofecken des Kanzleigäßchen-Flügels wurden die drei Vollgeschosse wie einst erschlossen. Die vorhandenen Tonnengewölbe blieben. Die ursprüngliche Sgraffito-Malerei stand nicht mehr zur Debatte, die Ziergiebel allerdings führte man in voller Größe und Gestalt aus, die Fassade hell. Am Durchgang zum Georgentor entstand ein Bücherladen, außerdem ein Gemeindesaal, ein grüner Hof, acht Wohnungen für Mitarbeiter der Dompfarrei, einige Kinderspielräume, ein Archiv, Büros für den Pfarrer und den Bischof.

Der Ostflügel

~ 1997 überdeckte die Englische Treppe ein Notdach. Es wirkte lange symbolisch wie eine Verzweiflungstat. Drei Seiten des Residenzschlosses präsentierten sich inzwischen mit ihren wieder gewonnenen Fassaden, den Türmen, dem Schmuck. Doch am Ostflügel wollte und wollte es nicht weiter gehen. Viele Jahre. Im Oktober 1999 herrschte sogar plötzlich völlige Ruhe. Die Baustelleneinrichtungen wurden abgezogen. Die Planer von AIT sprachen von Problemen mit dem sächsischen Hochbauamt. Dort schwiegen sich die Verantwortlichen zunächst aus. Dietmar Kunze von der AIT Bauplanung GmbH damals: „Wir haben eine Vereinbarung über unsere Leistungen mit dem Staatshochbauamt. Eine Modifizierung des Vertrages erfolgte bisher nicht, leider auch kein weiterer Leistungsabruf. Lediglich im Kleinen Schlosshof sind wir noch gefragt." AIT klagte vor dem Sächsischen Landesgericht gegen den Freistaat. Der siegte in erster Instanz. AIT zog vor das Oberlandesgericht.

Oberbauleiter Gottfried Ringelmann von Heilit + Woerner schaut verbittert auf diese Zeit zurück. „Unsere Geschäftsführer hatten meines Wissens einen Vertrag, der sich auf die äußere Wiederherstellung, also die gesamte Wiederherstellung, des Schlosses bezog. Damit war wohl auch der Ostflügel gemeint. Aber plötzlich war alles anders. Und plötzlich sollte uns nachgewiesen werden, dass unsere Aufmaße falsch waren und wir zu viel Bauleistungen abgerechnet haben. Es ging um insgesamt 20 Millionen Mark, die dem Hochbauamt fehlten." Niemand sagte es offen, aber es sprach sich schnell herum, dass man dort nach mehr als zehnjähriger Bautätigkeit überteuerte Abrechnungen gefunden hätte. Rückforderungsansprüche gegen Heilit + Woerner folgten. Für den Dresdner Baufachmann, der am Kulturpalast mit gebaut hatte, an der Semperoper, an der Gemäldegalerie und bis zum damaligen Zeitpunkt am Schloss, war es das Ende. „Ich könnte mich heute noch schwarz ärgern, dass uns Gutachter tatsächlich nachwiesen, dass einige unserer Maße nicht ganz exakt waren. Der Unterschied war nur, die Gutachter maßen jetzt dort, wo alles fertig war, wir hatten eine Ruine vermessen."

Im März 2000 herrschte fast völlige Stille auf der Paradebaustelle des Freistaates. Nur gelegentlich

schoben ein, zwei Männer Schubkarren voller Schutt. Kopfschütteln. Kein Kommentar. Im Großen Schlosshof Leere, auch im Kleinen Schlosshof, im Südflügel. Im Ostflügel gruben Archäologen. Thomas Westphalen vom Landesamt für Archäologie beeilte sich zu betonen, „dass eventuelle Bauverzögerungen nichts mit der Ausgrabungen zu tun haben. Die Termine sind mit dem Bauherren abgestimmt."

Der Niederlassungsleiter vom sächsischen Immobilien- und Baumanagement, Ludwig Coulin, stellt rückschauend auf die Zeit fest: „Vieles vom Beginn des Baus Anfang der 90er Jahren vertrug sich nicht mehr mit der neuen Rechtslage und auch den Vorgaben der Europäischen Union. Wir konnten uns nicht mehr an ein einziges Planungsbüro beziehungsweise einen Generalauftragnehmer binden, sondern mussten die Leistungen einzeln ausschreiben, europaweit. Davon kann man halten, was man will, aber es ist rechtlich korrekt." Zudem habe man nach Jahren auch Bauleistungen hinterfragen, Unregelmäßigkeiten aufklären müssen. Neue Partner wurden gefunden, für den Ausbau des Südteils, beispielsweise das Büro Dissing und Weitling aus Kopenhagen, später, im Jahr 2004, Peter Kulka als Architekt für den Ostflügel. 2001 wurden die Arkaden im Kleinen Schlosshof fertig gestellt, der Bau am Großen Schlosshof ging weiter, das Starcke-Rundbogenportal, das den Großen mit dem Kleinen Hof verbindet, konnte wieder bewundert werden. Die Kartusche mit den Kurschwestern ist neu entstanden, auch die doppelten Wandpfeiler mussten frisch gefertigt werden. Das schmiedeeiserne Gitter befindet sich wieder über dem Architrav. Und über dem mittleren Fenster schaut ein neuer Januskopf in den Großen Schlosshof.

Heute ist das Schloss äußerlich geschlossen. Der Ostflügel ist im Großen Schlosshof bis zum Dach gemauert. Zur Schlossstraße hin steht der Rohbau. Gut zu sehen sind die beiden Ziergiebel. Oben erhebt sich die mächtige Stahlkonstruktion für den Riesensaal, der in seinen ursprünglichen Abmaßen wieder entstand. Dresdner und auch ihre Gäste laufen auf und ab, sehen nach oben, erahnen, was da geschieht. Hinter der schlichten Fassade verbergen sich Mauern, die bis in das 15. Jahrhundert zurückreichen. Auch das Erdge-

Verblüffende Ansichten bot die immer umstrittene Bresche im Ostflügel, die wieder geschlossen wurde.

Im März 2004 ragten noch Kabel zwischen den neuen Fußbodenplatten aus italienischem Sandstein im Dinglinger-Saal hervor.

schoss steht komplett, der ehemalige Durchbruch ist geschlossen. Im Inneren, kurz vor dem Georgentor, sind die vier Joche der spätgotischen Pfeilerhalle sowie die rippengewölbten Räume herrlich zu sehen. Baugeschichte zum Greifen nahe, im rohen Zustand. Dass hier eine Ausstellung zur Geschichte des Schlosses entstehen soll und ein Café, erscheint inzwischen möglich. Ludwig Coulin beschreibt es mit Begeisterung. „Sehen sie sich diese Mauern an, die verschiedenen Zeichen der unterschiedlichsten Baumeister. Vielleicht sollte man es in diesem puren Zustand belassen, um Baugeschichte erlebbar zu machen". Vielleicht. Die Debatten darüber laufen. Aber Coulin weiß, dass er auch hier zwischen vielen Auffassungen steht. Da sind die Denkmalpfleger, die ihn für die erneute Überbauung des Torhauses schelten, da sind die neuen Nutzer mit ihren Anforderungen und die Besucher mit ihren hohen Erwartungen. Als beispielsweise im April 2004 die Schlossbaustelle zu einem Tag der offenen Tür einlud, kamen über 5.000 Besucher.

Restaurator Hans Kazzer hatte damals mit vielen Gästen gerechnet. Es würde Liebhaber geben, die sich das erste Rendezvous nach Jahren nicht entgehen lassen wollen, dachte er. An jenem 10. April, einem Sonnabend, war der 63-Jährige schon am Morgen verblüfft. Bereits kurz vor acht Uhr kamen die ersten Neugierigen. Noch bevor um zehn Uhr die Tore öffneten, wuchs die Warteschlange auf mehrere hundert Meter an. Vom Taschenbergpalais bis zur Kathedrale reichte der Pilgerstrom. Durch den Bärengartenflügel zogen die Besucher in den Kleinen Schlosshof. Eine Ahnung wollten sie bekommen von den restaurierten Mauern, wollten aber auch sehen, was das für ein Platz ist, wo im Sommer das Staatsschauspiel „Romeo und Julia" spielen wollte. Ludwig Coulin gab bereitwillig Auskunft, erzählte, dass es auch im Großen Schlosshof zwischen Ostflügel und Westflügel Theater geben werde. Irgendwann. Wie in Verona werde das. Vielleicht noch schöner. Kazzer konnte von seinem Fenster aus die Menschen sehen. Auch, wie sie sich im Großen Schlosshof unter die Planen der Ausgrabungen beugten, wie sie auf Bauschutthügel kletterten, um die schönste Perspektive zum Fotografieren zu bekommen. Wie sie auf Bretterbrücken balan-

cierten, um sich dann die enge Wendeltreppe hinaufzuschieben. Irgendwann waren die Menschen bei ihm in seiner Restaurierungswerkstatt. Staunen, Raunen, Fragen. Kazzer, einer der vielen, vielen Restauratoren stand stellvertretend für seine Kollegen Rede und Antwort. Dann sagte er plötzlich: „Man muss verliebt sein." Und seine Hände formten den Körper barocker Figuren nach. Verliebt in die Formen. 750 Stunden arbeitete er an der Nachbildung eines Tisches, ein vergoldetes Kunstwerk von Benjamin Thomae. Einst trug es im prächtigen Juwelenzimmer des Grünen Gewölbes den monumentalen obeliscus augustalis. Kazzer erzählt davon und vom Aufbau des Schlosses. „Das ist ein Wunder, was hier passiert."

Auch der Rentner Werner Schmidt sieht das so. Oft ist der ehemalige Generaldirektor am Schloss. Sieht heimlich oder ganz offiziell zu, was da geschieht. Freut sich. Ärgert sich. Dass das Torhaus jetzt überbaut wurde, ist sein Ärger und dass der Kleine Schlosshof überdacht werden soll und dass die mittelalterlichen Gewölbe unterhalb des Nordflügels nicht für eine mittelalterliche Sammlung genutzt werden können. Oder es ärgert ihn, dass der Treppenaufgang zum Neuen Grünen Gewölbe von außen durch die Fenster zu sehen ist, erst recht abends, wenn er beleuchtet ist. „Ärgerlich, ohne Stil. Aber das kann man ändern. Irgendwann." Aber es sind Details, die der Kunstliebhaber nicht mag. Wenn er jedoch an die Ruine des Residenzschlosses zurück denkt, so ist er glücklich darüber, dass die Mitte der Stadt endlich wieder steht, dass die sächsische Schatzkammer ihre Schatulle wieder hat. „Das ist es, was wirklich zählt", sagt Werner Schmidt.

Im Juli 2006 wurde das Dach geschlossen. Alles war für das Richtfest des wiedererrichteten Ostflügels vorbereitet.

DAS GRÜNE GEWÖLBE

Über zwei Generationen war das Grüne Gewölbe nur eine schwarz-weiße Erinnerung, die durch, vor dem Zweiten Weltkrieg entstandenen, Fotografien überliefert wurde. Nun ist es in all seiner Pracht und Farbigkeit wieder in das Dresdner Residenzschloss zurückgekehrt. Die bezaubernde Schönheit seiner ebenso virtuosen wie phantasiereichen Kunstwerke laden den Betrachter im Neuen Grünen Gewölbe und im Vorgewölbe zur Bewunderung ein. Die prunkvolle Ordnung einer an Formenreichtum und materieller Pracht überquellenden Sammlung ermöglicht, in dem von August dem Starken konzipierten barocken Gesamtkunstwerk, eine Reise in die Vergangenheit.

Das Schatzkammermuseum im Grünen Gewölbe ist das Ergebnis einer Sammelleidenschaft, die viele Generationen der sächsischen Kurfürsten aus dem Hause Wettin miteinander verband. So konnte August der Starke bereits bei seinem Regierungsantritt 1694 auf eine Vielzahl von Goldschmiedearbeiten, gefasster Edelsteinschalen und Bergkristallarbeiten sowie auf eine prächtige Elfenbeinsammlung zurückgreifen. Als der sächsisch-polnische Kurfürst-König sich 1723 entschloss, seine Schatzkammer neu geordnet öffentlich zugänglich zu machen, hatte er den Staatsschatz noch erheblich vermehrt. August der Starke war ein passionierter Sammler von Pretiosen, jenen kleinen, nur der persönlichen Freude und Unterhaltung dienenden Kunstwerken aus kostbaren Materialien wie Gold, Silber, Edelsteinen und Elfenbein. Derartige Kunstwerke besaßen keinen anderen Zweck, als in der Nahbetrachtung oder gar in der eigenen Hand Freude zu erwecken und als Ausgangspunkt höfischer Konversation zu dienen. In diesem Sinne entstanden die einzigartigen Prunkschalen Johann Melchior Dinglingers, wie auch das Goldene Kaffeezeug oder der Thron des Großmoguls, mit deren Hilfe die Sammlung des königlichen Förderers bereits in ihrer Entstehungszeit alle anderen europäischen Schatzkammern überflügelte. In zwei Bauphasen, 1723 bis 1724 und erneut 1727 bis 1729, entstand in den Räumen des bis dahin Geheimen Staatstresors seine zugängliche Schausammlung, die ebenso einzigartig war, wie die in ihr verwahrten Kostbarkeiten. Erlebbar war diese Folge von acht Schauräumen auf Wunsch Augusts des Starken schon damals in einem geführten Rundgang. Dadurch wurde das Schatzkammermuseum im Grünen Gewölbe zu einem der ältesten Museen der Welt. Ursprünglich begann der Besuch im Bronzenzimmer. Es vereinigte mit über 100 französischen und italienischen Kleinbronzen die Bilderwelt des Barock in einem kleinen Kabinett. Das ebenfalls kleine, marmorartig lackierte Elfenbeinzimmer war bis zum Gesims mit Hunderten gedrechselter und geschnitzter Arbeiten aus Elfenbein gefüllt. Es folgten zwei Räume, die als ständige Silberbuffets dienten: das zinnoberrot lackierte Weißsilberzimmer und das malachitgrüne silbervergoldete Zimmer. Sich in der Spiegelpracht steigernd, waren dort mehrere hundert Prunk- und Repräsentationsgefäße aus Silber und Gold aufgestellt, die 1772 allerdings weitgehend eingeschmolzen wurden. Der große Pretiosensaal mit dem ihm angeschlossenen intimen Eckkabinett enthielt einen unfassbaren Schatz an Pretiosen – Perlfiguren ebenso wie Elfenbeinstatuetten – in Silber und Gold gefassten Edelsteinarbeiten, Bergkristallen, Seeschnecken- und Nautilusschalen sowie Straußeneiern. Im darauf folgenden Wappenzimmer dokumentierten die sächsisch-polnischen Kurfürst-Könige ihren politischen Anspruch, der vom Rhein bis an die Ostsee und an das Schwarze Meer reichte. Der letzte Raum des Rundganges, das Juwelenzimmer, war der Höhepunkt der Raumfolge. Nur in Dresden konnte man eine derart große Fülle und Pracht an Juwelenschmuck sehen. Garnituren aus Diamanten im Brillant- und Rosenschliff, mit Rubinen, Smaragden, Saphiren, Achaten, Karneolen und Schildpatt befanden sich in vier Wandvitrinen. Frei auf kostbar geschnitzten Tischen aber standen die einzigartigen Kabinettstücke des Hofjuweliers Dinglinger.

In keinem anderen Schloss in Europa fand sich damals eine auch nur annähernd umfangreiche und vielseitige Schatzkunstsammlung, die noch dazu in einem dramaturgisch sich steigernden Rundgang emotional erlebt werden konnte. Der überwältigende Zusammenklang zwischen Sammlung und sorgfältig gestaltetem Gehäuse machte den Ruhm des Grünen Gewölbes aus und ließ es in den Augen der Zeitgenossen Augusts des Starken selbst die Tribuna in den Uffizien von Florenz überflügeln. Dass diese Sammlung im Spätbarock entstehen konnte und zudem eine derart vorteilhafte Präsentation erhielt, ist wunderbar; dass sie bis heute erhalten blieb und trotz der Vernichtung Dresdens wieder restauriert und rekonstruiert werden konnte, ist ein Wunder.

Nun ist das Grüne Gewölbe wieder so zu sehen, wie August der Starke es wollte. In das am 13. Februar 1945 bis auf die Grundmauern zerstörte Residenzschloss ist dessen Seele zurückgekehrt. Der Faszination der barocken Schatzkunstsammlung kann man sich nicht entziehen. Wie diese noch heute wirkt, können Sie im Folgenden lesen oder persönlich bei einem Besuch erfahren.

Eine Restauratorin stellt im Juni 2006 Miniaturen auf Konsolen im Pretiosensaal im Historischen Grünen Gewölbe.

KUGEL MIT MUSIZIERENDEM ORPHEUS

NAME	Thomas de Maizière
GEBOREN	1954 in Bonn
BERUF	Bundesminister

THOMAS DE MAIZIÈRE ist seit 1971 Mitglied der CDU. Er studierte Rechtswissenschaften und Geschichte in Münster und Freiburg. In den 80er Jahren bekleidete er Funktionen in der Berliner Senatsverwaltung. Er war Mitglied der Verhandlungsdelegation für den Einigungsvertrag. 1990 bis 1999 gehörte er der Landesregierung von Mecklenburg Vorpommern an, zuletzt als Chef der Staatskanzlei. 1999 übernahm er die Leitung der Sächsischen Staatskanzlei, danach war er nacheinander Staatsminister der Finanzen, der Justiz und des Innern. Seit November 2005 ist er Chef des Bundeskanzleramtes und Bundesminister für besondere Aufgaben. Er wohnt mit seiner Familie in Dresden.

„Bevor ich das Grüne Gewölbe kennen lernte, war ich für Schmuck aus Schatzkammern wenig zu begeistern. Aber die vollendete Art, in der sich in den Schaustücken Kunsthandwerk und Inhalt miteinander verbinden, finde ich sensationell. Besonders beeindruckt mich diese Kombination bei der Kristallkugel mit dem musizierenden Orpheus. Die Verbindung zwischen Orpheus und dem Saturn der Uhr ist spannend: Oben steht der strenge, harte Saturn, der die Zeit beherrscht. Er symbolisiert Ordnung und Pünktlichkeit. Darunter Orpheus, der mit seiner Musik sogar die wilden Tiere bezwingt. Als er seine geliebte Eurydike aus der Unterwelt des Hades befreien möchte, schaut er sich um und scheitert deshalb. Auf den ersten Blick, auch weil er deutlich größer ist, steht Orpheus im Mittelpunkt. Aber er ist eingeschlossen in der Glaskugel. Saturn steht über ihm, ist jedoch etwas kleiner. Die Spannung zwischen der Strenge des Saturns und dem Emotionalen, Spielerischen des Orpheus erinnern mich an den Latein- und Griechischunterricht meiner Schulzeit. Griechisch mochte ich lieber als Latein. Es ist leichter und spielerischer. Bei meinen Lieblingskomponisten Bach und Brahms finde ich diese Spannung ebenfalls wieder. Beides, die nüchterne, strenge Ordnung wie auch das Spielerisch-Musische, gehören zum Leben."

DIE KUGEL MIT MUSIZIERENDEM ORPHEUS und kleinem Uhrwerk wurde in Süddeutschland gefertigt. Der Künstler ist namentlich nicht bekannt. Auftraggeber ist vermutlich Herzog Wilhelm von Bayern. Denn aus seiner Korrespondenz von 1573 geht hervor, dass er eine Orpheus-Kugel bei einem Augsburger Goldschmied bestellt hatte. Im Dresdner Schatzkammerverzeichnis wird die zweigeteilte Orpheus-Kugel 1587 aufgeführt. Die „Geheime Verwahrung" im Grünen Gewölbe galt damals als sicherer Staatstresor des Kurfürsten. Die Bekrönungsfigur des Saturns dient als Aufzug eines waagerecht eingebauten Uhrwerks. Mit seiner Lanze zeigt der Gott das Stundenmaß an.

MARTIN-LUTHER-RING ~~

FABIO LUISI Nach einem Klavierstudium und dem Kapellmeisterdiplom begann Fabio Luisi seine Dirigentenlaufbahn 1984 als Studienleiter und Kapellmeister am Opernhaus Graz und erregte schnell die Aufmerksamkeit der internationalen Musiktheaterszene. 1990 gründete Luisi das Grazer Symphonische Orchester. Als ständiger Gast arbeitet er mit den weltbesten Orchestern. Seit 1999 steht er dem Sinfonieorchesters des Mitteldeutschen Rundfunks Leipzig vor und wird ab 2005 zusätzlich Chefdirigent der Wiener Symphoniker. Im Juni 2007 wird er die Funktionen als Generalmusikdirektor der Sächsischen Staatsoper Dresden und als Chefdirigent der Dresdner Staatskapelle übernehmen.

- **NAME**
  Fabio Luisi
- **GEBOREN**
  1959 in Genua
- **BERUF**
  Chefdirigent

„Ich war unter den Ersten, die das Grüne Gewölbe besuchten, als es im Schloss wiedereröffnet wurde. Dort habe ich den Lutherring für mich entdeckt. Seine Einfachheit und die innere Ausstrahlung haben mich bewegt. Ich fand es schön, dass Luther in diesem Ring ein Symbol der Einfachheit sah – ganz im Gegenteil zum Katholizismus. In einem Siegelring sind selbstverständlich keine Edelsteine eingearbeitet, die Reduktion auf einen schlichten Stein hat mich angesprochen. Vor einem Jahr habe ich mir eine Nachbildung dieses Rings aus der Sonderedition der Juweliere Leicht in Dresden gekauft. Ich trage ihn manchmal. Dass ich mit dem Kauf dieses Rings gleichzeitig einen guten Zweck verfolgen konnte, weil ein Teil des Kaufpreises der Restaurierung des Grünen Gewölbes gestiftet wird, fand ich gut. Denn das Grüne Gewölbe ist ein Teil der großartigen Kultur, die Dresden zu bieten hat. Es ist Zeuge einer Zeit, die an der Schwelle stand zwischen großartigem Handwerk und Kunst. Man sieht an den Ausstellungsstücken so genau, mit wieviel Zeit, Mühe, Geduld und Leidenschaft sie gefertigt wurden. In der Kunst ist Geduld eine absolute Notwendigkeit. Im Bereich der Musik wird heute mehr geprobt als vor hundert Jahren. Wir wünschen Perfektion. Insofern ist die Arbeit der Künstler von damals mit der heutiger Musiker vergleichbar. Fehlt der Tugend der Geduld aber die Leidenschaft, dann bringt man keine Kraft."

MARTIN-LUTHER-RING Der goldene Siegelring ist ein Geschenk des Herzogs Johann Friedrich an Martin Luther. Der Stein mit dem eingeschnittenen Wappen Luthers ist ein Karneol. Der Urenkel Luthers überließ den Ring vor 1652 dem Kurfürsten Johann Georg I. als Geschenk und erhielt dafür das Rittergut Hohburg. Daran ist zu ermessen, wie hoch der ideelle Wert des Ringes anzusetzen ist. Nach dem Tod des Kurfürsten kam der Ring zur Sächsischen Kunstkammer, aus der ihn 1679 Johann Georg II. entnahm. 1733 wird er im Inventarium der Königlichen Juwelen im Grünen Gewölbe verzeichnet und blieb dort bis heute.

~~ SEE-EINHORN ALS TRINKGEFÄSS

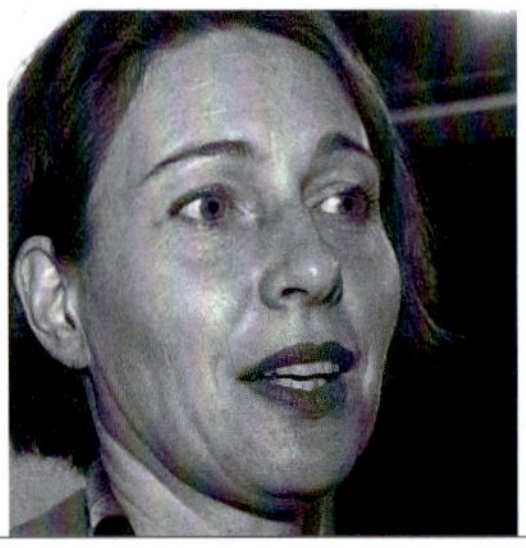

~ **NAME**
Annette Jahns
~ **GEBOREN**
1958 in Dresden
~ **BERUF**
Sängerin und Regisseurin

ANNETTE JAHNS studierte an der Dresdner Musikhochschule „Carl Maria von Weber" Gesang. Nach ihrer weiteren Ausbildung am Opernstudio der Sächsischen Staatsoper Dresden war sie von 1986 bis 1999 Mitglied des Solistenensembles der Semperoper. 1998 begann sie mit eigenen Inszenierungsarbeiten. Seit 1999 freischaffend, gastiert sie als Opern-, Konzert- und Liedsängerin in ganz Europa. Ihrem Debüt bei den Bayreuther Festspielen im Jahr 2000 folgten 2002 die Salzburger Festspiele, 2003 die Scala di Milano und 2005 das Theatre de Chalet Paris. Mit der Dresdner Musikhochschule verbindet sie weiterhin eine Lehrtätigkeit.

„Das Einhorn ist als Fabelwesen über die ganze Erde verbreitet zu finden. Seinen Ursprung hat es, wie so vieles, in der griechischen Mythologie. Geschichten um dieses Wesen, das es nicht gibt, verbreiteten sich von China über Persien, Indien bis hinein in die christliche Welt. Es verkörpert verschiedene Tugenden wie magische und heilende Kräfte, Sanftmut und Übersinnlichkeit und ist in der Kunst oft das Symbol für Jungfräulichkeit, im Mittelalter das Zeichen für die Jungfrau Maria. Nun haben wir aber hier ein Doppelwesen, wie ein Zentaur. Ein See-Einhorn, welches mit seinem Muschelkörper über das Wasser zu gleiten scheint. Dreimal Weiblichkeit: das Wasser, das jungfräuliche Einhorn und die sinnliche, wissende, bewahrende Muschel. Der kleine Neptun scheint das alles zähmen und beherrschen zu wollen… Wie in jedem Kunstwerk kann man spekulieren, forschen, Geschichten erfinden. Der Künstler gibt uns Rätsel auf und das in einem Gebrauchsgegenstand! Als wollte er den Trinkenden nicht nur durch den Inhalt, sondern auch mit der Form des Gefäßes verzaubern und stärken. Wer baut mir solch ein Muschel-Einhorn?"

SEE-EINHORN ALS TRINKGEFÄSS In den für die Goldschmiedekunst besonders fruchtbaren Jahrzehnten um 1600 war es beliebt, seltene Naturmaterialien wie Seeschnecken- und Nautilusschalen in phantasievoll geformte Silberfassungen einzufügen oder in ideenreiche Trink- und Scherzgefäße einzuarbeiten. Trinkgefäße dieser Art besaßen einen hohen Unterhaltungswert, erforderten aber auch große Geschicklichkeit in der Handhabung. Denn die Tücken mancher Trinkgeschirre erschlossen sich erst bei genauer Betrachtung und die eingearbeiteten Kleinode des Meeres waren sehr fragil und empfindlich. Ob das See-Einhorn als Trinkgefäß genutzt wurde, scheint fraglich, da die Flüssigkeit zwischen Silbermontierung und Schneckenschale herauslaufen würde. Das sorgfältig polierte Seeschneckengehäuse, aus dem der Leipziger Goldschmied Elias Geyer sein See-Einhorn schuf, kommt aus der Südsee. Kurfürst Christian II. erwarb die Goldschmiedeplastik 1602 bei dem Leipziger Händler Veit Böttiger.

ALEXANDER PRINZ VON SACHSEN ist der älteste Sohn von Roberto Prinz de Gessaphe und Maria Anna Prinzessin von Sachsen, Enkelin des letzten regierenden sächsischen Königs, Friedrich August III. Bis zu seinem 11. Lebensjahr wuchs er in Mexiko auf. Nach dem Abitur studierte er in München Betriebswirtschaft. Nach dem Tod seines Vaters musste er 1978 das Studium aufgeben und in den väterlichen Betrieb, eine internationale Logistik-Firma, eintreten. Seit 1980 staatlich geprüfter Zollnotar, betreibt er diese Firma in Mexiko. Mit der Adoption durch seinen Onkel, Maria Emmanuel Markgraf von Meißen, bestimmte ihn dieser zu seinem Nachfolger an der Spitze des Hauses Wettin Albertinische Linie – und somit des königlichen Zweiges. Prinz Alexander von Sachsen ist Berater des sächsischen Ministerpräsidenten und lebt mit seiner Familie in Dresden.

~ **NAME**
Alexander Prinz von Sachsen
Herzog zu Sachsen

~ **GEBOREN**
1953 in München

~ **BERUF**
Berater d. sächs. Ministerpräsidenten

„Wenn man solch einer Ansammlung von Kunstschätzen gegenübersteht wie im Grünen Gewölbe, ist man geneigt, sich dem Großen und Prächtigen zuzuwenden. Aber oft sind nach meiner Erfahrung gerade die kleinen Dinge besonders attraktiv. Bei dieser Kinderrassel kommt hinzu, dass es sich um ein Geschenk zur Geburt meines Urgroßvaters, Friedrich August III., handelt. Das berührt mich natürlich sehr. Mir gefällt der Korallengriff. In den 30 Jahren meines Aufenthalts in Mexiko habe ich beim Tauchen in Atlantik und Pazifik viele Korallenarten bewundern können. Die Goldschmiedearbeit wirkt historistisch. Sie nimmt Bezug auf die Schatzkunststücke der Renaissance. Über dem Korallengriff erhebt sich ein Türmchen, auf dem ein Gebinde aus Ästen und Früchten ruht. Das Wappenband verweist auf die Eltern, Prinz Georg von Sachsen und seine Gemahlin Anna von Portugal. Für mich symbolisiert der feste, burgartige Turm die Stellung der königlichen Familie in Sachsen. Aus der Kontinuität dieser Dynastie wachsen Zweige, Krone und Blüten – Zeichen der Kraft und Lebendigkeit, die Sachsen aus der Beständigkeit der Wettiner schöpft. Bezogen auf mich und meine Familie kann ich sagen: Es war der Glaube an diese Kontinuität, der uns bewog, im Dezember 1989 in die Heimat meiner Vorfahren zurückzukehren. Ich nehme damit die Verantwortung an, die mir mein Onkel, Maria Emanuel Markgraf von Meißen, Prinz von und Herzog zu Sachsen, mit der Adoption übertragen hat."

KINDERRASSEL MIT EINER SPIELUHR Nur entfernt erinnert diese edle Pretiose an ein wahrscheinlich nie genutztes Kinderspielzeug. Die symbolträchtige Kinderrassel des Hanauer Goldschmiedes Friedrich Frank gehört zu den bemerkenswertesten Juwelierarbeiten des Historismus. Die kleine Krone offenbart bei genauerem Hinsehen eine Überraschung: Sie lässt sich aufklappen und enthält eine winzige, noch heute funktionsfähige Spieluhr.

~ HOFNARR FRÖHLICH MIT EULENKOPF

~	**NAME**
	Rolf Hoppe
~	**GEBOREN**
	1930 in Ellrich, Harz
~	**BERUF**
	Schauspieler und Prinzipal Hoftheater

ROLF HOPPE „Träume nicht dein Leben – lebe deine Träume" lautet der Leitspruch Rolf Hoppes, der zunächst als Kutscher arbeitete und danach wie sein Vater das Bäckerhandwerk erlernte. Mit dem Schauspielstudium 1949 in Erfurt beginnt sein Leben als Schauspieler mit Theater-Engagements in Erfurt, Halle und Leipzig. 1962 wechselt er ans Dresdner Staatsschauspiel, das über 20 Jahre lang seine künstlerische Heimstatt wird. Mitte der 60er Jahre ruft die DEFA, und für Rolf Hoppe fängt zudem eine langjährige Beschäftigung vor den Film- und später auch Fernsehkameras an. Schnell avanciert er zu einem gefragten Darsteller. Oft verkörpert Hoppe den Bösewicht, Überzeugend spielt er auch wiederholt den Guten, zum Beispiel in Kinderfilmen und Märchen. International bekannt wird er 1981 in der Rolle des Hermann Göring in István Szabós Spielfilm „Mephisto".

„Ein erster Blick auf die Figur lässt den Betrachter stutzen. Statt der für den Narren typischen Kappe mit Eselsohr und Hahnenkamm trägt Augusts „Königlich-Pohlnischer und Chur Fürstlich Sächsischer Hof Taschenspieler und Kurtzweiliger Rath" Joseph Fröhlich einen Eulenkopf. Schaut man genau hin, findet sich das Narrensymbol des Esels dann auf der silbernen Kette. Esel und Eule gehören zu jenem Wappen, das August der Starke ihm scherzhaft verliehen hat. Sie sind auch Symbole für Torheit und Weisheit und erinnern mich an Erasmus von Rotterdams „Lob der Torheit", das die schöpferischen Kräfte des Narren ins Blickfeld rückt. Er sieht wahre Weisheit in heilsamer Torheit und wahre Torheit ist ihm die eingebildete Weisheit. Leider sind die Narren am Sächsischen Hof ausgestorben. Wenn ich es mir recht überlege, möchte ich das Lob der Torheit auch heute noch gern anstimmen. Humor ist in meinen Augen Lebenshilfe und ein guter Weg zur Erkenntnis. Die Suche nach dem Lachen hat meine Berufswahl bestimmt. Mit fünfzehn, nach dem Krieg, wollte ich wieder lachen lernen. Und das Lachen zu anderen Menschen bringen. Eigentlich wollte ich Clown werden, ein Clown zu Pferde. Die Narrenrollen sind mir heute noch die liebsten. Vor allem in den Stücken Shakespeares, weil mir die philosophische Seite seiner Narren so gut gefällt. In meinem Hoftheater würde ich die Narretei gern wieder aufleben lassen. Denn August der Starke hatte Recht: Ein Tag ohne Lachen ist ein verlorener Tag. Auch wenn für das große Dresden alles bei August dem Starken beginnt, für mich beginnt es bei seinem Narren, der, wie ich, dem Lachen hinterhergelaufen ist. Daher meine Sympathie zu ihm."

HOFNARR FRÖHLICH MIT EULENKOPF Der Schöpfer der kleinen Statuette ist namentlich nicht bekannt. Sicher ist nur, dass der „Hofnarr Fröhlich mit dem Eulenkopf" am 2. August 1731 an das Grüne Gewölbe geliefert wurde, vermutlich von einem Dresdner Künstler.

~~ SCHNITZARBEITEN J. J. KAENDLERS

- **NAME**
  Hermann Krüger
- **GEBOREN**
  1935 in Berlin
- **BERUF**
  Architekt

HERMANN KRÜGER Der gelernte Mauerer und Zimmermann Hermann Krüger studierte Architektur/Städtebau in Dresden. Noch als Student war er an Plänen für ein „Museumskombinat" im Schloss beteiligt. Bis 1967 als Architekt und Bauleiter in der Zwingerbauhütte Dresden tätig, leitete er unter anderem den Wiederaufbau des Albertinums. In seiner Dissertation „Die museale Adaption des Baudenkmals" entwickelt er die theoretische Konzeption für den Wiederaufbau des Residenzschlosses als Museumskomplex. Mit dem Auftrag der Einrichtung von Schloss Albrechtsburg in Meißen begann seine freiberufliche Tätigkeit als Museumsgestalter.

„Im Grünen Gewölbe gilt meine Begeisterung weniger dem Einzelobjekt, als vielmehr der Gesamtkonzeption. Der Pretiosensaal ist in meinen Augen ein wirkliches Meisterstück, das Architektur in höchster Vollendung zeigt. August der Starke, ein sehr fähiger Architekt, fertigte von eigener Hand Pläne für ein Schatzkammer-Museum, das in dieser Form damals einzigartig war und versammelte zu deren Ausführung eine Reihe der begabtesten Künstler dieser Zeit an seinem Hof. Einer davon war der junge Johann Joachim Kaendler, der später als Modelleur der Meißner Porzellanmanufaktur berühmt wurde. In einer der figürlichen Konsolen im Eckkabinett erkennt Joachim Menzhausen, ehemaliger Direktor des Grünen Gewölbes, Kaendlers künstlerische Handschrift. Das Raumkonzept der Präsentation im Grünen Gewölbe folgt zwei raffinierten Regeln: Die wichtigsten Objekte sind so platziert, dass man sie von drei Seiten betrachten kann. Die zweitwichtigsten finden sich im Schaubereich. Die Anordnung auf den Konsolen fügt sie zum barocken Raumensemble. Durch die Spiegel können auch die auf den Konsolen präsentierten Kunstwerke vom Betrachter räumlich wahrgenommen werden. Selbst weniger bedeutsame Schaustücke werden im oberen Bereich präsentiert. So tragen auch sie bei zu jenem einzigartigen Gesamteindruck, der den Besucher bezaubert und betört. Zur Zeit Augusts des Starken war das Grüne Gewölbe darüber hinaus Ausdruck der höfischen Art, mit dargebotener Pracht wirtschaftliche Macht und Zahlungsfähigkeit unter Beweis zu stellen."

SCHNITZARBEITEN JOHANN JOACHIM KAENDLERS Es ist nicht mit Sicherheit zu sagen, welche der Schnitzarbeiten in den Räumen des Historischen Grünen Gewölbes Kaendler zuzuschreiben sind. Dass er als Geselle von Benjamin Thomae ab 1723 sechs Jahre im Grünen Gewölbe gearbeitet hat, belegt ein Schreiben Kaendlers von 1734, in dem er die „besondere Gnade" erwähnt, „in die sechs Jahre lang in dem sogenannten Grünen Gewölbe viele Ornamente zu verfertigen".

~ KUGELLAUFUHR

GÜNTER HÖRIG ist „Urdresdner". Das Studium an der Hochschule für Musik beendete er mit dem Kapellmeisterexamen. Von 1950 an war er Solopianist der „Dresdner Tanzsinfoniker", deren Leitung er 1953 übernahm. Für Rundfunk, Schallplatten- und Filmproduktionen wurde das Ensemble mit zahlreichen Preisen geehrt. Günter Hörig begründete die Abteilung Tanz- und Unterhaltungsmusik der Dresdner Musikhochschule. Dort erteilt er noch heute Unterricht im Fach Improvisation.

~ **NAME**
Günter Hörig
~ **GEBOREN**
1927 in Dresden
~ **BERUF**
Jazzpianist und Komponist

„Dass mir die Kugellaufuhr so gut gefällt, hat verschiedene Gründe: Natürlich ist es eine beeindruckende künstlerische Arbeit aus edlen Materialien, der Turmaufbau ist wunderschön. Die Uhr rührt aber auch an eine alte Leidenschaft. Seit meiner Kindheit begeistere ich mich für Spielzeuge und Spieluhren. An dieser Kugellaufuhr fesselt mich die Verbindung von spielerisch-visuell-akustischem Zeitmesser und Musikautomatenkunst der damaligen Zeit ganz besonders. Schade, dass man den Lauf dieser Uhr im Moment nicht in Aktion verfolgen kann. Wenn man den Saturn sehen könnte, wie er die Glocke schlägt ... In der Suite „The Planets" (Die Planeten) des englischen Komponisten Gustav Holst gibt es einen Satz zu Saturn, der überschrieben ist mit „Bringer of old age" (Der das Alter bringt). Die Wahl des Saturns ist also sehr passend für einen Zeitmesser. Faszinierend stelle ich mir vor, wenn die Musikanten zwei Mal am Tag ihr Instrument heben, und dem im Inneren des Turmes ertönenden Musikstück anschaulich Ausdruck verleihen. Interessant ist für mich auch der geschichtliche Aspekt: Unter dem Zifferblatt sind Kaiser und Kurfürst abgebildet, verbunden durch das Sächsische Wappen. Das Verhältnis unseres Sachsenlandes zum Großen Staat war ja immer ein besonderes, unabhängig davon, wer das Zepter in der Hand hielt."

DIE KUGELLAUFUHR wurde 1600 von der sächsischen Kurfürstenwitwe Sophie bei dem bedeutenden Augsburger Uhrmacher und Automatenbauer Hans Schlottheim in Auftrag gegeben. Die Uhr war für ihren Sohn Christian II. bestimmt. Gleichzeitig sollte sie eine andere Automatenuhr ersetzen, die der Kunstkammer entnommen und als ein Geschenk an den Kaiser Rudolf II. nach Prag gesandt worden war. Läuft die Uhr, dann rollt einmal in der Minute eine Kugel aus Bergkristall die Bahn hinunter. Gleichzeitig wird im Inneren eine zweite Kugel in die Höhe gehoben. Verschwindet die Kugel am Ende der Bahn wieder im Turm, löst sie einen Mechanismus aus, der den Saturn auf der Balustrade mit dem Hammer gegen eine Glocke schlagen lässt. Zweimal täglich erheben die Musiker auf dem unteren Balkon ihr Instrument und die Musik des Orgelwerks im Inneren ertönt dazu.

DER PFÄLZER LÖWE

NAME
Bernhard Freiherr Loeffelholz von Colberg

GEBOREN
1934 in Weimar

BERUF
Präsident des Sächs. Kultursenats

BERNHARD VON LOEFFELHOLZ studierte Betriebs- und Volkswirtschaft an den Universitäten München und Saarbrücken und promovierte an der FU Berlin. Von 1961 bis 1968 entwarf er in einer europäischen Vereinigung von Unternehmern und Wissenschaftlern Vorschläge für den Aufbau der EWG und die Liberalisierung des Welthandels. Danach war er bis zu seiner Pensionierung 1999 für die Dresdner Bank tätig Er leitete unter anderem den Bereich Kunst und Wissenschaft und war geschäftsführendes Vorstandsmitglied der Jürgen-Ponto-Stiftung sowie der Kulturstiftung Dresden der Dresdner Bank. Unter anderem ist er Gründungs- und Stiftungsratsmitglied der Bürgerstiftung Dresden, Mitbegründer und Vorsitzender des Fördervereins Hellerau e.V. sowie Initiator und Sprecher des „Leipziger Kreises – Direktoren deutscher Kunstmuseen". Seit 1999 ist er Mitglied des Sächsischen Kultursenats, der ihn 2001 zum Präsidenten wählte.

„Der Pfälzer Löwe – ein Juwel der Verbundenheit im Grünen Gewölbe. Unklar ist sowohl der Goldschmied als auch der Auftraggeber. In einer sorgfältigen Untersuchung kommt Dirk Syndram im Jahrbuch 1998/99 der Staatlichen Kunstsammlungen zu dem Ergebnis, dass es sich bei diesem Kleinod um eines der seltenen zweifelsfrei echten Schmuckstücke des späten 16. Jahrhunderts handelt, welches wohl in der Regierungszeit des sächsischen Kurfürsten Christian I. (1586-1591) gefertigt wurde, der kurzen Zeitspanne, in der das lutherische Kursachsen und die kalvinistische Kurpfalz unter Christians Schwager Johann Casimir das Trennende zu überwinden suchten. Vielleicht ließ Christian I. den Anhänger in Dresden fertigen und trug ihn als Zeichen der Verbundenheit 1590, als er sich dreimal mit Johann Casimir traf. Ein Zeichen der Verbundenheit wurde das Juwel dann noch mehrmals im 20. Jahrhundert: Der letzte sächsische König schenkte den Löwen seinem Anwalt, der die Verhandlungen über die Vermögensauseinandersetzung des Königshauses mit dem sächsischen Staat nach der Abdankung führte. Dessen Tochter bot ihn nach der Wende, über 80-jährig, aus Verbundenheit zu Dresden, zu einem Freundschaftspreis an. Seine Rückführung in das Grüne Gewölbe war ein Herzenswunsch des Generaldirektors der Staatlichen Kunstsammlungen, Prof. Werner Schmidt, den die Kulturstiftung Dresden der Dresdner Bank bei dessen Verabschiedung 1997 gern erfüllte. Mich verbindet dieser Löwe seither besonders mit dem Grünen Gewölbe."

DER PFÄLZER LÖWE Der Bestand an Schmuckstücken der Renaissance und des Frühbarocks zählt zu den weniger bekannten kunsthistorischen Schätzen des Grünen Gewölbes. Der überwiegende Teil stammt unmittelbar aus kurfürstlichem Besitz und ist im Pretioseninventar von 1725 verzeichnet.

JAN HEMPEL wurde als Sportler in der Schule entdeckt. Bereits nach einem Jahr zielgerichteten Trainings stand Jan Hempel 1983 im Wasserspringen an der Spitze seiner Altersklasse. 1985 nahm er am ersten internationalen Wettkampf teil. Im Verlauf seiner Karriere folgten bis Ende 2002 vier Olympische Spiele, vier Weltmeisterschaften und sieben Europameisterschaften. Er erkämpfte 14 internationale Medaillen und 47 nationale Titel. Heute nutzt Jan Hempel seine Erfahrungen im sportmedizinischen Bereich, um anderen zu helfen. Er wird eine Ausbildung zum Physiotherapeuten aufnehmen.

~ **NAME**
Jan Hempel
~ **GEBOREN**
1971 in Radebeul
~ **BERUF**
Wasserspringer

~~ PERLMUTTERBECKEN UND KANNE

„Das Perlmutterbecken imponiert mir. Es hat Ähnlichkeit mit einer Goldmedaille. Mit seiner prunkvollen Ausstattung wäre es mir zum Händewaschen allerdings zu schade. Für einfaches, klares Wasser solch eine prächtige Kanne zu verwenden, erscheint mir aus heutiger Sicht auch verschwenderisch, aber das sah man früher in diesen Kreisen wohl anders. Aus den Meisterschaftspokalen, von denen ich einige zu Hause habe, haben wir nach dem Sieg auch getrunken, aber für Wasser waren sie uns zu wertvoll. Die Ähnlichkeit dieses Ensembles mit den Medaillen und Pokalen, die ich im Laufe meiner Karriere gewonnen habe, liegt hauptsächlich im ideellen Wert der Gegenstände. In beidem steckt unheimlich viel Mühe und Arbeit. Meine Medaillen habe ich mit Schweiß und zehn Operationen bezahlt. Während meiner aktiven Zeit hatte ich, obwohl ich oft im Ausland war, leider sehr selten Gelegenheit, an den Orten der Wettkämpfe Museen zu besuchen und Dinge wie diese zu betrachten. Selbst in Rom blieben uns nur fünf Stunden. Deshalb freue ich mich darauf, das Historische Grüne Gewölbe mit meiner Familie zu besuchen."

PERLMUTTERBECKEN UND KANNE Bis zum Ende des 17. Jahrhunderts verwendete man derartige Prunkbecken und dazu gehörige Kannen für die Reinigung der Hände bei den Mahlzeiten. Selbst bei Festessen verzichtete man damals noch auf den Gebrauch der Gabel und verzehrte die Speisen mit bloßen Fingern. Da die Prunkgarnituren zu ihrem Gebrauch an der Tafel herumgetragen worden und von jedem Gast genau betrachtet werden konnten, bezeugte ihr Schauwert den Reichtum des fürstlichen Gastgebers. Entsprechend kunstvoll gestaltet und mit exotischen Materialien wie Perlmutter oder Seeschnecken verziert, präsentierte man die Luxusgefäße außerdem auch auf Schaubuffets.

~ EULE AUS BERGKRISTALL

~	**NAME**
	Christian Sery
~	**GEBOREN**
	1959 in Linz/Österreich
~	**BERUF**
	Maler und Grafiker

CHRISTIAN SERY absolvierte zunächst eine Ingenieursausbildung. Das anschließende Studium der Malerei und Grafik an der Hochschule für künstlerische und industrielle Gestaltung in Linz finanzierte er durch seine Tätigkeit als Planungsingenieur in einem Architekturbüro. Nach Abschluss des Studiums ging er nach Düsseldorf, wo er ab 1984 als freischaffender Künstler lebte und arbeitete. Zahlreiche Ausstellungen und Projekte belegen seine Auseinandersetzung mit Grenzen und Ausdrucksmöglichkeiten in der Bildenden Kunst. 2003 wurde er als Rektor an die Hochschule für Bildende Künste Dresden berufen.

„Dinge, die mich ansprechen, tun das oft deshalb, weil sie Beziehung aufnehmen zu bereits gemachten Erfahrungen. So habe ich zu einem großen Teil der im Grünen Gewölbe ausgestellten Kunstschätze, deren handwerkliche Raffinesse und künstlerischer Wert außer Frage steht, keine persönliche Verbindung. Ich sehe das, was mich bewegt eher in der großen Form. Die Eule aus Bergkristall erinnert mich an eigene künstlerische Arbeiten Ende der 80er Jahre: Als angehender Künstler beschäftigte mich die grundsätzliche Frage nach dem Sinn bildhafter Darstellung: Was ist es wert, in einem gestalterischen Prinzip erfasst zu werden? 1990 entstand dazu meine Rauminstallationsarbeit „Red saloon and Revolving doors". In diese Arbeit hätte ich sehr gern eine Eule eingebracht als Verweis auf eine metaphorische Ebene – auf die Weisheit, die Intellektualität, die Teil jedes Kunstwerks ist. Gescheitert ist die Ausführung dieser Idee, weil ich damals keine geeignete Materialisierungsform der Eule finden konnte. Zwei Jahre später begegnete mir der Gedanke wieder, als sich ein Käuzchenpaar in mein Atelier verirrt hatte. Das Männchen lag tot am Boden, während das Weibchen sehr unruhig mit den Flügeln schlug und das Atelier verwüstete. Mit dieser Wendung ins Biografische glaubte ich das Thema für mich abgeschlossen. Die Begegnung mit der Bergkristall-Eule und den Etuis offenbart mir heute unerwartet eine Lösung meines künstlerischen Problems von damals: Das Etui dieser Eule, von dem ich nicht einmal sagen kann, ob es das gibt, wäre die passende Form des Ausdrucks, nach der ich damals vergeblich suchte. Im Abdruck des eigentlichen Gegenstands läge die nötige Offenheit und Zeitlosigkeit, alle damit verbundenen Konnotationen in sich aufzunehmen und in einer eigenen Form zum Ausdruck zu bringen."

EULE AUS BERGKRISTALL Das Zentrum der Bergkristallbearbeitung lag in der Spätrenaissance in Mailand. Der technisch wie künstlerisch sehr anspruchsvolle Bergkristallschnitt wurde dort von mehreren Familien betrieben. Unter diesen kam der Familie der Saracchi besondere Bedeutung zu. Die Eule, aus Bergkristall, Gold, Email und Karneol, entstand vermutlich dort um 1580.

~ MOHR MIT SMARAGDSTUFE

~	**NAME**
	Günter Blobel
~	**GEBOREN**
	1936 in Waltersdorf/Schlesien
~	**BERUF**
	Molekularbiologe

GÜNTER BLOBEL Als schlesisches Flüchtlingskind wuchs Günter Blobel in Freiberg auf. Nach dem Medizinstudium an mehreren deutschen Universitäten promovierte er 1967 an der University of Wisconsin. An der Rockefeller University in New York wurde er 1976 zum Ordentlichen Professor ernannt. Die bedeutendste seiner wissenschaftlichen Auszeichnungen ist der Nobelpreis für Medizin aus dem Jahr 1999, verliehen für die bahnbrechende Entdeckung des Prinzips des Eiweißtransports in der Zelle. Mehr als 90 Prozent des Preisgeldes stiftete Günter Blobel für den Wiederaufbau der Frauenkirche, mehr als fünf Prozent für den Wiederaufbau der Dresdner Synagoge. Er gründete die Stiftung „Friends of Dresden". Günter Blobel engagiert sich gegen den Bau der Waldschlösschenbrücke in Dresden und für Fest- und Musikveranstaltungen im Palais im Großen Garten.

„Eines meiner Lieblingsexponate im Grünen Gewölbe ist der Mohr mit der Smaragdstufe, skulptiert von Balthasar Permoser und dekoriert von Johann Melchior Dinglinger. Zwei der größten Künstler in Dresdens langer Kulturgeschichte haben hier etwas geschaffen, was wesentlich mehr als die Summe seiner Teile ist. Ich stelle mir vor, ohne natürlich die genauen Fakten zu kennen, dass Dinglinger diese wunderschöne Smaragdstufe in seiner ursprünglichen Form erhalten wollte, anstelle die einzelnen Teile in Anstecknadeln, Ringen, Halsketten oder Kronen wiedererscheinen zu lassen. Der Mohr von Permoser drückt in seiner Körpersprache einen großen Stolz und eine unbehinderte Freude und Überraschung über die Schönheit dieses natürlichen Smaragds aus: Ist das nicht toll, was ich euch da präsentiere! Und natürlich – die Dekoration des Mohren, vom Kopf bis hin zum Fuß, ist so fantasievoll, wie man es sich nicht besser vorstellen könnte. Ein großartiges Gesamtkunstwerk von Skulptur und Dekoration, welches für mich einmalig ist."

MOHR MIT SMARAGDSTUFE Die Smaragdstufe erhielt Kurfürst August im Jahre 1581 als Geschenk des Kaisers Rudolf II. Obwohl der üppige Smaragdbesatz nicht allein natürlichen Ursprungs ist, schätzte August der Starke den Wert des scheinbaren Naturwunders sehr hoch. Er ordnete an, „die Schmarallen stuffe" bei seinem „Chur-Fürstl: Hauße und Stamme, zum ewigen Gedächtnüß" zu bewahren. Als er daran ging, das Grüne Gewölbe zu seinem Schatzkammermuseum auszubauen, ließ er für die Smaragdstufe von seinem Hofbildhauer Balthasar Permoser einen als Figur geformten, prachtvollen Sockel schaffen. Diese Figur wird allgemein als Mohr bezeichnet. Es handelt sich jedoch um einen Indianer – ein Hinweis auf die Herkunft dieser mineralogischen Seltenheit ersten Ranges, die aus Kolumbien nach Europa gelangte.

MAX RAABE Nach ersten Gesangserfahrungen im Kirchenkinderchor und katholischem Internat in Ost-Westfalen, ging Max Raabe mit 18 Jahren nach Berlin. Dort gründete er noch vor Beginn seines Operngesangsstudiums an der Hochschule der Künste 1986 das „Palast Orchester". Im perfekten Outfit der „Goldenen Zwanziger" präsentierte er Schlager der 20er und 30er Jahre. Den Durchbruch brachte der von ihm selbst komponierte und gedichtete Ohrwurm „Kein Schwein ruft mich an". Konzertreisen führen das „Palast Orchester" heute sehr erfolgreich durch ganz Europa bis nach Amerika.

~ **NAME**
Max Raabe

~ **GEBOREN**
1962 in Lünen

~ **BERUF**
Sänger

„Ohne Zweifel ist dies das verrückteste Ding der ganzen Sammlung. Oben Berliner Fernsehturm, unten Erzgebirgsidyll mit Spieluhr. Wie kommt der Mensch im Jahre 1589 auf die Idee zu solch futuristischer Architektur? Auf allen Etagen des gedrechselten Elfenbeinwunders dreht und wimmelt es, Pagen laufen am Sockelfuß auf und ab; oben in der Kugel hasten die Diener um den Tisch der Herrschaft, die, an der Tafel sitzend, ihre Arme zum Munde führen konnte, angetrieben durch Uhrwerke und lange Wellen im Innern des Turms. Dazu schlug eine Trommel im Sockel den Takt zum Orgelwerk, die große Kesselpauke wirbelte, derweil sechs Trompeter ihre Instrumente heben. Ein Putto kreist um die Oberseite der durchbohrten Kugel, hält einen Stab als Stundenzeiger. Die Ziffern sind schwarz in die Kugeloberfläche eingraviert. Eine mechanische Meisterleistung; die raffinierte Feinarbeit diente allein dem Zweck, jede volle Stunde mit viel Radau anzukündigen. Den gekrönten Häuptern, die sich einst daran erfreuten, hat längst die Stunde geschlagen. Mir zeigt das inzwischen verstummte Meisterstück, dass es keinen Grund gibt, das Verrinnen der Zeit zu feiern und dass der Entwurf zu einem berühmten Berliner Wahrzeichen aus Dresden kommt."

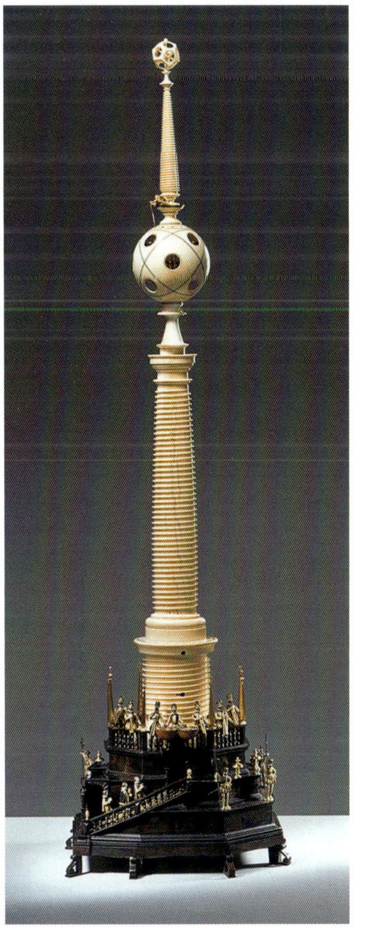

IM ELFENBEINKUNSTSTÜCK verbinden sich drei Meisterleistungen der Spätrenaissance: Es ist maschinell entstandenes Drechselkunstwerk, Figurenuhr und Musikautomat in einem. Der Hofdrechsler Egidius Lobenigk schuf das Kunstwerk 1589. In zeitgenössischen Inventaren wird es als „Pyramide" erwähnt und gelangte mit sieben weiteren großformatigen Pyramiden in die Dresdner Kunstkammer. In ihrem Sockel verbirgt die Elfenbeinsäule ein komplexes Orgelwerk mit programmierter Walze und Blasebalg, das stündlich Musik ertönen ließ. Dabei bewegten sich drei Pagenfigürchen auf die Türöffnung zu und die Trompeter erhoben ihre Instrumente. Um die Tischgesellschaft, im Inneren der Elfenbeinkugel, bewegten zwei weitere Triebwerke und ein Uhrwerk sieben Diener. Auch der Putto, dessen Stab als Stundenzeiger dient, und die geometrische Figur auf der Spitze der Säule befinden sich bei Betrieb des Kunststücks in Bewegung.

~~ MERKUR

~ **NAME**
Wolfgang Tiefensee
~ **GEBOREN**
1955 in Gera
~ **BERUF**
Bundesverkehrsminister

WOLFGANG TIEFENSEE Nach dem Abitur 1973 absolvierte Wolfgang Tiefensee zunächst eine Lehre zum Facharbeiter für Nachrichtentechnik. Seit 1979 Ingenieur für industrielle Nachrichtentechnik, engagierte er sich 1989/90 bei der politischen Arbeit am Runden Tisch und wurde zum Stadtrat berufen. Er bekleidete leitende Ämter in der Leipziger Stadtverwaltung, trat der SPD bei und wurde 1998 zum Oberbürgermeister von Leipzig gewählt. Seit 2005 ist Tiefensee Bundesminister für Verkehr, Bau und Stadtentwicklung sowie Beauftragter der Bundesregierung für die neuen Bundesländer.

„Keine andere Kunstform hat die Stellung des Menschen in der Welt während der vergangenen Epochen so objektiv überliefert wie die Bildhauerei. Skulpturen sind Gestalt gewordene Ideen im Raum. Gerade die Bildhauerei ist Ausdruck der öffentlichen Befindlichkeit einer Gesellschaft, woran sie glaubt, wie sie politisch verfasst ist, ob sie wohlhabend oder arm ist. An dem Merkur sieht man, dass Monumentalität nicht in der Größe, sondern in der Schönheit liegt. Der Merkur ist kraftvolle Ruhe in der Bewegung. Beides geht in der Skulptur eine Einheit ein. Mobilität heißt für viele Dynamik, Transport und wird häufig mit Hektik und Stress verbunden. Die Statue verweist auf das Reisen, auf die Schönheit, die der Bewegung innewohnt. Freiheit ist Voraussetzung für Mobilität. Aber auch der Mobilität wohnt ein Freiheitsbegriff inne. Und die Figur verkörpert den Fortschritt. Der Merkur erinnert mich daran, dass Mobilität und der Gewinn an Bewegungsmöglichkeiten zu den zentralen Errungenschaften der Menschheit gehört. Ohne Mobilität wären wir nicht da, wo wir heute sind. Mobilität hat zivilisatorische Sprünge ermöglicht und ist das Rückgrat einer globalisierten Welt. Bereits die riesigen Reiche der Antike waren auf Mobilität angewiesen. Heute hängen 2,7 Millionen Arbeitsplätze allein in Deutschland von dieser Branche ab, die deutsche Wirtschaft gibt rund 150 Milliarden Euro jährlich für Logistik aus. Und Mobilität ist Voraussetzung für den weltweiten kulturellen Austausch. Ohne Mobilität keine Begegnungen, und ohne Begegnungen bleiben uns die anderen und am Ende wir uns selber fremd. Insofern ist Merkur ein moderner Gott und die Statue nicht nur zum Anschauen schön, sie steht für ein zentrales Bindeglied unseres heutigen Zusammenlebens."

MERKUR Der 1529 im nordfranzösischen Douai geborene Bildhauer Giovanni da Bologna gilt als bedeutendster Vertreter des italienischen Manierismus. Im Auftrag der Medici schuf er seinen ersten bronzenen Merkur als Geschenk für Kaiser Maximilian II. Die in Dresden seit 1587 nachweisbare Statue des Götterboten ist ebenfalls ein Geschenk der Mediceischen Großherzöge.

TOM PAULS Erste musikalische Erfahrungen machte er beim Rundfunkkinderchor in Leipzig. Von 1979 bis 1983 erhielt er seine Schauspielausbildung an der Theaterhochschule „Hans Otto" in Leipzig. 1982 gründete er mit Jürgen Haase und Peter Kube das Zwinger Trio. Bis 1990 am Staatsschauspiel Dresden engagiert, arbeitet Pauls jetzt freischaffend als Schauspieler und Kabarettist. Mit Uwe Steimle schuf er die Figuren der typischen Sachsen Günther Zieschong und Ilse Bähnert.

~ **NAME**
Tom Pauls

~ **GEBOREN**
1959 in Leipzig

~ **BERUF**
Schauspieler und Kabarettist

~ HOFSTAAT ZU DELHI

„Das ist der Traum eines kleinen Jungen aus tausend und einer Nacht. Eine Fata Morgana, ein Spieltablett wunderbarer Figuren. Wie oft stand ich davor und musste meine Hand zurückhalten, stellte mir vor, ich könnte durch das Glas der Vitrine greifen. Ich wollte die Elefanten verschieben, die Kamele dem Großmogul entgegentreiben, ihm ein kleines Nicken abringen in Dankbarkeit für die wunderbaren Geschenke zu seinem vermutlich dreihundertsten Geburtstag. Schließlich werden Kaiser, Könige und Großmogule ja unendlich alt. Aureng-Zeb saß unberührt in seinem Riesensofa, das Zentrum der Macht, der Höhepunkt der Pracht. Von dort geht alles aus und strömt alles hin, vervielfacht sich in den seitlichen Spiegeln. In meiner Fantasie rannte ich wie der kleine Muck zwischen den filigranen Figuren hin und her, hörte ihre Gespräche, sah ihre devoten Verneigungen, spürte die Demut der Geburtstagsgäste. Sie schienen auf ein Lächeln, ein Handzeichen des Moguls zu warten. Das wäre ihre Krönung. Ich sah in ihre Gesichter, sah wie sie ein winziges Stück der Pracht erhaschen wollten, geweiht schienen allein durch ihre Anwesenheit in diesem Modellpalast. Dieses Kunststück gleicht einem Bühnenbild für das immer wieder gespielte Schauspiel um Reichtum und Macht. Es freut mich, dass heute der Hofstaat zu Delhi im Neuen Grünen Gewölbe im Schloss einen zentralen Platz bekommen hat; es ist unbestritten einer der Höhepunkte dieser Exposition. Es ist ein Glück zu sehen, wie Jungen und Mädchen durch die Glasscheibe schauen, ihre Hände zurück halten, weil sie die Elefanten dem Großmogul entgegen treiben würden, die goldene Puppenstube gern ihr eigen nennen würden. Nur für einen winzigen Augenblick."

HOFSTAAT ZU DELHI Dinglingers „Thron des Großmogul Aureng-Zeb" gilt als Hauptwerk der europäischen Juwelierkunst des Barock, er war ohne Vorbild und blieb ohne Nachfolger. Das Werk, an dem Johann Melchior Dinglinger zusammen mit seinen beiden Brüdern und zahlreichen Helfern von 1701 bis 1708 arbeitete, entstand ohne Auftrag. Es wurde von August dem Starken für 58 485 Reichstaler erworben – diese hohe Summe entspricht ungefähr dem Preis, den der König für den Erwerb des Rittergutes Pillnitz zahlte.

TRINKGEFÄSS IN FORM EINES BASILISKEN

- **NAME**
  Angela Hampel
- **GEBOREN**
  1956 in Räckelwitz
- **BERUF**
  Malerin und Grafikerin

ANGELA HAMPEL Nach Lehre und Arbeit als Forstfacharbeiterin studierte Angela Hampel von 1977 bis 1982 an der Hochschule für Bildende Künste in Dresden. Als freischaffende Künstlerin gestaltete sie seitdem über 100 Ausstellungen im In- und Ausland. Eines ihrer bestimmenden Themen in Malerei, Grafik und Zeichnung ist die Partnerschaft. 1989 begründete Angela Hampel mit 22 Künstlerinnen die „Dresdner Sezession 89" und damit die erste Vereinigung freischaffender Künstlerinnen in Sachsen. Für deren Projekt „Wasser-Kunst-Weg" entstand vor dem Dresdner Stadtmuseum das „Denkmal für einen Fluß", den Kaitzbach. Ihre Stahlplastik „Undine" an der Mole des Pieschener Hafens hatte eine Schwester in Bonn, denn Angela Hampel gestaltete beide für das Projekt „An Elbe und Rhein". Angela Hampel schuf Buchillustrationen für zahlreiche Autoren, darunter Christa Wolf, Kurt Bartsch und Elke Erb.

„Faun, Phönix, Basilisk – als Malerin bin ich immer auf der Suche nach neuen „Bewohnern" meines Bestiariums. Lange schon tummeln sich Einhörner und Drachen auf den Leinwänden, folgt Minotaurus (nicht Theseus!) dem roten Faden der Ariadne. So war es nur eine Frage der Zeit, bis mein Blick auf diese wunderschöne Arbeit fiel. Selten gelang die Verbindung so verschiedener Materialien – hier Seemuschel und Silber – in solcher Perfektion, hält eine so üppige Arbeit die Balance zwischen Kitsch und Kunst, wirkt edel und ist gleichzeitig skurril. Man schaue sich nur den kleinen fischschwänzigen Reiter an! Wie viele Zecher dem tödlichen Blick des Basilisken erlagen, ist nicht bekannt. Im Christentum symbolisierte er – wie auch anders – das Böse, den Teufel, die Wollust. Mir ist die weitaus ältere Interpretation als Wächter und Hüter von Schätzen und (gleich der Gorgo) der weiblichen Mysterien wesentlich näher. Bei jedem Blick auf dieses geflügelte Fabelwesen entdeckt man Neues: hier ein raffiniert gelöstes technisches Detail, dort eine feine Ziselierung. Ich überlege dann: Wie hat er das gemacht? Warum in dieser Form? Woher die Flossenfüße? Wofür steht das Reiterlein? Denn das Sichtbare verbirgt immer auch das Unsichtbare. So wie jedes gute Bild immer ein Geheimnis hat. Das, was unsere Sinne berührt. Und, im besten Falle, unser Herz. Dieser zeitlos schöne, meisterlich gearbeitete Basilisk mit dem aufgerissenen Rachen blickt durch die Jahrhunderte ..."

TRINKGEFÄSS IN FORM EINES BASILISKEN Im Inventar der Kurfürstlichen Kunstkammer wird das Trinkgefäß 1610 erstmals erwähnt. Der Leipziger Goldschmied Elias Geyer orientierte sich bei seinen Trinkgefäßen an grotesken Entwürfen von Schmuckanhängern, zum Beispiel von Hans oder Jan Collaert d. J., die sie nach Zeichnungen Hans Collaerts d. Ä. gestochen hatten.

~ KIRSCHKERN MIT GESCHNITZTEN KÖPFEN

~ **NAME**
Gunther Emmerlich
~ **GEBOREN**
1944 in Eisenberg
~ **BERUF**
Opernsänger und Entertainer

GUNTHER EMMERLICH studierte zunächst an der Ingenieurschule für Bauwesen in Erfurt. Mit dem anschließenden Studium im Fach Operngesang an der Hochschule für Musik „Franz Liszt" in Weimar, legte er den Grundstein für eine vielschichtige internationale Karriere, die sich keinem Genre fügt: Ob als Gastsolist von Chor- und Orchesterkonzerten, als Kopf der „Semper House Band", als Duettpartner von Deborah Sasson oder in Begleitung seines Pianisten Klaus Bender - seine Gastspiele führen ihn in alle Welt. 20 Jahre war er festes Mitglied des Ensembles der Sächsischen Staatsoper Dresden. Derzeit gastiert er deutschlandweit mit Rollen wie dem Milchmann Tevje in „Anatevka" oder Sir John Falstaff in „Die lustigen Weiber von Windsor". Gunther Emmerlich ist Gastgeber mehrerer Rundfunk- und Fernsehsendungen, darunter seit 1995 „Zauberhafte Heimat".

„In der Berühmtheit kommt der Kirschkern im Grünen Gewölbe gleich nach des Pudels Kern. Als ich heraus bekam, dass des Pudels Kern der Teufel ist, wusste ich längst schon, dass der Kirschkern eine Freude für Jung und Alt ist. Als Knirps durfte ich ihn das erste Mal bewundern, und die Erwachsenen taten so, als wäre er für die kindliche Freude geschaffen. Sie selbst schauten aber auch kindlich erfreut. Ob es nun 85 oder 113 geschnitzte Köpfe sind, ist unerheblich. Auch zehn wären schon eine Meisterleistung. Es ist ein Wunder, dass dies ein Mensch, ohne Hilfe von elektrischem Licht und modernen feinmechanischen Geräten, vollenden konnte. Es ist die Faszination des Kleinen. Wenn er neben dem Karl-Marx-Kopf in Chemnitz stünde, es würden sich dem Kirschkern mehr Menschen zuwenden. Der in Chemnitz ist eine Idee zu groß. Die erste Freude meiner Kinder an diesem Kern und dem schönen Rahmen aus dem Jahr 1589 habe ich mit ihnen geteilt. Soviel Kind sollte jeder Erwachsene in sich haben. Des Pudels Kern ist ein ander Ding."

DER KIRSCHKERN MIT GESCHNITZTEN KÖPFEN ist ein Geschenk von Christoph von Loß zu Pillnitz an Christian I. im Jahre 1589. Obwohl Bestandteil einer ungewöhnlich reichen Sammlung von Schmuckstücken aus dem 16. und 17. Jahrhundert, ist er seit den Anfängen der Kunstkammer eines der beliebtesten Exponate des Grünen Gewölbes. Ursprünglich handelt es sich bei dem in Gold und Email eingefassten Ausstellungsstück um einen – wenn auch nicht tragbaren – Schmuckanhänger. Laut Inventar von 1595 befinden sich auf der Oberfläche des Kirschkerns 185 menschliche Angesichter. Diese Zahl wurde bei einer Neuinventarisierung auf 85 herunter korrigiert. Eine neuere Zählung ergab eine Anzahl von 113 Köpfen. Die heutige Präsentation des Kirschkerns gestattet dem Besucher einen Blick durchs Vergrößerungsglas und damit ein eigenes Urteil.

GRUPPE DER VIER JAHRESZEITEN

EBERHARD BURGER Nachdem er 1961 in Riesa das Abitur abgelegte, nahm Eberhard Burger an der TU Dresden das Studium des Konstruktiven Ingenieurbaus auf. Nach dem Abschluss als Diplom-Ingenieur war er bis 1980 als Bauleiter im Industriebau tätig. Als Kirchenbaurat beim Evangelischen Landeskirchenamt Sachsen verantwortete er das gesamte Neubauprogramm der Landeskirche. 1986 übernahm Burger das Amt des Domherrn im Domkapitel Wurzen. 1992 wurde er von fast allen bisherigen Aufgaben beurlaubt, um als Baudirektor für den Wiederaufbau der Frauenkirche tätig zu werden. Er ist Geschäftsführer und Sprecher der Stiftung Frauenkirche Dresden. 2006 erhielt er für seine Verdienste die Ehrendoktorwürde der TU Dresden und die Ehrenbürgerschaft der sächsischen Landeshauptstadt.

- **NAME**
  Eberhard Burger
- **GEBOREN**
  1943 in Berlin
- **BERUF**
  Baudirektor Frauenkirche

„Dem Herbst wendet sich mein Blick spontan zuerst zu. Innerhalb der Gruppe der „Vier Jahreszeiten" ist er die Figur mit dem meisten Schwung, der größten Bewegung. Die Frauenfiguren wirken dagegen eher statisch. Der Herbst ist beschwingt und fröhlich. Mit ihm verbindet sich natürlich auch der Gedanke an den gereiften und zum köstlichen Getränk verarbeiteten Wein. Ich gehe gern zur Weinlese, wenn es die Zeit erlaubt, und genieße auch gern ein Glas Wein abends zu Hause. Die Figur des Winters ist hier sehr verhüllt. Sie wendet sich vom Betrachter ab und ist fast greisenhaft dargestellt – im Gegensatz zur jünglingshaften Figur des Herbstes. Der Winter wirkt hart und abweisend. Man denkt an ein kaltes Herz. Während der Herbst zu singen scheint, ist der Winter stumm. Die Natur legt sich zur Ruhe und einzig das Feuer, auf das die Flammen am Fuß der Figur hindeuten, vermag zu wärmen. Aber die Wärme erreicht nicht das Herz. Wenn ich die Frühlingsfigur anschaue, denke ich an Erwachen – das Singen der Vögel, blühende Bäume und Wiesen. Es ist eine leichtfüßige Figur, charmant, vielleicht auch verspielt, verführerisch. Sommer ist Gesang. Ein offenes, klares Gesicht. Es erstaunt mich im Grünen Gewölbe immer wieder, mit welcher Fingerfertigkeit, mit wie viel handwerklichem Können und künstlerischer Genialität diese Figuren von unseren Altvorderen geschaffen wurden. Ich bewundere die Ausstrahlungskraft der Meister auf die Mitarbeiter ihrer Werkstätten, die bewirkte, dass die Handschrift des Meisters doch in allem erkennbar ist."

VIER JAHRESZEITEN 1690 trat der 39-jährige bayerische Bildhauer und Elfenbeinschnitzer Permoser, aus Florenz kommend, das Amt des Hofbildhauers Johann Georgs III. an. Der eigenwillige und geniale Künstler übte diese Funktion über 42 Jahre mit großem Erfolg aus. Permoser ließ viele neue Ideen für neue Kunstwerke in Dresden einfließen. Zu den Werken, die er möglicherweise fertig ausgeführt aus Florenz mitbrachte, zählt die Elfenbeingruppe „Vier Jahreszeiten".

~~ ZWEI POLYEDER

~	**NAME**
	William Forsythe
~	**GEBOREN**
	1949 in New York
~	**BERUF**
	Choreograf und Tänzer

WILLIAM FORSYTHE Aufgewachsen in New York, wo er auch den größten Teil seiner Ausbildung absolvierte, betrat Forsythe mit Anfang zwanzig als Tänzer und schließlich als Hauschoreograf des Stuttgarter Balletts die europäische Tanzszene. Darüber hinaus schuf er neue Werke für Ballettensembles in München, Den Haag, London, Basel, Berlin, Frankfurt am Main, Paris, New York und San Francisco. 1984 begann seine 20-jährige Arbeit als Direktor des Balletts Frankfurt, mit dem er einige der herausragendsten Werke des zeitgenössischen Tanzes kreierte, etwa «The Loss of Small Detail» (1991), in Zusammenarbeit mit dem Komponisten Thom Willems und dem Designer Issey Miyake. Ab 1998 übernahm Forsythe zusätzlich die Intendanz des Theaters am Turm. Nach der Auflösung des Balletts Frankfurt im Jahr 2004 formierte Forsythe ein neues, unabhängiges Ensemble, die Forsythe Company. Zu den festen Spielstätten der neugegründeten Company zählt ab Herbst 2006 neben dem Bockenheimer Depot in Frankfurt am Main das Festspielhaus Hellerau. Im Rahmen der Wiedereröffnung präsentiert The Forsythe Company dort die Deutschlandpremiere der Performance-Installation „Human Writes".

„Die genialen Miniaturarbeiten aus Elfenbein im Grünen Gewölbe lassen ganz unverstellt die feinen Verschlingungen des Geistes des späten 16. Jahrhunderts aufscheinen. Die ästhetische Ahnung in diesem Werk der späten Renaissance – mit dem Verweis auf ferne wissenschaftliche und technische Revolutionen – lässt sich nur mit einer gesunden Portion echten Erstaunens begreifen; ein wirkliches und tatsächlich gefühltes Wunder."

ZWEI POLYEDER Das Bearbeiten von Elfenbein auf einer speziell konstruierten Drehbank war im 16. Jahrhundert an fast allen europäischen Fürstenhöfen sehr beliebt. Kurfürst August von Sachsen interessierte sich sehr früh für diese technische Kunstübung, die handwerkliche Perfektion und das Wissen um modernste mathematische Berechnung voraussetzte. Im Dachgeschoss des Dresdner Residenzschlosses gab es eine gut ausgestattete Drechselwerkstatt. Neben Kurfürst August, seinem Sohn und seinen Enkeln wirkten in diesen Werkstätten vor allem hochqualifizierte Kunsthandwerker im Auftrag des Herrscherhauses. Egidius Lobenigk aus Köln wirkte, von 1584 bis zu seinem Tode 1595, in Dresden. Noch vor ihm begann 1578 Georg Wecker aus München seine Arbeit als Sächsischer Hofdrechsler. Mit Jakob Zellers Tod im Jahr 1620 endet die Ära der bedeutenden Hofdrechsler in Dresden.

KANNE AUS FLORENZ

UDO ZIMMERMANN Von 1954 bis 1962 Mitglied des Dresdner Kreuzchores, studierte Zimmermann später an der Dresdner Musikhochschule bei Johannes Paul Thilmann Komposition, außerdem Dirigieren und Gesang. Er war Meisterschüler Günter Kochans und Assistent Walter Felsensteins. Ab 1970 arbeitete er als Dramaturg der Sächsischen Staatsoper Dresden und wurde 1978 zum Professor für Komposition an die Dresdner Musikhochschule berufen. 1986 gründete er in Dresden-Loschwitz das Dresdner Zentrum für zeitgenössische Musik, heute Europäisches Zentrum der Künste Hellerau. 1990 bis 2001 war Zimmermann Intendant der Oper Leipzig. Zu den bekanntesten Kompositionen Zimmermanns gehören die Opern „Levins Mühle", „Die wundersame Schustersfrau", „Weiße Rose" und „Der Schuhu und die fliegende Prinzessin".

NAME
Udo Zimmermann

GEBOREN
1943 in Dresden

BERUF
Komponist, Dirigent und Intendant

„Die florentinische Kanne besticht durch eine Formensprache, die meiner ästhetischen Vorstellung von Schönheit sehr entgegenkommt: Klare Formen, rhythmisch durch horizontal verlaufende Strukturen wundervoll gegliedert. Für mich als Musiker beginnt die Vase bei längerer Betrachtung gleichsam Stein gewordener Klang zu werden und eine Vielfalt musikalischer Assoziationen drängt sich auf. Die tiefblaue Farbe des Lapislazuli mit metallisch goldenem Schimmer klingt wie ein Konzert zwischen einem Englisch-Horn und der dunklen Klangfarbe von Bratschen und Celli. Alles scheint wie ein Tagtraum und so führt uns die wundersame Kanne in faszinierende Welten musikalischer Variationen. Der Verzicht auf jegliche Art von Ornamentik unterstreicht die klassisch anmutende Klarheit des Gefäßes. Auch meine Besuche in Florenz werden beim Betrachten der Kanne lebendig. Klang, Farbe und Form bilden eine sinnliche Einheit, die man nur bewundern kann."

KANNE AUS FLORENZ Dieses Gefäß wurde zwischen 1575 und 1580 in Florenz aus einem besonders großen Fundstück von Lapislazuli gefertigt. Entworfen wurde die Kanne wahrscheinlich von Bernardo Buontalenti, Bildhauer und Architekt am Hof der Medici. Dieser fertigte seine Entwürfe als Skizzen, so dass Goldschmieden und Steinschneidern Raum für künstlerische Gestaltung blieb. Ausgeführt wurden die Arbeiten durch das Opificio delle Pietre Dure. Die schlichte, klassische Kanne wurde nur sparsam mit Schnittmotiven versehen. Das glatt geschliffene Gestein wirkt aus sich selbst. Die goldfarbenen Einsprengsel aus Pyrit, im Volksmund auch Katzengold genannt, sind in jedem Lapslazuli zu finden. Somit bezeugen sie auch dessen Echtheit. Im Saal der Kunststücke des Neuen Grünen Gewölbes steht diese einzigartige Kanne.

~ ETUI ZUR BERGKRISTALLSCHALE MIT DELPHIN

~	**NAME**
	Ralf Lehmann
~	**GEBOREN**
	1960 in Dresden
~	**BERUF**
	Galerist

RALF LEHMANN studierte in Weimar Architektur. Das Interesse für Bildende Kunst brachte ihn und seinen Bruder Frank 1988 auf die Idee, in einem „Projektraum" ihrer Friedrichstädter Wohnung jungen Künstlern die Möglichkeit zu geben, ihre Werke öffentlich zu präsentieren. 1994 entstand daraus die Galerie auf der Görlitzer Straße. Künstler wie Tatjana Doll, Eberhard Havekost und Thoralf Knobloch sind hier vertreten. Die Arbeit der Galerie erweiterte sich seit 1994 kontinuierlich auf den internationalen Raum.

„Ich kenne das Grüne Gewölbe schon sehr lange. Vieles ist hier beeindruckend und jeder kennt es, aber die Etuis werden jetzt zum ersten Mal gezeigt. Ich finde sie sehr spannend, weil es eine Frage der Ästhetik ist, was Verpackung eigentlich bedeutet. Eine gute Verpackung präsentiert ihren Inhalt „ehrlich", aber jeder kennt auch die „Mogelpackungen", die heutzutage angeboten werden. An den Etuis im Grünen Gewölbe begeistert mich, dass sich ihre Ästhetik aus dem Inhalt ableitet. Ebenso liebevoll gearbeitet wie ihr Inhalt, sind sie von vergleichbarem Wert. Mitte des 19. Jahrhunderts formulierte der amerikanische Architekt Louis Sulivan die Forderung: „form follows function" (die Form sollte Ausdruck der Funktion sein). Diesen Anspruch sehe ich in den zeitlich viel eher entstandenen Etuis im Grünen Gewölbe vollständig realisiert. Das fasziniert mich. Besonders liebe ich das Etui zur „Bergkristallschale mit Delphin". Der Inhalt hat eine merkwürdige Form entstehen lassen, die nicht greifbar ist: Betrachtet man das Etui unabhängig vom Inhalt, könnte es sich um eine zeitgenössische Skulptur handeln. Begibt man sich auf Augenhöhe, könnte man meinen, ein monumentales Werk der Architektur zu sehen oder etwas Organisches vor sich zu haben. Alles ist offen. Die Goldprägung des Materials ist interessant, weil die Muster abstrakt sind. Die Formensprache dieser Prägung geht über die barocke Ansicht weit hinaus. Sie könnte gut 200 Jahre später entstanden sein. Mich interessieren Kunstwerke, die zeitlos wirken weit mehr als die dem Zeitgeschmack verbundenen. Deshalb liebe ich auch die venezianischen Netzgläser aus der Zeit um 1600, die sich ebenfalls in der Sammlung befinden."

ETUI ZUR BERGKRISTALLSCHALE MIT DELPHIN Die fragilen Bergkristallarbeiten hatten besonderen Schutz nötig. Vermutlich sind viele Stücke schon mit Futteral geliefert worden. Außerdem gingen viele Meisterwerke des Grünen Gewölbes zum Zweck glanzvoller Repräsentation auf Reisen. Aufwändig gearbeitete Etuis schützten sie. Die Kontur des Objektes wurde in Holz nachgebildet, außen mit glattem Leder bezogen und häufig durch Goldprägungen verziert. Innen waren sie gepolstert und mit Seide oder Rauhleder ausgefüttert.

HIRSCHFÄNGER MIT SCHEIDE AUS DER SMARAGDGARNITUR

- **NAME**
  Jens Weißflog
- **GEBOREN**
  1964 in Steinheidel-Erlabrunn
- **BERUF**
  Skispringer, Hotelier

JENS WEISSFLOG ist der erfolgreichste Skispringer aller Zeiten. Seine erste Vier-Schanzentournee gewann er bereits mit 19 Jahren. 1984 holte er in Sarajewo Olympisches Gold auf der Normalschanze und Silber auf der Großschanze. Zehn Jahre später gelang es ihm, in Lillehammer mit Gold auf der Großschanze und der Mannschaftsgoldmedaille seinen Olympischen Triumph zu wiederholen. Heute ist Jens Weißflog Hotelier in seiner Heimatstadt Oberwiesenthal.

„Wenn ich mir diesen wertvollen Hirschfänger anschaue, kommen mir schnell ein paar Gedanken aus meiner Kindheit in den Sinn. Als Kind war es immer mein Traum ein schönes Schwert, einen Säbel, einen Degen oder einfach nur ein schönes Messer zu besitzen. Natürlich beschränkte sich dies oft auf die handelsüblichen Taschenmesser. Ein Hirschfänger erscheint einem Kind fast unerreichbar. So auch die geätzten Jagdszenen auf der Klinge des Hirschfängers. Die Jagd. Da wäre ich als Kind gerne einmal dabei gewesen. Beim Schreiben dieser Zeilen drehen sich wie von selbst die Gedanken um Messer und die Jagd. Vielleicht kommen da auch nur die uralten Selbsterhaltungsinstinkte hoch. So waren ja die Jagd und der Besitz einer Waffe unabdingbar zum Überleben."

DER HIRSCHFÄNGER ist ein nur noch selten erhaltener Gegenstand fürstlichen Zeremoniells im 18. Jahrhundert. In seiner Bedeutung gleicht er dem Prunkdegen und wurde vor allem auf Jagdfesten getragen. Der Hirschfänger als Repräsentationswaffe geht auf die. in dieser Zeit allgemein gebräuchliche, Seitenwaffe zurück, mit der dem verwundeten Wild der tödliche Fangstoß versetzt wurde. Als passionierter Jagdliebhaber besaß August der Starke mehrere Jagdgarnituren. So blieben drei weitere Hirschfänger unter seinen Juwelengarnituren erhalten. Mit dem Hirschfänger der Juwelengarnitur fertigte Johann Melchior Dinglinger ein Juwelenkunstwerk von hohem Rang. Der kompakte Griff des Hirschfängers besteht aus einem hellbraunen Achat. In der für die Prachtwaffen Dinglingers typischen Art sind in die gewundenen Rillen Goldschnüre eingelegt. Mehrfach variiert der Künstler das Thema der Jagd. Die Verzierungen der Stahlklinge schuf der Kupferstecher Moritz Bodenehr. Die neun großen Smaragde und 78 Brillanten machen den Hirschfänger darüber hinaus zu einem auch materiell wertvollen Kunstwerk. Ursprünglich war auf der Muschel des Schutzes ein großer Diamant über einer roten Folie angebracht. Erst 1722 ließ ihn August der Starke durch einen aus Warschau mitgebrachten Smaragdcabochon ersetzen.

DAS GOLDENE KAFFEEZEUG

THEO ADAM begann sein Sängerleben 1937 als Kruzianer. Nach der Rückkehr aus der Kriegsgefangenschaft 1946 wurde er zunächst Lehrer, erhielt aber gleichzeitig Gesangsunterricht bei Rudolf Dittrich. Ausgangspunkt seiner internationalen Karriere war 1949 das Engagement an der Sächsischen Staatsoper. Bereits im ersten Jahr wurde dem 23jährigen Bassbariton die Partie des Eremiten in Webers „Freischütz" und der „Figaro" übertragen. Ab 1953 war Theo Adam Mitglied des Ensembles der Staatsoper Berlin. Mitte der 70er Jahre begann er mit eigenen Inszenierungsarbeiten. Wiederum mit der Partie des Eremiten an der Semperoper will Theo Adam in der Spielzeit 2006/07 seine aktive Sängerlaufbahn nach 57 Jahren „frohen Herzens" beenden.

~ **NAME**
Theo Adam
~ **GEBOREN**
1926 in Dresden
~ **BERUF**
Kammersänger

„Das Grüne Gewölbe ist mir seit meiner Kindheit vertraut. Mein Vater war Dekorationsmaler und sehr kunstinteressiert. Mit ihm habe ich diese Kostbarkeiten hier schon bewundert, als ich ihren Wert noch gar nicht einzuschätzen wusste. Das Goldene Kaffeezeug ist von sagenhafter Schönheit. Der Einfallsreichtum, mit dem die Details gefertigt worden, ist phantastisch. Auf diese Gedanken muss man erst einmal kommen. Eigentlich ist das Kaffeezeug zu kostbar, um es täglich zu gebrauchen. Wie es wohl hinterher ausgesehen haben mag? Bachs Kaffeekantate habe ich während meiner künstlerischen Laufbahn ja oft genug gesungen. Ich entsinne mich auch, im „Rosenkavalier" auf der Bühne Kaffee getrunken zu haben. Aber Kaffeezeug von solcher Vollendung habe ich dabei niemals in den Händen gehalten. Allein die aufwändigen Elfenbeinschnitzereien sind beeindruckend. Die Darbietung des Services auf diesem Tisch, mit dem es eine Einheit bildet, ist sehr schön und rundet den Eindruck ab."

DAS GOLDENE KAFFEEZEUG Das Hauptwerk Johann Melchior Dinglingers muss August der Starke voller Spannung erwartet haben: 1701 wies er seinen Hofjuwelier "bey verlust Dero hohen Gnade" an, ihm das gerade fertig gestellte „von Gold mit mehr denn 5600 Diamanten, nebst vielen Colerten steinen geziehrte CoffeZeug" nach Warschau zu bringen und es ihm „vor aller erst zu zeigen". Das „Pretiose Coffe Zeug" war im engeren Sinne keine Auftragsarbeit. Dinglinger arbeitete daran ab 1697 auf eigenes Risiko. Seine Königliche Majestät fanden jedoch Gefallen am Gesehenen und da sie es „allergnädigst beliebten zu behalten", wechselte es am 23. Dezember 1701 für 40.000 Taler den Besitzer. Die Grundplatte birgt im Inneren eine für den heutigen Betrachter kaum sichtbare Überraschung: In einer sechseckigen, an den Wänden verspiegelten Vertiefung, befindet sich eine, aus bemaltem und vergoldetem Holz bestehende, türkische Kaffee- oder Teegesellschaft mit Tänzerin und Affenkapelle.

~~ HOFNARR FRÖHLICH AUF DEM SCHWEINEGESPANN

- **NAME**
  Ernst Hirsch
- **GEBOREN**
  1936 in Dresden
- **BERUF**
  Regiekameramann

ERNST HIRSCH Beim Angriff auf Dresden neun Jahre alt, absolvierte Ernst Hirsch nach dem Krieg eine Lehre zum Feinmechaniker und Feinoptiker bei Zeiss Ikon. Seinen ersten Film drehte er 1953 mit Hermann Zschoche über Schloss Pillnitz. Bis 1968 entstanden mehr als 3.000 Fernsehfilmbeiträge über Dresden und Umgebung. Später drehte Ernst Hirsch, als Freiberufler mit eigenem Studio, Werbefilme, Dokumentarfilme und Städteporträts für DEFA und Fernsehen. Dabei spezialisierte er sich auf Filme über die Dresdner Kunstsammlungen. In dieser Zeit begann er mit seiner Sammlung historischer Filmaufnahmen Dresdens, die heute als größte private Filmsammlung in und über Dresden gilt. 2005 in die Akademie der Künste berufen, ist Ernst Hirsch außerdem Mitglied im Landesverein Sächsischer Heimatschutz und dem Filmverband Sachsen. In zahlreichen Filme dokumentiert er die Geschichte seiner Heimatstadt.

„Als Kameramann habe ich das große Glück, die Gegenstände von allen Seiten zeigen zu können. Das gibt mir die Möglichkeit, auch Dinge sichtbar zu machen, die oft verborgen bleiben. Einem Besucher, der vor der Fröhlich-Vitrine im Dinglinger-Saal des Neuen Grünen Gewölbes steht und das Schweinegespann hinter dem Glas betrachtet, offenbart sich allein die Kunstfertigkeit seiner Gestaltung. Aber der Witz, der diesem Objekt innewohnt, bleibt ihm im wahren Wortsinn „verschlossen". Die Dreharbeiten zu meinem Film „Das Grüne Gewölbe zu Dresden" gestatteten mir, mit der Kamera einen Blick in das Innere des aus kostbarem Ebenholz gefertigten Wagens zu werfen. Öffnet man die Tür des Wagens, sieht man, dass der Hofnarr mit heruntergelassener Hose auf einem Nachtstuhl sitzt. Nun muss man wissen, dass dieses Gefährt früher die Königliche Tafel schmückte. Wie die Hofgesellschaft sich amüsierte, wenn der „Kurzweilige Rat" beim Öffnen der Klappe plötzlich den nackten Hintern und ein übergroßes Gemächt präsentierte, kann man sich leicht vorstellen. Scherze dieser Art hat Fröhlich selbst ersonnen. Mit einem Foto gelingt allenfalls eine gute Momentaufnahme. Im Film hingegen sind Dinge wie dieses in allen Facetten darstellbar. Für meinen Film wurde das Schweinegespann aus der Vitrine geholt und stand auf einer Drehscheibe wie früher auf der Tafel des Königs. Und wie die Hofgesellschaft damals beginnen die Zuschauer meines Films heute zu lächeln oder zu lachen, wenn sich die Wagentür des Schweinegespanns öffnet."

HOFNARR JOSEPH FRÖHLICH AUF DEM SCHWEINEGESPANN
Bei dieser ungewöhnlichen Elfenbeingruppe, die Carl August Lücke d. J. zugeschrieben wird, handelt es sich eigentlich um ein kostbares Schreibgerät. Der aus Nussbaum gefertigte Sockel enthält eine Schublade für verschiedene Schreibutensilien.

HIRSCH MIT KORALLENGEWEIH ALS TRINKGEFÄSS

ARTURO PRISCO wuchs in dem kleinen italienischen Ort Villasanta auf. Sein Talent, Menschen zu motivieren, entdeckte er als Student zunächst beim Verkaufen von Büchern. Heute ist er erfolgreicher Tuchhändler und betreibt in München eine private Tuchmesse. In Dresden verbindet sich sein Name mit verschiedenen Bauprojekten wie dem Quartier an der Frauenkirche, die er als Investor realisiert und nach eigenen, oft unkonventionellen, Vorstellungen gestaltet. Er liebt die Herausforderung, hasst „Siegertypen" und findet es wichtig, immer ein Ziel zu haben. Er ist Gründungsmitglied des „Freundeskreis des Grünen Gewölbes e. V.".

- **NAME**
  Arturo Prisco
- **GEBOREN**
  1943 in Avetrana in Apulien
- **BERUF**
  Tuchhändler und Bauinvestor

„Manchmal sieht man ein Objekt und man weiß sofort: Das gefällt mir! Den springenden Hirsch als Trinkgefäß habe ich mir angesehen und er hat mich begeistert. Es ist unglaublich, wie viel Arbeit darin steckt. Mit dem Thema der Jagd verbindet mich persönlich nichts. Aber der Hirsch ist für mich ein Symbol der Freiheit: Ich will freie Menschen um mich sehen, frei vor allem in den Gedanken. Natur ist für mich wichtig. Ich brauche Wald und Weinberge, um den Kopf freizubekommen für neue Ideen. Mit dem Hirsch verbinde ich auch angenehme Erinnerungen an die Zeit, in der ich meine Frau kennen lernte. Auf dem Weg von Mailand nach München habe ich meist in Garmisch-Partenkirchen Rast gemacht, um einen Hirsch im Gehege zu besuchen. Wenn ich diesen Hirsch betrachte, der ja als Trinkgefäß für die Jagd vorgesehen war, dann glaube ich, dass es sehr schwer gewesen sein muss, daraus zu trinken. Aber er ist wunderschön. Schönheit hat mich schon als Kind begeistert. Obwohl ich als Sohn eines Finanzbeamten in einem kleinen Ort wenig Gelegenheit hatte, Museen und Ausstellungen zu besuchen, spürte ich in mir ein Grundbedürfnis danach, schöne Dinge anzusehen. Zu sehen, wie die Kunstschätze hier nach der Restaurierung dieser wunderschönen Räume präsentiert werden, finde ich wunderbar."

SPRINGENDER HIRSCH Dieser von Andreas Rosa gefertigte Pokal in Gestalt eines springenden Hirschs, gelangte zusammen mit drei weiteren Pokalen zwischen 1619 und 1640 in die Dresdner Kunstkammer. Als repräsentative Geschenke wechselten sie zu besonderen Anlässen den Besitzer. Die kurfürstliche Schatzkammer verwahrte noch fünf weitere Hirsch-Pokale mit Korallenzinken, ein anderer befand sich in der Silberkammer. Diese Exemplare mit Korallenzinken stellen einen besonders kostbaren Typus dar. Bemerkenswert ist auch das Stützmotiv des Baumstamms, das wahrscheinlich von der Werkstatt Ludwig Krugs in die Nürnberger Goldschmiedekunst eingeführt wurde und dort seit dem frühen 16. Jahrhundert als Pokalschaft immer wieder zu finden ist.

~ STATUETTE DER DAPHNE

- **NAME**
  Hubert Burda
- **GEBOREN**
  1940 in Heidelberg
- **BERUF**
  Verleger

HUBERT BURDA studierte in München Kunstgeschichte, Archäologie und Soziologie. Nach seiner Promotion leitete er ab 1966 das Münchner Verlagshaus und ab 1973 den gesamten Verlagsbereich. 1986 übernahm Hubert Burda das Verlags- und Druckunternehmen mit 15 Zeitschriften. Mit dem Nachrichtenmagazin Focus gelang ihm 1993 die erfolgreichste Zeitschrifteneinführung in der Geschichte der deutschen Nachkriegs-Publizistik. Zum Programm von Hubert Burda Media gehören heute über 240 Zeitschriften und Zeitungen in 27 Ländern, Online-Portale, TV-Formate, Radio- und Internet-Dienstleistungen.

„Auf das Trinkgefäß in Gestalt der schönen Nymphe Daphne machte mich vor einiger Zeit Lord Rothschild aufmerksam. Ihre magische Ausstrahlung geht von den Korallenzweigen aus, die der Figur aus Kopf und Armen wachsen. Der Nürnberger Goldschmied Abraham Jamnitzer schuf die 68 cm hohe Silberstatuette wohl zwischen 1579 bis 1591. Der gebildete Auftraggeber der Daphne kannte sicherlich den der Darstellung zugrunde liegenden Mythos. In den Metamorphosen des Ovid wird erzählt, wie die jungfräuliche Nymphe vor Apoll floh, der, vom Pfeil Amors getroffen, unheilbar in sie verliebt war. Auf Daphne hatte Amor dagegen mit einem Pfeil gezielt, der sie für jedes Werben unempfänglich machte. Um sich vor Apoll zu retten, flehte Daphne ihren Vater Peneios an, ihre Gestalt, die das sexuelle Begehren Apolls geweckt hatte, zu verändern. Er verwandelte seine Tochter in einen Lorbeerbaum. Die Idee der Verwandlung liegt anspielungsreich dem kostbaren Trinkgefäß der Daphne zugrunde. Dabei war sicher die Entstehung des verwendeten Materials Koralle ein Thema, die im Mythos ebenfalls als Verwandlungsgeschichte erscheint. Nachdem Perseus der Medusa das Schlangenhaupt abgeschlagen hatte, erstarrten ihre Blutstropfen im Meer zu roten Korallen. Die Verwendung dieses Kunstwerks der Natur, als kunstreich gestaltetes Trinkgefäß lässt sich sinnbildlich deuten als die Verwandlung von Natur durch Kunst in Kultur. Im System der Kunst- und Wunderkammer, verbindet daher die Daphne den Bereich der Artificialia, der von Menschenhand geschaffenen Dinge, mit dem der Naturalia, die in Mineral-, Pflanzen- und Tierreich eingeteilt waren."

STATUETTE DER DAPHNE Das Trinkgefäß in Form der Nymphe Daphne wurde im ausgehenden 16. Jahrhundert von Abraham Jamnitzer geschaffen. Die Plastik ist die genaue Wiederholung einer Figur, die der Vater des Künstlers, Wenzel Jamnitzer, zu einem früheren Zeitpunkt entwarf. Dessen Daphne befindet sich heute in Ecouen bei Paris. Abraham Jamnitzer nutzte dieselbe Gussform. Seine Daphne, heute im Saal der Kunststücke des Neuen Grünen Gewölbes zu sehen, unterscheidet sich nur in Einzelheiten vom Werk des Vaters.

NAME
Henry Arnold

GEBOREN
1961 in Hamburg

BERUF
Schauspieler und Regisseur

HENRY ARNOLD besuchte die Neue Münchner Schauspielschule und studierte Germanistik, Geschichte und Musikwissenschaft sowie zwei Semester Dirigieren. Auf das erste Bühnenengagement in Göttingen folgten unter anderen Berlin und Zürich. Bekannt wurde er in der Rolle des Komponisten Hermann Simon in den Filmepen „Die zweite Heimat" und „Heimat 3" von Edgar Reitz. Für die Darstellung des Mike in „Ausgerechnet Zoé" erhielt er 1994 den Adolf-Grimme-Preis. Seit 1996 führt Arnold auch Regie in Schauspiel- und Operninszenierungen.

„Die beiden Perlfiguren stammen, wie es scheint, aus Frankfurt, einer fruchtbaren Gegend, die – dem nahe gelegen Rheintal, das mir durch die Filmarbeit sehr vertraut geworden ist – nicht zuletzt durch den Weinanbau schon immer den sinnlichen Genüssen sehr zugetan war. Aber die Figuren spiegeln – neben unverkennbarer Lebensfreude – auch die vanitas, die Leere der Ausschweifung wider. Die Grenze zwischen Frohsinn und Lächerlichkeit scheint fließend, die Groteske schielt um die Ecke. Der Winzer blickt, berauscht oder hilfesuchend, gen Himmel, der Koch tanzt grinsend zum eigenen Bratrost-Geschrammel. Die Figuren sind reich verziert und geschmückt, und sie scheinen in ihre Pracht eingezwängt und gefesselt zu sein. Beide Figuren sind mit faszinierender Genauigkeit im Detail und filigraner Sorgfalt gearbeitet, die dem Künstler sicher – im Gegensatz zur dargestellten Ausgelassenheit – sehr viel Geduld und eine ruhige Hand abverlangt haben. Zurückhaltung und Geduld – beides nicht sonderlich populär in unserem neo-barocken Event-Zeitalter – darin liegen für mich die versteckten Botschaften der liebenswerten Perlfiguren."

DIE PERLFIGUREN Mit 55 Werken besitzt das Grüne Gewölbe mehr als drei Viertel des noch vorhandenen Bestandes jener kostbar gefassten Miniaturen, deren Gestaltung jeweils von der bizarren Form einer meist extrem großen, unregelmäßig gewachsenen Perle ausgeht. Vorgänger dieser Gattung der Juwelierplastik des frühen 18. Jahrhunderts waren die Schmuckanhänger des späten 16. und frühen 17. Jahrhunderts. Viele der erhaltenen Figurengruppen sind bereits im Pretioseninventar von 1725 verzeichnet. Dort werden drei Juweliere genannt: Aus Jean Louis Girardets Berliner Werkstatt stammen die schönsten der Figuren. Am häufigsten ist der Name „von Ferbecq aus Frankfurt" verzeichnet, dieser war wohl eher Händler und lieferte Arbeiten Frankfurter Meister. Der einzige Dresdner Juwelier, dessen Name mit den Groteskenfiguren in Verbindung gebracht werden kann, ist Johann Heinrich Köhler. Für einige der Figürchen wird aber auch die Herkunft aus dem Umkreis der Dinglinger-Werkstatt vermutet.

GEORG MILBRADT studierte in Münster Volkswirtschaft, Rechtswissenschaften und Mathematik. Seine Assistenz am Institut für Finanzwissenschaft der Universität Münster beschloss er 1980 mit der Habilitation. Bis 1983 lehrte er am Institut für Finanzwissenschaft und Volkswirtschaft der Universität Mainz, 1985 folgte die außerordentliche Professur an der wirtschaftswissenschaftlichen Fakultät der Universität Münster. Von 1983 bis 1990 hatte er in Münster außerdem das Amt des Finanzdezernenten inne. 1990 wurde Milbradt Finanzminister in Sachsen. Seit April 2002 ist der CDU-Politiker Ministerpräsident des Freistaates Sachsen.

- **NAME**
  Georg Milbradt
- **GEBOREN**
  1945 in Eslohe/Sauerland
- **BERUF**
  Ministerpräsident von Sachsen

„Dieses Kabinettstück ist sicherlich nicht so bekannt, wie der meisterhaft geschnitzte Kirschkern oder die Miniaturlandschaft des Hofstaats des Großmoguls. In diesen offenbart sich l'art pour l'art. Hinter der Schöpfung des Kaiserkameos steht eine politische Absicht. Sie geht über reine Kunstfertigkeit hinaus. Mit diesem Auftragswerk inszenierte der sächsische Kurfürst-König sich selbst, indem er an die Darstellung römischer Kaiser anknüpfte. August der Starke demonstrierte damit aber auch seine herausragende Rolle als Kunstmäzen: Der Staat als Förderer der Kunst. Dresden hätte ohne die Sammelleidenschaft der Wettiner heute kein Grünes Gewölbe. Auch heute gibt Sachsen mehr für Kunst und Kultur aus als andere Länder. Ich habe 2006 zwei Ausstellungen mit ausgewählten Schätzen des Grünen Gewölbes im Schloss von Versailles und im Moskauer Kreml eröffnet. In beiden Ausstellungen war dieser Kaiserkameo zu sehen. Denn Kunst dient dem Freistaat heute nicht mehr der Selbstdarstellung, aber als Türöffner."

KABINETTSTÜCK MIT DEM KAISERKAMEO Wie viele seiner Zeitgenossen besaß August der Starke eine umfangreiche Sammlung von Gemmen und Kameen. Die Besonderheit seiner Sammlung liegt darin, dass er die Bildwerke in Kabinettstücke und Prunkpokale einfügen ließ. Den kostbarsten Steinschnitt der Sammlung, einen im Jahr 41 n. Chr. gefertigten Kameo aus Onyx mit dem Bildnis des Kaisers Claudius, machte sein Hofjuwelier Johann Melchior Dinglinger zum Mittelpunkt eines denkmalartigen Kunstwerks. Die Elfenbeinskulpturen am Fuss schuf Balthasar Permoser. Das „Kabinettstück mit dem Kaiserkameo" feiert nicht allein das seltene Fundstück der Antike, sondern auch seinen barocken Besitzer, der seinen Zeitgenossen als Bewahrer der Künste erschien.

~ KONSOLE IM ECKKABINETT

- **NAME**
  Joachim Menzhausen
- **GEBOREN**
  1930 in Leipzig
- **BERUF**
  Ehem. Direktor Grünes Gewölbe

JOACHIM MENZHAUSEN Nach dem Studium der Kunstgeschichte und Archäologie wurde Joachim Menzhausen als Assistent an die Gemäldegalerie der Staatlichen Kunstsammlungen Dresden berufen. Von 1960 bis 1992 war er Direktor des Grünen Gewölbes. Als Kurator zahlreicher Ausstellungen im In- und Ausland verfolgte er das Ziel, Dresden nach dem Krieg wieder als Stadt der Künste zu präsentieren.

„Es gibt Begebenheiten, bei denen selbst ein nüchterner Wissenschaftler geneigt ist, an die lenkende Hand höherer Mächte zu glauben: Das Eckkabinett des Grünen Gewölbes, das von Benjamin Thomae, dem berühmten Hofbildhauer Augusts des Starken, mit wunderbaren Holzarbeiten ausgestattet wurde, blieb im Krieg fast unversehrt. Eines seiner wichtigsten Stücke, die Halbfigur der Hauptkonsole, die nach Permosers Vorbild auf Händen das Konsolenbrett getragen hatte, wurde jedoch bei einem der zahlreichen Einbrüche nach Kriegsende gestohlen. Nach dem Ausbau der erhaltenen Reste begannen Denkmalpfleger, Kopien der gestohlenen Elemente herstellen zu lassen. Als die fehlenden Konsolen im Eckkabinett ersetzt werden sollten, fragte man mich um Rat. Von der Halbfigur der Hauptkonsole waren nur noch die Umrisse auf dem verstaubten Spiegel zu sehen. Erkennbar hatte sie einen dicken Bauch. Andere, noch erhaltene Figuren hatten Faunsgesichter. Vielleicht sei die fehlende ein Bacchus, vermutete Gerhard Glaser. Mir kam der Besuch bei einem Oberloschwitzer Bekannten in den Sinn. Vor einiger Zeit hatte er mir eine Schnitzarbeit gezeigt, die er auf dem Scheiterhaufen im Garten einer Oberloschwitzer Villa gefunden hatte, deren Dachboden beräumt werden musste. Sie gefiel ihm. Nachdem er die olivgrüne Farbe, die er mit Aktenschränken aus dem 19. Jahrhundert verglich, mit weißer Schlemmkreide übertüncht hatte, hängte er sie in sein Wohnzimmer. Unter der dicken Farbschicht ließ sich barocke Schönheit vermuten. Ich bat ihn, die Farbe zu entfernen und mir das Stück erneut zu zeigen. Aber das Vorhaben geriet in Vergessenheit. Jetzt schien mir diese Figur möglicherweise als Modell für das hier fehlende Stück zu taugen und ich vermittelte den Kontakt. Ein viertel Jahr später traf ich Glaser wieder: Mein Bekannter hatte seinen Wandschmuck als Modell zur Verfügung gestellt. Glaser hatte ihn auf den Torso gesetzt. Nahtlos fügten sich die Teile aneinander. Es war das gestohlene Stück. Die Hauptkonsole des Eckkabinetts war wie durch ein Wunder zurückgekehrt. Und mir war das Glück zugefallen, ihr den Weg zu bahnen."

KONSOLE IM ECKKABINETT Den Bildhauer Benjamin Thomae bezeichnete Balthasar Permoser, dessen Geselle er zunächst war, als seinen „besten Werkmeister". 1723 bewirkte er Thomaes Ernennung zum Hofbildhauer.

DAS KUPFERSTICH-KABINETT

Das Kupferstich-Kabinett ist eines der ältesten Kunstmuseen für Zeichnungen, druckgrafische Werke und Fotografien, zugleich gehört es zu den herausragendensten grafischen Sammlungen weltweit. Die Sammlung umfasst heute mehr als 500.000 Werke von rund 20.000 Künstlern aus sechs Jahrhunderten.

Eine erste Glanzzeit erlebte die Sammlung unter ihrem Direktor Carl Heinrich von Heineken, der von 1746 bis 1763 das Museum leitete und innerhalb eines Jahres die Sammlung um das Dreifache, auf 130.000 Blatt, anwachsen ließ. Dagegen brachte das 20. Jahrhundert bedauerliche Verluste. 1937 verlor die Sammlung durch die Aktion „Entartete Kunst" der Nationalsozialisten 381 Werke, darunter Meisterwerke von Dix, Grosz, Kirchner oder Schmidt-Rottluff. 1942 musste die Sammlung schließlich nach Schloss Weesenstein ausgelagert werden und blieb somit von weiteren Verlusten durch Zerstörung weitgehend verschont. Dafür gingen allerdings in den Nachkriegswirren beträchtliche Teile der Sammlung verloren. Es fehlen seit der Rückführung des Hauptbestandes aus der Sowjetunion 1958 noch rund 50.000 Zeichnungen und etwa 21.000 grafische Blätter.

Herausragende Bestände altdeutscher Graphik, niederländischer Zeichnungen des 15. bis 17. Jahrhunderts sowie deutscher Kunst des 19. und 20. Jahrhunderts, bilden den Sammlungsschwerpunkt. Darunter befinden sich Zeichnungen und grafische Blätter von Dürer, van Eyck, Rembrandt, Michelangelo und Fragonard, bis hin zu Toulouse-Lautrec, Picasso und Baselitz. Kupferstiche von Schongauer und Holzschnitte von Cranach finden sich neben seltenen Beispielen aus der Geschichte der künstlerischen Fotografie. Die angloamerikanische Kunst seit dem späten 17. Jahrhundert, die moderne Kunst Ost- und Mittelosteuropas und eine umfangreiche Sammlung ostasiatischer Holzschnitte bilden weitere Sammlungsfelder.

Der Studiensaal steht interessierten Kunstbetrachtern wie auch Spezialisten aus der ganzen Welt zum Studieren der Originale zur Verfügung.

In Sonderausstellungen werden themenbezogene Wechselausstellungen gezeigt, in denen Blätter aus den eigenen Sammlungen wie auch aus den Beständen internationaler Museumspartner ideengeschichtliche und künstlerische Konzepte zur Anschauung bringen. Das Kupferstich-Kabinett verfolgt seine museumsspezifischen Aufgaben – Bewahren und Erhalten, Ausstellen, Forschen und Bilden – im weltweiten Austausch und hat zugleich die Aufgabe als sächsisches Leitmuseum auf seinem Gebiet. Es versteht sich dabei als Kultureinrichtung, die im zeitgemäßen Diskurs von Geschichtsbewusstsein, Gegenwartsreflexion und Zukunftsvorstellungen steht.

Das Kupferstich-Kabinett erfüllt seinen Auftrag vor allem in der Zusammenarbeit mit anderen Kunstmuseen und Sammlungen, aber auch mit Universitäten, Hochschulen, Denkmalämtern und anderen Forschungseinrichtungen. Seinem breit gefächerten Sammlungsbestand entsprechend bestehen neben der Kunstgeschichte fachliche Verbindungen vor allem mit der Geschichts- und Politikwissenschaft, der Philosophie und Theologie, aber auch der Soziologie, den Wirtschafts- und Technikwissenschaften.

DIE BEKEHRUNG DES PAULUS

- **NAME**
  Werner Schmidt
- **GEBOREN**
  1930 in Pirna
- **BERUF**
  Ehem. Generaldirektor der Staatlichen Kunstsammlungen Dresden

WERNER SCHMIDT Nach dem Studium der Kunstgeschichte und Archäologie in Leipzig und Berlin war Werner Schmidt von 1954 bis 1958 an der Nationalgalerie in Berlin tätig. 1959 wurde er zum Direktor des Kupferstich-Kabinetts in Dresden berufen. Seit 1985 Ehrendoktor, war er von 1990 bis 1997 Generaldirektor der Staatlichen Kunstsammlungen. Er wirkte in der deutsch-russischen Regierungskommission zur Rückführung des Kulturgutes mit. Zahlreiche Ausstellungen und Publikationen tragen seine Handschrift, darunter Menzel (1955), Picasso (1965), Hermann Glöckner (1969), Deutsche Kunst der Dürerzeit (1971) und Barock in Dresden (1986). Der besondere Einsatz Werner Schmidts galt der Durchsetzung der Moderne in der DDR und dem Aufbau der Dresdner Sammlungen zeitgenössischer Kunst.

„Unter Tausenden von Meisterwerken im Kupferstich-Kabinett liegt mir besonders ein Geniestreich des jungen Dürer am Herzen, sein erster großformatiger Kupferstich. In neuartiger Weise setzte der 23jährige Künstler Schwarzweiß-Gegensätze zur Gestaltung einer dramatischen Szene ein. Rosse und Reiter stürzen erregt nieder, geblendet von dem Licht am Himmel, aus dem Saulus die Stimme Jesu Christi vernahm und zum Paulus wurde. Der Gegensatz zur idyllischen Landschaft erhöht den packenden Ausdruck. Der sächsische Kurfürst Friedrich der Weise ist als erster großer Auftraggeber des jungen Künstlers im Jahr 1495 zu rühmen. Der Dresdner Abzug von Dürers Platte ist der einzige erhaltene. Gelangte dieses Unikum vielleicht schon zu Zeiten Friedrichs des Weisen nach Sachsen? Oder befand es sich in Cranachs Dürersammlung, die 1588 von Christian I. erworben wurde? Erhielt also vielleicht Lucas Cranach den Probedruck von seinem Nürnberger Kollegen als Freundesgabe?"

DIE BEKEHRUNG DES PAULUS Dürer erhielt seine Ausbildung als Goldschmied und Maler in seiner Heimatstadt Nürnberg. Auf der Wanderschaft 1490 bis 1494 arbeitete er in Basel, Kolmar und Straßburg. Nach seiner Italienreise 1495 führte er den Kupferstich und den Holzschnitt zu höchster Vollendung. Sein Werk mit etwa 90 Gemälden, 100 Kupferstichen, 350 Holzschnitten sowie 900 Zeichnungen und Aquarellen ist von überragendem Rang, von „unglaublicher Großheit", wie Goethe schrieb.

LA CLOWNESSE ASSISE

- **NAME**
  Günter Sommer
- **GEBOREN**
  1943 in Dresden
- **BERUF**
  Jazzmusiker

GÜNTER SOMMER Der Schlagzeuger und Perkussionist Günter „Baby" Sommer studierte an der Hochschule für Musik in Dresden, seit 1995 lehrt er dort selbst. Sommer zählt zu den bedeutendsten stilbildenden Jazzmusikern Europas und ist mehrfacher Pollwinner des Internationalen Jazzforums. Er wirkte bei 70 Langspielplatten mit. Sommer erweitert seine Ausdrucksmöglichkeiten mit zum Teil selbstgebauten Instrumenten. In dieser „Klangwerkstatt" entsteht etwas, das er als „Hörmusik" bezeichnet und das auf drei Solo-Alben zu hören ist: „Hörmusik", „Hörmusik 2" und „Sächsische Schatulle". 1985 beginnt eine bis heute fortgesetzte künstlerische Kooperation mit dem Schriftsteller Günter Grass. Zu Sommers Perkussionsmusik liest dieser aus seinen Werken.

„La Clownesse assise", die sitzende Clownin, berührt mich, weil ich die gezeigte Situation sehr gut kenne. Mein Leben lang befand und befinde ich mich vor und hinter der Bühne. Ich finde es wunderbar, dass man sich als Betrachter einen Moment lang fragt, wer hier eigentlich der Clown ist. Die Welt des Publikums und des Künstlers sind austauschbar. Man erkennt die Künstlerin allein an ihrer Kleidung. Sie befindet sich in einer typischen Entspannungssituation, die mir auch sehr vertraut ist: Vor der Vorstellung herrscht große Anspannung, danach Entspannung. Ganz klar ist es an der Clownin aber nicht ablesbar, ob die Vorstellung wirklich schon zu Ende ist. Dass man das Publikum von hinten sieht, spricht für eine Situation nach ihrem Auftritt. Ihr Kostüm erscheint mir wie das Kostüm ihres Lebens. Es ist mit ihr verwachsen. Zu denken gibt mir auch der skeptische Blick, der das Hinterfragen des eigenen Tuns widerspiegelt. Ich sehe sie nicht in der mit Ausrufezeichen versehenen Pose der selbstbewussten Künstlerin, sondern blicke auf eine, die eigene Lebenssituation und den Beruf betrachtende, Skeptikerin. Und dennoch: Clown sein heißt auch, als Clown zu leben. Um es auf mich zu beziehen: Musiker zu sein, bedeutet für die Musik zu brennen und überzeugt zu sein von dem, was man tut. Die Klarheit der Linien und der Farben machen den Steindruck zu einer sehr schönen, geradlinigen Arbeit, die nichts verbirgt. Durch den Blick ins Foyer entsteht auch eine perspektivische Wirkung, wie ich sie bei Toulouse-Lautrec selten gesehen habe."

LA CLOWNESSE ASSISE Die Lithographie in fünf Farben gehört zur, zwölf weitere Blätter umfassenden, Mappe „Elles", einem der Hauptwerke Toulouse-Lautrecs. Obwohl schon im Jahr 1913 von der Dresdner Galerie Arnold in einem Konvolut von 70 Grafiken zum Verkauf angeboten, gelangte sie erst am 23. März 2001 durch Vermittlung Wolfgang Wittrocks in die grafische Sammlung des Kupferstichkabinetts.

~ PAPER FUJI, 7. OKTOBER 1966

GERD UECKER studierte an der Münchner Hochschule für Musik die Fächer Klavier, Dirigieren und Musikpädagogik. Auf die Tätigkeit als Solorepetitor am Opernhaus Köln folgte zunächst die Leitung der Opernabteilung des südostbayerischen Städtetheaters Passau. Ab 1979 an der Bayerischen Staatsoper, wurde Uecker 1993 dort Operndirektor. Seit 2003 ist er Intendant der Sächsischen Staatsoper Dresden. Sein Ziel ist es, die Oper auf eine wirtschaftlich stabile Grundlage zu stellen, ohne gravierende Einbußen an künstlerischer Qualität hinnehmen zu müssen.

~ **NAME**
Gerd Uecker
~ **GEBOREN**
1946 in München
~ **BERUF**
Indentant Semperoper

„Die meisten Werke Gerhard Richters sprechen mich an, weil sie mich zum Denken herausfordern. Begegnungen mit einem seiner Bilder bleiben selten auf der Stimmungsebene. Dieses ganz ungegenständliche Werk des Malers ruft in mir, wie alle abstrakten Bilder, natürlich sofort den Reflex des Assoziierens hervor. Der Suche nach der Entsprechung im Gegenständlichen kann man sich nicht verschließen. So erscheint mir die untere Bildebene wie eine Wasserfläche, in der sich etwas darüber Hängendes spiegelt, das Farbtechnik und Charakter des Wässrigen aufnimmt. Richters Bild sagt das natürlich nicht, will es auch nicht. Mich regt es an zu der Frage, was Abstraktes in der Bildenden Kunst eigentlich bedeutet. Abstrakte Darstellungen provozieren einen radikalen Bruch mit den Gewohnheiten unserer Erkenntnis. Alles was wir sehen, vergleichen wir mit Bekanntem, bereits Wahrgenommenem. Erblicken wir eine abstrakte Darstellung, fehlt uns jegliches Bezugssystem. Die Koordinaten stimmen plötzlich nicht mehr. Auf der Vergleichsseite steht nichts. Und jetzt kommen wir zum Wesentlichen. Es wird etwas Neues hervorgebracht, das nicht erkennbar aus Bekanntem abgeleitet wurde. Die große Kraft dieser Invention liegt in der Erweiterung unseres Denkens. Es wird freier, löst sich aus vorgegebenen Mechanismen. Je besser ein Mensch in der Lage ist, sich abstrakten Kunstwerken zu öffnen, desto reicher und freier wird sein Denken sein. Er wird vorurteilsloser. Im idealen Fall versetzt ein Kunstwerk den Betrachter in die Bereitschaft, einen Dialog zu führen: „Es gibt Anlass." Paper Fuji tut genau dies."

PAPER FUJI. 7. OKTOBER 1966 ist eine von rund 40 Arbeiten auf Papier, die Richter im Zusammenhang mit seiner, 110 Ölbilder umfassenden, Serie „Edition Fuji" nach seiner Japanreise anfertigte. Mit dieser Serie unterstützte er 1996 den Ankauf seines „Atlas der Photos, Collagen und Skizzen" durch die Städtische Galerie Lenbachhaus in München. Anders als bei den Arbeiten auf Metall führte er die Rakel, eine schmale Holzplatte von der Länge der Blattbreite, auf die die Farben aufgetragen werden, bei den Arbeiten auf Papier in einem einzigen Zug über das Blatt.

WEIBLICHER TORSO

- NAME
  Ahmad Mesgarha
- GEBOREN
  1963 in Berlin
- BERUF
  Schauspieler

AHMAD MESGARHA Seine Ausbildung absolvierte der Schauspieler Ahmad Mesgarha 1985 bis 1989 an der Theaterhochschule „Hans Otto" in Leipzig und ab 1987 auch im Studio des Staatsschauspiels Dresden. Sein erstes festes Engagement führte ihn an das Neue Theater Halle. Seit 1990 ist er Mitglied im Ensemble des Staatsschauspiels Dresden, derzeit zu erleben als Hendrik Höfgen in „Mephisto" oder Valentin Görtz in „Hartz IV-Das Musical". Seit 1995 ist er auch auf dem Theaterkahn Dresden zu Hause, unter anderem mit dem Otto-Reuter-Soloabend „Der Überzieher". Seit 2003 unterrichtet Ahmad Mesgarha Schauspiel im Studio Dresden. Lesungen wie „Die Geschichte des Nathan" gehören ebenso zu seinem Repertoire wie Projekte in Hörfunk, Film und Fernsehen.

„Picasso und die Frauen. / Er war ein Tyrann dem man schwer / ausweichen konnte, weil man ihm verfiel. / Seine Unberechenbarkeit war weniger sein / Verhängnis, mehr seine Methode. / Seine Zerrissenheit war kein Geheimnis, / sondern Arbeitsgrundlage. // Fast grob springt das Bild aus sandigem / Untergrund. / Die Linien, Bögen und Formen winden sich / orientalisch um den Kopf. / Der Kopf scheint verloren. / Eine Frau, wie ein Grundriss.// Schwer atmet der Körper. / Sein Gewicht drängt zum Boden. / Übergroße Hände liegen müde und wuchtig. / Alles an diesem rätselhaften Körper scheint / sich verloren, scheint seine Bindung, / die Mechanik des Einklanges / eingetauscht zu haben gegen Isolation. // Ein Auge fällt heraus. Fällt auf. / Das andere findet sich kaum. / Was ist das für ein Blick? / Dieser Blick bestimmt den Vorwärtsdrang des / ganzen Bildes. / Ein entlarvender Blick, der dich auszieht bis / auf die Knochen, der jedes Geständnis erzwingt. // Zwischen Leuchtturm und Felsen, / zwischen Auge und Händen: das Meer. / Wie in den kühlen Morgen gegossen, weiß und jungfräulich: / die Brüste, unvoreingenommen / und ohne Arg. Hier erholt sich der Betrachter. // In aller Widersprüchlichkeit spricht Picasso, / schon zweiundsiebzigjährig, über sein Leben / mit der Liebe. // Er idealisiert nichts und er verkennt nichts. / Vielmehr bekennt er sich zum Vulkan der / täglichen Hoffnungen, zum Atem der / Ruhelosigkeit. Leben heißt tun. Tun heißt / scheitern. Scheitern heißt hoffen. Hoffnung / heißt leben. Leben heißt lieben."

WEIBLICHER TORSO „Torse de Femme" von Pablo Picasso hat einen unmittelbaren autobiographischen Bezug. Entstanden im Juni 1953 zeigt es Picassos damalige Lebensgefährtin Françoise Gillot. Auf dem hieratisch strengen Blatt, das auf raffinierte Weise Frontal- und Seitenansicht verbindet, zeigt Picasso seine Freundin als schöne und zugleich gefährliche Sphinx.

STEINIGER STRAND BEI MONDAUFGANG

KAI SIMONS studierte Medizin. Ab 1965 als wissenschaftlicher Mitarbeiter der Rockefeller University in New York tätig, wechselte er 1967 an die Universität Helsinki. Dort leitete eine Forschungsgruppe und übernahm 1979 die Professur für Biochemie. Außerdem war er ab 1975 Gruppenleiter am European Molecular Biology Laboratory in Heidelberg und koordinierte von 1982 bis 1997 das Zellbiologieprogramm (EMBL). Seit 1998 ist er Direktor und Wissenschaftliches Mitglied am Max-Planck-Institut für molekulare Zellbiologie und Genetik in Dresden. Als Präsident der European Life Scientist Organisation fördert er die kooperative Zusammenarbeit in der Forschung.

NAME
Kai Simons

GEBOREN
1938 in Helsinki

BERUF
Direktor am Max-Planck-Institut

„Als ich dieses Bild sah, war mein erster Eindruck: „Das ist wie zu Hause!" Wir haben ein Sommerhaus auf einer Insel in der Nähe von Helsinki. Da sieht der Strand genau so aus beim Mondaufgang im August. Er ist dann wie ein Steingarten voller wunderbarer Granitskulpturen, jedes Teil ein Unikum aus der Eiszeit. Ein Element der Beständigkeit, das immer wieder aufs Neue fasziniert."

STEINIGER STRAND BEI MONDAUFGANG Die Ansicht des menschenleeren Ostseestrandes, mit den vom Wasser umspülten Felsen, gehört zu einer Reihe von späten Zeichnungen in Sepia, in denen Caspar David Friedrich das Motiv der mondbeschienenen Küstenlandschaft variierte.

DREI GEBOGENE, DIE SICH IN EINEM PUNKT TREFFEN ~~

- **NAME**
  Arila Siegert
- **GEBOREN**
  1953 in Rabenau bei Dresden
- **BERUF**
  Tänzerin, Choreographin, Regisseurin

ARILA SIEGERT erhielt ihre Tanzausbildung an der Palucca Schule Dresden. Gret Palucca selbst unterrichtete sie im „neuen künstlerischen Tanz". 1970 wurde sie an das Tanztheater der Komischen Oper engagiert, ab 1979 war sie Solotänzerin der Sächsischen Staatsoper Dresden. 1987 gründete sie am Dresdner Staatsschauspiel ein Tanztheater, 1992 am Anhaltischen Theater eine Tanzkompanie. Auch als Leiterin der Bühne am Bauhaus Dessau (1996-1998) schuf sie abendfüllende Choreografien. Ihre erste eigene Opernregie führte sie 1998 bei der Inszenierung von Verdis „Macbeth" in Ulm.

„Transformation der Willenskraft. Ich erinnere mich deutlich, wie uns Palucca von Kandinsky erzählte und von den Bauhäuslern. Es ging darum, Kritik zu ertragen. Wissen solle man, von wem die Kritik komme. Und man solle sich nicht mit Leuten umgeben, die einem nach dem Munde reden. Die Bauhäusler hätten sie heftig kritisiert, erzählte sie. Und sie hätte sich der Kritik ausgesetzt, was nicht einfach war. Immer wieder musste sie geometrische Figuren tanzen, geradezu zelebrieren, und Kandinsky hat sich ergötzt an der grafischen Genauigkeit ihres Tanzes. Es regte ihn an, Studien ihrer Bewegungen zu zeichnen. Die Freundschaft mit Kandinsky und Klee war für Palucca wertvoll. Unsentimental und geistreich, klar und leicht wie sie – das hat sie geprägt. Immer wieder schickte sie uns ins Kupferstichkabinett um zu lernen. Sich umgeben mit kritischen Geistern, nicht nur vom gleichen Fach, gab sie uns als Maxime mit auf den Weg. Wir sollten keine Fachidioten werden. Vielmehr das Leben aufmerksam betrachten, die ständigen Veränderungen, plötzlichen Wechsel. Und wenn man nicht weiter kommt und Zusammenbrüche erlebt, wenn man stagniert, dann soll man auch dem sich stellen, sich nicht betäuben mit Selbstmitleid und Sentimentalität, sondern dies als einen Teil des Lebens betrachten und bearbeiten. Das Foto von Charlotte Rudolph fängt den Moment einer kraftvoll-hingebungsvollen, überwältigenden Ausgangssituation für einen großen Schritt ein. Hingabe, Durchsetzungskraft und Lust sind seine Essenz. Ein Balanceakt ist dies zwischen Biegsamkeit, Kraft, Konzentration und Risiko. Wir befinden uns in drei Kreisen, die sich in einem Punkt treffen, wie das Bild auch heißt: Drei Kreise als Ausdruck des Zusammenklangs der Choreo-Sophie, der Weisheit der Kreise. Gemeint sind damit Denkkreise, Kreisläufe, kosmische Kreise, eine Energie, die sich permanent erneuert und ständig in Bewegung ist."

DREI GEBOGENE, DIE SICH IN EINEM PUNKT TREFFEN Charlotte Rudolphs frühe Tanzfotografien von Gret Palucca waren nicht nur der Beginn einer jahrzehntelangen, erfolgreichen Zusammenarbeit, sie haben Kandinsky zu künstlerischen Auseinandersetzungen inspiriert.

BRÜCKE-PLAKAT ~~

HERMANN KOKENGE Nach Abitur und Gärtnerlehre studierte Hermann Kokenge Landschaftsarchitektur in München und Hannover. Ab 1980 arbeitete er in verschiedenen Landschaftsarchitekturbüros in Berlin und Hannover und war ab 1982 wissenschaftlicher Mitarbeiter an den Universitäten Hannover und Stuttgart. Bis er 1993 als Professor für Landschaftsarchitektur an die Technische Universität Dresden berufen wurde, war er als Gartenbaudirektor der Stadt Köln tätig. 2003 wählte ihn das Konzil der Universität zum Rektor.

~ **NAME**
Hermann Kokenge
~ **GEBOREN**
1949 in Cappeln/Oldenburg
~ **BERUF**
Rektor Technische Universität Dresden

„In großen, schwarzen Lettern auf rotem Grund verkündet das Plakat: KG Brücke in Galerie Arnold. Man ist fast gehalten, ein Ausrufezeichen hinzuzufügen. Besonders groß und kräftig erscheint „KG Brücke", dessen Bedeutung nicht weiter erläutert wird. Man scheint beim Leser vorauszusetzen, dass er KG Brücke kennt. Die eigentliche Aussage des Plakats bildet eine Figur, die fast schwebend aus dem Bild hervorzukommen scheint und den Betrachter aus mandelförmigen Augen fixiert. Im Schoß trägt sie ein Kleinkind, mit der linken Hand fürsorglich gehalten, die rechte Hand ist in Bewegung, so als wolle sie damit zusätzlich das Kind umfassen und schützen. Man ist geneigt, die Person als sehr junge Frau, fast noch als Mädchen anzusehen. Das vorliegende Bild ist das als Holzschnitt geschaffene Plakat Kirchners für eine Ausstellung der „Brücke" in der Galerie Arnold in Dresden. Es war eine der umfangreichsten und mit Gemälden, Aquarellen, Zeichnungen, Grafiken und Plastiken auch eine sehr breit angelegte Ausstellung der Künstlergemeinschaft. Mit Arbeiten beteiligt waren Cuno Amiet, Erich Heckel, Ernst Ludwig Kirchner, Hermann Max Pechstein, Karl Schmitt-Rottluff und Otto Karl Mueller. Der Holzschnitt des Plakats kann in seiner Darstellung fast exemplarisch für die „Brücke" gesehen werden: knappe, auf das Wesentliche reduzierte Formgebung, Monumentalität und kräftige Farbigkeit, die sich bei dem Plakat auf schwarz und rot und dem Gelb des Papiers beschränkt. „Jeder gehört zu uns, der unmittelbar und unverfälscht das wiedergibt, was ihn zum Schaffen drängt." So heißt es in dem Programm der KG Brücke aus dem Jahr 1906, das Ernst Ludwig Kirchner in Holz schnitt. Selbstzweifel jedenfalls plagte die Gründer der „Brücke" nicht."

BRÜCKE-PLAKAT Das Plakat zeigt Fränzi, eines der wichtigsten Modelle der Brücke-Künstler in Dresden. Der zackige scharfkantige Stil ist charakteristisch für Kirchners Holzschnitte von 1910. Die „Brücke"-Künstler schufen erstmals zu eigenen Ausstellungen Original-Plakate, so Fritz Bleyl 1905 und Max Pechstein 1906, für die Ausstellungen in der Lampenfabrik von Karl Max Seifert in der Fröbelstraße in Löbtau.

MYTHOS RESIDENZSCHLOSS

Die Bewohner erinnern sich

Christian Wiedemann hat das Zaubererhandwerk gelernt. Er zieht Kaninchen aus Zylindern oder lässt Eurostücke zwischen den Fingern verschwinden. Vielleicht wollte er immer andere verzaubern, um sich selbst Träume zu erfüllen. Schließlich wuchs der Dresdner in einem Schloss auf. Nicht in irgendeinem Schloss, sondern in der Residenz des Königs. Nicht irgendeines Königs, sondern des Königs Friedrich August. Nicht irgendeines Augusts, sondern Augusts des Starken. Wer in kindlichen Träumen dem sächsischen Sonnenkönig begegnete, der muss einfach Zauberer werden. Der heute 69-jährige Christian Wiedemann sieht das deutlich nüchterner. „Wir wohnten vor dem Krieg im Schloss wie andere in einem Mietshaus. Das war eine Wohnung mit Kachelofen wie jede andere auch", sagt er, der in der ehemaligen Residenz geboren und gleich nebenan in der Sophienkirche getauft wurde.

Bis zum siebten Geburtstag lebte er mit seinen Eltern und seinem Bruder in der Residenz der Wettiner, die in der Weimarer Republik in den Besitz des sächsischen Staates gelangte und vom Finanzministerium unterhalten wurde. Wenn sich der Dresdner heute erinnert, so erzählt er davon, wie er im Kleinen Schlosshof mit anderen Kindern im Sandkasten spielte, und dass dort vom Glanz der Könige nicht viel zu sehen war. Wer davon eine Ahnung bekommen wollte, der musste schon hinüber in den Großen Schlosshof gehen und von dort in die zweite Etage. Da befanden sich nach wie vor die Festräume im originalen Zustand des 19. Jahrhunderts, einschließlich ihrer wertvollen Ausstattung, öffneten sich manchmal die schweren Türen für Besucher. In diesen Räumen ging es nicht um die museale Präsentation von Kunstgut, sondern in den nur wenig veränderten Sälen erhielt der Besucher einen Eindruck vom höfischen Leben, das noch wenige Jahre zuvor hier tatsächlich stattgefunden hatte. Christian Wiedemann kennt natürlich viele Geschichten darüber, insbesondere die gern erzählten Anekdoten über den letzten sächsischen König, der angeblich mit den Worten: „Macht doch euren Dregg aleene" auf das Schloss und seine Macht verzichtet haben soll. „Kaum zu glauben, wie die Zeit vergeht. Meine Eltern sind dem König noch auf der Prager Straße begegnet", sagt Wiedemann.

Der letzte König

~ In seinem autobiografischen Roman „Als ich ein kleiner Junge war" beschreibt dies auch der Schriftsteller Erich Kästner: „Um die Weihnachtszeit spazierte er manchmal, ganz allein und mit hochgestelltem Mantelkragen, wie andere Offiziere auch, durch die abendlich funkelnde Prager Straße und blieb nachdenklich vor den schimmernden Schaufenstern stehen. Die Passanten stießen sich an, flüsterten: Der König, und gingen eilig weiter, um ihn nicht zu stören. Er war einsam. Er liebte seine Kinder. Und deshalb liebte ihn die Bevölkerung."

Zum Kreis der bedeutenden Wettiner kann man Friedrich August III. (1865-1932) nicht zählen. Er wollte ganz offensichtlich auch nie ein großer Staatsmann sein. Er geriet unversehens auf jenen Platz in der langen Reihe der regierenden Wettiner, den keiner einnehmen wollte; den letzten. Ausgerechnet mit ihm, dem populärsten Sachsen, ging nach 829 Jahren die Herrschaft der Wettiner zu Ende. Im Schloss seiner Vorfahren nahmen insbesondere im Süd- und Westflügel die Verwaltungen immer mehr Platz ein, im Erdgeschoss des Westflügels befand sich das Grüne Gewölbe, das schon lange nur für eine beschränkte Öffentlichkeit geöffnet wurde und seit dem 19. Jahrhundert eines der allgemein zugänglichen königlichen Museen war.

Friedrich August III. strebte nie nach gewaltiger Größe, obwohl er sich sein Hofpersonal gern danach aussuchte, ob es hoch gewachsen war. Er selbst gab sich eher zurückhaltend und suchte die Harmonie. Gern mischte er sich unters Volk, sah sich als Oberhaupt einer „bürgerlichen Monarchie", war jedoch mit seiner Lebensweise weit vom Bürgertum entfernt. Schon als Kronprinz konnte er mit seiner Gemahlin Luise auf den Hofstaat des Schlosses zurückgreifen, standen ihnen 46 Bedienstete zur Verfügung, darunter allein sieben Kutscher. Als König konnte er später über zweihundert fest angestellte Lakaien verfügen; meist ehemalige Unteroffiziere. Zu den großen Festlichkeiten wurden aber noch weitere Hundert gemietet, die man dann alle in Hellgelb und Weiß einkleidete. Dem König und seinem Hof standen jährlich Millionen zu, im Jahr 1914 waren es 3.704.927 Mark. Der Hofstaat kostete zu jener Zeit, so beschreibt es Friedrich Kracke in

Christian Wiedemann als Siebenjähriger spielend im Schlosshof.

Das erste Vorzimmer des Residenzschlosses um 1920 war sehr nobel eingerichtet.

„Das königliche Dresden", den Fiskus mehr als die Landesuniversität Leipzig und weitere sächsische Hochschulen zusammen.

Friedrich August der Feigling, so nannten ihn seine, wenn auch wenigen Kritiker hinter vorgehaltener Hand. Als sich beispielsweise die Streitigkeiten zwischen seiner Ehefrau Luise und seinem Vater Georg dem Grämlichen zuspitzten, fand er nur noch selten den Weg ins Schloss. Viel lieber hielt er sich bei einem Manöver auf, ging zur Jagd oder auf Reisen, wo es zu legendären Begegnungen mit anderen Herrschaften kam. Noch als Kronprinz stattete Friedrich August zum Beispiel Kaiser Wilhelm in Berlin eine Visite ab. Der Kaiser begrüßte den künftigen Sachsenkönig und äußerte seine Genugtuung über dessen Besuch und dass August die Strapazen der Reise von Dresden nach Berlin auf sich genommen habe. Bescheiden wehrte der Prinz ab: „Ach was, das klappte grad so scheen mit eurer Hunde-Ausstellung."

Im Schloss müssen sich zwischen Georg, dem Vater von Friedrich August, und dessen Frau Dramen abgespielt haben. Aus diesem Grund verließ Erzherzogin Luise 1903 die Residenz. Angeblich schwanger von ihrem Geliebten, verließ sie ihren Mann, den Thronfolger, aber auch ihre fünf Kinder. Sie floh aus Dresden über Leipzig in die Schweiz. Ein dynastischer Skandal. Sie hielt es nicht mehr aus, weil der alte König nichts weiter gewesen sei als ein unerträglicher Stinkstiefel. Als der 1904 starb, wäre sie gern wieder ins Schloss zu ihrer Familie gezogen, plante ihre Rückkehr nach Sachsen. Noch besaß die Königsgattin die sächsische Staatsangehörigkeit. Außerdem war sie die Mutter des Kronprinzen. Sie litt, weil sie ihre Kinder nicht sehen durfte. Eine Schmach.

Am 22. Dezember 1904 fuhr sie mit ihrer Kutsche vor die Dresdner Residenz. Es gab keinen Grund, der rechtmäßigen Königin den Einritt zu verweigern. Doch die Türen blieben zu. Der Gemahl öffnete nicht. Friedrich August weilte zur Jagd in Pillnitz. Obwohl er seine Frau angeblich noch immer liebte, gehorchte er dem Rat seines Ministers Metzsch. Der fürchtete Luise wie der Teufel das Weihwasser. Der Provinzling wollte seinen Einfluss auf den König nicht verlieren. Luise war klug, modern, liberal, energisch. Eigentlich eine ideale Partnerin für den etwas trägen, konservativen König. Doch er ließ es zu, dass seine Gattin verhaftet wurde. Wie eine Zigeunerin schob die Polizei sie ab, setzte sie in den Zug nach Frankfurt am Main und drohte ihr mit dem Tod, sollte sie je in Sachsen wieder auftauchen. Luise wurde vom König geschieden. Sie erhielt den Titel Gräfin von Montignoso. Irgendwann lernte sie einen Mann kennen und dann noch einen und später einen italienischen Komponisten. Sie wurde immer wunderlicher, eine Mischung aus Essig und Überschwänglichkeit. Irgendwann verschwand sie. In den Augen des Volkes geriet sie zur Verräterin Sachsens, die den armen König mit den Kindern sitzen gelassen hatte.

Die Gewohnheit, permanent unterwegs zu sein, behielt Friedrich August III. auch später bei. 1904 zum König gekrönt, unternahm er in den ersten zehn Jahren seiner Herrschaft – ohne Jagdausflüge ins Revier im fernen Tirol und Staatsbesuche – laut Hofjournal 240 Reisen. Er mischte sich unter die Menschen. War er zu Hause im Schloss, dann zeigte er sich in der Stadt auffallend oft in Begleitung seiner unverheirateten Schwester Mathilde. Dann ritt er fast täglich mit ihr aus, ließ sich von ihr bei Kutschfahrten in die Dresdner Heide begleiten, nahm sie ab und an auch mit auf die Jagd. So beschreibt es der Historiker Walter Fellmann in seinem Buch „Sachsens Könige".

Das Schloss, wo er über dem gewölbten Georgentor wohnte und sich sein Arbeitszimmer mit Blick auf die Augustusbrücke befand, sah ihn viel seltener als seinen Vater. Das Volk unterschied zwischen Schlossbewohner und Sachse. Friedrich August III. galt als Sachse, als wahrer Sachsen-König. Seine Lebensgewohnheiten im Residenzschloss wichen jedoch kaum von denen seines Vaters Georg ab. Auch er war Frühaufsteher, erhob sich gegen sechs Uhr. Sein Tagesablauf stand minutiös fest, nie hätte er ein so unstetes Leben wie August der Starke führen können. Bei Friedrich August III. musste alles korrekt ablaufen und das erwartete er auch von anderen.

Der Familienmensch: Friedrich August III. in Kreise seiner Kinder.

Hinter dem Georgenbau „lag rechts die düstere Seitenfront des Schloßes, vor dessen Eingang in einer über und über betreßten Livree ein ungeheuer großer und dicker Mann stand. Er stützte sich auf einen langen Stock mit einer großen goldenen Krone darauf. Dieser Mann wurde von allen Kindern bewundert, wie er da mit der ganzen Würde seines reich geschmückten Bauches stand, und man erzählte sich, daß Jungen vom Lande scheu vor ihm die Mützen zogen, weil sie dachten, es wäre der König, der da mit seinem riesigen Zepter aus dem Schloß getreten wäre, um sich seine Untertanen ein bißchen anzusehen", schrieb Ludwig Renn, eigentlich Arnold Friedrich Vieth von Golßenau, 1944 in seinem autobiografischen Roman „Adel im Untergang". Und weiter: „Ich ging zu dem großen Schaufenster der Kunsthandlung Arnold gegenüber, die an dieser bevorzugten Stelle ihre Bilder und Plastiken zeigte. Ein Offizier stellte sich neben mich. Als ich mich nach ihm umsah, war es der König in Generalsuniform, der wirklich aus seinem Schloß getreten war, um sich die Schaufenster anzusehen. Ich war erzogen, ihn zu grüßen. Aber auf so nahe Entfernung, das kam mir vertraulich vor. Was konnte sich der König für irgendeinen Schuljungen interessieren? Da ging er zum nächsten Schaufenster, und ich floh befreit um die Straßenecke. Im übrigen galt er nicht gerade als kunstverständig. Seine Vorliebe beschränkte sich auf Bilder, wo im morgendlichen Walde Hirsche röhren."

Aus den Erinnerungen Renns erfährt der Leser auch einiges über das Innenleben des Schlosses als Friedrich August III. längst König war. So gab es jährlich ein Neujahrschor: „Wir stiegen in den zweiten Stock hinauf, gingen aber in die Säle, die ich noch nicht kannte. Da war die sogenannte Reitschule, ein Raum, der mit gewebten, etwas verblaßten Bildern bespannt war, auf denen man große dicke Pferde sah und darauf Reiter in tadellosem Sitz. Von der Reitschule schob sich die Menge der Offiziere durch andere Räume hindurch in einen langen und hohen Saal mit dunkel-bunten Deckengemälden. Das war das Schlafzimmer August des Starken. Hier blieben die Offiziere der Provinzregimenter zurück, und wir bevorzugten Leibgrenadiere, deren Chef der König war, traten in den nächsten Saal... Daneben befand sich der

Thronsaal, wo die Einzelaudienzen stattfanden... Wenn sich die Tür öffnete, sah ich einen Pagen unbeweglich dastehen. Das waren Schüler des Kadettenkorps, die bei solchen Gelegenheiten in einem Pagenanzug gesteckt wurden. Man brannte und puderte ihnen das Haar. Dann fuhren sie in einem altmodischen Omnibus ins Schloß, der nur für diesen Transport diente. Es war bekannt, daß bei jeder Cour ein paar dieser halben Kinder in Ohnmacht fielen, obwohl sie immer nur eine kurze Zeit stehen brauchten... Jetzt ging die Tür auf. Wir gingen hinein... Geradeaus zum Pagen. Stramme Wendung nach links. Das Parkett war sehr glatt. Bis zum nächsten Pagen. Wendung nach rechts... Jetzt stand ich vor dem dritten Pagen. Wendung links. Verbeugung. Der König bewegte ein wenig den Arm mit dem Feldherrenstab. Um ihn standen unbeweglich viele militärische und zivile Uniformen mit Orden. Wendung rechts fort. Beim nächsten Pagen ging es rechtsrum und geradeaus aus dem Saal. Das war alles."

Den Höhepunkt des Hoflebens bildete der Hofball, der an einem Mittwoch im Winter stattfand. Die Einladungen schrieben exakt vor, wer welchen Eingang des Residenzschlosses zu benutzen hatte. Über die Paradetreppe hatten Hochadel, Minister, Diplomaten und Generäle zu laufen, so erinnert sich Ludwig Renn in seinem Roman. Die Offiziere mussten in Uniform erscheinen, durften Helm und Säbel nur beim Tanzen ablegen. Wenn alle Gäste im Ballsaal versammelt waren, schlug der Oberhofmarschall mit seinem mit Gold verzierten Stab drei Mal auf den Boden und vermeldete die Ankunft seiner Majestät. Auf die Tanzfläche passten etwa 200 Personen, rund 1.000 Gäste waren aber insgesamt geladen worden. „Die anderen guckten herum und schwätzten und taten sich an den riesigen Büffets gütlich, die wegen des Massenandrangs den Spitznamen `die Volksküche` hatten", erzählte Prinz Ernst Heinrich, der den Hofball nicht sonderlich mochte, später. „Wer ein Freund von Schwitzen und von Langeweile ist, dem rate ich, unsere Hofbälle zu besuchen, er kann beides an der Quelle haben." Ludwig Renn, der selbst als junger Offizier an Bällen teilgenommen hatte und beobachtete, wie es die Prinzen einmal wagten statt rechts links herum zu tanzen, hielt die ganzen Zeremonien für eine „entsetzliche Öde" und sah darin „Reste prähistorischer Anschauungen". An eine Reform des spanischen Hofzeremoniells aus dem 16. Jahrhundert war auch unter dem volkstümlichen Sachsen-König Friedrich August III. nicht zu denken.

Der Hoftrompeter und der Tod

Wie einen Schatz hütet Christian Wiedemann die Fotos, die er noch besitzt: Weihnachten 1932 im großen Wohnzimmer, der Blick aus dem Fenster mit Zeppelin und Sophienkirche im Jahr 1931, und er selbst 1942 im Schlosshof. Besonders gern erinnert sich Wiedemann an den Dachboden, über den man laufen konnte, um in andere Wohnungen zu gelangen. Dort oben standen Turngeräte und Ställe. Der Vater züchtete Kaninchen im königlichen Dachstuhl. Manchmal wagte Christian Wiedemann einen Blick über die Dächer Dresdens. Er sah aus einem Fenster zum Hausmannsturm, glaubte draußen auf der Plattform den königlichen Hoftrompeter zu sehen. Eine Täuschung? Sein älterer Bruder hatte ihm von dem Trompeter erzählt und davon, dass er ihn wirklich noch gehört hatte.

1932 spielte der ein letztes Mal für seinen König. Es war zur Trauerfeier für Friedrich August III. Die Beisetzung am 23. Februar in der Katholischen Hofkirche gestaltete sich zu einem von niemandem erwarteten postumen Triumphzug für das ehemalige sächsische Staatsoberhaupt. Nachdem sich im November 1918 Arbeiter und Soldatenräte bildeten, Meuterer Besitz ergriffen von öffentlichen Gebäuden, auf dem Hausmannsturm die rote Fahne hissten und die Monarchie für abgeschafft erklärten, hatte der König damals die Residenz verlassen, auf seinen Thron verzichtet und seinen ständigen Wohnsitz in Sibyllenort bei Breslau genommen. Das dortige Schloss war

1884 durch eine Erbschaft in wettinischen Besitz gelangt, wurde als Sommerresidenz und Jagdschloss genutzt. Mit seinen 600 Zimmern war es größer als das Dresdner Schloss. Der feine Unterschied: Das völlig intakte Gebäude in Sibyllenort wurde 1945 als so genannte Junkerburg gesprengt. Am Morgen des 18. Februar 1932 fand man ihn dort bewusstlos und gelähmt im Bett; ein linksseitiger Gehirnschlag hatte den 67-Jährigen getroffen und führte am Abend zu seinem Tod. An seinem Trauerzug rund um das Dresdner Schloss beteiligten sich eine halbe Million Menschen und sein treuer Hoftrompeter.

Damals war Reinhold Burkhardt der letzte seiner Zunft. Ein Foto zeigt ihn vor dem Hintergrund des Schlosses Moritzburg als stattlichen Mann, die Trompete am Mund. Gelb mit silbernen Tressen war die Livree. Zu Zeiten Augusts des Starken gab es zwanzig Hoftrompeter. Beim Einfahren des Sarges in die Fürstengruft des letzten Königs blies der letzte Trompeter in Hofuniform die Abschiedsfanfare vor der Hofkirche. Burkhardt schwärmte auch nach dem Sturz Friedrich August III. 1918 unverdrossen vom König. Der Trompeter blieb bis zu seinem Tod 1955 in Dresden, spielte in der Sächsischen Staatskapelle. Königstreu wie einst. Seine vier silbernen Trompeten liegen heute im Bergpalais des Pillnitzer Schlosses.

Reinhold Burkhardt bekam für den Dienst beim König 1700 Mark zuzüglich 360 Mark Wohngeldzuschuss. Eine soziale Sicherheit, die er genoss. Damit verbanden sich allerdings auch eine Vielzahl von Pflichten, die sich nicht nur auf das Musizieren bezogen. So hatte er sich „eine genaue Kenntnis von der Stadt zu verschaffen", die Wohnungen „der am Hof erscheinenden Personen genau zu kontrollieren" und überhaupt darauf zu achten, dass nur „hoffähige Personen" Zutritt erhielten. Außerdem hatte er seinen zahlreichen Vorgesetzten, vom Hofsekretär über den Oberhofsekretär, dem Königlichen Hausmarschall bis zum Oberhofmarschall und dessen Stellvertretern „dienstbar zu sein". Zudem musste er sich zur strengsten Verschwiegenheit verpflichten und hatte sich von „politischen Wahlbewegungen und Kundgebungen" fernzuhalten. Das „Tabakrauchen" war ihm „in den königlichen Gebäuden und in deren unmittelbarer Nähe sowie bei al-

Blick aus der Wohnung in Richtung Sophienkirche im Jahr 1931, als ein Zeppelin Dresden überflog.

Weihnachten 1932 mit Vater und Mutter in der großen Wohnstube der Schlossstraße 25.

Bevor das Schloss in dutzende Wohnungen unterteilt wurde, erstrahlte der lachsfarbene Salon 1930 noch Eleganz aus.

len Dienstverrichtungen strengstens untersagt". Nachzulesen in der Dienst-Vorschrift für den königlichen Hoftrompeter Burkhardt vom 18. Juni 1914. Seine Karriere begann der 1,89 Meter große Mann 1909 als Unteroffizier-Hilfsoboist im sächsischen Grenadierregiment Nr. 101. Vor allem seine Größe mag es wohl gewesen sein, weshalb er später an den Hof empfohlen wurde.

Fortan spielte er zu den unterschiedlichsten Anlässen auf seinem Instrument. Beispielsweise zum Geburtstag des sächsischen Staatsoberhauptes, denn da fand stets die Königsparade statt. „Die Uniformen der Grenadiere und Schützen, vor allem aber der Kavallerieregimenter waren herrlich bunt … Und die Trompeter schmetterten. Die Schellbäume klingelten. Und die Pauker schlugen die Kesselpauken, dass es nur so dröhnte. Die Paraden waren die prächtigsten und teuersten Revuen und Operetten, die ich in meinem Leben gesehen habe", so erinnerte sich der Schriftsteller Erich Kästner an seine Jugendzeit in Dresden und schrieb den Mythos vom legendären Schloss fort.

Der Mythos erzählt von der Entstehung dieser scheinbar zauberhaften königlichen Welt, baut Legenden ohne klaren Anfang und Ende. Er setzt sich fort, fließt endlos, hat aber seinen Grund wie die Fundamente dieser Residenz. Der Mythos dient als Gleichnis und muss für vieles, wenn nicht für alles, vor allem aber für das Unerklärliche herhalten. Wie der Fluss vor dem Schloss fließt die Erinnerung, die Erfahrung, die Verletzung, die Verklärung, die Hoffnung, die Voraussicht.

Der Leibkoch und der Hofstaat

~ Seit 1925 bewohnten die Eltern von Christian Wiedemann die ehemalige Wohnung des königlichen Leibkochs, der noch Friedrich August III. bekocht hatte. „Goldene Kellen haben wir leider nicht mehr gefunden", sagt Wiedemann. Egal, Königs-Köche waren einst unverzichtbare Männer. Zu Zeiten August des Starken stand der Leibkoch einer gewaltigen Küche vor. Hier wirkten 70 Angestellte. Es gab auch eine Hofkellerei mit 27, eine Hofkonditorei mit zehn Mitarbeitern. Der gesamte Hofstaat verzeichnete im Jahr 1737 eine

Personenzahl von 712 Bediensteten. Im Oberhofmarschallamt arbeiteten zehn Menschen, in der Silber- und Lichtkammer 17, in der Jägerei 57, in der Hofkapelle 65, im Ballett und Theater 44, in der Stallmeisterei 50, in der Schweizer Garde 122, Pagen-, Sprach- und Exerziermeister gab es 30, Lakaien, Heiducken sowie Läufer 77, Pfeifer 16, Bettmeister und Hausmänner 20, Feuerwächter, Zimmerleute und Maurer 42, verschiedene Bedienstete 35.

Nicht alle wohnten selbstverständlich im Schloss. Ein Teil des Hofstaates hatte einen eigenen Hausstand und wurde deshalb bei Hofe nicht versorgt. Aber immerhin 700 von ihnen mussten täglich beköstigt werden. Heutige Versorgungsunternehmen würden sich um diese exklusive Betriebskantine reißen. Schließlich kamen zu den Bediensteten noch eine beträchtliche Anzahl von Hofadligen und Beamten, die regelmäßig Hunger verspürten. Der Bedarf an Nahrungsmitteln dürfte beträchtlich gewesen sein. Der Hofstaat des sächsischen Königs indes nahm sich gegenüber seinem Vorbild Ludwig XIV. von Frankreich eher bescheiden aus. Am Hof in Versailles waren zeitweise 15.000 Menschen beschäftigt. Dazu fehlte in Dresden der Platz in dem Schloss, das sowieso für die Bedürfnisse der Wettiner permanent zu klein schien.

Christian Wiedemann kam als Siebenjähriger alles sehr groß vor. Mit Bruder und Eltern bewohnte die vierköpfige Familie eine Stube, ein Schlafzimmer, eine Küche. Die Toilette sei außerhalb der Wohnung gewesen. „Die Stube war riesengroß und gewaltig hoch", sagt Wiedemann. Die Erinnerungen an die Perspektiven der Kindheit verzerren immer die Größenverhältnisse, denn der Dresdner erinnert sich auch daran, dass es fast 50 Wohnungen gewesen sein müssen, die im Schloss eingerichtet waren. Ein Fluchtplan aus dem Jahr 1940 verzeichnet 30 Wohnungen in der dritten Etage aller Flügel. Ein Labyrinth. Enge, lange Flure. Nichts von der Pracht königlicher Prunkgemächer zu sehen. Dunkle Mansarden. Die Zimmer verbaut, viele ohne Fenster, weil Zwischenwände eingezogen waren, um die großen Flächen in der obersten Etage nutzbar zu machen. Wo heute der Riesensaal bis zum Dach nach oben offen ist, war einst eine Zwischendecke eingezogen, darüber Wohnungen mit Aussicht zur Schlossstraße oder zum Großen Hof. Nur die Zimmer mit großen Giebelfenstern oder jene in den Türmen waren hell und großzügig.

Die Wohnung der Wiedemanns auf der Schlossstraße 25 brannte im Februar 1945 aus. Der Vater Fritz Wiedemann arbeitete als Buchhalter in der Gemäldegalerie und fand schnell eine neue Unterkunft. Sie zogen in das Lager des Tierkundemuseums im Zwinger. Auch solch ein verwunschener Ort, wo sich Kinder verzaubern lassen. Dort lebte Christian Wiedemann mit seinen Eltern bis 1951. Heute ist alles anders. Kein Mensch darf mehr in einem Museumsdepot wohnen, schon gar nicht im Zwinger. Und in seinem einstigen Schloss-Kinderzimmer, direkt über dem Eingang zum neuen Grünen Gewölbe, ist ein Kuratorenbüro. Dass sich das Museum wieder im Schloss befindet und jetzt sogar an seinen einstigen Ort zurückkehrt, freut den früheren Schlossbewohner, der einst freien Eintritt in die Ausstellung hatte, weil er das Personal am Eingang kannte. Die Kinder aus der Nachbarschaft liefen auch ab und zu hinüber zu den Schätzen. So lange es ging.

Der Sonnenkönig und seine Feste

~ Renate Jahr gehörte auch dazu. „Als kleines Kind ließ ich mich gern von den Schätzen im Grünen Gewölbe verzaubern", sagt die Dresdnerin. Sie wohnte mit ihren Eltern ebenfalls auf der Schlossstraße 25. Gemeinsam mit ihrer Schwester hatte sie bis zum Bombenangriff im Schloss ein Kinderzimmer. „Wir wohnten ausgesprochen großzügig mit Wohnstube, Kinderzimmer, Küche, gutes Zimmer, Schlafzimmer der Eltern, großes Bad, Toilette in der Wohnung und ein Flur, der 14 Meter lang war", erinnert sich Renate Jahr. „Meine Mutter hatte eine Aufwartung, allein hätte sie es wohl gar nicht geschafft, die riesige Wohnung

August der Starke feierte in seinem Schloss rauschende Feste. Auch Tierhatzen und Turniergefechte waren nach seinem Geschmack. Gemälde von Louis de Silvestre.

in Ordnung zu halten." Renate Jahr spielte als Kind mit Christian Wiedemann im Schlosshof im Sandkasten. Die Mütter hängten auf dem Boden des königlichen Gebäudes ihre Wäsche auf. „Es war der Gegensatz, der verblüffte. Auf dem Boden die Wäsche, gegenüber die Schatzkammer des Königs", sagt die Dresdnerin. Welch unfassbarer Reichtum, welch höfische Leidenschaft, welch verschwenderische Sinnlichkeit, inspiriert vom katholischen Süden, gegenüber den Alltäglichkeiten des protestantischen sächsischen Volkes.

Mitten im Schloss liegt ein Teil des Ursprungs vom Mythos der Stadt Dresden. Geschichten aus tausend und einer Nacht, märchenhaft luxurierende Fantasien von Pracht, Macht und orgiastischen Exzessen. Der weit gereiste Freiherr Johann Michael von Loen stellte 1716 fest: „Ich beschreibe hier den prächtigsten und galantesten Hof der Welt... Die Stadt Dresden scheinet gleichsam nur ein bloses Lustgebäude zu sein... Bey Hof werden immer Lustbarkeiten angestellt... Hier gibt es immer Maskeraden, Jagden, Schützen- und Schäferspiele, Kriegs- und Friedensaufzüge, Ceremonien – kurz: alles spielet. Man sieht zu, man spielet mit, man wird selbst gespielt: ludendo ludimur."

Die Geschichten eines fantastischen Königslebens vererben sich immer weiter und die Denkmale jener Zeit werden jetzt in der Stadt sichtbarer denn je. Das Standbild Augusts des Starken auf der Hauptstraße ist erst kürzlich wieder vergoldet worden. Ein glänzender Reiter. Und nun glänzt, die Augen betäubend, auch seine Schatzkammer in der Mitte Dresdens wieder. Der Publizist Friedrich Dieckmann spricht von einer mythischen Stadt, vom stadtgewordenen Mythos, der durch eine Festlust, einen Schönheitskult gewachsen sei, der allerdings nicht erst seit Friedrich August I. datiere. Schon die Johann Georgs des späteren siebzehnten Jahrhunderts und vor ihnen die Christians des sechzehnten, hätten in Umzügen exzelliert, die einer staunenden Einwohnerschaft und den Gesandten der europäischen Höfe Reichtum und Macht des Landes fantastisch-sinnhaft vorgeführt haben. In der Rüstkammer des Semperbaus, demnächst im Ostflügel des Schlosses, kann man die goldene Rüstung bestaunen, die Johann Georg I. im August 1617 anlegte, als Matthias, der Kaiser des Teutschen Reiches, aus Prag kommend in Dresden auf dem Wasserweg Einzug hielt. Ein von Flussgöttern flankierter Neptun begrüßte ihn an der Elbbrücke vor dem Schloss.

Unter den Nachfolgern Johann Georgs gehen die Feste im und um das Schloss herum erst richtig los. Sie dauern manchmal monatelang und haben, wenn sie nicht durch Umzüge die ganze Stadt in Bann ziehen, ihren Ort in dem riesigen Saal, den der erste Johann Georg in den Schlossbau des sechzehnten Jahrhunderts eingelassen hatte; nun kommt ein 2.000 Gäste fassendes Opernhaus dazu. Unter dem dritten Johann Georg tritt das Festwesen etwas zurück, ernsthaftere Unterhaltungen greifen Raum; mit den Hofdramatikern des französischen Absolutismus kommen, auf französisch natürlich, zum ersten Mal richtige Theaterstücke auf die Bühne. Der letzte der Johann Georgs geht in den Mythos ein, weil er sich nicht zur einer machtpolitischen Heirat zwingen lässt, sondern mit seiner wahren Liebe in den Tod geht. Der jüngere Bruder, der

nun den Thron besteigt, wird ihn in die Welt setzen: Friedrich August I. Und mit ihm entsteht, was die Erben von Generation zu Generation in sich tragen: ein genetischer Fingerabdruck der Geschichte, barocke Märchen vom König.

Bevorzugter Schauplatz der großen Feste war natürlich das Schloss. Es bot mit seinem regelmäßig angelegten Hof ausreichend Platz für Umzüge, Turniere, Tierhatzen, Ringrennen, Theaterstücke, wobei die dem Hausmannturm vorgelagerten mehrgeschossigen Arkaden geradezu prädestiniert dafür waren, als Zuschauertribüne für den eigenen Hofstaat zu dienen. Der Kunsthistoriker Hellmuth Lorenz stellt fest: Nicht nur an Zahl und Dauer war Dresden führend unter den deutschen Höfen, auch in thematischer Hinsicht hatte sich seit der späten Renaissance ein eigenständiger Schwerpunkt herausgebildet. Beispielsweise zählte die glorifizierende Zur-Schau-Stellung des Bergbaus mit Sicherheit zu den unverwechselbaren Spezifika in Dresden. Die oft viele Tage dauernden Festivitäten verlangten mit ihren unterschiedlichen Einzelveranstaltungen über das Schloss hinaus nach verschiedenen Schauplätzen, Erweiterungsbauten waren nötig. Der Stallhof oder der Zwinger sind zwei Beispiele dafür. Schon die Tatsache, dass die Planung August des Starken und seiner Baumeister für Schloss und Zwinger sehr wesentlich von den Hochzeitsfestivitäten des Jahres 1719 bestimmt worden sind, ist Beleg für die zentrale Bedeutung dieses Festes für den Dresdner Hof. Das insgesamt vierwöchige Spektakel (so lang wie die Fußball-Weltmeisterschaft 2006 in Deutschland) zählte zu den komplettesten Festveranstaltungen, die je in Europa stattgefunden haben. Der damalige Hofzeremonienmeister Johann von Besser verweist rühmend darauf, „daß bey diesem eintzigen Beylager fast alle Lustbarkeiten des gantzen menschlichen Lebens vereinbaret gewesen" seien.

Mit August dem Starken (1679-1733) verbindet sich zudem ein nie gebautes Traumschloss, ein doppelt so großer Neubau mit riesigen Ehrenhöfen, Galerien, Fassaden und reich gestalteten Portalen, die die ganze Elbseite einnehmen sollten. Der Zwinger plötzlich als Mitte der Großanlage. Aus dem Lustgarten wären nach der Idee auf angelegten Kanälen wie in Venedig Gondeln zur Elbe geglitten. Ein bombastischen Zentrum als Ausgangspunkt zu weiteren Schlössern, dem Jagdschloss in Moritzburg, dem Höhenschloss in Großsedlitz, dem Wasserschloss in Pillnitz. Augusts Pläne scheiterten am Krieg, am Geld, an der Zeit, an politischen Kompromissen. Aber dass es hätte sein können, größer als alle absolutistischen Höfe Europas, schwingt in Gedanken mit. Die Option des Möglichen potenziert die Realität.

Realität wurden das neu gestaltete Grüne Gewölbe und die Wohnräume des Herrschers, das Schlafzimmer mit Prunkbett als Sinnbild des absolutistischen Machtanspruchs. Schließlich be-

Christian Wiedemann mit den Töchtern des letzten Schlossverwalters beim Wiedersehen nach 60 Jahren.

gann das Hofleben im Schloss mit dem Lever, der morgendlichen Toilettenzeremonie des Königs, geregelt durch vielerlei Vorschriften und Etikette. Dementsprechend prachtvoll und auf höfische Öffentlichkeit orientiert, bot sich dieses Gemach in einer Größe von 17 mal 8,5 Metern, von dem französischen Innenarchitekten Raymond Leplant ausgeschmückt. Kamin- und Türgewände waren aus farbigem Marmor, grüner Samt verkleidete die Zimmerwände, mit reichen Goldstickereien durchsetzt. Ein Gemälde von Louis de Silvestre stellt die Tageszeiten dar, über dem Bett die Nacht mit den Gestalten des Schlafes und des Traumes beim Mondschein. Eulen flattern. Das Modell seines wahren Traums hatte August sich von Johann Melchior Dinglinger schaffen lassen, den „Hofstaat des Großmoguls von Delhi", eine Puppenstube als Symbol des eigentlichen Herrschaftswunschs und Mäzenatentums des sächsischen Sonnenkönigs. Ein Mythos.

Das Rotlichtviertel und die Mätressen

~ Renate Jahr trägt die Erinnerungen an den König bescheiden, aber bestimmt in sich. Das hat natürlich mit der Kindheit im Schloss zu tun. Sie wohnte in der dritten Etage des Südflügels mit Turmzimmer an der Ecke zur Schlossstraße. Aus dem Fenster ihrer Schlosswohnung konnte sie die Frauenkirche sehen. Und unten am Taschenberg, wo sich heute der freie Platz neben dem Taschenbergpalais befindet, standen früher Mietshäuser. „Das war das Rotlichtviertel Dresdens", sagt Renate Jahr. Hier gingen die Damen auf der Straße auf und ab. Waren sie allein, streichelten sie die Köpfe der Mädchen und balancierten mit ihnen auf der Bordsteinkante. Aber bog jemand vom Schloss in die Straße ein, mussten Renate Jahr und ihre Schwester verschwinden. Die Frauen lachten laut, wenn sie mit Männern sprachen, sie hakten sich bei ihnen unter und gingen in eines der Häuser. Als später eine der Frauen wieder auf die Straße kam, winkte sie die Kinder, die in einer Ecke hockten, zu sich. Sie gab ihnen Geld, schickte sie zum Bäcker. Die beiden Mädchen holten frisches Brot und Kuchenränder, durften sich vom Restgeld ein paar Pfennige behalten. Seit dem gingen die Mädchen fast jeden Tag für die Frau und ihre Freundinnen Brot holen und sparten sich so ein wenig Taschengeld zusammen.

Gegenüber im Schloss nahmen Mätressen im Zeitalter der Wettiner schon immer eine Sonderstellung ein. Per Gesetz allerdings wurden öffentliche Dirnen mit Landesverweisungen bestraft, heimliche mit Gefängnis. Doch die Könige schufen sich ihre eigene Moral und Gesetze. Gutachter waren auch damals zur Stelle, um ihrem Auftraggeber zu bestätigen, was er wünschte. An der Universität Halle fanden sich drei Professoren, Thomasius, Gundling und von Ludewig die erklärten wissenschaftlich verbrämt: „Das Odium in Concubinas muß bei großen Fürsten und Herren cessieren, indem diese den legibus privatorum poenalibus nicht unterworfen, sondern allein Gott von ihren Handlungen Rechenschaft geben müssen, hiernächst eine Concubina etwas von dem Splendeur ihres Amanten zu überkommen scheint." Die Gottesverehrung des Herrschers diente als Immunitätsschutz. Ein alter Trick. Am Hof indes stiegen jene Damen, die Majestät zu Willen waren, im Ansehen und der Position.

Um die Männlichkeit insbesondere Augusts des Starken ranken sich bis heute die kühnsten Legenden, wird der Mythos vom sächsischen Sonnenkönig und dem Schloss als Freudenhaus genährt. Der Wettiner ging als „großer Wüstling des barocken Zeitalters", als „stiergewordener Kraftmeier", als „Lustkoloß" und „Bettkraftprotz" in die Geschichte ein. Nur Übertreibungen lassen sich gern erzählen, so wie es Freiherr Karl Ludwig von Pöllnitz in seinem Buch „La Saxe galante" tat. Die Legende dichtet August 354 oder sogar 365 Kinder an. Die Realität war etwas profaner. Allerdings gehörte es zum Hofalltag, dass sich Könige neben der Ehefrau andere Frauen hielten. Die Ehe Augusts des Starken mit Christiane Eberhardine von Brandenburg-Kulmbach-Bayreuth war aus staatspolitischen Überlegungen zustande gekom-

ger, und war bestens erhalten. Der Raum gehörte zu den repräsentativsten der ganzen Saalfolge. Dahinter kam der Blaue Salon, der in der Ausstellung dem Staatsmann August dem Starken gewidmet war. Schließlich stand hier der Schreibtisch am Fenster, davor der Schreibtischstuhl. Auf dem Tisch lagen eigenhändige Zeichnungen und Schriften des Königs, es gab eine Handbibliothek. In der Mitte Pulte mit Briefen an August von Fürsten und Staatsmännern. An der Wand zeitgenössische Ansichten von Dresden, Warschau und des polnischen Wahlfeldes bei Wohlau.

In der zweiten Etage des Georgenbaus befand sich der Grüne Salon, in dem die Landeskunde mit kartographischen Meisterwerken vorgestellt wurde, das Wasazimmer, Gelber Salon genannt, in dem der Besucher ein Bild von August als Feldherr zu sehen bekam sowie das Schlafzimmer der Königin. Hier ging die Ausstellung auf das Geistesleben des Herrschers ein, auf Theater, Literatur und Musik seiner Zeit. Walter Perthen hätte einen langen Vortrag darüber halten können, dass zu Zeiten August des Starken die theatralische Aktion, für das höfisch-festliche Leben die größte Rolle spielte. Oder über die große Oper, die die anderen Künste, wie die Dichtung und die Musik förderte. Dresden sei Vorbote der barocken Theaterkunst gewesen, seit 1667 stand hier das erste deutsche Opernhaus. Der Triumph der Illusion gehörte zum Zauber dieses Theaters und nährte den Mythos vom Dresdner Schloss. Perthen hätte aber auch schweigen können, denn in dem Ausstellungsraum war alles wunderbar beschrieben.

Dann die Überraschung. Aus dem Georgenbau ging der Besucher in den Nordflügel, dort in den Stucksaal, der ausgefüllt war von einem türkischen Zelt aus dem 18. Jahrhundert. Pure Handarbeit. Auf den rötlichen Zeltbahnen eingenäht in Seide, Motive östlicher Architektur, Säulen und Bogenstellungen sowie ein Fülle pflanzenähnlicher Ornamente, weiß, violett, rot, grün, gelb. Eine großartige Farbenpracht. Die Zelte erfreuten sich als prunkvolle Beispiele orientalischer Hofhaltung besonderer Beliebtheit und dienten während der Regierungszeit Augusts des Starken bei großen Festen als kostbare Ausstattungsstücke. Noch bis 1914 hielt sich die Sitte, eines dieser türkischen Zelte alljährlich für die Schützen des königlichen Hauses auf der Dresdner Vogelwiese aufzubauen. Wer in der Ausstellung durch das Zelt hindurchgelangt war, kam in den Großen Ballsaal, im Barock der Tafel- oder Spielsaal. Hier zeigte die Ausstellung die architektonischen Ideen Augusts und seine Pläne für die Festlichkeiten am Hofe. Perthen führte seine Besucher weiter in das Zimmer im Hausmannsturm, Turmzimmer oder Porzellanzimmer genannt. Davor im Altan seit 1890 die Porzellangalerie. In den Räumen standen 450 Kunstwerke aus japanischem, chinesischem und Meißner Porzellan. Auch im Bankettsaal, der im Barock Steinerner Saal beziehungsweise Pretiosensaal war, wurde Porzellan gezeigt. Unglaublich schöne Service, Tassen, Krüge, Vasen, Schalen, Wappen und Pokale.

Dann der Große Thronsaal. Dieser Raum war der persönlichen Erinnerung an den König gewidmet. Vor dem Thronsessel stand der König, ein Abbild des Herrschers im 34. Lebensjahr im polnischen Krönungsornat, wie er es 1697 in Krakau trug. An den Wänden Bilder des Monarchen vom Hofmaler

Louis de Silvestre. Dahinter, im Erker des Thronsaales, eine Auswahl aus dem Münzkabinett. Im nächsten Raum präsentierte die Ausstellung Waffenbestände. Es folgten die zwei Vorzimmer zum allerheiligsten der königlichen Räume, dem Wettin-Zimmer und dem Schlafzimmer. Das erste Vorzimmer nannte sich auch Erster Kaffeesalon, zeigte die liebsten, persönlich genutzten Schätze des Königs aus edlen Steinen, Porzellanen, Email-le und Glas. Perthen führte die Gäste weiter in den zweiten Kaffeesalon. Hier hielt er sich nur kurz auf, denn nach dem Umbau 1890 bis 1900 war wenig Ursprüngliches geblieben.

Jetzt das Wettin-Zimmer mit seinen unvergleichlichen Prunkstoffen. Perthen wusste zu erzählen, dass die sächsische Textilkunst den höfischen Ansprüchen nicht genügte. August der Starke förderte zwar die heimischen Webereien, die dadurch auch zu wirtschaftlichen Erfolgen kamen, aber ausschließlich für den einfachen Hausbedarf arbeiteten. Die Ausstellung zeigte deshalb eine Auswahl historischer italienischer und französischer Textilien. Dann führte Perthen seine Gäste ins Paradeschlafzimmer. War ein Besucher zur Audienz beim König hier angelangt, so war er weit vorgedrungen, konnte seine Wünsche oder Forderungen in privater Atmosphäre vorbringen. Selbst wenn es das Schlafzimmer war, hatte solch ein Treffen nicht unbedingt etwas Intimes, es gehörte vielmehr zur Präsentation des Königs, der damit bestimmte, welche Atmosphäre eine Begegnung haben sollte. Nach dem Höhepunkt der Führung kam der Thronsaal Augusts des Starken, der 1719 zur gleichen Zeit wie das Schlafzimmer entstanden war. An der Thronwand erhob sich das königliche Hofsilber, zu einem Prunkbuffet gestaffelt, extra für die Ausstellung aus dem Grünen Gewölbe hervorgeholt wie einst zu allen festlichen Anlässen, um als Schaubuffet zu dienen.

Spätestens jetzt war Walter Perthen im Zwischenflügel Nord angelangt, hier befanden sich das Lackkabinett, der Chinesische Salon, der Lachsrote Salon, der Gelbe Salon, das so genannte Vor-, Schlaf- und Wohnzimmer des Kaisers, der einstmals hier übernachtet hatte. Dahinter waren der Gobelinsaal, die Bildergalerie, das Kabinett der Zeichnungen, das Reitzimmer, der zweite Gobelinsaal sowie das Canaletto-Zimmer. Heute stehen diese Räume im Rohbau, sind Ziegel- und Betonwände zu sehen. Restaurator und Schlossforscher Hans-Christoph Walther glaubt daran, dass die Abfolge der Festetage, wie sie im 19. Jahrhundert war, wieder geschaffen werden kann. „Es existieren nach wie vor viele der Stücke, die hier standen", sagt er. Eine Ursache dafür sei, dass Kasten-, Tisch- und Sitzmöbel, Beleuchtungskörper, kleinere Dekorationen wie Kamingarnituren, Vasen, Plastiken und Bilder transportabel waren, welche die königlichen Bewohner des Schlosses bei Umzügen an andere Orte brachten, beispielsweise nach Moritzburg oder Pillnitz. Eine andere Ursache sei die Auslagerung vieler Gegenstände während des zweiten Weltkrieges. Viele Kunstgegenstände würden sich im Fundus der Staatlichen Kunstsammlungen befinden. „Die Dinge wieder zu finden, wäre kein Problem. Es gibt genug Aufzeichnungen oder auch Fotos, um letzte Details zu klären. Die Festetage kann wieder entstehen. Man muss nur wollen", sagt Walther.

Der einstige Zeremonienmeister Perthen wohnte mit seiner Familie in der dritten Etage des Westflügels. Aus dem Fenster blickte er hinüber zur Semperoper. Aus den Erzählungen seiner Eltern weiß Enkel Holger Perthen, dass es sehr große Räume waren, eine großzügige Wohnung mit allem Komfort der damaligen Zeit. Nach der Zerstörung sei sein Großvater immer wieder zum Schloss gelaufen und habe gehofft, es werde eines Tages wieder aufgebaut. Beim Aufbau der Schinkelwache half er noch selbst mit.

Die Künstler

~ Hoch über dem Georgentor wohnte seit 1920 Familie Winzer. Manfred Winzer wurde 1931 im Schloss geboren und erinnert sich noch immer gern an seine Kindheit. Fotos von dieser Zeit besitzt er kein einziges mehr. Allerdings hat er wache Erinnerungen an den Blick zur Augustusbrücke und daran, dass neben seinen Eltern mehrere Künstler wohnten. „Ich weiß noch genau, dass ganz in der Nähe unserer Wohnung ein Atelier war, in dem ein Maler lebte. An der Tür hing ein Namensschild auf dem stand Mitschke von Collande", sagt Manfred Winzer. Constantin von Mitschke-Collande war Bildnis- und Figurenmaler und lebte von 1884 bis 1956. In Dresden studierte er von 1907 bis 1912. Er lebte hier bis 1945 und arbeitete mit Robert Sterl und Otto Gußmann, gründete mit Otto Dix und Oskar Kokoschka die „Dresdner Sezession". Der Hauptteil des Werkes wurde bei der Zerstörung Dresdens vernichtet.

Manfred Winzer erinnert sich aber nicht nur an den Künstler, sondern auch an die Pförtner, an denen er als Kind bis zum Wegzug im Jahre 1938 jeden Tag vorbeiging. „Der eine hieß Herr Hase, der andere Herr Reinhold", sagt Manfred Winzer. Vor den Herren habe er manchmal Angst gehabt, weil die Kinder vor dem Schloss wenig Respekt hatten, sondern es eher als Abenteuerspielplatz empfanden. Zum Beispiel kletterten sie durch einen kleinen Tunnel in den Stallhof und schauten den Turnierspielen zu, so lange es die noch gab. Später in den 30er Jahren sahen die Kinder brennende Fackeln im Schlosshof. „Zum Geburtstag

Einen überladenen Schreibtisch hatte König Albert in seinem damaligen Arbeitszimmer, Aufnahme um 1930.

Die Schauspielerin Gisela May wohnte nur kurz in einem kleinen Schlosszimmer.

Der Waschtisch in einem der Schlafgemächer der königlichen Familie.

Ritterlicher Einzug in den Stallhof zum Plankenstechen im Jahr 1936.

Adolf Hitlers gab es im Schloss große Feiern. Das war schon gespenstisch", erinnert sich Manfred Winzer. Seine Schwester Margot wurde 1928 im Schloss geboren, lebt seit 1951 in Amerika. „Ich heiratete einen amerikanischen Soldaten und ging weg aus Dresden, aber die Stadt kann man nicht vergessen." Sie erzählt, dass sie als Kind das „Schlossräbchen" gewesen sei.

Eine der bekannteste Brechtinterpretinnen lebte für wenige Wochen ebenfalls im Schloss, sagt Manfred Winzer: Gisela May. Der Schauspielerin blieb der Aufenthalt unvergessen. 17 Jahre jung schlenderte sie 1942 durch Dresden. Gerade mit dem Studium an der Schauspielschule fertig, hatte sie hier ihr erstes Engagement. „Das war an einem kleinen Privattheater auf der Prager Straße", sagt sie. Auf der Suche nach einer Bleibe kam sie auch am Schloss vorbei. Von unten sah sie in einer der oberen Etagen Gardinen an den Fenstern, lief über den Innenhof, die Wendeltreppe hinauf und klingelte an der Wohnungstür. Eine Frau öffnete, Gisela May fragte, ob noch ein Zimmer frei wäre und hatte Glück. An den Namen der älteren Dame kann sich die heute in Berlin lebende Achtzigjährige nicht mehr erinnern. Aber sie weiß noch genau, dass es ein nettes, ruhiges Zimmer war. Nur die Turmuhr habe oft und laut geschlagen. Das Zimmer war möbliert mit Tisch, Klavier und Bett. „Leider waren da auch Wanzen, die mich bissen", sagt sie.

Lange verschwiegen hat sie eine sehr intime Geschichte. „Ich verliebte mich damals in den Hauptdarsteller. Ich war sehr verliebt, ich glaube, er auch", erzählt die Frau, die später auf den Bühnen der Welt vor allem mit ihren Brecht-Programmen berühmt wurde. Doch den Herrn mit auf das Zimmer zu nehmen, sei nicht einfach gewesen. Ab 21 Uhr war das Schloss für Fremde geschlossen. Und das bis sechs Uhr am Morgen. Der Mann war verheiratet. „Ich weiß nicht wie, aber irgendwann Anfang Juni, ich war gerade 18 geworden, kam der Mann meiner Träume mit auf das Zimmer. Und ich verlor meine Unschuld", sagt die Schauspielerin und seufzt wie die Hauptdarstellerin in einem Liebesdrama von Hedwig Courths-Mahler. Die Vermieterin habe die Liebelei toleriert. Nach vier Wochen musste die May ausziehen, ein Engagement im Stadttheater Görlitz stand bevor.

Schon lange bevor Gisela May das Schloss betrat, gingen große Künstler am Hof ein und aus. In der Geschichte der Residenz herrschte kein Mangel an berühmten Baumeistern, Architekten, Kunsthandwerkern, Malern, Musikern, Dirigenten, Komponisten, Sängern, Tänzern, Germanisten, Historikern oder Schauspielern. Sie versammelten sich am Hof, hofften auf Aufträge oder zumindest gute Kontakte. Der aus Biberach bei Ulm stammende, zu Lebzeiten schon als berühmter Bürger Dresdens geltende Johann Melchior Dinglinger gehört dazu. Als Hofgoldschmied schuf er gemeinsam mit seinen Brüdern für August den Starken kostbarste Kunstwerke. Sie gehörten zur illustren Gesellschaft von Künstlern am Hof. Dazu zählte auch der als Bildhauer wirkende Balthasar Permoser, der unter anderem das Palais im Großen Garten, den Zwinger oder die Hofkirche verzierte. Zu den Künstlern zählten auch der berühmteste Architekt seiner Zeit, Matthäus Daniel Pöppelmann, der Gartengestalter Johann Friedrich Karcher oder der Architekt Zacharias Longuelune. Selbstredend gehört in die Reihe der berühmten Künstler auch Johann Friedrich Böttger, der 1701 nach Dresden kam, um im Auftrag Friedrich Augusts I. Gold herzustellen. 1703 floh er aus der Stadt, weil er den Auftrag nicht erfüllen konnte, wurde gefangen und in Königstein inhaftiert. Auch Musiker verkehrten im Schloss, unvergessen die Dresdner Kapellmeister Heinrich Schütz, Johann Adolf Hasse, Johann Gottlieb Naumann, Carl Maria von Weber und Richard Wagner. Berühmte Maler wie Canaletto oder Anton Graff gaben sich die Klinke in die Hand. Nur mit wirklich großen Literaten glänzte der Hof nie.

Und einer, Johann Christian Günther, der berühmter Hofdichter werden sollte, blieb nur eine tragische Erinnerung. Als er sich beim König vorstellte, brachte er keinen vernünftigen Satz heraus. Er lallte, kicherte, schwankte und so konnte sich August schnell einen Reim darauf machen, dass ein volltrunkener Dichter nicht ganz dicht ist. Das lyrische Genie musste die Audienz blitzartig verlassen. Kurzzeitig ernüchtert geriet er in Verzweiflung und verfiel hernach erst recht dem Suff und dem Wahnsinn und endete, keiner weiß wo, ohne eine vernünftige Zeile aufs Papier gebracht zu haben. Vielleicht ist dies ja der Ursprung dafür, dass dem Mythos eines fehlt: wirklich große Schriftsteller. Goethe, Schiller, Körner, Lessing, alle schauten sie vorbei in Dresden, aber Dresdner waren oder wurden sie nie. Und jene, die hier geboren wurden, verließen die Stadt, um Größe zu erreichen. Das war so und setzte sich mit Erich Kästner oder Volker Braun fort. Die Stadt der Schriftsteller wurde Dresden nie. Da fehlt ein Mosaikstein im kulturgeschichtlichen Mythenbau.

Der Abschied vom Schloss und das Wiedersehen

~ Ruth Müller aus Ullersdorf denkt noch immer gern an ihre Freundin Lore. Die Briefe, die sie ihr schrieb, hat sie all die Jahre aufgehoben. Nach über 60 Jahren sehen die aus, als wären sie gestern geschrieben worden. Die Freundinnen kennen sich aus dem Schloss. Später zog Ruth mit ihren Eltern auf den Dresdner Heckenweg 13. Lore Immisch blieb mit ihren Eltern im Schloss,

Taschenberg 1, weiter wohnen. Die Korrespondenz war sporadisch. Lore entschuldigte sich oft, dass sie Ruth zu wenig schreibe. Im Juni 1944 erzählt sie in einem Brief von einem Besuch in Berlin. „Dort sieht es ja wüst aus. Das ganze Viertel Unter den Linden, Friedrichstraße sei total beschädigt. „Das Brandenburger Tor steht aber noch." Lore Immisch freut sich, dass in Dresden alles so schön aussieht. Vom Schloss aus gehen sie oft in die Oper. „Sag mal, hast Du nicht Lust, Dich am Sonntag mit an der Oper anzustellen", fragt sie die Freundin. Keine Spur von Verzweiflung, keine Angst vor einem drohenden Angriff auf die Dresdner Innenstadt.

Acht Monate später kann Lore Immisch keinen Brief mehr schreiben. Sie stirbt in der Bombennacht vom 13. Februar 1945. Ruth Müller liest manchmal die Briefe. Eine Jugendfreundin trifft man nicht zwei Mal im Leben, denkt sie dabei. Am Taschenberg 1, wo die Freundin lebte, ist heute der Eingang zum neuen Grünen Gewölbe. Die gleiche Adresse hatten damals auch das Oberhofmarschallamt und das Hofzahlamt sowie die Landespolizeiverwaltung. Am Taschenberg gab es neben dem Museum, den Ämtern unten und den Wohnungen im obersten Geschoss das Büro des sächsischen Botenmeisters Ludwig Bröße sowie von Johannes Adam Richter. Der war Leiter der staatlichen Trachtenverwaltung. Ämter gab es noch mehr, allerdings befand sich deren Eingang auf der Schlossstraße 25. Dahinter kamen die Bewohner zum Beispiel am Forsteinrichtungsamt vorbei sowie bei der Gewerkschaft der sächsischen Staatsbeamten. Außerdem befanden sich unter der Adresse die Büros der Hilfsstation der freiwilligen Sanitätskolonne, des Vereins für das Deutschtum im Ausland. Es wohnen aber auch der Klempnermeister, Willy Reichelt, und der Bühnenwart Camillo Georgi im Ostflügel des Schlosses.

Hoch über der Schlossstraße wohnte zudem Familie Friedrich. Thea Limbach, verwitwete Tronick, aus Freital erinnert sich sehr gut daran. Denn die Schwester ihres ersten Mannes, Else Tronick, heiratete den Sohn der Friedrichs, Harry. Der war Konditormeister beim Bäcker Kramer. Allerdings wurde er im Krieg verletzt. Pfingsten 1944 gab es bei Friedrichs im Schloss eine große Hochzeitsfeier. Else Tronick war jetzt Frau Friedrich. Das Glück der beiden sollte allerdings nicht lange andauern. Auch ihr Leben veränderte sich dramatisch mit dem Angriff auf Dresden. Die Friedrichs verloren, wie so viele Dresdner und die meisten Bewohner im Schloss, alles. Harry Friedrich zog mit seiner Frau für kurze Zeit zum Bruder nach Meißen. Dann, so erzählt die Freitalerin Thea Limbach weiter, wanderten sie ins Erzgebirge. Dort wussten sie nicht weiter. Harry Friedrich, der unter der Kriegsverletzung litt und vor allem und jedem Angst hatte, erschoss erst seine junge Frau und dann sich selbst. „Ich war damals 23 Jahre alt und erfuhr von Bekannten davon. Es war ein großer Schock, den ich bis heute nicht verwinden kann", sagt Thea Limbach. „Der Bruder von Harry hatte drei Kinder, die damals in Meißen lebten", sagt sie weiter. Sie würde sich riesig darüber freuen, von den Kindern, die heute längst erwachsen sind, zu hören. Sie selbst war damals im Schloss bei der Hochzeitsfeier dabei. „Es gibt Dinge, die vergisst man einfach nicht", sagt die Freitalerin. Die Fotos entwickelte sie erst vor wenigen Jahren. Da es nur wenige Bilder von ehemaligen Schlossbewohnern gibt, ist auch dies ein historisch wertvolles Dokument. Der Film lag ewig rum. Eigentlich wusste schon keiner mehr, was vor über 60 Jahren fotografiert wurde.

Im September 2005 ist Thea Limbach plötzlich wie vom Donner gerührt. Am Morgen gegen acht Uhr klingelt bei ihr das Telefon. Herr Friedrich ist dran. Nach 60 Jahren. „Stellen Sie sich das mal vor," sagt sie. Der Mann am Telefon war Jochen Friedrich. Thea Limbach ist die Schwester der Frau seines Onkels Harry. Der allerdings erschoss sich und seine Frau kurz nach dem Krieg. „Er litt unter seiner Kriegsverletzung, aber war wohl auch das Opfer der Kriegspropaganda. Er hatte wahnsinnige Angst vor den Russen", sagt Jochen Friedrich, der heute als Rentner in Weixdorf wohnt. Als der Onkel und die Tante tot waren, brach auch der Kontakt zu Thea Limbach ab. Seine Großel-

tern und sein Vater wohnten vor dem Krieg im Schloss. Jochen Friedrich, 1936 geboren, besuchte in den Sommerferien oft die Großmutter. Die wohnte auf der Schlossstraße in der dritten Etage in jener Wohnung, wo auch der letzte Schlossverwalter Johannes Bibrach mit seinen Kindern wohnte. „Irgendwann wurde die große Wohnung der Bibrachs geteilt und meine Großeltern zogen in den kleineren Teil der Wohnung ein", erinnert sich Jochen Friedrich. Mit den Bibrach-Töchtern, Renate und Sonja, spielte er im Schlosshof. „Wir haben uns inzwischen auch schon getroffen", sagt Jochen Friedrich. Durch die Serie über die letzten Bewohner des Dresdner Schlosses in der Sächsischen Zeitung waren sie aufeinander aufmerksam geworden.

Mit den Frauen tauscht er sich aus. Gern erinnert sich der Weixdorfer daran, wie der ehemalige Schlossverwalter leicht angetrunken über den Hof wankte und wie kein anderes Mal äußerst lustig die Kinder unterhielt. Sonst sei der Mann ja eine Respektsperson gewesen. „Ich werde auch nie vergessen, wie ich im Sommer als Junge barfuss über die Schlosshöfe lief und an den Sohlen die heißen Sandsteine fühlte." Vor wenigen Monaten sei er wieder im Schloss gewesen und wollte noch einmal die Wohnung besuchen. „Aber da kommt man ja gar nicht mehr rein, bevor man nicht ein halbstündiges Genehmigungsverfahren mitgemacht hat", bedauert er. Letztlich waren die Mitarbeiter aber sehr nett und hätten ihm alles gezeigt. Schwer beeindruckt seien die Mitarbeiter der Abteilung Öffentlichkeitsarbeit gewesen, als Jochen Friedrich erzählte, dass sein Großvater der Hochsilberkämmerer des Königs gewesen sei. Der Kämmerer diente nicht nur dem sächsischen König, sondern wohnte mit ihm unter einem Dach.

Thea Limbach ist traurig, dass sie den Aufbau des Schlosses nicht mehr vor Ort verfolgen kann. „Die letzten Bewohner des Schlosses sterben langsam aus", sagt sie, die wegen eines Schlaganfalls kaum noch aus der Wohnung kommt. Jochen Friedrich hat sie inzwischen zu Hause besucht. „Wir haben ja nur noch ein einziges Bild von der alten Wohnung", sagt er. Beide setzten sich nebeneinander, verglichen die Fotos. Und natürlich erzählten sie sich die alten Geschichten, wie es war damals im Schloss.

Friedrichs feiern: Zweiter von rechts Harry, ganz links Thea Limbach.

In den 30er Jahren war das Georgentor noch für den Verkehr freigegeben.

~~ DIE ZUKUNFT DER VERGANGENHEIT

Museale Realität

~ Bis in die 1990er Jahre blieb die Frage ungeklärt, ob das wieder aufzubauende Residenzschloss ein Schlossmuseum oder ein Museumsschloss werden solle: ob das Schloss als architektonischer Rahmen für die Präsentation von kunst- und kulturgeschichtlich bedeutenden, konservatorisch sehr anspruchsvollen Kunstwerken eine dienende Funktion haben würde, oder ob das Schloss an sich schon ein Ausstellungsobjekt wäre, das durch ausgewählte Kunstwerke nur noch auszustatten sei. Dies betraf grundsätzlich das Ausmaß der Rekonstruktion seiner Räume. Konnte und sollte der Riesensaal wieder so ausgemalt werden, wie er bereits im 17. Jahrhundert aussah? Sollte die gegenwärtige Schlosskapelle wieder detailgetreu ihr damaliges Erscheinungsbild der Renaissance erhalten? Sollte die pompöse Ausstattung des Großen Ballsaales mitsamt der verbrannten Wandgemälde von Bendemann wieder nachgeschöpft werden? Museumsschlösser sind weitgehend ungestörte bauliche Einheiten, in denen sich die Vielfalt einer lang andauernden Nutzungsgeschichte niedergeschlagen hat. Im Dresdner Schloss aber wurde die Innenarchitektur in einer Nacht vernichtet. Die vorgesehenen wandfesten Raumausstattungen, und auch die Ausmalungen, bestanden somit nicht aus überkommenen Originalen, sondern fast ausnahmslos aus Neuschöpfungen bzw. akribischen Rekonstruktionen aufgrund von erhaltenen Raumaufmaßen, Kupferstichen oder Entwurfs- und Werkzeichnungen. Im besten Fall hatten sich Fragmente der Raumausstattung erhalten, aus denen die ursprüngliche Form erschlossen werden konnte.

Nach langen und lebhaften Diskussionen einigten sich die Sächsische Denkmalpflege mit den Staatlichen Kunstsammlungen Dresden und der staatlichen Bauverwaltung, einen Kompromiss zu verwirklichen. Durch den unwiederbringlichen Verlust der historisch gewachsenen Bausubstanz werden nun Räume und Funktionen, die schon vor Jahrhunderten verloren gingen, im Bauvolumen des Residenzschlosses wieder sichtbar gemacht. Dazu gehören die protestantische Schlosskapelle, die 1737 zerstört wurde, und der Riesensaal, der mit seiner frühbarocken Ausstattung 1701 ausgebrannte, 1739 sein Bauvolumen einbüßte und durch die historistische Schlossfassaden im Außenbau nicht mehr sichtbar ist. Teil des Wiederaufbaus ist auch die gotische Halle im Erdgeschoss des Ostflügels, die wohl bereits Anfang des 16. Jahrhunderts umgebaut wurde, und der Sgraffitoschmuck des Großen Schlosshofes, der spätestens 1719 nicht mehr vorhanden war. Seine Aura als historischer Ort kann das Dresdner Residenzschloss aber nicht durch solche Rekonstruktionen allein wiedergewinnen. Erst durch die Ausstellung der einzigartigen Kunstwerke und Sammlungsobjekte des Grünen Gewölbes, der Rüstkammer und des Kunstgewerbemuseums kann im Dresdner Schloss dessen ursprüngliche Funktion als fürstliche Residenz heute wieder erlebbar werden.

Das Schloss hat seine Struktur aus der Mitte des 16. Jahrhunderts, in der Fassade des Späthistorismus, bis heute bewahrt. Auch deshalb ist das Residenzschloss als Museum ein kompliziert zu nutzender Gebäudekomplex. Es ist ein machtvoller Bau, der sich zur umgebenden Stadt eher

Der Eingang am Bärengartenflügel führt die Besucher ins Grüne Gewölbe, ins Kupferstich- und Münzkabinett.

verschlossen gibt. Einen öffentlichen Charakter besaß es nie. Die Trennung zwischen Stadt und Residenz äußert sich schon durch die Zugänge. In die Schlosshöfe gelangte man nur durch das Torgebäude an der Schlossstraße und durch das Portal im Erdgeschoss des Hausmannsturm an der Kathedrale. Als allgemein zugängliches Gebäude, das in seiner Funktion als Museum keinen abweisenden, sondern einen einladenden Charakter besitzen soll, muss diese burgartige Verschlossenheit – mit zurückhaltenden architektonischen Mitteln – aufgebrochen werden. Das Schloss braucht gastfreundliche Foyers und auch für den Erstbesucher erkennbare Wege.

Das Residenzschloss wird zum Museum

~ Nach der politischen Wende des Jahres 1989 und der Neubegründung des Freistaates Sachsen schritt der Wiederaufbau zügig voran, begleitet von einer zunehmenden Verunsicherung des Geldgebers. Schließlich wurde in den Jahren 1995 und 1996 in einem Gutachterverfahren zur „Museumskonzeption Dresden. Wiederaufbau Dresdner Schloss" die Nachkriegsdiskussion zur Einrichtung von Museen im Dresdner Schloss von namhaften Architekten, Denkmalpflegern und Kunsthistorikern noch einmal ausführlich diskutiert. Die Ergebnisse dieses Reflektionsprozesses haben für die Zukunft der Museumskonzeption erhebliche Bedeutung. Am 16. Dezember 1997 beschloss das Kabinett des Freistaates Sachsen unter der Nummer 02/0893, das Schloss langfristig als Zentrum der Staatlichen Kunstsammlungen Dresden einzurichten. Im Schloss sollen demzufolge untergebracht werden: das Grüne Gewölbe, die Rüstkammer, das Kupferstich-Kabinett und das Münzkabinett mit ihren Ausstellungsräumen, Depots, Restaurierungswerkstätten und Verwaltungsbereichen sowie die Generaldirektion, die Verwaltungsdirektion und die Kunstbibliothek. Die museale Funktion des Schlosses hatte bereits 1989 mit der Ausstellung „Das Dresdner Schloss – Monument sächsischer Geschichte und Kultur" begonnen. 1994 wurde die Schlossausstellung in das erste Geschoss des Georgenbaus überführt und, leicht verändert, als mittelfristige Dauerausstellung geöffnet. Seit 1995 konnte das zweite Geschoss des Georgenbaus für Sonderausstellungen der Staatlichen Kunstsammlungen Dresden genutzt werden. Seit Ende November 1997 kam für größere Sonderausstellungen das zweite Geschoss des Nord- und Westflügels hinzu.

Eröffnet wurde der Ausstellungsreigen mit „Unter einer Krone. Kunst und Kultur der sächsisch-polnischen Union", es folgte unter anderem die Präsentation der Privatsammlung Ulla und Heiner Pietzschs und die Ausstellung zu den Dresdner Jahren der Brücke. Für ein halbes Dutzend Jahre verfügten die Staatlichen Kunstsammlungen damit über eine größere, räumlich sehr interessante und vor allem in ihrer Versehrtheit ausdrucksstarke Fläche für Sonderausstellungen. Doch auf Dauer war das Schloss dafür nicht vorgesehen.

Seine zukünftige Rolle als Heimstatt von vier Museen der Staatlichen Kunstsammlungen Dresden übernahm das Residenzschloss im Jahre 2002, als die, vom Dresdner Architekten Hößel-

barth gestalteten, Räume im zweiten und dritten Geschoss des Georgenbaus dem Münzkabinett übergeben worden. Dort befinden sich nun die konservatorisch und sammlungstechnisch hervorragend geeigneten Depots, die Bibliothek zur Münz- und Landeskunde, der Studiensaal sowie die Verwaltung des Museums. Das Münzkabinett gehört zu den ältesten Museen der Staatlichen Kunstsammlungen Dresden. Herzog Georg der Bärtige hatte zu Beginn des 16. Jahrhunderts, als erster Fürst der albertinischen Wettiner, Medaillen auf seine Herrschaft prägen lassen und wohl auch damit begonnen, Medaillen zu sammeln. So ist der Bezug zum Georgenbau für das Münzkabinett fast schon programmatisch. Mit rund 300.000 Münzen, Medaillen, Orden, Abzeichen, Banknoten, historischen Wertpapieren, Siegeln, Modellen und münztechnischen Maschinen besitzt das Münzkabinett eine facettenreiche Sammlung zur Geschichte des europäischen Geldwesens, vom sechsten vorchristlichen Jahrhundert bis in die Gegenwart. Zugleich ist es eine Sammlung, mit der die Geschichte Sachsens und dessen Beziehung zur Geschichte Europas sichtbar gemacht werden kann. Das Münzkabinett leistet damit einen wichtigen Beitrag zur künftigen Funktion des Schlosses. Was jetzt noch fehlt, ist der geeignete Raum, um diese Funktion auf Dauer der Öffentlichkeit sichtbar zu machen.

Im April 2004 wurde im dritten Obergeschoss des Schlosses das – nach Plänen des Dresdner Architekten Horst Witter eingerichtete – Kupferstich-Kabinett eröffnet. Ebenso wie beim Münzkabinett liegt eine wichtige Aufgabe dieses Museums im Bewahren der mehr als 450.000 Zeichnungen, Druckgraphiken, illustrierten Bücher, Mappenwerke und Photographien. Das Kupferstich-Kabinett war bei seiner Gründung im Jahre 1720 das erste eigenständige Museum für grafische Künste in Deutschland. Es reicht in seiner Sammlungsgeschichte aber noch viel weiter zurück. Die ersten Grafiken und Zeichnungen wurden von Kurfürst August erworben und in der, seit 1560 im Dachgeschoss des Westflügels eingerichteten, Kunstkammer aufbewahrt. Genau dort befindet sich heute der Depotbereich des Kupferstich-Kabinetts. Der am südlichen Ende des Westflügels gelegene Studiensaal, in dem Wissenschaftler

Münzkabinett: Eine silberne Dreifaltigkeitsmedaille von 1544. Dahinter liegen Gedenkmünzen, Taler bzw. Medaillen aus reinem Gold und Silber und ein Großkreuz aus dem Napoleonischen Krieg.

Bereits im September 2004 zog das Kupferstich-Kabinett in den dritten Stock des Schlosses ein.

und Studenten aller Fachgebiete, künstlerisch interessierte Laien, Sammler und Kunsthändler grafische Blätter vorgelegt bekommen, befindet sich an dem Platz, an dem Johann Georg I. den Hauptsaal seiner kurfürstlichen Kunstkammer anlegen ließ. Das Kupferstich-Kabinett, das August dem Starken als Bildgedächtnis seiner Zeit diente, bewahrt bis heute, seiner Tradition entsprechend, „die ganze Welt in Bildern". Zugleich veranstaltet das Kupferstich-Kabinett jedes Jahr mehrere hochinteressante und anregende Sonderausstellungen, die das Spektrum des Schlosses sehr bereichern. Der dafür zur Verfügung stehende Bereich, im dritten Geschoss des heutigen Zwischenflügels Nord und des Schlossgartenflügels, ist mit 650 Quadratmetern der größte für das Residenzschloss geplante Sonderausstellungsraum.

Als drittes Museum kehrte im September 2004 das Grüne Gewölbe mit seinem ersten Ausstellungsbereich ins Residenzschloss zurück. Im ersten Obergeschoss des Westflügels, und damit direkt über den historischen Ausstellungsräumen, war auf 1.200 Quadratmetern das Neue Grüne Gewölbe entstanden. Als sinnvolle Ergänzung zur Schatzkammer Augusts des Starken sind hier 1.080 Kunstwerke und Objekte der Schatzkunst von der Renaissance bis zum Spätbarock – vom Kirschkern bis zum Thron des Großmoguls – vereint. Auch bei diesem Museum wurde großer Wert auf den besten konservatorischen Schutz der Kostbarkeiten aus drei Jahrhunderten gelegt. Der Besucher erlebt die Kunstwerke unter optimierten, jeweils individuell gestalteten Lichtbedingungen. Die 185 Vitrinen aus beidseitig entspiegeltem Glas lassen vergessen, dass sich die Kostbarkeiten außerhalb der eigenen Reichweite befinden. Im Mittelpunkt der Präsentation steht das einzelne Kunstwerk. Das Neue Grüne Gewölbe ermöglicht so, die Schönheit, den Reichtum an Phantasie, die Pracht und die Vielfalt der Schatzkunst immer wieder neu zu entdecken. Dem Architekten Horst Witter ist es gelungen, zur Konzentration auf das einzelne Kunstwerk zu verhelfen und mit den Mitteln der modernen Architektur zugleich die Atmosphäre einer Schatzkammer des 21. Jahrhunderts zu erzeugen.

Zwei Jahre später, im September 2006, ist das Grüne Gewölbe vollständig in das Residenz-

schloss zurückgekehrt. Mit diesem musealen Raumgefüge erhält das Residenzschloss einen sehr wichtigen Teil seiner historischen Identität zurück. Die barocke Schatzkammer des Grünen Gewölbes wurde in Raumgrößen und Präsentationsformen weitgehend dem Zustand von 1733 entsprechend wiederhergestellt. Trotz der Schäden des Zweiten Weltkriegs und der Substanzverluste in der Nachkriegszeit konnte die Innenarchitektur eines der ersten Museen Europas rekonstruiert werden. Um das Raumerlebnis zu gewährleisten und die ausgestellten Objekte optimal zu schützen sind heute, wie schon im 18. Jahrhundert, die Besucherzahlen begrenzt. Wiedererstanden ist ein fürstliches Museum des Barock, in dem die Besucher der Gegenwart den fast schon rauschhaften Reichtum und die Schönheit der Schatz- und Goldschmiedekunst, der Elfenbeinschnitzereien und Bronzestatuetten der Vergangenheit erleben können. Gleichsam auf einer Zeitreise lässt man im historischen Grünen Gewölbe die heutigen Museumsmaßstäbe hinter sich und durchschreitet eine überquellende Sammlung, in der sich die Kunstwerke mit der kostbar verspiegelten Raumausstattung zu einem Gesamtkunstwerk vereinen.

Wieder erlebbar wird, was vor 200 Jahren der Philosoph Artur Schopenhauer so beschrieb: „Auch jetzt nachdem ich so viele Schatzkammern gesehen habe, finde ich doch noch dass es alle an Reichthum weit übertrifft. Man glaubt sich in einen Feen-Pallast versezt, u. wird von der unendlichen Pracht geblendet, wenn man die glänzenden Zimmer betritt, in denen sich die kostbaren goldenen Gefäße u. Spielwercke von Diamanten, an den Spiegelwänden vervielfachen... ." Das Grüne Gewölbe Augusts des Starken war und ist ein Museum, das die Emotionen des Besuchers berührt. Der neu eröffnete Erdgeschossbereich des Westflügels umfasst neben dem Schatzkammermuseum Augusts des Starken in seinem südlichen Teil auch das Vorgewölbe mit einer modernen Ausstellung zur Schatzkunst des Mittelalters und der Frührenaissance. Der goldene Koffsch Zar Iwans des Schrecklichen ist hier ebenso zu finden, wie das Bergkristallgefäß der heiligen Hedwig von Polen und der Siegelring sowie der silberne Trinkbecher Martin Luthers.

Das Grüne Gewölbe kehrte mit seinem ersten Ausstellungsbereich 2004 in das Schloss zurück.

Die Rüstkammer ist das künstlerische und kulturelle Gedächtnis der Hofkultur aus drei Jahrhunderten.

Ein Rundgang durch das Residenzschloss der Zukunft

~ Mit dem Münzkabinett und dem Kupferstich-Kabinett, dem Neuen und dem barocken Grünen Gewölbe sind heute fast ein Drittel der für die museale Präsentation vorgesehenen 10.000 Quadratmeter des Schlosses zugänglich. Die noch ausstehenden zwei Drittel werden in den nächsten Jahren vor allem von der Rüstkammer genutzt werden. Die Rüstkammer ist das künstlerische und kulturelle Gedächtnis der Hofkultur aus drei Jahrhunderten. Die geplante Dauerausstellung dieses, in seiner Vielfalt und Qualität einmaligen, Museums wird dazu beitragen, dass das Residenzschloss Dresdens zu einem der bedeutendsten Museen Europas wird. Bereits heute ist das Dresdner Residenzschloss eines der am meisten besuchten Museen Deutschlands. Durch den neu geschaffenen Eingang am Schlossgarten haben in den ersten 21 Monaten nach Öffnung des Neuen Grünen Gewölbes bereits eine Million Besucher das Schatzkunstmuseum und die Sonderausstellungsflächen des Kupferstich-Kabinetts betreten. Auch der ehemals königliche Garten am Westflügel hat ein neues Gesicht bekommen. Er wurde zu einem einladenden Freiluftfoyer, das die großartige städtebauliche Situation des Theaterplatzes sinnreich ergänzt.

Die, für ein Museum des 21. Jahrhunderts notwendigen, Servicebereiche müssen den voraussehbaren Besucherstrom gastfreundlich empfangen und die Zugänglichkeit bequem gestalten. Die Besucherzahl des Schlosses wird sich in den nächsten zehn Jahren voraussichtlich auf 1,2 Million Menschen jährlich steigern. Es war eine ebenso notwendige wie glückliche Entscheidung den Kleinen Schlosshof, der Ende des

16. Jahrhunderts als repräsentativer Zugang zum Kurfürstenschloss entstand, zu überdachen und ihn in Zukunft als zentrales Foyer zu nutzen. Der Architekt Peter Kulka entwarf eine technologisch bemerkenswerte Dachkonstruktion aus Kunststoffkissen, die sich kühn und elegant von einem Dachfirst zum anderen zu schwingen scheint. Der zentral gelegene Kleine Schlosshof mit seinem Kassen- und Informationstresen ermöglicht auch ortsfremden Besuchern, den Gebäudekomplex des Schlosses einfach zu erschließen und die gewünschten Ausstellungen bequem zu erreichen.

Die erhaltenen und rekonstruierten Architekturteile des Kleinen Schlosshofes werden selbst zu Ausstellungsobjekten, die die Entwicklung des Residenzschlosses bereits beim Eintritt in das Museum aufscheinen lassen. Den Museumsbesuchern, aber auch den neugierigen Passanten, wird damit ein schönes, funktionales und großzügiges Foyer zur Verfügung stehen. Um den Kleinen Schlosshof gruppieren sich die Garderobe im Zwischenflügel Nord, die Museumsbuchhandlung im Schlossgartenflügel und zwei Foyers mit Aufzügen.

Die Visionen des Architekten Peter Kulka: Er möchte den Kleinen Schlosshof mit einem Dach aus Kunststoffkissen überwölben. Unten rechts der Riesensaal im Ostflügel. Die historische Gewölbedecke soll nach Kulkas Vorstellungen mit einem Metallgewebe nachgezeichnet werden.

Um den Großen Schlosshof

Seit fast zwei Jahrzehnten wird der Große Schlosshof wiederaufgebaut. Wenn er als eine der letzten Baumaßnahmen des Residenzschlosses fertig gestellt sein wird, hat er nicht nur, sein bis 1945 bestehendes, Erscheinungsbild sondern auch seine Funktion verändert. Rekonstruiert wird nicht der Vorkriegszustand, sondern der zentrale Hof des kurfürstlichen Residenzschlosses des 16. und 17. Jahrhunderts. So entsteht neben den beiden prächtigen Wendelsteinen in der Nordwest- und Nordostecke, mit ihrem bedeutenden Bauschmuck, auch der vierstöckige Renaissancealtan vor dem Hausmannsturm wieder. In Anlehnung an den, bis 1718 vorhandenen, Fassadenschmuck wird auch die Sgraffitobemalung der Schlossflügel neu geschaffen. Dresden erhält mit dem Großen Schlosshof neben der anmutigen Rekonstruktion einer bemerkenswerten Bauleistung aus der Mitte des 16. Jahrhunderts auch einen öffentlichen Raum zurück, der sich in die bestehende Folge aus Stallhof, Zwingerhof und Theaterplatz einfügt. Ebenso wie diese Festplätze soll der Große Schlosshof den Bewohnern und Touristen Dresdens bis spät abends zugänglich sein. Er kann zugleich in seinem ursprünglichen Sinne auch als Aufführungsort genutzt werden. Als attraktive Bühne für Konzerte ist der Große Schlosshof ebenso denkbar wie als Raum für einen romantischen Weihnachtsmarkt.

Einen für Passanten offenen Charakter werden auch drei im Erdgeschoss des Nord- und Ostflügel gelegene Raumbereiche erhalten. Es handelt sich um Räume, die sich als Solitäre vom Großen Schlosshof aus erschließen und kaum nach musealen Anforderungen klimatisieren lassen. Dazu gehört die, in ihrem ursprünglichen Raumvolumen beim Wiederaufbau des Nordflügels freigelegte, ehemalige protestantische Schlosskapelle. In einer zurückhaltend modernen Gestaltung, die sich an ihrer ursprünglichen Ausstattungspracht orientiert, wird sie als „Zeitfenster" des kurfürstlichen Schlosses dienen. Mit dem wieder vor die Fassade zurückgekehrten schönem Tor, einem Hauptwerk der Renaissanceskulptur nördlich der Alpen, ist diese zweite evangelische Schlosskapelle der deutschen Kunstgeschichte als Ausstellungsort bedeutender Bauplastiken prädestiniert. In ihrem frei zugänglichen Inneren werden die bedeutendsten Bauskulpturen des Residenzschlosses aus der zweiten Hälfte des 16. Jahrhunderts vereint. Diese Skulpturen ergänzen die noch erhaltenen Teile der ursprünglichen Raumausstattungen: den ersten Altar, den Taufstein und die hölzerne Tür des Kapellenportals. Als ehemalige Wirkungsstätte des kursächsischen Hofkomponisten Heinrich Schütz eignet sich die einstige Kapelle besonders zur Aufführung der, für diesen Raum geschaffenen, Kompositionen. Zugleich könnte sie als Aufführungsort alter Musik der Renaissance und des Barock, den bedeutenden Beitrag erkennbar werden lassen, den die Kurfürsten von Sachsen als musikalische Mäzene seit dem 16. Jahrhundert geleistet haben. Die dafür notwendigen Funktionsräume wurden bereits eingebaut, als die Schlosskapelle als Bühne des Kleinen Hauses des Dresdner Schauspielhauses Verwendung fand.

Ebenfalls außerhalb der Öffnungszeiten des Schlossmuseums zugänglich wird das, im Erdgeschoss des östlichen Nordflügels vorgesehe-

Der Große Schlosshof soll den Touristen und Bewohnern Dresdens bis spät am Abend zugänglich sein.

ne Restaurant in den gewölbten Räumen des 15. Jahrhunderts, die noch zum Alten Haus des herzoglichen Burgareals gehören, sein. Es ist ein reizvoller Gedanke, in wenigen Jahren, im davor liegenden Bereich des Schlosshofes unter Sonnenschirmen zu sitzen.

Im Verlauf der ersten Wiederaufbauarbeiten der Schlossruine wurden in den 1980er Jahren, im Erdgeschoss des Ostflügels, Gewölberäume des frühen 14. Jahrhunderts herauspräpariert. Es sind die einzigen gotischen Innenräume Dresdens. Ebenso wie die wiedererstandene Schlosskapelle werden sie als „Zeitfenster" Besuchern kostenfrei offen stehen. Durch Bauplastik der späten Gotik und der Frührenaissance, Modelle und audiovisuelle Medien wird in den gotischen Räumen der Weg von der Brückenfestung zur Burg und schließlich zum repräsentativen Schloss nachvollziehbar. Die spätgotische Halle ermöglicht auch den Zugang in einen ausgegrabenen Baukörper des 13. Jahrhunderts, des Gründungsjahrhunderts des heutigen Dresdner Schlosses, unterhalb des Schlosshofes. Sieben Jahrhunderte der Baugeschichte werden so räumlich erfahrbar.

Die beiden Wege im ersten Geschoss

~ Der Zugang zum Schlossmuseum im ersten und zweiten Obergeschoss erfolgt über, die in ihrer Fassung des späten 19. Jahrhunderts wiederhergestellte, Englische Treppe. Eine weitere Zugangsmöglichkeit bietet das, bereits 2004 fertig gestellte, Treppenhaus im Schlossgartenflügel. Die von dem Architekten Horst Witter entworfene Anlage, mit seinem im Erdgeschoss vorgelagerten neuen Foyerbereich, zeigt den Gestaltungswillen, der weite Teile des Schlosses prägen wird. Die unwiederbringlichen Verluste des Zweiten Weltkrieges bieten zugleich die Möglichkeit, das Schlossinnere zu einem funktionalen, hohen konservatorischen Schutz gewährleistenden Raumensemble auszubauen. Eingefügt in moderne Architektur wird die Geschichte und die künstlerische Qualität wieder sichtbar gemacht, die das Residenzschloss über Jahrhunderte prägte. Einer funktionalen, dem Schlosscharakter durchaus angemessenen, modernen Noblesse, die zurückhaltend, zeitgemäße Materialien verwendet und zugleich Respekt vor den erhaltenen Zeugnissen der Vergangenheit zeigt, fühlen sich die beiden im Schloss tätigen Architekten, Peter Kulka und

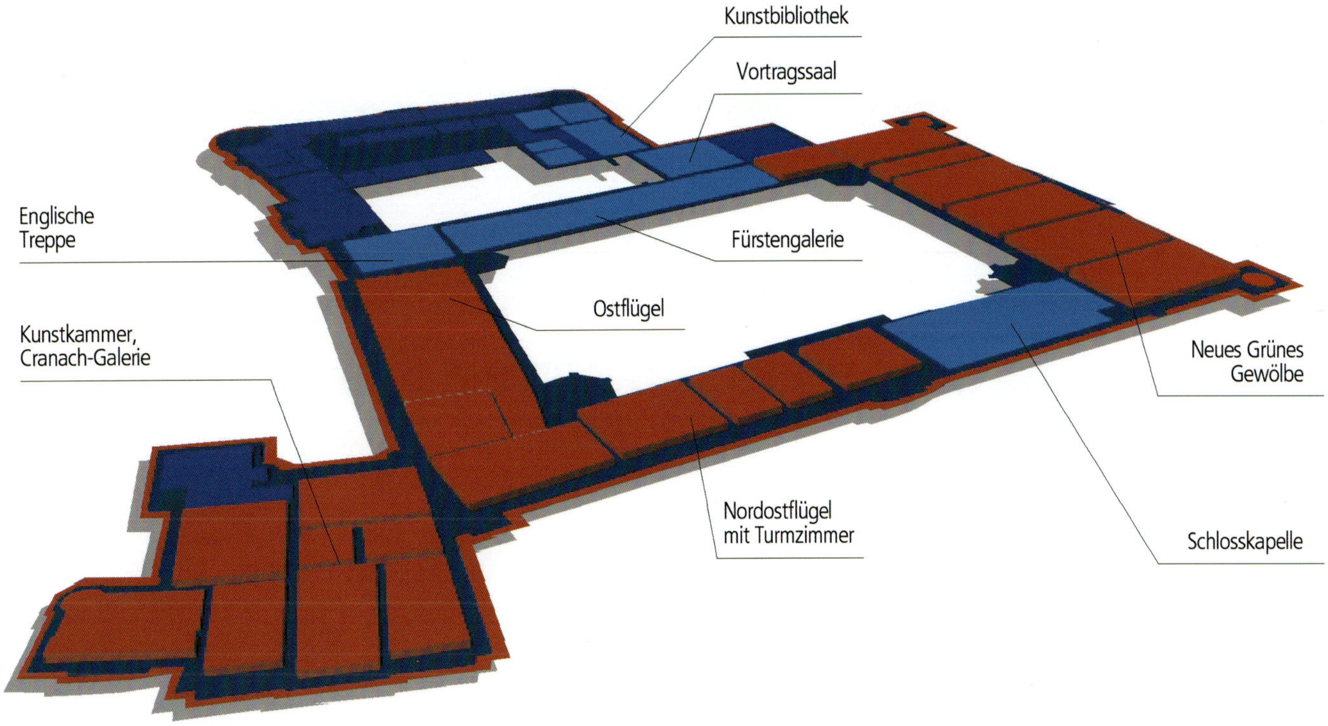

Horst Witter, verpflichtet. Sie schufen und schaffen neue Raumgefüge, die im Einklang mit dem historischen Baugefüge stehen.

Aufgrund der baulichen Gegebenheiten ist im ersten Geschoss kein vollständiger Rundgang möglich – er war auch nie vorgesehen. Der Besucher wird also zwei Wege wählen können. Der eine führt von der Englischen Treppe in die fast 60 Meter lange Fürstengalerie des heutigen Zwischenflügels Nord, dem einstigen Südflügel. Hier werden Bildnisse der bedeutendsten Fürsten und Könige von der Mitte des 16. bis ins frühe 20. Jahrhundert ausgestellt. Sie stammen aus den Beständen der Rüstkammer, der Gemäldegalerie Alte Meister und der Skulpturensammlung. Diese Herrscher des Fürstenhauses der albertinischen Wettiner, von Kurfürst Moritz bis König Friedrich August III., haben das Schloss bewohnt und immer wieder neu geprägt. Der älteren Fürstengenerationen diente der zur Fürstengalerie gewandelte Schlossbereich einst als Wohnraum.

Vor dem Neuen Grünen Gewölbe entsteht bald schon ein Vorraum, in dem der Wiederaufbau des Schlosses und die Restaurierung des barocken Schatzkammermuseums Augusts des Starken dokumentiert wird. Der an diesen Vorsaal angrenzende Hans-Nadler-Saal dient der Besucherinformation und festlichen Veranstaltungen. Der multifunktionale Vortragssaal bietet 100 Personen Platz. Für museumspädagogische Zwecke wird im Kellergeschoss desselben Zwischenflügels Nord, ein gewölbter Saal in einer gut 60 Meter langen Tonne zur Verfügung stehen.

Begibt sich der Besucher von der Englischen Treppe in den Ostflügel, so findet er dort drei neue Raumbereiche. Im ersten Raum wird er von der Trabantengarde sächsischen Herrscher des späten 16. und frühen 17. Jahrhunderts empfangen. Der so genannte Trabantensaal leitet den Rundgang ein und lässt durch kostbare Rüstungen und repräsentative Waffen der kurfürstlichen Leibgarde das fürstliche Selbstverständnis sichtbar werden.

Um die fast unüberschaubare Fülle künstlerischer und kulturgeschichtlicher Objekte der Rüstkammer erfahrbar zu machen, wurde für die künftigen Ausstellungsräume eine thematische Gliederung gewählt.

Auf den Trabantensaal folgt der Saal Der Frühen Waffen. Neben Waffen des 15. und 16. Jahrhunderts finden sich hier auch Harnische aus Deutschland und Italien. Im Zentrum des Saales steht das Kurschwert Friedrichs des Streitbaren aus den ersten Jahrzehnten des 15. Jahrhunderts. Mit Friedrich dem Streitbaren sind die Gründung der Universität Leipzig 1409 ebenso verbunden wie die grausame militärische Niederschlagung der hussitischen Bewegung im benachbarten Königreich Böhmen. Als Dank für diesen militärischen Beistand verlieh ihm König Sigismund die Kurwürde. Auch im folgenden Saal bildet ein Kurschwert den Mittelpunkt. Unter dem Thema „Auf dem Weg zur Macht" versammelt der Raum Waffen, Rüstungen, Bildnisse und andere Objekte, die mit der kriegerischen Erwerbung der Kurfürstenmacht im Schmalkaldischen Krieg des beginnenden 16. Jahrhunderts durch Moritz von Sachsen verbunden sind. Daran schließt sich im östlichen Nordflügel der Kurfürstensaal an, welcher der Zeit Kurfürst Augusts gewidmet ist. Am Beispiel dieses mächtigen und einflussreichen Renaissancefürsten wird erfahrbar, welche Struktur der Macht einem Kurfürsten der Renaissance und des Frühbarocks zur Verfügung stand. Von diesem Ausstellungsbereich aus gelangt der Besucher, sich in Richtung Hausmannsturm wendend, in zwei Räume mit kostbaren Harnischen und Waffen aus Gold und Silber. Hier wird – zusammen mit zeitgenössischen Bildnissen – auch der einzigartige Schatz der Rüstkammer an historischen Gewändern des 16. und frühen 17. Jahrhunderts präsentiert, der die Kurfürsten dieser Zeit gleichsam in ihr Schloss zurückkehren lässt.

Nach Osten grenzt an den Kurfürstensaal der Georgenbau an. Er diente von 1718 bis 1918 als Wohnbereich der sächsischen Herrscher. Unter dem Themenschwerpunkt „Weltsicht und Wissen um 1600" wird zukünftig im Georgenbau ein wichtiger Aspekt des fürstlichen Lebens der Spätrenaissance erfahrbar. Die meisten hier ausgestellten Gemälde, wissenschaftlichen Geräte, kunstvollen Handwerkszeuge, Brettspiele, Spiel- und Arbeitstische, Musikinstrumente, Kabinettsschränke, Werke der Schatzkunst und Trinkgefäße stammen aus der Kunstkammer. Die elbseitigen Räume des Georgenbaus sind den kunstkammerartigen Kombinationswaffen vorbehalten. Sie könnten in Zukunft auch das Entrée zu einer teilweise rekonstruierten Aufstellung der Gewehrgalerie bilden, die sich bis 1945 im Langen Gang befand. Für die Ausstellung des europaweit einmaligen Bestandes der Rüstkammer von weit mehr als 1.000 Feuerwaffen des 16. bis 18. Jahrhunderts gibt es keinen geeigneteren Ort als diese gut 100 Meter lange Verbindungsgalerie zwischen dem Residenzschloss und dem ehemaligen Neuen Stall und heutigem Johanneums. Im Bewusstsein, dass der Lange Gang heute als Teil des Verkehrsmuseums genutzt wird, bleibt es das Bestreben der Staatlichen Kunstsammlungen Dresden den, einstmals zur musealen Aufstellung der prunkvollen Feuerwaffensammlung genutzten, Raum in Zukunft wieder in diese ihm im 18. Jahrhundert gegebene Funktion zurückzuführen. Hier könnte ein weiterer großer Schatz der Dresdner Museumslandschaft an seinem ursprünglichen Ausstellungsort wieder öffentlich zugänglich gemacht werden.

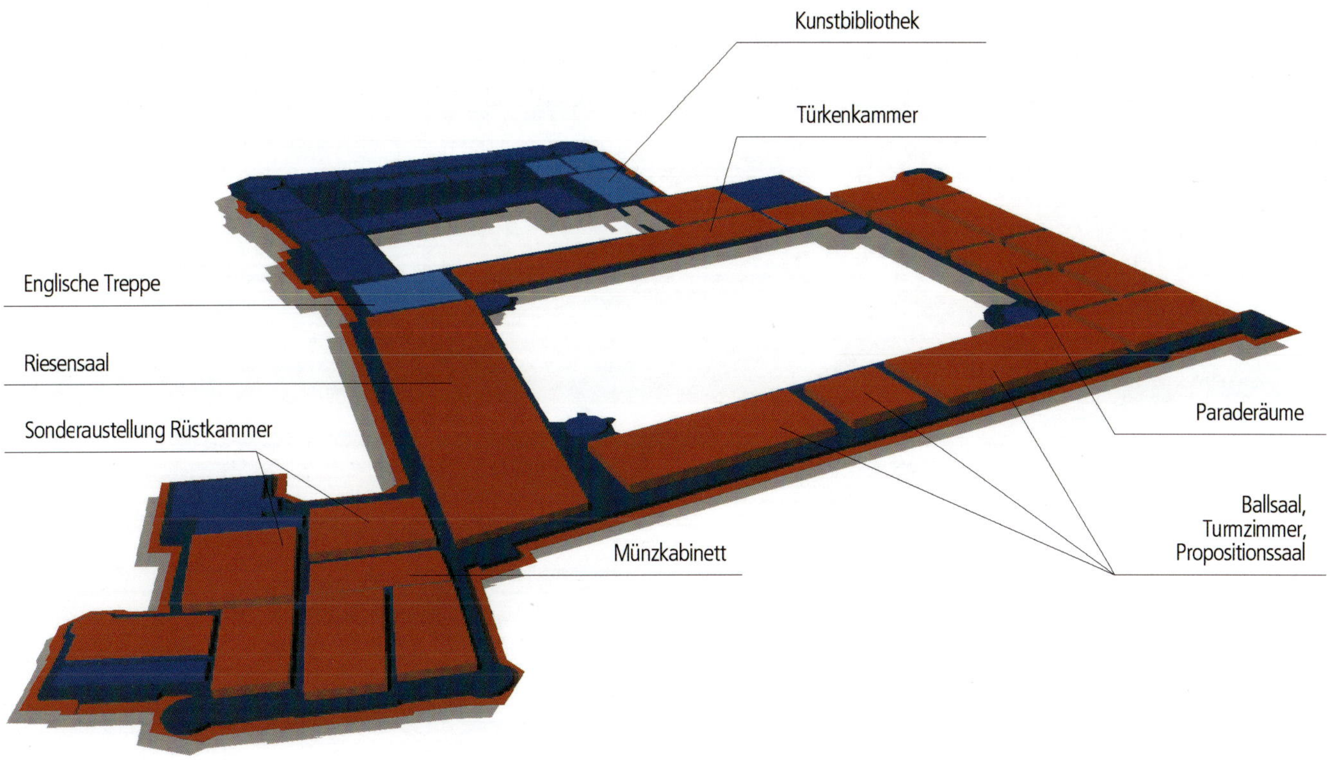

Der Rundgang im zweiten Geschoss

Das zweite Obergeschoss führt das, im Ost- und Nordflügel des ersten Geschosses, begonnene Thema einer Darstellung des fürstlichen Prunks der Frühen Neuzeit konsequent weiter. Während das erste Geschoss zwei geteilte Ausstellungsrundgänge anbietet, ist diese Etage als geschlossener Rundgang durch die Epochen erlebbar.

Der in seinen räumlichen Dimensionen wieder gewonnene Riesensaal dient der Präsentation der Turnierwaffen der Renaissance, der einmaligen Sammlung an Rüstungen des in Augsburg tätigen Plattners Anton Peffenhauser aus dem späten 16. Jahrhundert und der grandiosen Prunkwaffen, die die Kurfürsten von 1586 bis zum dreißigjährigen Krieg zur Repräsentation nutzten. In drei großen Figuren- und Reitergruppen werden verschiedene Formen des fürstlichen Turniers in Szene gesetzt. Die im Riesensaal versammelten Harnische der Jahrzehnte um 1600 gehören zu den bedeutendsten in Europa. Die ungewöhnlich vielseitige Sammlung der Rüstkammer kann sich im fast 780 Quadratmeter großen Ausstellungssaal optimal präsentieren. Der Architekt Peter Kulka wird dem Riesensaal, als dem größten Ausstellungssaal Dresdens, eine selbstbewusste, architektonische Form geben, in der die Würde und Macht des einstigen Festsaales des Schlosses ebenso aufscheint wie die handwerkliche und künstlerische Brillanz der hier ausgestellten Sammlung.

Vom Riesensaal aus gelangt man zum einen in das zweite Geschoss des Georgenbaus, in dem sich neben den großartigen Silberharnischen und Waffen Christians I. auch die Ausstellungsräume des Münzkabinettes befinden. Die anschauliche Sammlung zur Landes- und Münzgeschichte erhält in einer besonders schönen Raumfolge ihren Platz, die einen spektakulären Blick auf die Elbe und die Dresdner Neustadt bietet – direkt unterhalb der 2002 bezogenen Depot- und Funktionsbereiche des Münzkabinetts. Für dieses traditionsreiche Museum, aber auch für die Rüstkammer, gibt der Georgenbau zudem Raum für kleinere Sonderausstellungen.

Der Besucher kann andererseits dem Rundgang durch die von August dem Starken geschaffene Fest- und Repräsentationsetage folgen. Dabei erreicht er zunächst den einstigen Großen Ballsaal des 19. Jahrhunderts. In dem 280 Quadratmeter

Ein prunkvoll mit Gold verzierter Tisch im Juwelenzimmer des Historischen Grünen Gewölbe.

umfassenden Ausstellungsraum werden Objekte der höfischen Jagd vom 16. bis ins 18. Jahrhundert in einer bemerkenswerten Fülle und Vielfalt vereint. Ebenso interessant sind die, in dem etwas größeren Propositionssaal präsentierten, Zeugnisse der Festkultur des 17. bis frühen 18. Jahrhunderts. Dabei werden die spektakulären Festinszenierungen Augusts des Starken einen großen Raum einnehmen und in Beziehung zu den großen Staatsfesten seiner Vorfahren gesetzt. In Europa findet sich keine annähernd vergleichbare Sammlung. Die beiden Säle des Nordflügels erlauben es, mit der Jagd und dem Festwesen zwei prägende Bestandteile des Hoflebens für den heutigen Besucher auf eine ungemein anschauliche Weise sichtbar zu machen. Das zwischen den ehemaligen Festsälen gelegene Turmzimmer nimmt die konservatorisch schwer ausstellbaren Textilien und Kostüme des 17. Jahrhunderts auf.

Während in den drei Räumen des Nordflügels die, in der denkmalspflegerischen Zielstellung von 1983 geforderte, Wiederherstellung der ursprünglichen Innenausstattung zunächst nicht verwirklicht wird, sollen Raumrekonstruktionen im angrenzenden Westflügel eine wesentliche Ausstellungsfunktion übernehmen. Dort haben sich die Höhendimensionen der Räume nicht so einschneidend geändert wie im heutigen Nordflügel, so dass die Pracht der einstigen Paraderäume des Spätbarocks wieder rekonstruiert werden kann. Soweit es die erhaltenen Raumausstattungen zulassen, erhalten das Ecktafelgemach, die zwei zur Sophienstraße gelegenen Vorzimmer, das Audienzgemach und das Paradeschlafzimmer ihre, für die Zeit kurz nach 1718 gesicherte, Ausstattung zurück.

Die beiden, vom großen Ecktafelgemach ausgehenden, Raumachsen und die hinter den Hauptzimmern gelegenen Bilderkabinette erlauben es, die „Hoheit und Majestät" der Zeit Augusts des Starken wieder aufscheinen zu lassen. Neben die Raumrekonstruktion treten museale Präsentationen der künstlerischen Zeugnisse dieser glanzvollen Epoche. Möbel, Porzellane, Kostüme, Zeremonialwaffen, Gemälde und eine Vielzahl anderer Objekte lassen die Selbstdarstellung eines europäischen Königshofs des Barock in einem Umfang wiedererstehen, der, aufgrund der hier erhaltenen Zeugnisse, nur in Dresden möglich ist.

Ein letzter Höhepunkt des musealen Rundgangs im zweiten Geschoss befindet sich zwischen dem modernen Treppenhaus des Schlossgartenflügels und der Englischen Treppe. Hier werden in zwei großen Sälen die Bestände der Türkenkammer ihren Platz finden. Es handelt sich dabei um eine bedeutende Sammlung türkischer Waffen- und Handwerkskunst des 16. und 17. Jahrhunderts, die teilweise als Geschenke europäischer Fürstenhäuser, teilweise als sächsische Beute aus den Türkenkriegen nach Dresden gelangten, sowie um vielseitige und prächtige Objekte, die einen erlebnisreichen Einblick in die Türkenmode am Hofe Augusts des Starken gestatten.

Nachdem das Residenzschloss bis zum 800. Stadtjubiläum 2006 in seiner äußeren Hülle wieder aufgebaut wurde, werden die Dresdner in den nächsten zehn Jahren erleben, wie aus der einstigen Schlossruine eines der bedeutendsten Museen Europas entsteht. An ihrem authentischen Ort werden die, in ihrer Art europaweit einzigartigen, Sammlungsbestände der Rüstkammer dem Dresdner Schloss wieder fürstliches Leben einhauchen. Gerade in der Kombination der hier räumlich vereinten Museen: dem Münzkabinett, dem Kupferstich-Kabinett, dem Grünen Gewölbe und der Rüstkammer, verstärkt durch Leihgaben aus weiteren Museen der Staatlichen Kunstsammlungen Dresden, entsteht ein Museumsgefüge, das neben dem Louvre und der Eremitage seinen Platz finden wird. Das Grüne Gewölbe ist heute schon spektakulär und bezaubernd zugleich – mit seinen außergewöhnlichen Kunstwerken, wie auch mit seiner einzigartigen barocken Schatzkammer. Für Besucher und Passanten soll es ein gastfreundliches Schlossmuseum werden, in dem man gerne auf die Reise in die Vergangenheit aufbricht und immer wieder Neues entdeckt. Ziel der Staatlichen Kunstsammlungen Dresden ist es, das Schloss als „Residenz der Kunst und Wissenschaften" zu nutzen. Dabei wird nicht vergessen, dass jede Epoche die Gestaltung und die Nutzung des Residenzschlosses immer nur auf Zeit bestimmt. Der Wiederaufbau des Schlosses wird auch dann nicht beendet sein, wenn das heutige Museumskonzept Realität geworden ist; es ist ein Generationen übergreifender Prozess.

Im Juni 2006 ist das Weißsilberzimmer schon für die Eröffnung im September vorbereitet.

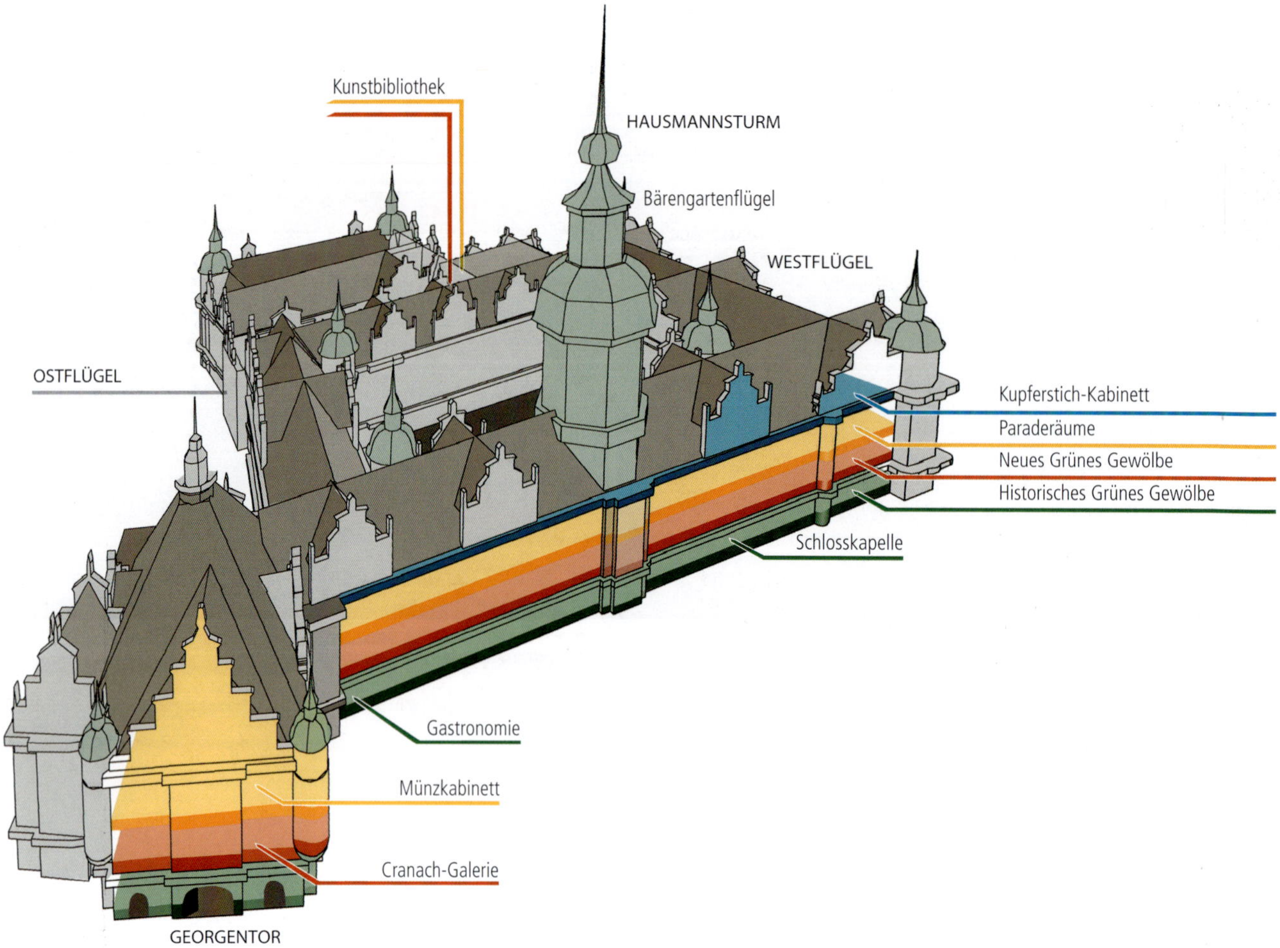

~ **164 GLASKUGEL MIT MUSIZIERENDEM ORPHEUS** Georg Bernhart ~ Augsburg, 1575-1576 ~ Glas, Bergkristall, Gold, Email, Diamanten, Rubine, Türkise, Eisen ~ H 21,3 cm, Dm. Kugel mit Voluten 9,6 cm, Dm. Fuß 6,9 cm ~ Inv. Nr. VI 19

165 MARTIN-LUTHER-RING Augsburg ~ um 1530 ~ Karneol, Gold ~ Inv. N. VIII 97

166 SEE-EINHORN ALS TRINKGEFÄSS Elias Geyer ~ Leipzig, um 1600 ~ Turboschnecke, Silber, zum großen Teil vergoldet, Reste von Kaltbemalung ~ H 20 cm ~ Inv. Nr. IV 133

167 KINDERRASSEL MIT EINER SPIELUHR Friedrich Frank ~ Hanau, um 1865 ~ Gold, Silber, Email, Edelsteine, Perlen, Koralle ~ L 19,5 cm ~ Inv. Nr. 2004/2

169 HOFNARR JOSEPH FRÖHLICH MIT EULENKOPF Dresden ~ um 1729 ~ Elfenbein, Silber, teilw. vergoldet, Holz ~ H mit Postament 28,2 cm B 11 cm, Sockel 9,5 x 11,5 cm ~ Inv. Nr. VII 8

170 KONSOLE IM ECK-KABINETT DES GR. GEWÖLBES viell. Johann Joachim Kaendler ~ Um 1723/24 ~ Holz, teilw. vergoldet

171 KUGELLAUFUHR Hans Schlottheim ~ wohl Augsburg, um 1600 ~ Messing, vergoldet, Silber, teilw. bemalt, Eisen, Ebenholz, Bergkristall ~ H 112,0 cm, B 60,0 cm, T 60,0 cm ~ Inv. Nr. V 140

172 DER PFÄLZER LÖWE Deutschland, um 1580-1590 ~ Gold, Rubine, Diamanten, Email, Perlen ~ H 7 cm ~ Inv. Nr. 1997/1

173 PERLMUTTERBECKEN UND KANNE Elias Geyer ~ Perlmutterarbeit: Gujarat (Indien), 16. Jahrhundert ~ Fassung: Leipzig, um 1600 ~ Silber, vergoldet, Perlmutterplättchen, Holz, Asphaltlack, Ölfarben ~ Becken D 60,1 cm, Kanne H 35,2 cm ~ Inv. Nr. IV 287, IV 189

175 EULE AUS BERGKRISTALL Werkstatt der Saracchi ~ Mailand, um 1580-1585 ~ Bergkristall, Gold, Email, Karneol ~ H 27,6 cm ~ Inv. Nr. V 295

176 MOHR MIT SMARAGDSTUFE Skulptur: Balthasar Permoser ~ Fassung: Dinglinger-Werkstatt ~ Schildpattfurnier: Wilhelm Krüger ~ Lackierung: wohl Martin Schnell ~ Dresden, wohl 1724 ~ Birnbaumholz, lackiert, Silber, vergoldet, große Smaragdstufe, Smaragde, Rubine, Saphire, Topase, Granate, Almandin, Schildpatt ~ H 63,8 cm ~ Inv. Nr. VIII 303

177 ELFENBEINKUNSTSTÜCK Lobenigk, Egidius ~ 1589 ~ Vergoldetes Silber, Tafelrunde im Inneren aus vergoldetem und bemaltem Silber ~ H 117 cm ~ Inv. Nr. II 133

178 FLIEGENDER MERKUR Giovanni da Bologna ~ Florenz ~ vor 1587 ~ Bronze ~ H 61,8 cm ~ Inv. Nr. IX 94

179 DER HOFSTAAT ZU DELHI – Thron des Großmoguls Aureng-Zeb ~ Entwurf und Goldschmiedearbeiten: Johann Melchior Dinglinger und Werkstatt ~ Emailmalerei: Georg Friedrich Dinglinger ~ Dresden, 1701-1708 ~ Holzkern, Gold, Silber, teilweise vergoldet, Email, Edelsteine, Perlen, Lackmalerei ~ T 114 cm, B 142 cm, H 58 cm ~ Inv. Nr. VIII 204

181 TRINKGEFÄSS IN GESTALT EINES BASILISKEN Elias Geyer ~ Leipzig ~ um 1600 ~ Silber, vergoldet, Seeschneckengehäuse ~ H 35,2 cm, B 14,4 cm, T 26,0 cm ~ Inv. Nr. IV 158

182 KIRSCHKERN MIT GESCHNITZTEN KÖPFEN mit 185 geschnitzten Köpfen ~ Deutschland ~ vor 1589 ~ Kirschkern, Gold, Email, Perle ~ H 4,5 cm ~ Inv. Nr. VII 32 ee

183 GRUPPE DER VIER JAHRESZEITEN Balthasar Permoser ~ Florenz oder Dresden 1685-1690 ~ Elfenbein ~ H jeweils 22,5 cm ~ Inv. Nr. 45 und II 48

184 ZWEI POLYEDER Egidius Lobenigk ~ Georg Wecker ~ 1584 und 1581 ~ Elfenbein, gedrechselt ~ H 9,2 cm und 11,6 cm ~ Inv. Nr. II 293, II 290

185 KANNE AUS FLORENZ Entwurf: Bernardo Buontalenti ~ Florenz ~ 1575-1580 ~ Lapislazuli ~ H 27 cm ~ Inv. Nr. V 56

186 FUTTERAL FÜR DIE SCHALE MIT STEHENDEM DELPHIN Mailand ~ kurz vor 1724 ~ Holz, Leder mit Goldprägungen, Häkchen aus Messing ~ H 32,2 cm ~ Inv. Nr. E 144

187 MUSCHELFÖRMIGE SCHALE MIT STEH. DELPHIN ~ Giovanni Battista Metellino ~ Mailand, kurz vor 1724 ~ Bergkristall, Silber, vergoldet, Lapislazuli ~ H 33,1 cm ~ Inv. Nr. V 312

188 HIRSCHFÄNGER MIT SCHEIDE AUS DER SMARAGDGARNITUR Johann Melchior Dinglinger ~ Dresden ~ nach 1700 ~ Achat, Gold, Silber, vergoldet, 9 Smaragde, 78 Brillanten ~ Inv. Nr. VIII 144

189 DAS GOLDENE KAFFEEZEUG Entwurf/Goldschmiedearbeit: Johann Melchior Dinglinger ~ Emailmalerei: Georg Friedrich Dinglinger ~ Elfenbeinskulpturen: Paul Heermann ~ Dresden ~ 1697-1701 ~ Holzkern, Gold, Silber, vergoldet, Edelsteine, Email, Elfenbein, Eisen ~ H 96 cm, B 76 cm ~ Inv. Nr. VIII 203

190 HOFNARR FRÖHLICH MIT DEM SCHWEINEGESPANN Johann Christoph Ludwig Lücke ~ Dresden ~ um 1729 ~ Elfenbein, Ebenholz, Nussbaum, Silber, Gold, Edelsteine ~ H 23,3 cm, L 31,2 cm, B 16,9 cm ~ Inv. Nr. 1969/1

191 SPRINGENDER HIRSCH ALS TRINKGEFÄSS Andreas Rosa ~ Nürnberg ~ um 1603-1609 ~ Silber, zum großen Teil vergoldet, Koralle ~ H 43,7 cm ~ Inv. Nr. IV 119

192 STATUETTE DER DAPHNE Abraham Jamnitzer ~ Nürnberg ~ 1579-1586 ~ Silber, größtenteils vergoldet, Korallen ~ H. 64,6 cm ~ Inv. Nr. IV 260

194 PERLFIGUR „FRÖHLICHER WINZER" vor 1725 ~ Barockperlen, Gold, Email, Silber, teilweise vergoldet, Diamanten, Smaragde, Rubine, Saphir, Amethist, Karneol, Glas ~ H 7,9 cm ~ Inv. Nr. VI 100

194 PERLFIGUR „KOCH, DER AUF EINEM BRATROST GEIGT" vor 1725 ~ Barockperlen, Gold, Email, Silber, vergoldet, Diamanten ~ H 12 cm ~ Inv. Nr. VI 88

195 KABINETTSTÜCK MIT DEM KAISERKAMEO Kameo: Römisch ~ wohl 41 n. Chr. ~ Entwurf und Goldschmiedearbeit: Johann Melchior Dinglinger ~ Elfenbeinschnitzerei: Balthasar Permoser ~ Dresden, vor 1722 ~ Onyxkameo, Gold, vergoldetes Silber, Elfenbein, Edelsteine, Email, Perlen, Achat, Jaspis ~ H 44 cm ~ Inv. Nr. V 1

196 KONSOLE IM ECK-KABINETT Benjamin Thomae ~ um 1723/24 ~ Holz, farbig lackiert und teilweise vergoldet

199 Die Bekehrung des Paulus Albrecht Dürer ~ erworben vor 1756 ~ Kupferstich ~ 29,6 x 21,6 cm ~ Inv. Nr. A 779

200 LA CLOWNESSE ASSISE – Mademoiselle Cha-U-Ka-O ~ Henri de Toulouse-Lautrec ~ 1896 ~ Lithographie in 5 Farben, 527 x 405 mm ~ Staatliche Kunstsammlungen Dresden, Kupferstich-Kabinett ~ Inv. Nr. A 2003-127

201 PAPER FUJI. 7. OKTOBER 1966 Gerhard Richter ~ Öl auf Papier ~ H 29,7 cm, B 42 cm ~ Kupferstich-Kabinett ~ Inv. Nr. C 1988-11

202 TORSE DE FEMME – Weiblicher Torso (L'Égyptienne) ~ Pablo Picasso ~ Vallauris, 11. Juni 1953 ~ Aquatinta, 83,4 x 47,3 cm ~ Inv.Nr. A 1967-58

203 STEINIGER STRAND MIT MONDAUFGANG Caspar David Friedrich ~ um 1835-1837 ~ Feder und Pinsel in Braun ~ 23,2 x 35,7 cm ~ Inv. Nr. C 2605

204 PALUCCA. MIT DOPPELTEM SCHATTEN Charlotte Rudolph ~ 1925 ~ Fotografie mit weißen Retuschen ~ 19,2 x 17 cm ~ Inv. Nr. D 1981-399

204 DREI GEBOGENE, DIE SICH IN EINEM PUNKT TREFFEN Wassily Kandinsky ~ 1925 ~ Feder in Tusche, Transparentpapier ~ 19,3 x 15,5 cm ~ Inv. Nr. C 1981-630

205 BRÜCKE-PLAKAT in der Galerie Arnold in Dresden ~ Ernst Ludwig Kirchner ~ 1910 ~ Farbiger Holzschnitt von zwei Stöcken in Schwarz und Rot auf gelbem Papier ~ 82,5 x 59,8 cm ~ Inv. Nr. A 1974-325

~~ LITERATURQUELLEN

ALBERT, PETER Die zukünftige Nutzung ~ in: Das Dresdner Schloss, Monument sächsischer Geschichte und Kultur ~ Dresden 1992 **BERGER, CATHLEEN** Kurfürstliches Secret – Die Stucknische im Dresdner Residenzschloss ~ in: Miteilungen des Landesamtes für Denkmalpflege Sachsen ~ 2003 **CZOK, KARL** August der Starke und Kursachsen ~ Leipzig 1988 **CZOK, KARL** (Hrsg.) Geschichte Sachsens ~ Weimar 1989 **DELAU, REINHARD** August der Starke und seine Mätressen ~ Dresden 2005 **DELAU, REINHARD** Das Dresdner Schloss ~ in: Verlagsbeilage der Sächsischen Zeitung ~ Dresden 1997 **DIECKMANN, FRIEDRICH** Rosenrot, Rosenlust. Eine mythische Exkursion ~ in: Dresdner Hefte, Beiträge zur Kulturgeschichte, Heft 28 ~ Dresden 1991 **FELLMANN, WALTER** Der volkstümliche Monarch ~ in: Dresdner Hefte, Beiträge zur Kulturgeschichte, Heft 84 ~ Dresden 2005 **FELLMANN, WALTER** Sachsens Könige ~ München und Berlin 2000 **FÖRSTER, RUDOLF** Dresden. Geschichte der Stadt in Wort und Bild ~ Berlin 1985 **GLASER, GERHARD** Zerstörung und Bemühungen um den Wiederaufbau. Eine Chronik ~ in: Das Dresdner Schloss, Monument sächsischer Geschichte und Kultur ~ Dresden 1992 **GLASER, GERHARD** Das Dresdner Residenzschloss. Geschichte einer Rettung ~ Vortrag ~ Versailles 2006 **GLASER, GERHARD** Zur Restaurierung und neuen gesellschaftlichen Nutzung des Dresdner Schlosses ~ in: Landesamt für Denkmalpflege Sachsen, Sonderheft ~ 1997 **GLASER, GERHARD** Das Grüne Gewölbe im Dresdner Schloss ~ Dresden 1974 **HEUSSER, HANS-JÖRGEN** Drei Unbekannte Risse Hans Collaerts des Älteren ~ in: Jb. der Hamburger Kunstsammlungen, Bd. 6 ~ (1961) **HOLLER, WOLFGANG/ SCHNITZER, CLAUDIA** (Hrsg.) Ausstellungskatalog ~ München, Berlin 2004 **KLIEMANN, KATJA** Ausgrabungen am Schloss und am Kanzleihaus ~ in: Dresdner Geschichtsbuch 4 ~ 2001 **GONSCHOR, BRUNHILDE** Die Bilddarstellung des 16. Jahrhunderts im Großen Hof des Dresdner Schlosses ~ in: Denkmalpflege in Sachsen ~ Halle 1998 **KLIMPEL, VOLKER** Berühmte Dresdner ~ Dresden 2002 **LANDESAMT FÜR DENKMALPFLEGE SACHSEN** (Hrsg.) Das Taschenbergpalais zu Dresden ~ Dresden 1995 **LÖFFLER, FRITZ** Das alte Dresden ~ Leipzig 2006 **LORENZ, HELLMUTH** Barocke Festkultur und Repräsentation im Schloss zu Dresden ~ in: Dresdner Hefte, Beiträge zur Kulturgeschichte, Heft 38 ~ Dresden 1994 **LÜHR, HANS-PETER** Der Widerstand des Einzelnen – Fritz Löffler contra Walter Weidauer ~ in: Dresdner Hefte, Beiträge zur Kulturgeschichte, Heft 28 ~ Dresden 1991 **MAGIRIUS, HEINRICH** Die Könige von Sachsen und ihr Residenzschloss 1806-1918 ~ in: Das Dresdner Schloss, Monument sächs. Geschichte und Kultur ~ Dresden 1992 **MENZHAUSEN, JOACHIM** Das Grüne Gewölbe ~ Leipzig 1968 **MENZHAUSEN, JOACHIM** Der Goldschmied Elias Geyer ~ Dresden 1973 **MÜLLER, LUCAS** Wiederaufbau-Konzept und architektonische Umsetzung ~ in: Dresdner Hefte, Beiträge zur Kulturgeschichte, Heft 38 ~ Dresden 1994 **NADLER, HANS** Das Schloss als Ruine ~ in: Dresdner Hefte, Beiträge zur Kulturgeschichte, Heft 38 ~ Dresden 1994 ~ **NAUMANN, GÜNTER** Sächsische Geschichte in Daten ~ Wiesbaden 2003 **NITZSCHKE, KATRIN** (Hrsg.) Die großen Dresdner ~ Frankfurt am Main, Leipzig 1999 **OELSNER, NORBERT** Zur baugeschichtlichen Entwicklung des Dresdner Schlosses im Mittelalter ~ in: Dresdner Hefte, Bd. 65 ~ 2001 **OELSNER, NORBERT** Die Neugestaltung des Riesensaals im Dresdner Residenzschloss 1627 bis 1650 ~ in: Mitteilungen des Landesamtes für Denkmalpflege Sachsen ~ 2000 **OELSNER, NORBERT** Der Riesensaal im Dresdner Residenzschloss ~ in: Denkmalpflege in Sachsen ~ Halle 1998 **REICHEL, FRIEDRICH** Zur Geschichte des Turmzimmers im ehemaligen Residenzschloss ~ in: Dresdner Kunstblätter, Bd. 16 ~ 1972 **REIMANN, HANS** Macht euern Dreck alleene. Anekdoten von Sachsens letztem König ~ Berlin 2003 **RENN, LUDWIG** Adel im Untergang ~ Berlin und Weimar 1969 **ROGGE, JÖRG** Die Wettiner. Aufstieg einer Dynastie im Mittelalter ~ Ostfildern 2005 **SCHIEFERDECKER, UWE** Das war das 20. Jahrhundert in Dresden ~ Gudensberg-Gleichen 2000 **SCHMIDT, WERNER** Das Schloss als Zentrum des Staatlichen Kunstsammlungen Dresden ~ in: Dresdner Hefte, Heft 38 ~ Dresden 1994 **SPEHR, REINHARD** Archäologische Untersuchungen zur mittelalterlichen Baugeschichte des Dresdner Schlosses ~ in: Dresdner Hefte, Heft 38 ~ Dresden 1994 **STAATLICHE KUNSTSAMMLUNGEN DRESDEN** (Hrsg.) Einführung in das Grüne Gewölbe ~ Dresden 1975 **SYNDRAM, DIRK** Das Goldene Kaffeezeug Augusts des Starken ... ~ Leipzig 1997 **SYNDRAM, DIRK** Schatzkunst der Renaissance und des Barock. Das Grüne Gewölbe zu Dresden ~ München, Berlin 2004 **SYNDRAM, DIRK** Prunkstücke des Grünen Gewölbes. ~ Leipzig 2005 **SYNDRAM, DIRK/ SCHERNER ANTJE** (Hrsg.) In fürstlichem Glanz. Der Dresdner Hof um 1600 ~ Hamburg 2004 **SYNDRAM, DIRK** Das Schloss zu Dresden. Von der Residenz zum Museum ~ München und Berlin 2001 **UFER, PETER** Die letzten Bewohner des Dresdner Schlosses ~ in: Sächsische Zeitung ~ Dresden 2005 **VERLAG DER BUCHDRUCKEREIEN DER W. UND B. V. BAENSCH STIFTUNG** (Hrsg.) Führer durch das ehemalige Residenzschloss und die Ausstellung August der Starke und seine Zeit ~ Dresden 1933

Titel SZ Jürgen Lösel (Schloss) **6/7** SZ **8** SKD D.Brandt; GG DD **9** SZ **11** Reinhard Spehr **13** SLUB Hauptstaatsarchiv Dresden **14** SLUB H. Reinecke Albrechtsburg Meißen **16** LA für Archäologie Sachsen R. Spehr **17** SLUB **18L** SLUB **18R** SLUB Reprod. **19** SLUB R. Kramer Stadtgeschichtl. Museum Leipzig **20** SLUB Stadtmuseum DD **21** SLUB M. Würk **22** SLUB Stadtgeschichtl. Museum Leipzig **25** SLUB GeG AM DD **27** SLUB Kartensammlung **28/29** SLUB G. Döring Rüstkammer DD **33** SLUB A. Steuerlein GeG AM DD **34** SLUB Rüstkammer DD **36** SLUB **37** SLUB A. Rous Rüstkammer DD **39** SLUB Rüstkammer DD **40** SLUB Jauernig Stadtmuseum DD **41** SLUB Stadtkirche Belgern bei Torgau **42** SLUB **43** LA für Denkmalpflege Sachsen **45** SLUB R. Handrick KK DD **46L** SLUB W. Möbius **46R** SLUB B. Paetzold **47** SLUB R. Richter **50/51** Sächs. Staatsarchiv Hauptstaatsarchiv DD **52** SLUB R. Handrick **53** SKD H. Boswank KK DD **55** SKD KK DD **56** SLUB Heinrich **58L** SKD KK DD **58R** SKD KK DD **59** SLUB W. Möbius Hauptstaatsarchiv DD **60** SLUB M. Würker **61** SKD R. Richter KK DD **62** SLUB LA für Denkmalpflege Sachsen **63** SLUB Reprod. Stadtmuseum DD **64** SKD A. Rous KK DD **65** SLUB R. Handrick KK DD **66** SLUB H. Loos Hauptstaatsarchiv DD **67L** SLUB R. Kramer GeG AM DD **67R** SLUB W. Möbius GeG AM DD **68** SLUB R. Kramer KK DD **69** SLUB H. Nagel KK DD **71** SKD H. Boswank KK DD **73** SKD H. Boswank KK DD **74** SLUB H. Nagel KK DD **75** SLUB Stadtmuseum DD **76** SLUB R. Kramer KK DD **79** SLUB W. Möbius **80** SLUB H. Ludwig LA für Denkmalpflege Sachsen **81** SLUB H. Ludwig GeG AM DD **83** SLUB M. Würker GeG AM DD **84** SLUB C. Huttel KK DD **85** SLUB KK DD **86** SLUB R. Kramer KK DD **87** SLUB M. Würker KK DD **88** SLUB **89** SLUB Reprod.; Militärhist. Museum der Bundeswehr **90** SLUB **91** SLUB Stadtmuseum DD **92** SLUB **95** Sammlung Holger Naumann **96L** SLUB **96R** SLUB W. Möbius **97L** SLUB P. Wolff **97R** SLUB Reprod. **98L** SLUB W. Möbius **98R** SLUB P. Wolff **99** SLUB W. Hahn **100** SZ T. Lehmann **103** SZ S. Füssel **105** SZ E. Höhne **106** SZ W. Mohn **107** SLUB W. Möbius **108** SZ B. Braun **109** SZ W. Mohn **110** SZ privat **111** SZ B. Braun **112** SZ G. Hübner **113** SLUB **114** SZ T. Lehmann **116** SLUB **117** SZ **119** Siegfried Thienel **121** SLUB **122/123** SZ **124** SZ **127** SZ **129** Bundesarchiv Bild: 183/K0915/19N **131** SZ privat **132** SZ M. Gröning **133** Siegfried Thienel **134** SZ G. Hübner **135** SLUB R. Peter **137** Siegfried Thienel **139** SZ R. Bonß **141** SZ M. Hiekel **143** Siegfried Thienel **144** Siegfried Thienel **146** SKD H.-P. Klut **147** SZ M. Gröning **148** SZ M. Gröning **149** SZ **150** SZ S. Füssel **151** momentphoto.de R. Bonß **152** dpa M. Hiekel **153** SZ G. Hubner **154** SZ **155 L** SLUB A. Rous **155 R** dpa **156** SLUB **157** dpa M. Hiekel **158** SZ S. Unger **159** SZ J. Lösel **160** dpa O. Killig **161** SZ J. Lösel **163** momentphoto.de R. Bonß **164 U** SKD J. Karpinski GG DD **164 O** SZ R. Bonß **165 U** SKD J. Karpinski GG DD **165 O** PR B. Eichinger **166** SKD J. Karpinski GG DD; SZ T. Lehmann **167** SKD J. Karpinski GG DD; SZ R. Bonß **168** SZ J. Lösel **169** SKD J. Karpinski GG DD **170** R. Boehme GG DD; SZ S.Füssel **171** SKD J. Karpinski GG DD; dpa M. Hiekel **172** SKD J. Karpinski GG DD; SZ T. Lehmann **173** SKD J. Karpinski GG DD; SZ C. Hübschmann **175** SKD J. Karpinski GG DD **174** SZ J. Lösel **176** SKD J. Karpinski GG DD; SZ S. Füssel **177** SKD J. Karpinski GG DD; PR **178** SKD J. Karpinski GG DD; SZ T. Lehmann **179** SKD J. Karpinski GG DD; SZ S. Füssel **180** SZ P. Golla **181** SKD J. Karpinski GG DD **182** SKD J. Karpinski GG DD; SZ R. Bonß **183** SKD J. Karpinski GG DD; SZ T. Lehmann **184** SKD J. Karpinski GG DD; privat **185** SKD J. Karpinski GG DD; SZ T. Lehmann **186** SKD J. Karpinski GG DD; SZ A. Wirsig **187** SKD J. Karpinski GG DD **188** SKD J. Karpinski GG DD; privat **189** SKD J. Karpinski GG DD; PR **190** SKD J. Karpinski GG DD; SZ J. Lösel **191** SKD J. Karpinski GG DD; SZ S. Füssel **192** PR **193** SKD J. Karpinski GG DD **194** SKD J. Karpinski GG DD; SZ **195** SKD J. Karpinski GG DD; SZ R. Bonß **196** SKD J. Karpinski GG DD; SZ R. Bonß **199** SKD KK DD **198** SZ J. Lösel **200** SKD KK DD; SZ J. Lösel **201** SKD KK DD; SZ T. Lehmann **202** SKD H. Boswank KK DD; SZ O. Killig **203** SKD H. Boswank KK DD; SZ G. Hübner **204** SKD H. Boswank KK DD; R. Michael **205** SKD E. Estel KK DD; SZ R. Bonß **207L** privat **207R** SLUB P. Wolff **209** SLUB Reprod. **211** privat **212** SLUB W. Möbius **214** SLUB **215** SZ M. Gröning **217** Sammlung Holger Naumann **219** privat **220** SLUB P. Wolff **223** SLUB **224L** dpa P. Grimm **224M** SLUB **224R** privat **227L** SZ privat **227R** privat **229** SKD D. Brandt **231** SZ R. Bonß **232** SZ J. Lösel **233** SKD J. Karpinski GG DD **234** SKD Rüstkammer DD **235LO** SZ **235RO** SZ J. Lösel **235LU** SZ **235RU** SZ **237** SKD H.-P. Klut **239** SZ-Grafik **241** SZ-Grafik **242/243** momentphoto.de R. Bonß **244** Grafik S. Tietze **246/247** creaface.de R. Rozum **48O** R. Michael **248U** SZ

SKD = Staatliche Kunstsammlungen Dresden **SLUB** = Sächsische Landesbibliothek – Staats- u. Universitätsbibliothek Dresden/Abt. Deutsche Fotothek **SZ** = Archiv Sächsische Zeitung **GG DD** = ausgestellt im Grünen Gewölbe, Dresden **KK DD** = ausgestellt im Kupferstich-Kabinett, Dresden **GeG AM DD** = ausgestellt in der Gemälde Galerie Alte Meister, Dresden **DD** = Dresden **LA** = Landesamt

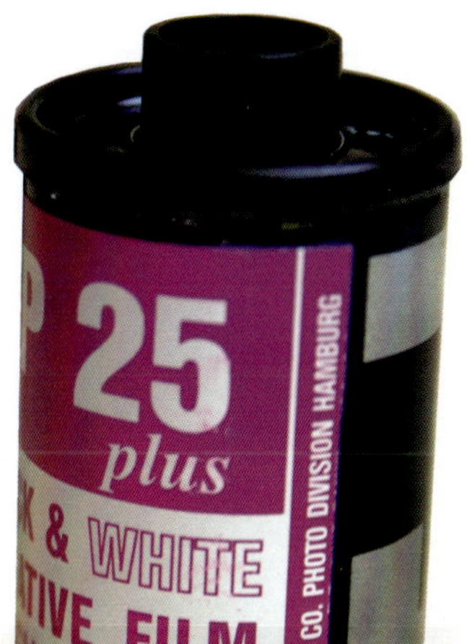

~ DIE AUTOREN

~ **NAME**
Dirk Syndram
~ **GEBOREN**
1955 in Duisburg
~ **BERUF**
Direktor des Grünen Gewölbes

PROF. DR. DIRK SYNDRAM ist seit 1993 Direktor des Grünen Gewölbes. Der Kunsthistoriker ist zudem seit 2002 verantwortlich für die gesamte Neueinrichtung des Dresdner Residenzschlosses. Er studierte Kunstgeschichte, Ägyptologie und Archäologie an der Universität Hamburg. Nach mehrmonatigen Forschungsaufenthalten in London und Paris promovierte er 1985 mit der Arbeit „Ägypten-Faszinationen. Untersuchungen zum Ägyptenbild im europäischen Klassizismus bis 1800". Von 1986 bis 1987 war er als wissenschaftlicher Museumsassistent bei den Staatlichen Museen Preußischer Kulturbesitz in Berlin tätig. Von 1987 bis 1992 leitete er die im Aufbau befindliche Kunstgewerbesammlung/Stiftung Huelsmann in Bielefeld. Syndram betont beim Grünen Gewölbe handele es sich um „die einzig erhaltene Schatzkammer des Barocks" dieser Größe.

~ **NAME**
Peter Ufer
~ **GEBOREN**
1964 in Dresden
~ **BERUF**
Leitender Redakteur

DR. PETER UFER leitet die Stadtredaktion Dresden der Sächsischen Zeitung. Er beschäftigt sich seit Jahren mit der Geschichte Sachsens und schrieb 1995 seine Dissertation zur Entwicklung der Leipziger Presse zwischen Französischer Revolution und Befreiungskriegen, die 1998 als Buch erschien. Im März 2006 kam in der „edition Sächsische Zeitung" sein, gemeinsam mit dem Dresdener Schauspielers Tom Pauls geschriebenes Buch „Das wahre Leben der Ilse Bähnert" heraus, das sich auf humorvolle Weise mit der Historie Sachsens zwischen 1925 und 1961 auseinandersetzt. Im Zusammenhang mit der SZ-Serie über die letzten Bewohner des Dresdner Schlosses traf er Zeitzeugen, die zum einen aus ihrem Leben in der ehemaligen Residenz der Wettiner, über die Zerstörung und zum anderen über den Wiederaufbau des Schlosses berichteten.